빛의 아들에게 입 맞추라

만남 - 10차원의 행복

모든 인간은 하나님의 형상을 닮은 존엄한 존재입니다. 전 세계의 모든 사람들은 인종, 민족, 피부색, 문화, 언어에 관계없이 존귀합니다. 예영커뮤니케이션은 이러한 정신에 근거해 모든 인간이 존귀한 삶을 사는 데 필요한 지식과 문화를 예수 그리스도의 사랑으로 보급함으로써 우리가 속한 사회에 기여하고자 합니다.

도모생애교육신서 24

만남 - 10차원의 행복

초판 1쇄 펴낸 날 · 2012년 3월 1일 | **초판 3쇄 펴낸 날** · 2016년 2월 5일
지은이 · 김봉규 | **펴낸이** · 원성삼
등록번호 · 제2-1349호(1992. 3. 31) | **펴낸 곳** · 예영커뮤니케이션
주소 · (136-825) 서울시 성북구 성북로6가길 31 | **홈페이지** www.jeyoung.com
출판사업부 · T. (02)766-8931 F. (02)766-8934 e-mail: jeyoung@chol.com
출판유통사업부 · T. (02)766-7912 F. (02)766-8934 e-mail: jeyoung@chol.com

copyright ⓒ 2012, 김봉규
ISBN 978-89-8350-784-6 (04230)
      978-89-8350-738-9 (세트)

값 15,000원

* 잘못 만들어진 책은 교환해 드립니다.
* 본 저작물은 지직권법에 의하여 한국 내에서 보호를 받는 저작물이므로 무단 전재와 무단 복제를 금합니다.

도모생애교육신서 24

빛의 아들에게 입 맞추라
만남 - 10차원의 행복

김봉규 지음

예영커뮤니케이션

가장 쉬운 것이 가장 어려운 것이다

자신을 모르는 사람은 없다.

하지만 자신을 아는 사람은 많지 않다.

그래서 지극히 소수만이

삶을 살아 낸다.

행복을 모르는 사람은 없다.

하지만 행복을 아는 사람은 많지 않다.

그래서 아주 적은 사람만이

행복하다.

삶엔 시작과 끝이 있다.

처음은 항상 마지막과 동행한다.

우리 모두도,

어디로부터 오고, 어디론가 간다.

그런데 시작을 모르는 처음과, 끝을 모르는 마지막엔

울음이 나온다.

눈물이 흐른다.

"다 그런 거지, 인생이 뭐 별건가?"

삶이란 어차피 '길 위'의 '도중'에 있다고,

인간은 '언저리'의 존재라고 위로해 보지만,

난 안다.

'도중'의 존재는 도착할 수 없고,
도착하지 않은 것은 출발하지 않은 것이다.

차라리 내려놓을까!
하지만 '생각 내려놓기'를 생각하는 것은
생각이 많다는 증거이고,
생각이 없다는 방증이다.
내려놓을 것은 생각이 아니라 '나'이다.
방향이 틀린, 일그러진 그리고 이기적인 마음이다.

길을 모르기에 구도의 길을 가고
진리를 모르기에 진리를 찾고 있다.
하지만 모르는 사람은 결코 갈 수 없고
알 수 없는 사람은 결코 찾을 수 없다.
그리움은 만남을 만날 수 없다.

도착한 기차는 가지 않고,
엄마를 만난 아기는 찾지 않는다.
진리는 그리움이란 단어를 모른다.
그래서 우리는 알거나 모를 뿐이다.

진리는 평안이란 게으름도 모른다.
그것은 절망과 갈등 그리고 투쟁의 현장에서 치열하게 벌어지는 한바탕 폭죽놀이이다.

진리는 평안과 안식을 태우고,

희락과 축제의 향기로 피어오른다.

진리는 안식의 대지에서 용암처럼 솟아오르는 기쁨의 불꽃이다.

그냥 있어도 살고, 그냥 있어도 죽는다.

사는 것은 참 쉽다.

죽는 것은 더 쉽다.

그래서

제대로 살고,

바르게 죽는 것은,

정말 어렵다.

가장 쉬운 것이

가장 어려운 것이다.

만남

가장 쉬운 것이

서문

　당신은 이 책을 열어 보았다. 당신을 환영한다. 그래서 반가움의 인사를 하고 싶다. 당신은 지금 위험하지만 의미 있는 발걸음을 내딛었다. '위험'이라 말하는 이유는 이 책이 지금까지 당신의 삶을 무화(無化)시킬 수 있기 때문이고, '의미'를 말함은 이 책을 통해 당신이 새로운 삶을 만날 수 있기 때문이다.

　삶에는 분명한 진리가 있다. 진리는 단지 '질문하기' 위해서나, '찾기' 위해서 존재하지 않는다. 깨닫는 것이나 발견하는 것도 아니다. 진리는 만남을 위해 존재한다. 당신이 기다리는 '고도'(Godot)는 추상적이고 모호한 존재가 아니라 사실적인 현존이다. 그러므로 "나는 누구인가?"라는 질문에도 명확한 답이 있다. 사람들은 진리를 찾아가는 그리고 자신을 알아가는 '과정의 삶'을 '의미 있다'라고 말하며, 진리를 발견하지 못하는 스스로를 위로하고 변명한다. 하지만 만약 진리가 존재한다면 그 주장은 어리석은 것이며, 비정상적인 것이다.

　이 책과의 만남이 우연이든 아니든, 그것은 중요하지 않다. 중요한 것은 이 책이 당신에 관한 이야기라는 사실이다. 이 책은 당신이 어디에서 왔고, 지금 어디에 있으며, 앞으로 어디로 가야 할지에 관해 실질적인 해

답을 줄 것이다. 인생에 대한 사변적이고 철학적인 덕담을 말하고자 함이 아니다. 구도자의 길이 아름답다는, 통속적이고 의미 없는 변명을 늘어놓기 위함도 아니다. 그리고 주어진 현실을 참고 견디자는 염세적 영웅주의의 얄팍한 비겁함을 말하고자 함은 더더욱 아니다.

진리는 복잡하지 않다. 진리는 항상 단순하고 간결하다. 빛을 보면 그림자는 항상 뒤에 있고, 빛을 등지면 그림자는 항상 앞에 있다. 그러니 이 세상엔 두 종류의 사람밖에 없다. 빛을 향한 사람이거나 빛을 등진 사람! 행복한 사람, 아니면 행복하지 않은 사람 그리고 누군가를 만났거나 아니면 아직 외로운 사람이다.

빛은 그냥 비추인다. 그리고 모든 복잡한 것을 빛 가운데 드러낸다. 그래서 빛이 비추이면 먼지도 비추인다. 이 책은 당신의 삶 가운데 존재하던 수많은 문제들, 먼지처럼 삶을 혼탁하게 하지만 보이지 않던 찌꺼기들 그리고 무엇보다 당신 스스로도 몰랐던 인생의 비밀들을 직접적이고 구체적으로 드러낼 것이다. 미로처럼 혼란스럽고 거미줄처럼 얽혀 있는, 마치 시작점을 도저히 찾을 수 없어 뒤죽박죽으로 뒤엉켜 있는 삶의 실타래를 분류하고 정리해서 길을 발견할 수 있도록 도와줄 것이다.

세상은 인과율(因果律)에 의해 움직인다. 모든 일에는 반드시 원인이 있고 또 모든 일에는 반드시 결과가 있다. 우연처럼 보이는 현상은 말 그대로 현상일 뿐이다. 무지는 용감하지만 아쉽게도 지혜롭지 않다. 당신은 이유가 있기 때문에 지금 이 글을 보고 있는 것이다. 인정하든 안 하든, 당신은 선택된 사람이다. 그런 의미에서 당신은 행운아이다. 무슨 행운인지 궁금한가? 이 길의 끝에서 당신은 실제 행복을 만나게 될 것이다. 빛은 언제나 스스로 자신을 증명한다.

차례

가장 쉬운 것이 가장 어려운 것이다 | 005
서문 | 008

제1장 빛과 어두움 - 행복과 행복감 | 013

뒷모습과 행복 | 절대적 일회성 | 고유성의 존재 | 원하는 것과 얻는 것 | 불가사의 | 행복의 주관성 | 거짓에 속아 온 인류 | 비정상의 정상 | 행복지수 | 순진과 순수의 차이 | 뒷모습 | 행복감과 욕망 | 자본의 욕망 | 이기주의 | 행복감과 행복 - 짝퉁과 명품 | 주관적인 행복감 | '나'의 사라짐 | 행복감의 허구적 구조 | 300억의 거지 | 60억의 기계 | 『시크릿』의 허구 | 쾌락의 본질 | 우울증 | 우울하기를 원하는 인간 | 죽음본능 | 열반원칙 | 시지포스의 부조리 | 평안에 대한 욕망 | 자살과 평안 | 긍정적 행복감, 부정적 행복감

제2장 나 | 087

소크라테스의 질문 | 일상적 자아 | 몸적 자아 | 행복감의 주체 - 몸 | 영 | 몸적 자아와 영적 자아 | 영과 뇌 | 진실 | 영의 실재 | 코페르니쿠스적 변혁 | 공(空)과 무아(無我) | 자연 안의 나 - 장자 | 주체로서의 나 - 데카르트의 유령 | 칸트의 선험적 자아 | 헤겔의 절대이성 | 실존적 자아와 영 | S. 프로이드 - 억압된 욕망의 덩어리 | C. G. 융 - 비이성의 총체

제3장 10차원의 길 | 143

차원의 문제 | 0차원 | 1차원 | 2차원 | 3차원 | 0~3차원의 공통점 | 감정과 이성 | 0~3차원의 인간 | 본능, 이기주의, 행복감 | '다른' 차원(4~10차원) | 두 세계 | 10차원의 단계 | 4차원 - 의미 | 불안과 두려움의 기호들 | 자살과 의미 | 두 종류의 행복감 | 의미의 주관성 | 5차원 - 자유 | 팔고 | 사성제 | '나'의 문제 | 6차원 - 자연과의 합일 | 자연의 이해 | 7차원 - 공존 | 공존의 실제 | 공존과 타자성 | 공존과 자기애의 실현 | 공존의 진실 | 8차원 - 자비/이타적 자기애 | 자비를 넘어서

제4장 9차원의 사랑 | 239

누군가를 사랑한다는 것 - 사랑의 원형 | '누군가'의 전체! | 사랑하는 나 | 사랑하는 것, 죽는 것 | 두 사람의 사랑 | 플라토닉 러브와 첫사랑 | 하나의 사랑 | 사랑의 차이 | 희생적 자기애 | 동물의 희생 | 모성애 | 에로스 | 이기심 | 행복한 나 | 사랑의 가능성 | 사랑의 원리 | 사랑받음과 사랑함 | 9차원의 개요

제5장 만남 | 293

죽음과 두려움 | "타이타닉" | 근원적 고통 | 논리적 외로움 | 공서적 관계 | 타인과의 융합 | 산모의 진실 | 태반의 의미 | 결합 | 정 | 만남의 시작 | 아이의 약함, 아이의 힘 | 분리와 이별 그리고 그리움 | 엄마의 젖꼭지 | 사랑의 종착점 | 강아지 | 반야의 비밀 | 만남이 없는 삶 | 악순환 | 사랑과의 만남 | 사랑의 원형 | 4개의 판타(panta) | 사랑과 사비 | 예수 | 죄 | 빛의 사랑 | 빛과 거울 | 바라봄

에필로그 | 364

주 | 373

참고문헌 | 379

제1장

빛과 어두움 - 행복과 행복감

빛을 향해 서 있는 사람에게

그림자는 항상 뒤에 있다.

하지만 빛을 등진 사람에게

그림자는 항상 앞에 있다.

제1장

빛과 어두움
- 행복과 행복감

뒷모습과 행복

인간은 사람(人) 사이(間)의 존재, 즉 관계의 존재이다. 아리스토텔레스가 아니더라도 우리는 인간에게 가장 소중한 것이 관계임을 안다. 물론 '솔직함'을 자랑하는 사람들은 돈이 더 중요하다고 말할 것이다. 당신도 돈을 좋아하는가? 그렇다면 당신은 스스로를 크게 오해하고 있다. 믿기 어렵겠지만 사실 이 세상에 돈을 좋아하는 사람은 단 한 명도 없다.

사람들은 돈을 좋아한다고 말한다. 하지만 그것은 그렇다고 믿는 것이지 실제 그런 것은 아니다. 젊은 청년이라면, 사실 좋아하는 대상은 돈이 아니라 BMW나 벤츠일 것이다. 그렇다고 실제 그 차를 좋아하는 것도 아니다. 그 차를 사랑하는 연인에게 선물할 것이기 때문이다. 통 큰 사람이라면 아마도 "야, 타!"가 아니라 "야, 가져!"라고 말할 것이다. 그런데 사실 이것도 당신의 궁극적 바람은 아니다. 당신이 정말 원한 것은 차를 선물했을 때, "자기 정말 멋있어! 진짜 최고야!"라고 말하며 당신을 바라보는 그녀의 감격한 얼굴이다.

결국 돈이 아닌 관계를 원한 것이다. 인간은 어떠한 경우에도 돈을 원하지 않는다. 돈의 본질이 교환가치라는 것을 인간은 무의식적으로 이미 알고 있다. 다만 알고 있는 것을 모르고 있기 때문에 착각하고 있을 따름이다.

관계가 없는 인간은 죽은 것이다. 이것은 사회적 관점에서 볼 때 분명하다. 인간은 누구나 관계의 중요성을 알기 때문에 매일 아침이면 그날의 관계를 준비한다. 처음 만난 사람들은 서로 악수를 하고 상대방을 향해 몸을 굽히며 인사한다. 그리고 상대방을 바라본다. 그래서 젊은 여성들은 앞모습을 꾸민다. 세수하고 화장하고 꾸미는 것은 상대방에 대한 예의이다. 아침에 일어나 산발한 머리에, 눈과 입가에 흔적을 지닌 채 나온다면, 그 모습을 자연적이라 평가해 줄 사람은 없을 것이다. 하지만 꾸밈이 지나치면 문제가 발생할 수 있다. 조금씩 자신을 '위장하고', '왜곡시키기' 위해 많게는 몇 시간을 투자한다. 그렇게 보이고 싶고 그렇게 봐주었으면 하는 마음이다. 심지어 적지 않은 여성들은 자신의 페르조나(persona)에 만족하지 못할 때 돈뭉치를 들고 강남으로 간다. 도저히 자신이 없을 때는 모자를 쓰고 나온다. 적어도 민낯을 자랑하는 여성은 드물다. 그렇다면 남성은 순수할까? 그렇지 않다. 당신이 보기엔 상대방이 그냥 대충 입고 나온 것처럼 보이지만, 그 남자도 나름대로 열심히 '개조'하기 위해 최선을 다한 것이다. 단지 아쉬운 결과가 나왔을 뿐이다.

중요한 것은 인간관계가 '앞으로' 이루어진다는 것이고, 그래서 우리는 우리의 앞모습을 어느 정도 꾸밀 수밖에 없다는 사실이다. 바로 그런 이유로 당신이 누군가를 사랑하거나 소중하게 생각한다면, 가끔 그 사람의 뒷모습을 바라볼 필요가 있다. 뒷모습은 꾸미지 않는다. 먼지가 묻어 있나 살피긴 하지만 거기까지이다. 그래서 뒷모습은 때로 그 사람 안에 내재된 실제 '앞모습'을 보여 준다. 그 사람의 보이지 않는 내면을 보여 주고 가끔 그 사람의 영혼의 소리를 들려주기도 한다. 어머니가 설거지하는 뒷모습, 아기에게 젖을 물리고 있는 뒷모습을 본 적이 있는가? 술에 취해 비틀거리며 골목길을 걷는 아버지의 뒷모습이나, "잘 가!"라고 밝게 말하고 돌아선 친구의 뒷모습엔 그의 또 다른 얼굴이 숨어 있다.

그런데 뒷모습은 인간만의 고유한 특징이 아니다. 모든 사물과 현상에도 뒷모습이 존재한다. 뒷모습은 사회에도, 세상에도 있다. 대부분의 사람들은 앞모습이 전부라고 생각하며 살아간다. 보이는 대로 보고, 들리는 대로 들으며, 느껴지는 대로 느끼며 살아간다. 그런 의미에서 우리가 사는 세상은 또 다른 매트릭스이다. 대부분의 삶은 사실 태어나기 전에 결정되어 있다. 초등학교를 거쳐 중학교, 고등학교 그리고 대학, 졸업 후 취직 내지 사업, 승진과 성공, 결혼, 멋진 집, 출산과 양육 그리고 나중엔 "이 놈을 왜 낳았지!"라며 "이제 내 인생을 살아야겠다!"라고 말년을 조금 보내다 간다. 약간의 차이는 있지만 크게 다를 것도 없다. 공부하고 돈 벌고 장가가고 아이 낳고 결혼시키고 노후걱정하다 가는 것이 인생이다. 그런데 사람들은 이 모든 과정을 스스로 선택한 것이 아니다.

앞은 정상이 아니다. 물론 뒤도 정상인 것은 아니다. 하지만 뒷모습이 존재한다는 사실이 중요하다. 진리는 항상 전체이기 때문이다. 삶의 선택은 옵션이 모두 주어져 있을 때 가능하다. 그렇게 할 수밖에 없다고, 당연하다고 생각하는 것의 선택은 자유의 결과로 볼 수 없다.

사소한 것이라면, 때론 앞모습만으로도 만족하고 넘어갈 수 있다. 액자나 거울의 뒷모습은 그냥 뒷모습일 뿐이다. 새로 산 스포츠카나 카드의 뒷모습이 중요한 사람들도 있지만, 그것들도 생명이나 삶의 본질과 관련된 것은 아니다. 조금 실망하거나 조금 더 기뻐할 수 있지만 시간이 조금 지나면 익숙해질 일들이다. 우리 눈에 보이는 대부분의 사물이나 일상적 현상의 뒷모습은 어떠한 경우에도 견딜 만한 것들이다. 하지만 삶의 본질과 관계하는, 보이지 않는 것들의 뒷모습은 간과하고 지나갈 대상이 아니다. 만약 나의 인생이 걸린, 정말 소중한 것이라면, 그것이 보이는 대로 바라보며, 부분에 의해 강요된 삶을 살 수는 없는 일이다. 예를 들어 나에게 알려진, 그렇게 알고 있는 자유, 평등 그리고 정의 등의 사회적 가치나, 의미와 성공 등의 개인적 가치는 앞모습에 만족할 수 없는 것들이다. 실제 인류의 역사는 이러한 가치들에 대한 앞모습과 그에 대한 혁명가들의 저항 그리고 그것을 통한 뒷모습의 발견과 새로운 앞모습의 정리라는 변증법적 과정의 연속이라고 해도 과언이 아닐 것이다.

 그런데 신기한 일이 하나 있다. 인간의 삶에 가장 중요한 것이라 해도 과언이 아닌 어떤 것에 대해 사람들은 그리 심각하게 질문하지 않는다. 뒷모습을 보려는 노력보다는 앞모습의 다양한 변형만을 제시하며, 그것의 전체적 진리를 알려고 하지 않는다. 사실 인류는 그것의 앞모습에 이미 동화된 듯하다. 그리고 뒷모습을 찾기보다는 어떻게 하면 보이는 그것만을 얻을 수 있는지에 대해 생각을 집중한다. 그것에 대한 새로운 이야기는 대부분 진부한 것으로 치부된다. 그리고 대충 그것과 같아 보이는 것이면, 만족한 것으로 자위하며 살아간다. 하지만 그러한 매트릭스는 반드시 벗어나야 한다. 왜냐하면 그것이 인간 삶의 근본적 의미를 좌우할 것이기 때문이다.

모든 사람이 그렇다고 해도 아닌 것은 아닌 것이다.
모든 사람이 아니라고 해도 그런 것은 그런 것이다.
그러므로 반드시 뒷모습을 한 번 보아야 할 그것은,
바로 나의 행복이다.

절대적 일회성

인형이었던 피노키오가 인간이 된다. 그렇다면 피노키오는 인형일까, 아니면 인간일까?

아무것도 없는 지구를 상상해 보라! 끝없이 펼쳐져 있는 대지 위에 지금 단 하나의 바늘이 꽂혀 있다. 이제 10만 피트 상공에서 누군가가 실을 떨어뜨린다. 실은 방향도 목적도 없이 살랑살랑 떨어진다. 그리고 그렇게 무심하게 떨어진 단 하나의 실이, 지구 위 단 하나밖에 존재하지 않는 바늘귀에 꽂힐 확률! 바로 당신이 태어날 확률이다!

만남

제1장
빛과
어두움

평균적으로 한 인간이 태어나려면, 약 10억 개의 정자가 필요하다. 그런데 당신이 태어나려면 정확히 당신의 어머니와 아버지가 만나야만 한다. 그 확률은 약 70억분의 1이다. 그리고 그 두 분이 각각 태어날 확률은 또 10억분의 1이다. 이런 식으로 계산을 계속하면 지금 바로 당신이 이 책을 보고 있을 확률은 $1/\infty$이 된다.

영원에서 영원, 지구의 시작과 끝 사이에서 당신은 단 한 번 태어났다가 죽는다. 두 번 사는 인간은 없고 그래서 두 번 죽는 인간도 없다. 당신은 절대적 일회성 그리고 대체 불가능성의 존재이다. 당신은 사실, 당신이 생각하는 것보다 소중하다. 한 인간을 물질로만 보면 별 가치 없는 존재이다. 60~70%인 물, 황이나 인, 철 등 인체를 구성하는 물질들을 모두 합쳐도 몇 만 원이 안 된다. 물론 사회경제적 가치는 좀 더 높다. 만약 구체적 액수를 알고 싶다면 보험회사에 가격을 문의해 보면 된다.

우리는 인간이 절대적 가치의 존엄한 존재라는 말이 헌법조문으로만 존재하는 시대에 살고 있다. 자본주의는 말 그대로 자본이 주인인 세상이다. 자본이 주인이라면 인간은 무엇일까? 현실은 '인격=몸값'이라는 등식이 보여 준다. 티코에게는 티코의 인격, 벤츠에게는 벤츠의 인격이 있고, 임대 아파트와 타워팰리스의 인격도 서로 다르다. 동물도 아닌 인간의 가치를 '몸값'이라고 부르는 것은 슬픈 일이다. 하지만 몸값은 일상용어가 된 지 오래이다. 인간은 자본적 가치에 의한 소모품으로 전락하고 있다. 소모품은 기능이 다하면 버려지고 대체된다. 기계라면 대체되어도 상관없겠지만, 인간이기에 그러한 경험은 심각한 후유증을 동반한다. 정열적으로 활동하던 사람이 퇴직 후 순식간에 우울증 환자로 전락하는 경우를 주위에서 종종 본다. 현실은 분명하다. 인간은 대체 가능한 존재이다.

9·11 테러로 수많은 인재들이 사망했다고 안타까워했지만, 이미 그들 역시 모두 보충되었다. 대체될 수 없는 인간은 없다. 70억 명의 사람들! 인간은 충분히, 어쩌면 너무 많은 것 같다. 아이러니한 일은 이 모든 가치전도현상이 아직도 인간이 주인이며 무조건적이고 절대적 가치라는 의식 속에 진행되고 있다는 사실이다.

그런데 우리가 잊고 있는 사실이 있다. 지구상에 70억 정도의 인간이 살고 있지만 사실 인간은 하나도 없다. 무슨 말인가? 존재하는 것은 인간이 아니라 '나'이다. 쓰나미나 지진으로 수십만의 사람들이 죽었다고 말할 때 '사람들'이라는 단어는 진실을 은폐하는 허구적 기호이다. 사실은 수십만의 '나'가 죽은 것이다. 모든 인간은 '나'로서만 존재한다. 어떠한 '나'도 자신과 무관한 '인간'으로 삼인칭의 삶을 살 수 없다. 모든 '나'는 구체적으로 살아 움직이는 일인칭의 개별적 존재이다. 그래서 '나'는 그 무엇과도 바꿀 수 없는 단 하나의 존재이다.

우리는 인간이라는 보편명사나, 정치가, 경제인, 교사라는 일반명사를 이용하여 우리 스스로를 대체될 수 있는 삼인칭의 존재인양 만들고 있다. 하지만 세상은 오직 '나'의 세상이다. 인간은 '나'로서만 존재할 수 있다. 동시에 그 '나'는 우주가 창조된 이래 단 한 번 태어났다 사라지는 유일무이한 대체 불가능성의 존재이다. 그래서 모든 인간의 얼굴도 다르다. 그리고 세상에 '나'는 둘일 수 없다. 그러므로 내가 나인 것, '나'인 당신의 존재는 기적이다.

고유성의 존재

여대생 미희는 대학에서 이상형의 남성을 만났다. 그녀는 아직 이르다는 주변의 만류에도 불구하고 결혼해, 졸업 전에 이미 '두 아이의 엄마'가 되었다. 두 아이의 엄마? 만약 제3자가 들으면 대뜸 "아줌마네!"라고 말할 것이다. 그런데 그 말은 정말 미희를 순식간에 아줌마처럼 만들어버린다. '지하철에서의 엄청난 속도', '몸빼', '파마머리' 그리고 '치맛바람' 등! 아줌마에 대한 부정적 이미지들이 미희에게 부가되기 때문이다. 이러한 일은 '아저씨'에게도 일어난다. '똥배'나 '느끼함' 등 다양한 부정적 속성이 '아저씨'라고 불리는 남성에게 부과된다. 개인이 범주에 의해 구속되는 것이다. 따라서 미희라는 여성을 아줌마로 부르는 것은 일종의 존재론적 폭력이다. 타인에 의해 일방적으로 규정된 미희는 자신의 고유성을 상실한다. 그녀만의 고유한 타자성이 침해되는 것이다.

'나'는 인간이 아니다. 절대적 일회성의 '나'는 인간이라는 범주로 규정될 수 있는 존재가 아니다. 그래서 피노키오는 인형도 인간도 아니다. 인형도 많고, 인간도 많다. 하지만 피노키오는 단 하나, 유일무이한 존재이다. 그래서 피노키오는 피노키오이다.

원하는 것과 얻는 것

원하던 일이 잘 안 되면 자신의 능력을 탓하는 사람들이 있다. "내가 그렇지 뭐!" 그런데 이 생각은 오류이다. 인간은 자신이 원하는 것을 반드시 얻는다. 아니 더 정확히 말하면 인간은 자신이 원하는 것만을 얻는다.

부자가 되고픈 두 친구가 있었다. 그들은 20년 뒤 멋진 모습으로 만나자고 서로 약속했다. 한 친구는 부자가 되기 위한 구체적인 전략을 수립했다. 롤모델을 정하고 그의 자금관리법, 인간관계 그리고 경영 철학 등, 나아가 사소한 생활 습관까지 철저히 분석했다. 그는 헌신과 혁신으로 모든 에너지를 성공에 집중했다. 20년 뒤 그는 실제로 세계적인 호텔리어가 되어 있었다. 하지만 다른 친구는 실패했다. 근근이 작은 회사를 운영할 뿐이다. 후에 둘이 다시 만났을 때 실패한 친구는 성공한 친구를 축하하며 말했다. "역시 자네는 능력이 있어! 난 아무래도 경영자의 자질이 부족했던 것 같아!" 그러자 성공한 친구가 말했다. "하지만 난 자네가 없었다면 이 자리에 있을 수 없었을 것이네. 10년 전 내 사업이 부도날 위기에서 아무도 날 믿어 주지 않았지. 그런데 자넨 나에게 아무 조건 없이 그 거금을 마련해 주지 않았는가? 나뿐 아니라 많은 친구들이 자네의 도움을 받았네. 자넨 본인의 사업조차도 상관하지 않았어! 그래서 모두들 자넬 인정하지!"

두 친구 가운데 사실 실패한 사람은 없다. 각자가 원하는 것을 얻었기 때문이다. 실패했다고 생각한 친구는 사실 돈을 원한 것이 아니었다. 스스로 의식하지 못했지만 그가 원했던 것은 우정이다. 그래서 '원한다고 생각한 것'이 아닌 '정말 원한 것'을 얻었다.

누구나 자신이 원하는 것만을 얻는다. 운을 이야기하는 사람도 있지만, 운의 본질을 모르고 하는 말이다. 운은 물론 존재한다. 하지만 운은 준비된 자에게 오는 기회일 뿐이다.

제임스 레이니(James T. Laney)는 학자, 정치가, 목사였으며, 1993-1997년까지 주한미국대사를 지낸 사람이다. 그가 에모리대학에서 교수로 있던 시절, 길을 걷다가 길가에서 쓸쓸히 앉아 있는 노인을 발견하고 말동무를 해 주었다. 그리고 그것을 계기로 약 2년 동안 그 노인의 친구가 되어 주었다. 그 후에 그는 노인으로부터 봉투를 선물로 받았다. 그 안에는 105만 달러의 수표가 들어 있었다. 역사상 최고의 기부금이었다. 그는 받을 이유가 없다고 사양하고 싶었지만 그것은 돈을 의미 있게 쓸 것 같은 사람에게 준 노인의 선물이었다. 그 노인은 로버트 우드러프(Robert Woodruf), 코카콜라 회장이었다.[1]

"말벗은 나도 해 주겠다!", "그는 운이 좋았을 뿐이다!", "누군가 그 많은 돈을 준다면 나도 기꺼이 할 것이다!" 하지만 이런 말을 하는 사람들이 잊고 있는 게 있다. 그 상황에서 레이니는 돈을 볼 수 없었다. 따라서 평소 이타주의적인 삶의 패러다임을 지니지 않은 사람은 절대로 레이니와 같은 행동을 할 수 없다. 모든 결과에는 원인이 있다. 그리고 그 원인은 필연적으로 그 결과를 도출한다. 인과율은 참이다. 역으로 말해 보자. 인간은 자신이 원하지 않는 것을 얻을 수 없다. 당신이 안정을 원하고 결혼하면 안정을 얻을 것이다. 하지만 행복은 아니다. 결국 내가 원한다고 생각하는 것과 실제 원하는 것은 다를 수 있다. 그렇기 때문에 정말 무엇을 바라보는가가 당신의 운명을 결정한다.

불가사의

인간은 누구나 행복을 원한다. 당신도 마찬가지이다. 적어도 우리는 그렇게 믿었다. 그런데 대부분의 사람들은 행복하지 않거나 행복에 무관심한 것 같다. 그 이유가 무엇일까? 혹시 자신이 원하는 것이 무엇인지 모르고 있는 것은 아닐까?

"행복하길 원하십니까?"라는 질문에 "아니오!"라고 말하는 사람은 거의 없다. 일부 염세적인 이들을 제외하면, 누구나 자신의 행복에는 관심을 보이며, 실제 그것을 위해 오늘도 쉬지 않고 움직인다. 여유를 부리기에는 너무 바쁜 세상이다. 사람들은 어디로 가야 하는지 정확히 아는 것처럼, 밝은 내일을 위해 오늘을 참아 낸다고 말하며 쉴 새 없이 뛰어다닌다. 지금 전 세계의 대도시에서는 몇십억의 사람들이 먹이를 찾는 개미들처럼 분주히 움직이고 있다. 대학에서는 학생들이 그 바쁜 사회로 나갈 준비를 하고 있다. 그들은 모두 행복을 원한다.

사회에는 행복의 앞모습을 장식하는 기호로 넘쳐 난다. 그냥 CF만 봐도, 런치스페셜을 특별 할인한다는 햄버거 가게부터 '더 이상 차에 대해 논하지 마라!'라고 외치는 신차선전, '무담보, 무보증'을 강조하는 대출회사나, 실업률이 줄어들었다고 외치는 정부까지 모두 "우리가 당신을 행복하게 해 드리겠습니다!"라고 말하고 있다. 신기하게도 CF 안의 모델들은 모두 행복에 겨운 표정이다.

그리스의 시인 안티파트로스(Antipatros)는 자신의 시에서 이집트 쿠푸(Khufu) 왕의 피라미드 등 세계 7대 불가사의를 명명했다. 요즘은 중국의 만리장성이나 잉카의 마추픽추(Machu Picchu) 등 세계적인 불가사의들이 알려져 있다. 그런데 사람들은 진정한 불가사의를 모르고 있다. 그것은 행복이 무엇인지 모르면서 마치 알고 있는 것처럼 살아가는 인간의 모습이다.

"모든 사람들은 행복하기를 원한다."라고 고대 철학자 아리스토텔레스(Aristoteles)는 말했다. 아마도 절대 진리가 있다면 행복을 원하는 사람들의 마음일 것이다. 그런데 행복에 대한 객관적 설명은 없다. 철학자들이나 문학가들은 모두 "나는 행복이 ○○라고 생각해!"라고 말할 뿐이다. "파랑새는 가까이에 있는 거란다!", "행복은 주변에 있는 작은 것에서 관심을 발견하는 것입니다!", "행복은 성공이죠!" 아니 "행복은 무소유입니다. 집착을 버리세요!" 마치 종착점을 모르는 기차가 여기저기 정거장에서 보는 것처럼, 다양한 사람들이 다양한 행복을 말하지만 행복의 객관적 규정을 설득력 있게 제시하는 사람은 없다. 그런데 그것을 이상하게 여기는 사람이 아무도 없다. 신기하게도 사람들은 가장 중요한 것이 무엇인지 정확히 모른 채 살아가는 데 익숙해져 있다. 몇몇 현자들의 글을 보며 가끔씩 위안을 받지만 일상은 그냥 흘러가고 있을 뿐이다. "다 그렇게 사는 거지. 인생이 뭐 특별한가!", "그냥 열심히 살다 보면 어떻게 되겠지!"

행복의 주관성

행복하기를 원하지만 정확히 행복을 규정하지 못하는 아이러니에 대해 어떤 사람들은 그것이 원천적으로 불가능하기 때문이라고 말한다. 그들은 개인마다 행복의 내용이 다르다고 주장한다. 실제로 사람들이 원하는 것을 정리해 보면 성공이나 쾌락 또는 향유, 만족 그리고 자아실현 등이 있다. 이렇게 다양한 내용이 존재하기에 그들은 행복을 형식적 개념이라 말한다. 다시 말해 행복이란 단어는 틀을 제공해 줄 뿐 내용은 각자 채워야 한다는 것이다. 이 주장이 옳다면 행복은 하나의 기호에 불과한 것이 된다. 그리고 행복의 객관적 의미를 찾는 것 자체가 무의미한 일이 된다. 그렇다면 행복이라는 말은 우리가 삶 안에서 무엇인가를 지향하고 있다는 단순한 사실을 말할 뿐일 것이다.

그런데 행복이 주관적인 것이라면 내가 지금 원하는 이 행복이 옳은 것인지 어떻게 안다는 말인가? 연쇄살인범이나 마약중독의 행복, 김동인의 「광염 소나타」에 나오는 '백성수'라는 작곡가의 광적 예술 행위를 행복이라고 할 사람은 없다. 그렇다면 단지 반사회적인 것만 아니라면 무엇이든 행복이 될 수 있을까? 그런데 왜 대부분의 사람들은 행복하기보다는 우울하다고, 사실 행복한 것은 아니라고 말하는 것일까?

거짓에 속아 온 인류

행복을 원하는 것과 행복한 것은 다르다. 목적지를 향해 달리고 있다는 사실과 목적지에 도착했다는 것은 다르다. 그래서 모두가 원한다고 설명할 수 있는 것은 아니다. 그런 의미에서 행복해지는 것은 쉬운 일이 아니다. 무엇인지 모르는데 얻었는지 어떻게 알겠는가? 오히려 현대인은 점점 행복의 역방향으로 가고 있는 것처럼 보인다. 분주한 만큼 불행해지는 것처럼 보인다. "지금 행복하십니까?"라는 질문에 대한 긍정적 응답은 극소수에 불과하다. 우울증은 현대인의 일반적 질병이 되어 버렸다. 자살도 늘고 있다. WHO의 2009년 보고서에 의하면 전 세계에서 매일 3천 명, 매년 100만 명이 자살하고 있다. 그래서 쇼펜하우어(Arthur Schopenhauer)는 "행복은 불행이 잠깐 멈춘 것이다."라고 말한 것일까? 사람들은 그에게 동의하는 것 같다. 실제 행복하다고 말하는 사람들은 최근 화장실이 두 개인 집으로 옮겼다거나, 남편이 승진했거나, 어제 좋아하는 프로팀이 승리한 사람들이다. 그 외 대다수의 사람들은 자신을 특별히 불행하다고 여기지 않더라도, 특별히 행복하다고 느끼지도 않는다. 가끔 기분이 좋지만, 대부분의 시간은 그냥 알아서 지나간다. 그런데 바로 여기에 심각한 문제가 있다. 그것은 사람들이 단순히 행복하지 않다는 사실이 아니다. 그것은 사람들이 행복하지 않은 삶을 정상으로 여기고 살아간다는 것이다.

비정상의 정상

행복하지 않은 것이 정상이다! 이 의식이 대부분의 사람들을 지배하고 있다. 그들에게는 행복한 것이 기이한 현상이다. 그래서 "나는 항상 행복해!"라고 말하는 사람을 보면 상대방이 정상이 아니거나 최근에 복권에 당첨되었을 것이라고 추측한다.

하지만 불행이 정상이라는 말은 거짓이다. 행복한 것이 정상이다. 행복하지 않은 것, 그것이 비정상이다. 인생의 본질은 고(苦)가 아닌 행복이다. 인간은 불행이 잠시 멈춘 순간적 행복감이 아니라 지속적 행복의 존재로 살아가야 한다.

모두가 그렇다고 해도 아닌 것은 아닌 것이다. 모두가 아니라고 해도 그런 것은 그런 것이다. 빛은 분명히 말한다. 행복이 정상이고 불행이 비정상이다. 절대적 일회성의 존재로 태어난 당신은 행복해야 하고, 할 수 있고, 해야만 하는 존재이다.

그렇다면 왜 사람들은 행복하지 않은 것일까? 그것은 인류가 지금껏 거짓말에 속아 왔기 때문이다. '어차피 행복은 없다는', '어차피 인생은 그런 것이라는' 그리고 '그냥 매일 최선을 다하다 보면 어떻게 될 것이라는.' 그 결과 인류는 행복과 유사행복을 혼돈하여 둘을 동일한 것으로 여기고 살아왔다. 명품과 짝퉁을 구분하지 못하고 짝퉁만을 사모해 온 것이다. 그것이 태양이려니, 그것이 행복이려니, 무지개를 쫓는 소년처럼 산을 넘어왔다. 하지만 방향이 잘못되었다. 빛을 등지고 있는데, 어떻게 빛을 바라본다는 말인가? 인류는 행복의 짝퉁이며 사실 행복과 전혀 관계없는 것을 동경하며 살아왔을 뿐이다. 이제 그 짝퉁의 실체를 벗기고 거짓말을 바로잡아야 할 때이다.

행복지수

1인당 국내총생산(GDP, Gross Domestic Product)은 한 국가에서 생산되는 모든 재화와 용역을 수치화한 것이다. GDP가 행복과 관계없다는 사실은 이미 주지하고 있는 바이다. 그래서 유엔개발계획(UNDP, United Nations Development Programme)은 문자해독률, 수명, 1인당 실질국민소득 등을 토대로 발표하는 인간개발지수(Human Development Index)를 사용한다. 영국의 싱크탱크인 레가툼 연구소(Legatum Institute)가 발표하는 번영지수(Prosperity Index)라는 것도 있다. 이것의 주요 평가 항목은 개인의 자유(personal freedom), 경제성장(economic growth), 민주주의(democracy), 삶의 질(quality of life), 행복(happiness) 등이다. 그리고 영국의 NEF 재단(New Economic Foundation)에서는 기대 수명, 삶의 만족도, 환경오염 등을 주요 기준으로 행복지수(Happy Planet Index)를 발표한다. 2010년 세계행복지수 1위 국가인 히말리야 오지의 작은 불교 국가 부탄(Bhutan)은 경제적 가치가 아닌 국민들이 스스로 행복하다고 느끼는 정도를 고려한 '국민총행복'(Gross National Happiness)으로 삶의 질을 평가하고 있다. 이 나라는 다른 행복지수 1위 국가들인 비누아투(Vinuatu)나 방글라데시(Bangladesh) 그리고 코스타리카(Costa Rica) 등과 함께 가난하지만 행복하다는 공통점을 지니고 있다. 각종 지표를 통해 매년 실시되고 있는 행복지수의 통계가 보여주는 공통적인 결과는 분명하다. 부와 행복은 비례하지 않는다. 가난해도 행복할 수 있다는 것이다.

이러한 통계의 사실성을 의심할 사람은 없다. 하지만 통계의 주장에는 의문이 든다. "자본주의사회에서 돈과 행복이 무관하다고?" 실제 돈과 행복은 무관할 수도 있고 그렇지 않을 수도 있다. 하지만 분명한 것은 위 통계는 틀렸다는 것 그리고 진실은 다르다는 것이다.

당신도 방글라데시의 행복지수가 미국 같은 선진국들보다 높다고 생각하는가? 방글라데시 사람들의 행복지수가 높은 것이 아니다. 그들은 단지 불행지수가 낮은 것뿐이다. 그리고 불행지수가 낮은 이유는 그들의 욕망지수가 낮기 때문이다. 그래서 행복하다고 착각하고 있는 것이다. 루이비통(Louivuiton)을 모르는 사람은 그것이 없다고 불행해 하지 않는다. 그리고 샤넬 넘버 파이브(Chanel No. 5)를 뿌려 보지 않은 사람도 그 향수를 그리워하지 않는다. 우리가 어렸을 때는 "라면 먹자!" 하면 행복한 시절이 있었다. "자장면 시켜 줄게!" 그러면 정말 행복했다. 그러니 가끔 탕수육과 군만두를 더해 줄 때면 완전 행복이었다. 왜 그랬을까? 탕수육을 먹었기 때문이 아니다. 스테이크를 몰랐기 때문이다.

순진과 순수의 차이

아기는 순수하지 않다. 10만 원짜리 수표와 알사탕을 보이면 아기는 망설임 없이 사탕을 집어 든다. "그래, 돈은 모든 악의 근원이지! 집착으로부터 자유로워지자! 무소유가 진정한 가치야!"라고 생각한 것일까? 아니다. 아기도 나름대로 최대한 머리를 굴린 것이다. 아기는 그냥 순진할 뿐이다. 시골 사람도 마찬가지이다. 그들이 착해 보이는 이유는 순진 때문이다. 그런데 순진과 순수는 다르다. 순진은 무지, 즉 똑똑하지 못한 것, 소위 '덜 까진' 것이다. 나름대로 머리를 굴리지만, 거기까지가 한계일 뿐이다. 그러니 "모르는 게 약이다."라는 말처럼, "알면 다친다."라는 말도 거짓이다. 순진한 것이 착한 것을 의미하는 것도 아니다. 가난한 사람은 부자보다 선하지 않다. 가난하면 돈이 없으니 마음먹은 대로 못할 뿐이다. 유명 인사의 도덕적 스캔들을 비난하지만 그를 부러워하는 사람도 있다. 방글라데시 사람들을 5년만 미국의 라스베이거스에서 돈 없이 살도록 한 다음 질문해 보자.

"당신은 지금도 행복한가요?"

순진은 모르는 것이다. 순수는 알지만 원하지 않을 수 있는 것, 즉 자유한 것이다. 그래서 아이는 어거스틴 같은 성자와는 다르다. 물론 순진이 그대로 머무를 수 있다면 축복이다. 순진한 상태 자체만 보면 현상학적으로 순수와 동일하기 때문이다. 모르기 때문에 욕망하지 않고 욕망하지 않기에 탐욕으로 나아가지 않으며, 탐욕이 없기에 질투나 시기, 폭력이나 사기 또는 살인 등의 범죄로 나아가지 않는다. 그래서 예수는 어린아이와 같아야 천국에 들어갈 수 있다고 말했다. 어린아이는 아직 세상의 탐욕으로 물들지 않은 가난하고 빈 마음의 상태이기 때문이다.

하지만 모르기 때문에 원하지 않는 것과 알고도 원하지 않는 것은 다르다. 모르는 사람은 원하지 않는 것이 아니라 원할 수 없는 것이다. 그래서 알고, 그래서 원할 수 있지만 원하지 않는 사람이 순수하다. 그는 자유로운 사람이다.

뒷모습

방글라데시인과 캐나다인의 비교에는 우리가 간과해서는 안 될 중요한 요소가 있다. 그것은 방글라데시의 가난이 욕망의 대상을 제한하고 있다는 점이다. 캐나다에서는 욕망의 대상이 끝없이 새롭게 생산되어 개인을 자극하는 데 반해 방글라데시에서는 그 자극의 속도가 지극히 느려, 거의 느끼기 힘들다. 따라서 핵심은 가난 자체가 아니라 가난으로 인한 욕망의 제한이다. 어떤 이유에서건 대상의 존재를 모르면 욕망으로부터 자유롭고 따라서 불행감을 덜 느끼게 된다는 것 그리고 그것이 행복감으로 이해될 수 있다는 사실이다. 도시에 살던 사람들이 귀농하는 현상이나 극단적으로 무소유를 추구하는 이유도 여기에서 찾을 수 있다. 귀농인은 눈에 보이는 것, 즉 욕망을 불러일으키는 대상을 인위적으로 제거하고 싶은 것이다. 자연을 보고 있는데, 풀이나 꽃들이 "날 사! 날 가져!"라고 자극하지는 않는다. 그럼에도 이러한 시도가 항상 성공하지 못하는 것은 인간의 의식에는 기억과 상상력이 있기 때문이다. 도시 생활을 잊을 수 없다면 자연으로의 귀환은 그리움만 증폭시킬 것이다. 무소유의 경우는 장소의 이전을 통한 자극으로부터의 분리와 함께 마음의 능동적 분리를 추구하는 것이다. 이 경우 마음의 분리를 위한 수양이 요구된다. 문제는 수양이 지나친 금욕주의로 이어질 수 있다는 점이다. 그리고 이 문제는 욕망의 본질에 관한 질문으로 이어진다.

행복지수의 진실, 그 뒷모습은 행복지수가 부와 '행복'의 관계가 아닌, 욕망과 '행복감'의 상관관계를 보여 준다는 사실이다. 그리고 그것은 두 가지이다.

1) 인간은 누구나 욕망의 존재이다.
2) 모든 인간은 자신의 욕망 충족에 비례해서 행복감을 느낀다.

방글라데시 사람이나 미국인이나, 어린아이나 어른이나, 또는 시골 사람이나 도시 사람이나 인간은 동일하다. 인간은 욕망의 존재이며 욕망 충족에서 오는 행복감을 위해 살아간다. 여기서 주의할 단어는 바로 '행복감'이다.

행복감은 행복이 아니다. 따라서 행복감을 나타내는 행복지수도 행복과는 상관이 없다. 행복이 명품이라면 행복감은 짝퉁에 불과하다. 그것은 욕망의 매트릭스로 인류를 현혹시키고 지금까지 진정한 행복으로 나아가지 못하도록 만든 주범이다.

그렇다면 왜 행복지수를 통해 드러나는 행복감이 행복이 될 수 없는 것일까? 이를 위해서는 먼저 욕망과 행복감을 자세히 살펴봐야 한다.

행복감과 욕망

현대인은 밤잠을 설치며 경쟁 사회에서의 성공을 위해 노력하고 있다. 사람들은 자신의 행복을 위해 산다고 믿고 있다. 그렇다면 그들이 생각하는 행복은 무엇일까? "당신이 원하는 행복이 무엇입니까?"라는 질문에 대해, 솔직한 사람들은 아마 대부분 다음과 같은 대답을 할 것이다. 행복이란 다른 것이 아니라,

1) 일단 '안정적'으로 살고,
2) '즐기고 싶은 것 마음대로 즐기고',

3) '원하는 것은 무엇이든지 사고',

4) 그래서 남이 볼 때 '폼 나게 사는 것'이다.

5) 그러니 돈이 많아야 하지만,

6) '남한테 간섭은 안 받고, 마음대로' 사는 삶이다.

제시된 행복들의 공통점은 그것들 모두가 인간의 욕망과 관계한다는 사실이다. 행복지수 통계의 진실처럼 사람들은 욕망 충족을 통해 발생하는 행복감을 행복과 동일시하고 있는 것이다. 이제 위에 열거된 욕망들의 체계를 잡아 보도록 하자.

욕망			
종류	육체의 욕망	자극의 욕망	비교의 욕망
목적	생존	쾌락	우월감
모습	의식주성과 안전	향유(즐김)와 소유	평등과 자유 (성공/권력/명예etc)

행복에 관한 견해 중 ① '안정적 삶'은 육체의 욕망에 대응한다. 그리고 ② '즐김'과 ③ '소유'는 자극의 욕망에 부합한다. 그리고 ④ '폼 나게 살고 싶다'는 비교의 욕망에 해당한다. 그러므로 인간이 추구하는 기본적 욕망의 종류는 크게 세 가지이다.[2]

먼저 육체의 욕망은 생존을 위해 선천적으로 인간이 지니고 있는 의식주와 성에 대한 본능적 욕구이다. 동시에 위협으로부터 벗어나려는 안전의 본능이다. 일반적으로 현대인은 이 욕망이 충족되어 있으므로 평소에는 잊고 지내는 경우가 대부분이다. 하지만 한 끼만 굶어도 이 근원적인 욕망은 고개를 든다. 인간이 육체적 욕망에 얼마나 집착할 수밖에 없는지는, 극단적 상황에서 인간이 인간을, 심지어 자식까지도 잡아먹는 경우를 보면 알 수 있다. 사실 이 반인륜적인 행위는 고대 원시 문명에서만 볼 수 있는 것이 아니라 우리 주변에서도 진행형인 사건이다. 독재에 신음하는 북한 주민 가운데 인육을 먹는 사건이 발생했다는 탈북자들의 증언도 있다. 그뿐인가! 지금도 세계인구의 절반 이상은 굶주리고 있다. 그런 의미에서 육체의 욕망에서 자유로워진 것만 해도 복이지만 인간은 생존으로 만족하지 않는다. 아기는 자랄수록 어머니의 젖, 맛있는 분유 그리고 달콤한 알사탕을 거치고 '단순한 먹기'에서 '즐기며 먹기'로 넘어간다. 그는 그냥 옷을 입으려 하지 않고 더 예쁘고, 더 세련된 옷으로 자신을 감싸기 원한다. 대부분의 산업화된 국가에 생존욕은 이미 보장되어 있다. 2011년 지진과 쓰나미로 최악의 사태를 경험한 일본 동부 사람들이나, 북한을 떠도는 꽃제비들 그리고 진흙을 구워 먹는 아이티인들이 선진국의 사람들에게는 낯선 존재들일 뿐이다.

둘째, 자극의 욕망은 대상의 자극이 시작되면서 발생하기 시작한다. 인간은 의식주와 무관한 순수한 쾌락을 원하는 존재이다. 아기는 놀이를 원한다. 그리고 시간이 지날수록 소유와 즐김을 통한 쾌락이나 향유에 대한 욕망은 외부의 자극에 따라 무한대로 증가한다. 맛있는 스파게티, 재미있는 영화, 새로 나온 스마트폰 등 우리 주변에는 욕망을 자극하는 것들로 가득 차 있다. 그리고 그것들은 모두 후천적 경험을 통해 첨가되는 것들이다. 특히 모든 아이들이 어느 순간 접하게 되는 미디어는 자극의 욕망을 홍수처럼 쏟아붓는다. 햄버거나 치킨, 고급 장난감에서 시작된 사치의 욕구는 루이비통, 구찌, 크리스찬 디올 등 명품들과, VVIP호텔과 명차 그리고 최고가의 저택들로 이어진다. 아이돌 스타들이 청소년들의 마음을 홀리고, 최고의 스타들이 현대인의 삶을 훔친다. 세상에는 즐길 것 그리고 살 것이 너무 많다. 따라서 아무 생각 없이 아이들이 미디어에 접하고 사회에 진입하게 될 때, 쾌락의 욕망은 개인의 인격과 성격 그리고 때로는 운명마저 바꿔 버리게 된다. 이제 모든 사람들은 경쟁하듯이 단지 욕망 충족을 위해 몰입하고 그것으로부터 행복하다는 느낌을 찾는다.

자연으로 귀농하는 사람들은 자극으로부터 오는 쾌락이 지니는 문제를 인식한 사람들이다. 그들은 자연의 풍경이 도시의 물건들처럼 자신들을 자극하지 않는다는 것을 알고 있다. 무엇보다 자연은 쾌락으로 인해 자극된 인간의 내면을 안정시켜 준다. 자연도 대상이므로 자연을 향유하는 것 역시 의존적이지만 그럼에도 불구하고 이 행복감은 긍정적이다. 자연은 '자극'하지 않고 '안정'시켜 준다. 그리고 말초적 쾌락보다 지속적이다. 하지만 쾌락에 자극된 현대인이 쉽게 자연과 함께한다는 것은 쉬운 일이 아니다. 좋다는 것을 알면서도 싫은 것을 계속하는 것일까? 그렇지 않다. 대부분의 사람들에게 자연과의 대면은 지루할 뿐이다.

쾌락적 욕망을 잠재울 수 있는 또 다른 방법은 창조적 예술 작품을 감상하는 것이다. 고전음악이나 예술 작품은 접촉을 통해 안정과 평안을 선물한다. 하지만 그것도 현대로 올수록 예술성이라는 이름하에 자극적인 성향을 보이고 있다. 따라서 장르는 중요하지 않다. 클래식이냐 팝이냐가 중요한 것이 아니라, 비트와 사운드 그리고 시각적 이미지가 오감을 자극하느냐 아니면 안정시키느냐가 중요하다. 그렇다고 조용한 것이 모두 좋은 것은 아니다. 우울한 것은 쾌락적인 것보다 더 부정적일 수 있다. 실제 자극적인 것보다 우울한 음악이나 그림, 영화가 더 매력적으로 보인다.

마지막으로 인간관계에서 발생하는 비교의 욕망이 있다. 생후 6개월이 되면 인간에게는 자아의식이 생긴다. 하지만 이때 발생하는 것은 자아의식만이 아니다. 자아의식은 필연적으로 타자의식을 동반한다. '내가 나임을 아는 것'은 '내가 네가 아님을 아는 것'이다. 그리고 '네가 너임을 아는 것'은 '네가 내가 아님을 아는 것'이다. 따라서 자아의식이 발생하는 순간부터 인간에게는 '나와 너의 비교의식'이 발생할 수밖에 없고 타인의 시선에 관심을 가질 수밖에 없다. 그런데 인간과 인간의 관계에서 타인이 바라보는 나는 사실 '나' 자신이기보다 '나'의 부수적인 것들이다. 무엇을 입고, 타고, 먹고, 어디 살고, 어떤 자리에 있고 등등. 따라서 인간은 이 부수적인 것들을 통해 타인과 자신을 비교하고 그로부터 자신의 자존감을 확인하게 된다. 이렇게 비교의 욕망은 소유나 쾌락의 욕망을 부추긴다.

　R. 지라르(Rene Girard)[3]는 인간의 욕망을 욕망 주체와 욕망 대상 간의 직선구도가 아니라, 주체와 대상 그리고 매개자라는 삼각구도로 진단한다. 스마트폰을 욕망하는 자는 사실 CF상의 모델이나 주변 인물 누군가가 스마트폰을 멋지게 사용하는 것을 본 것이다. 물론 생리적 욕망의 경우는 매개자가 필요 없다. 누군가 화장실을 가는 모습을 보고 화장실에 가고 싶어 하는 사람은 없다. 하지만 다른 욕망에는 매개자 내지 중개자가 있다. 욕망은 근본적으로 모방욕망이다. 지라르의 분석이 재미있는 것은 욕망의 삼각구도 안에 욕망 주체와 매개자가 고정되어 있지 않다는 사실이다. 자본을 욕망하는 현대인은 욕망 주체도 되지만 동시에 타인의 매개자가 되기도 한다. 이러한 사실은 욕망 대상인 자본을 놓고 사람들이 서로 경쟁 관계에 들어갈 수밖에 없음을 의미한다. 그런데 이 경우 사람들의 욕망이 모방욕망이므로 욕망 주체는 경쟁자가 자신을 모방하지 않도록 시도한다. 그러기 위해서 그는 자신이 대상을 욕망하지 않는 것처럼 행동함으로써 자신에 대한 타인의 모방을 근본적으로 차단하려 한다. '내

숭'이라고 우리가 부르는 것처럼 욕망을 은폐하고 은밀하게 분출시키는 것이다. 학교에서 시험 전날 경쟁 관계에 있는 아이에게 "얘! 공부가 다니? 건강이 중요한 거야. 우리 같이 놀자, 응?" 하며 부추기는 학생을 우리는 종종 본다. 그리고 우리는 그 학생이 그날 밤 혼자 밤새도록 공부한다는 것도 안다. 모방욕망과 욕망의 은폐는 인간이 근본적으로 비교의 욕망이 있다는 것을 알게 해 준다.

비교의 욕망은 근본적으로 평등과 자유의 욕구로 구분될 수 있다. 사람들은 누구나 타인과의 관계에서 배제되고 싶지 않으면서도 타인보다 앞서고 싶어 한다. 그래서 인간은 일차적으로 무시당하고 '따'당하는 것을 견디기 힘들어 하며, 소속과 평등을 원한다. 하지만 결국은 자신만이 모든 것을 차지하기를 원한다. 따라서 평등과 자유 중 궁극적인 것은 자유이다. 인간은 평등을 원하는 것처럼 보이지만 그것은 소외되었을 때뿐이고 일단 평등하게 되면 다시 남보다 나은 존재가 되어 '폼 난' 인생을 살기 원한다. 무리로부터 튀는 존재가 되길 원하며 홀로 대우받고 존경받고, 사랑받기를 원한다. 말 그대로 '왕자'나 '공주'가 되기를 원한다. 이렇게 남들보다 마음껏 잘날 수 있는 권리, 그것을 우리는 멋진 말로 '자유'라고 한다. 물론 이때 자유는 정치적 의미가 아니다. 그것은 우리가 '아메리칸드림'으로 알고 있는 '마음껏 벌어서 남보다 차별화되어 맘대로 즐기며 살라는 것'을 의미한다. 이렇게 소속과 일탈이라는 이중적 욕망은 결국 성공과 명예 그리고 권력의 욕망들로 구체화된다.

육체의 욕망, 자극의 욕망 그리고 비교의 욕망. 인간에게 내재된 이 세 가지의 욕망의 본질은 그것들이 몸을 지닌 인간의 근원적 욕망이라는 사실이다. 그리고 우리가 사회에서 접하는 인간의 다양한 욕망들은 사실 엄밀히 말하면 이 세 가지 원초적 욕망의 현실화된 양태들이다.

자본의 욕망

그런데 세 가지 기본적 욕망 외에 자본주의사회에서는 중요한 욕망이 하나 더 추가된다. 그것은 자본에 대한 욕구이다.

인간(몸)의 욕망			
종류	1. 육체의 욕망	2. 자극의 욕망	3. 비교의 욕망
대표 욕망	자본		
근본 욕망	사랑받고 싶은 욕망=이기주의		

왜 자본의 욕망이 중요할까? 자본이 모든 욕망을 성취시켜 줄 수 있을 것이라고 사람들이 믿고 있기 때문이다. 따라서 자본은 인간의 기본적 욕망을 총괄하는 개념이다. 그리고 바로 그런 이유로 많은 사람들의 삶의 목적이 단지 자본축적에 집중되어 있는 것을 볼 수 있다.

본래 자본은 절대가치가 아닌 교환가치의 대상일 뿐이다. 물이나 공기처럼 사용가치를 지니고 있는 것도 아니다. 하지만 자본주의사회에서 자본의 교환능력은 상대성만을 지닌 자본을 절대적 욕망의 대상으로 전환시켰다. 즉 교환가치가 절대가치화되고, 마치 돈이 사용가치를 지니고 있는 것처럼 사람들이 믿게 되었다. 사람들이 어떠한 수단을 동원해서든 돈을 모으려 하고 돈만 소유하고 있어도 행복한 것처럼 여기는 현상이 그 사실을 증명한다.

자본이 절대적 가치라는 사실은 공산주의와의 비교를 통해 더 잘 알 수 있다. 사람들은 자본주의와 공산주의를 대립 개념으로 이해하고 있다. 하지만 그것은 사실과 다르다. 공산주의도 사실 자본주의이다. 자본주의는 말 그대로 자본이 주인인 사회이다. 그것은 개인주의가 지배하는 서구 민주주의만을 의미하는 것이 아니다. 우리가 공산주의라고 부르는 구소련이나 동구 그리고 지금의 중국이나 심지어 북한의 독재정치도 모두 돈을 좋아한다. 이 세상에 돈을 싫어하는 사람은 없다. 자본에 종속되지 않는 사람들은 소수일 뿐이다. 정확히 말해 공산주의와 자본주의는 그 목적의 측면에서 동일하게 자본주의이다. 단지 방법의 차이만 있을 뿐이다. 서구사회는 엄밀한 의미에서 개인주의사회이고 따라서 경제는 자유방임적 시장경제체제이다. 반대로 공산주의사회의 경제는 사회주의적 기획경제체제이다. 결국 자본창출의 주체와 정책 그리고 분배방식의 차이에서 개인주의사회와 공산주의사회는 구분될 뿐, 모든 인간은 돈을 사랑한다.

이기주의

마지막으로 모든 욕망의 토대가 되는 근본 욕망을 보자. 그것은 이기주의, 즉 모든 사람으로부터 인정받고, 사랑받고, 나아가 모든 것의 중심이 되고 싶은 욕망이다. 사람에게 이 욕망은 대략 3세경에 본격적으로 시작된다. 프로이드(Sigmund Freud)는 이를 인격발달과정의 남근기에서 '오이디푸스 콤플렉스'(Oedipus Complex)를 통해 설명한다. 오이디푸스는 아버지를 죽이고 어머니와 결혼한 후, 그 사실로 인해 결국 자신의 눈을 뽑고 평생 유랑하게 되는 희랍의 비극적 영웅이다. 프로이드는 이 오이디푸스 신화를 통해 사회에 적응해야 할 인간이 반드시 배워야 할 것, 즉 반사회적인 욕망을 억제하는 것을 체득하는 과정을 설명하고자 했다.

오이디푸스 콤플렉스에 따르면 3~6세 사이의 남자아이는 엄마에 대한 근친상간의 반사회적 욕망을 품게 된다. 동시에 그는 경쟁자인 아버지를 의식하게 되고, 그래서 부친 살해욕구를 지니게 된다. 경쟁자를 제거하고자 하는 것이다. 하지만 거대한 아버지가 자신을 벌할지도 모른다는 거세공포증을 동시에 지니게 된다. 결국 갈등하던 아이는 일반적인 경우 엄마에 대한 욕구를 억제하고 아버지에 순응하게 된다. 여기서 아버지는 물론 사회의 법과 도덕을 상징한다. 그러므로 오이디푸스 콤플렉스를 통해 프로이드가 설명하려고 하는 것은 분명하다. 인간이 사회화되기 위해서는 반드시 자신의 반사회적 욕망을 억제하고 법과 도덕에 순응하는 법을 배워야 한다.

무의식에 대한 이 비약적 해석의 실제는 아이가 엄마를 독차지하고 싶어 한다는 것이다. 모든 사람의 사랑을 자신의 것으로 만들려는 욕구는 몸을 지닌 존재의 뿌리 깊은 이기주의적 본성이다. 동생이 엄마의 사랑을 빼앗아 간다고 생각해 구박하는 행위는 인간에게만 있는 것이 아니다. 심지어 애완견도 주인 부부가 아이를 낳고 관심이 그리로 쏠리면 아기를 물어 죽이는 경우도 있다. 이처럼 인간 욕망의 근원이 이기주의라고 하는 사실은 지금까지 인류가 행복으로 착각한 행복감의 근원이 이기주의임을 보여 준다. 그런데 이기주의는 모든 것을 자신에게로 끌어당기는 본성이 있다. 그러므로 사람들이 생각하는 행복의 본질, 즉 행복감은 결국 '사랑받고 싶은 욕망', 즉 엄밀히 말해 모든 것을 '소유'하고 싶은 욕망이다.

행복감과 행복 - 짝퉁과 명품

2011년 4월 29일 윌리엄 왕자(William Arthur Philip Louis)와 케이트 미들턴(Catherine Elizabeth Middleton)의 결혼식이 거행되었다. 웨스트민스터대성당에서 진행된 결혼식의 총 비용은 최대 8천만 파운드, 우리 돈으로 1400억 원으로 추산된다. 성대한 결혼식을 치른 신랑 신부는 미래의 키스를 하고 행복한 미소로 손님들과 인사했다. 아마도 이 결혼식이 '세기의 결혼식'이라고 불리는 이유는 사람들이 두 사람의 모습에서 행복감의 극치를 보았기 때문일 것이다. 그런데 사실 윌리엄 왕자의 결혼식은 30년 전 3천만 파운드를 쓴 그녀의 어머니 고 다이애나(Diana Spencer) 비의 경우보다 검소한 것이었다. 당시 찰스(Charles Windsor) 황태자와 다이애나 비의 결혼식이 지니는 화려함은 그녀가 입었던 가운만 보아도 알 수 있는데, 그 가운에는 약 1만여 개의 진주가 박혀 있었으며 길이도 15피트 정도가 되었다고 한다. 그런 의미에서 그녀는 최고의 행복감을 경험한 여성이었다. 하지만 결혼 후 그녀의 삶을 보면 행복했던 것으로 평가하기는 어려울 것 같다.

행복감과 행복은 다른 것이다. 행복감은 단순히 '행복하다는 느낌' 또는 '좋아 죽겠다는 감정'일 뿐이다. 인류는 이 행복감을 행복으로 착각해 왔고, 문명은 발전이라는 허울 아래 수없이 새로운 행복감의 대상들을 만들어 왔다. 그래서 사람들은 더 많은 행복거리를 얻게 되었다고 믿어 왔다. 하지만 그것은 말 그대로 '새빨간 거짓말'이다. 행복감은 행복의 짝퉁일 뿐 행복이 아니다. 행복감은 결코 행복을 가져다줄 수 없다. 만일 인간이 행복감을 행복으로 여기고 삶의 궁극적 지향점으로 설정하면 삶의 행복감은 얻을 수 있을지 모르지만 동시에 무의미나 허무 그리고 그로 인한 고통과 파멸을 경험할 가능성이 높다.

그렇다면 왜 행복감은 행복이 될 수 없는 것일까? 왜 대부분의 사람들이 원하는 그 행복감을 행복으로 추구하면 안 된다는 말인가?

주관적인 행복감

먼저 행복감은 주관적이다. 사람마다 개인에 따라, 상황에 따라 그리고 시기에 따라 행복감은 다르다. 따라서 행복감은 각자가 선호하는 욕망 충족으로 인해 발생하는 감정의 흥분 상태만을 드러낼 뿐이다. 그래서 객관성이 없으며 순간적이고 찰나적이며 일시적 현상에 머무른다. 그런데 행복이 굳이 객관적일 필요가 있는 것일까?

마약은 왜 나쁜 것일까? 이 질문에 대한 답을 모르는 사람은 없다. 누구나 마약이 건강을 해치거나 가정을 파괴할 것이라고 생각하기 때문이다. 하지만 나는 지금 누구나 다 아는 그런 보건복지부 장관의 이야기를 하는 것이 아니다. 철학적으로 보면, 마약이 나쁜 진정한 이유는 다른 것이다. 그것은 마약의 효과, 즉 환각효과가 언젠가 끝난다는 사실에 있다.

> 어떤 불쌍한 거지가 있었다. 헤진 옷에 신발도 없이 그는 오늘도 영하 20도의 거리를 헤맸다. 그리고 지금 추운 바람을 피하기 위해 지저분한 개천 다리 밑에서 웅크리고 있다. 신문지로 몸을 감싸고 덜덜 떨고 있는 그에게 누군가 마약을 주었다. 그것을 먹는 순간 그는 환각 속으로 빠져든다. 더 이상 춥지 않았다. 환상적인 집에서 아름다운 여성과 사랑을 나누었다. 그는 행복했다. 그때 길을 가던 행인 하나가 마약에 취한 그를 보고 두드려 깨웠다.
> "어이, 일어나! 지금 당신은 환각 상태에 빠져 있어! 실제가 아니라고!"

하지만 만약 그 거지의 환각 상태가 죽음에까지 지속될 수 있다면, 아마 그 거지는 깨어나기를 원하지 않을 것이다.

만약 주관적 행복감이 진정 행복이라면 이 거지는 지금 최상의 선택을 한 것이다. 하지만 중독 상태는 행복이 아니다. 술에 만취되면 행복감을 느낀다고 매일 술을 마시라고 할 수 있겠는가! 중독 상태는 자유의지가 사라진 상태이다. 그런데 인간의 근원적 가치는 바로 그 자유의지에 있다. 자유가 없는 인간은 노예와 같다. 고대사회의 노예는 상품이었다. 그리고 상품은 사물이다. 결국 중독 상태는 인간이 스스로 인간이기를 포기한 상태가 된다. 그런데 인간이 아닌 존재에겐 행복이 존재할 수 없다. 그래서 동물에겐 행복감만이 존재한다. 동물에겐 자극과 반응만이 있기 때문이다.

라푼젤(Rapunzel)이 만약 탑 안에서의 생활에 행복감을 느낀다면, 그래서 탑 밖으로 나오기를 원하지 않았다면 우리는 그녀가 행복한 삶을 살았다고 말할 수 있을까? 행복은 무엇을 단순히 원한다는 사실에 있지 않다. 행복에는 방향이 중요하다. 인간의 욕망이 비정상적인 방향을 향하여 왜곡된 대상을 지향하면, 그 결과는 행복으로부터의 이탈이다. 히틀러나 김일성 같은 존재들처럼 타인에게 고통을 주거나 살해하며 쾌락을 느끼는 존재를 정상이라 할 수는 없다. 바바리맨이 행복하다고 그를 용인할 수는 없다. 행복감의 주관적 다양성을 인정하면 결과적으로 맹목적 다양성을 수용할 수밖에 없다.

'나'의 사라짐

둘째로 행복감의 충족 안에 '나'는 없다. 행복은 '내가 행복한 것'이다. 물론 행복감도 내가 느낀다. 문제는 무엇이 그 행복감을 발생시키는가 하는 것이다. 행복의 원인은 내 안에 있다. 나로부터 행복이 나와 내가 행복해지는 것이다. 하지만 행복감은 욕망으로부터 발생한다. 그것은 내가 스스로 만들어 내는 것이 아니라, 욕망의 대상이 나에게 촉발시키는 것이다. 그런 이유로 행복감을 추구하는 개인은 대상에 종속적일 수밖에 없으며 동시에 행복감을 향한 욕망은 멈추기 어렵다. 욕망의 대상이 지속적으로 생산됨에 따라 욕망 역시 끝없이 증폭되기 때문이다. 그러므로 행복감엔 종착점이 없다. 실제 문화화된 인간은 살기 위해 먹지 않는다. 먹기 위해서만 사는 것도 아니다. 인간은 즐기고 소유하며 타인으로부터의 시선을 느끼고 싶어 한다. 그래서 고급 음식, 최고급 의상과 액세서리, 세련된 차와 집을 원할 수밖에 없다. 그런데 욕망을 겨냥한 대상의 생산은 멈추지 않는다. 자본주의사회의 기업이 존재하는 본질적 목적도 여기에 있다. 기업은 끊임없이 인간의 욕망을 자극해서 수요가 공급을 창출하도록 만든다.

행복감을 새 차에 두는 사람을 보자. 그는 "차의 모든 것이 여기에 있다!"라는 광고에 신형차를 산다. 그런데 조금 후에 "모든 차의 끝! 더 이상 차를 묻지 마라!"라는 광고를 보게 된다. 그래서 다시 샀다. 그런데 얼마 뒤 "차의 새로운 시작!"이라는 광고가 등장하게 된다. 언제까지 차를 사야 할까? 한계효용체감의 법칙은 그로 하여금 계속 새로운 차를 구입할 것을 요구할 것이다. 어쩌면 그는 "만약 내가 아무 어려움 없이 새 차를 계속 구입할 수 있다면 죽을 때까지 행복할 거야!"라고 생각할지 모른다. 그

〈당신은 지금 보고 있는가, 아니면 보도록 강요되고 있는가?〉

러나 엄밀히 생각해 보라. 지금 그가 차를 구입하고 있는가? 아니면 차가 그를 구입하고 있는가?

행복감의 대상은 항상 가시적이다. 그래서 먹거리, 놀거리, 탈거리 그리고 권력의 자리까지 모두 '나'를 자극한다. 나는 그것을 본다고 생각하지만 사실은 보도록 유도되고, 나는 그것을 가진다고 생각하지만 사실은 가지도록 강제되고 있다.

인간적 가치의 본질은 자유에 있다. 절대적 일회성의 존재로 태어난 개인이 스스로 자신의 삶을 살지 못하고 무엇인가에 의해 노예처럼 끌려가고 있다면, 그것은 마조히즘적 성향의 인간으로밖에 볼 수 없다. 1차 대전의 후유증으로 인한 무력감과 절망감에서 파시스트 정권을 허용하고, 히틀러(Adolf Hitler)라는 권력자에게 자유를 양도한 채, 아리안 족이라는 왜곡된 자부심 속에서 행복감을 느꼈던 독일민족을 정상이라고 할 수는 없다. 행복의 기본 조건은 자유이다. 그런데 행복감은 그것이 목적이 될 때, 나를 자극하는 대상에 종속되어 마치 도살장에 끌려가는 소처럼 대상을 향해 나아갈 수밖에 없도록 만든다. 물론 대상은 나의 종속성을 유지하기 위해 계속 새로운 모습으로 탈바꿈한다. 사실 문명 자체가 유혹의 역사이다. 지금도 스마트폰 같은 최신 상품들은 지속적으로 업그레이드되고 새로운 버전이 출시된다. 사람들은 새로운 제품을 기다린다. 그리고 자신이 새 상품을 구입하는 것이라고 믿는다. 물론 돈은 자신이 낸다. 하지만 결국 행복감의 대상에 중독되고 무엇보다 심각한 것은 '나'를 상실하고 '내'가 존재할 수 없게 된다는 것이다.

게임하는 사람을 보자. 처음 그는 자신이 게임을 시작한다. 그러다 어느 순간 우리는 게임이 그를 게임하고 있는 것을 보게 된다. 그의 귀에는 계속 속삭임이 들린다. "새로 나온 거야, 안 하고 지나가면 안 되지. 그건 게임에 대한 예의가 아니잖아?" 아줌마들도 마찬가지이다. 처음에는 자신이 드라마를 보지만 어느 순간 드라마가 자신을 보게 된다. 그 시간에는 꼭 집에 있어야 하고, 반드시 보아야만 직성이 풀린다. 인터넷 쇼핑을 하는 사람도 결국은 쇼핑이 그를 쇼핑하게 되고, 술을 마시는 사람도 술이 그를 마시게 된다. 행복감을 행복으로 착각하는 순간 행복감을 향한 욕망의 추구는 멈출 수 없게 되고, 더 나아가 자신의 주체적 삶은 사라지며 종속적 삶만 남게 된다. 이런 현상이 나타나는 이유는 행복감이 항상 주체 중심적이 아니라 대상 의존적이기 때문이다. 행복감은 내가 얻는 것처럼 보이지만 사실은 대상이 나에게 부어 넣는 것이다. 따라서 행복감이 나에게서 나오는 것이 아니기 때문에, 사실은 내가 사는 것이 아니라 대상이 나를 살게 하는 것이다.

여기서 우리는 왜 문화화된 현대인일수록 행복하지 않다고 생각하게 되는지 이해할 수 있다. 행복감과 행복이 동일시될 때 새로운 제품의 등장속도와 자신의 경제적 여건의 상승속도가 비례하지 않으면 인간은 불행하게 느낄 수밖에 없다. 그래서 대다수의 사람들은 행복하다고 느낄 수 없고, 실제 느끼지 못한다. 남이 가진 것과 내가 갖지 못한 것이 보이기 때문이다. 그리고 비교의식에서 오는 상실감과 우울함을 견디지 못한다. 반면 방글라데시 사람들은 비교할 사람도 비교할 대상도 없기에 행복한 줄 알고, 정확하게 말하면 불행한 줄 모르고 살아간다.

행복감의 허구적 구조

셋째로 행복감은 허구, 즉 이데올로기에 기초하고 있다. 따라서 행복감을 행복이라고 여기는 사람은 평생 허상만을 따라 살게 된다. 당신의 인생 전체를 한번 생각해 보라. 행복감을 행복이라고 생각하는 사람들이 성공적이고 행복한 삶의 표본으로 생각하는 앞모습은 다음과 같다.

사람들은 좋은 대학에 입학하면 일단 행복의 한 계단을 올랐다고 생각한다. 그리고 졸업 후 멋진 회사에 취직하면 다음 계단, 연애하고 결혼

하고, 가정을 꾸리고, 그리곤 멋진 차를 사고 새집을 사고 그리고 승진하고, 이렇게 한 계단 한 계단 올라가다 보면, 언젠가 나이가 들어 고생끝 행복시작을 보장하는 찬란한 빛의 태양이 자신에게 비추리라고 생각한다. 기업광고사진에는 신입사원들이 함께 모여 젊음을 과시하고 미래에 대한 희망찬 도약을 자신하는 모습이 담겨 있다. 결혼사진에는 미래를 가리키는 남자의 손과 그 끝을 바라보는 기대에 찬 여성의 시선이 있다. 하지만 그것들은 모두 거짓이고 뒷모습은 전혀 다른 얼굴을 하고 있다.

사람들은 대학에 입학하면 일단 행복감을 느낀다. 하지만 그 행복감은 6개월 정도 지나면 사라지고 마음은 입학 전 상태로 돌아온다. 동일한 행복감을 다시 느끼기 위해 취직을 한다. 하지만 취직의 기쁨도 잠시 뿐이다. 그래서 차를 사고, 결혼을 하고, 가정을 꾸리고 승진한다. 야구장도 가고, 골프도 치고, 그렇게 계속 행복감을 올려 보지만 일정 시간이 지나면 다시 원상태로 돌아가는 것을 막을 수 없다. 그러는 사이에 세월은 부질없이 흐르고 어느덧 거울 속에는 쭈글쭈글한 노인이 보인다. 노인이 되도록 계속 행복감의 상승과 하강을 반복하며 살아온 것이다. 그런데 그 나이가 되어서도 계속 행복감을 찾는다. 그래서 "뭐 재미있는 것이 없을까?"라고 시간을 '죽일' 수 있는 '꺼리'를 찾는다. 그래서 그날 밤도 드라마를 재미있게 본다. 그렇게 보다, 그냥 죽는다.

실재

대학 취업 승진 차 연애 결혼...드라마

죽음

한 아파트에 사는 노인이 죽은 채 발견되었다. 방에는 TV가 켜져 있었고 죽은 지 꽤 되어 악취가 풍기는 시신 옆에는 빈 맥주 캔들과 먹다 남아 쉬어 터진 음식들이 널려 있었다. 그리고 TV 프로그램 가이드도 있었다. 그 가이드는 펼쳐진 상태였는데, 저녁 시간대 "CSI: 뉴욕 시즌1"이라는 프로그램에 굵은 밑줄이 그어져 있었다.

대부분의 사람들은 이렇게 살다 간다. 행복감이 인간에게 행하는 가장 심각한 해악은 인간으로 하여금 아무런 의미에 대한 질문도 없이, 바로 앞만 보고 다람쥐 쳇바퀴 돌듯 달려가게 만든다는 사실이다. "매트릭스"라는 영화에서 시스템의 스미스 요원은 수십억의 사람들이 시스템에 의해 만들어진 허구의 세계에서 아무 생각 없이 살다, 아무 생각 없이 죽는다고 말한다. 실제 모든 인간들의 현실은 기계 세계의 에너지를 위한 자원으로 부화되고 재배되고 폐기 처분될 뿐이다. 그들은 모두 새롭게 만들어진 이미지와 기호를 행복인 줄 알고 살아간다. 그것은 동일한 쳇바퀴이지만 한 바퀴 돌고 나면 앞에 새로운 것이 보이기에 마치 새로운 길인 것처럼 끊임없이 같은 곳을 돌다 죽는 다람쥐와 마찬가지이다.

매트릭스의 교훈은 분명하다. 사유를 본질로 하는 대자적 존재인 인간이 사유 없는 즉자적 존재인 기계처럼 살아가고, 사유 없는 즉자적 존재인 기계가 대자적 존재가 되어 인간을 노예화하고 있다. 인간이 기계를 사용하는 것이 아니라 기계가 인간을 사용한다. 마찬가지로 인간이 욕망을 즐기는 게 아니라 욕망이 인간을 즐기며, 마치 욕망의 존재를 위해 인간이 에너지원으로 존재하는 것 같은 주객전도 현상이 발생한다.

사람들은 바쁘게 정신없이 앞에 있는 문제를 향해 달려간다. 학짐 따느라 밤을 새고, 취직 후 경쟁에서 도태되지 않기 위해 몸을 사리지 않고 술 마시고, 밤늦게 새벽까지 프레젠테이션을 준비하고, 성공이란 단어 하나에 목숨 걸며, 아이 키우느라 등골이 휘고, 대출받아 월세, 전세를 살고 그 다음은 아파트, 또 그 다음은 "이 아파트는 화장실이 몇 개야?"라고 물으며 달려간다. 그런데 그렇게 끝없이 앞을 보고 달려가는데도 불구하고 종점이 없다. 그래서 의아해 한다. 그리고 그렇게 의아해 하다가 "혹시 지금 내가 늙은 것 아닌가?"라고 자문하다 죽는다. 아니면 "어! 병원에서 암이래!"라고 말하고 "아니 내가 왜?"라고 말하다 죽는다. 무지개를 좇아 계속 산을 넘는 소년처럼 끝없이 무엇인가 따라가다 죽는지도 모르고 죽는 것이다. 대상의 변화만 있지 행복감의 본질은 그대로이다. 대기업의 CEO는 다를까? 죽기 하루 전에도 "내일 수출 물량을 맞추어야 할 텐데!", "다음 달에 중앙은행에서 금리를 올린다니 대비해야겠어!"라고 말하고 있는 늙은 CEO는 '행복'을 생각할 여유조차 없다.

무의식 안에 이런 행복감의 싸이클을 느끼는 젊은이들은 이제 맹목적으로 산다. "결혼은 왜 해?", "집은 왜 사?", "아이는 왜 낳아?", "그냥 내가 원하는 대로 즐기다 갈래!", "여차하면 그냥 죽어 버리지 뭐!" 그들의 눈에는 쿨하게 보이는 삶이지만 지혜의 눈엔 '자포자기'와 '멋대로'의 삶일 뿐이다. 결국 기성세대가 지녔던 삶에 대한 어리석은 희망이 청소년들에게는 어리석은 절망으로 변질되어 버렸다. 하지만 변하지 않은 것은 분명하다. 모두 행복감의 매트릭스 안에 있는 노예일 뿐이다.

인간은 누구나 자신이 산다고 생각한다. 하지만 사실은 살아지는 것이다. 존재한다고 생각하나 사실은 언제, 어떻게 존재했는지도 기억되지 않은 채 사라져 버린다. 사실 사람들에게 존재로 기억된다는 것이 무슨 의미가 있겠는가? 꽃은 시들고 풀은 마르며, 떨어진 낙엽들은 바람에 날려 이리저리 날리다 잊혀질 뿐이다. 스티브 잡스처럼 성공한 사람도, 케네디나 김대중, 법정 스님이나 장자도, 마릴린 먼로나 마이클 잭슨 등 그 존재가 누구든 얼마나 위대한 삶을 살았든, 사실은 당신이나 나도 몇십 년 후면 존재한지 모르게 사라질 뿐이다.

우리는 사실 행복감과 욕망이 주는 현실을 알고 있다. 분명하지는 않아도 막연하게, 의식은 아니더라도 무의식은 느끼고 있다. 가끔씩 찾아오는 뜻 모를 공허함과 외로움, 만남과 술 취함 뒤의 허탈함과 쓰린 속은 반복되는 행복감의 장난에 대한 소극적 반응이다. 그런데 사람들은 그 허탈함을 없애기 위해 행복감으로부터 자유로워지려는 시도를 하는 것이 아니라, 더 행복감에 집착하고 그것으로부터 떨어지지 않으려 몸부림친다.

그래서 하나의 행복감과 다른 행복감 사이에 존재하는 간극을 줄이기 위해 매일, 순간마다 새로운 자극제를 찾는다. "오늘은 친구 만나 한잔하고, 내일은 쇼핑하고, 모레는 애인과 교외로 놀러 가고, 다음날은 또 쇼핑하고, 또 놀고, 또 마시고…." 그래서 빠른 속도로 다가오는 행복감을 느끼며 마치 자신이 지속적으로 행복한 상태인 것처럼 스스로를 기만한다. 사람들이 왜 돈을, 그것도 많으면 많을수록 좋다고 할까? 왜 돈이 행복의 근원인 것처럼 생각할까? 모든 것을 살 수 있고 모든 것을 즐길 수 있는 사람은 쉴 새 없이 등장하는 새로운 자극을 수렴하며 끊임없이 모든 자극

몸부림

데이트하고, 영화보고,
술 마시고, 쇼핑하고,
나이트가고…가고,
하고… etc.

의 욕망을 충족시킬 수 있기 때문이다. 그리고 더 나아가 부러워하는 시선을 먹고살 수 있기 때문이다. 하지만 그것은 행복감에 종속된 노예화된 인간이 보이는 전형적인 증상, 즉 중독에서 오는 일종의 '발악'일 뿐이다.

올라갔던 것은 무엇이든 반드시 내려온다. 그리고 내려오기 싫어서 행복감의 킥을 빠르게 반복한다 해도, 시간이 지나면 그 반복하는 과정 전체가 지루하고 싫증나게 된다. 그러면 매번 무엇인가 새로운 것을 찾아야만 하는 패턴 자체가 스트레스로 다가오게 된다. 매일 새로운 쾌락거리를 찾아다니는 삶, 돈을 쓸 데가 없어서 매일 무엇을 할지 고민하는 삶을 생각해 보라. 그러한 삶은 결국 언젠가 통째로 싫증나고 공허해지게 된다. 모든 것을 다할 수 있을 때 인간에겐 지루함이 찾아오고, 얼마 지나지 않아 공허와 허무가 오게 되어 있다. 그리고 그 다음도 논리적이다. 현실의 모든 것을 다 해 봐도 만족을 주지 못하면 현실을 벗어난 환상의 세계를 찾게 되어 있다. 그래서 쾌락을 통한 행복추구는 대부분 마약과 같은 환각의 세계로 끝나게 되어 있다.

기초수급자 부부가 있었다. 점심을 먹기 위해 아내가 물었다.
"뭘 먹지?"
남편이 대답했다.
"뭘 먹긴! 늘 먹던 것 있잖아! 컵라면 끓여!"
아내가 말했다.
"아이 지겨워, 맨날 같은 것만 먹고!"
서민 부부의 점심시간이다. 아내가 물었다.
"뭘 먹지?"
"뭘 먹긴! 늘 먹던 것 있잖아! 자장면 시켜!"
"아이 지겨워, 맨날 같은 거?"

중산층 부부의 식사 시간이 되었다.
"뭘 먹지?"
"뭐긴! 같은 것! 콤비네이션으로 할까, 슈퍼 슈프림으로 할까?"
"아이 지겨워!"
상류층 부부, "뭘 먹지?"
"뭐긴, 스테이크 먹으러 가자!"
"지겨워, 지겨워!"
마지막으로 VVIP층 부부가 식사를 한다.
"뭘 먹을까?"
"뭘 먹긴, 늘 가던 곳 예약해, 랍스터!"
"아이 진짜 짜증나! 도대체 뭐 새로운 건 없는 거야?"

VVIP층 부부가 행복해질 때는 랍스터를 먹으며, 라면이나 짜장면 또는 기껏해야 스테이크를 먹는 사람들을 볼 때 그리고 그들도 자신들을 보고 있는 것을 느낄 때뿐이다. 그래서 그들은 항상 하위층 사람들을 찾아다녀야 한다. 반대로 하위층 사람들은 위를 보기만 하면 짜증이 두 배, 불행이 두 배가 된다. 결국 남 때문에 행복하고 남 때문에 불행하다. 내가 아니라 남이 사는 것이다.

자본주의사회에서 부유한 소수의 욕망이 끝없이 새로운 것을 향한다면 그렇지 않은 다수의 사람들은 이미 존재하는 것 가운데 결핍을 느낀다. 그렇기 때문에 상대적으로 불만족한 것은 어쩌면 당연한 일이다. 가진 자에 대한 부러움은 욕망의 대상이나 정도에 대한 가치평가로부터 눈멀게 만든다. 그렇기 때문에 서로 경쟁처럼 소비한다. 욕망이 맹목적 소비로 나아갈 가능성이 높은 것이다. 비교의식에 빠진 대중은 CEO의 자녀가 사랑 때문에 자살했다는 소리를 들어도, 대기업 임원이 몇십억의 돈을 가지고도 승진과 탈락에 대한 중압감으로 자살했단 소릴 들어도 그리고 몇백억의 로또 당첨자가 오랜 시간이 흐른 후 돈이 지옥이었다고 말해도 결국 행복과 성공은 자본에 있다는 확신을 지우지 못한다. 현실은 현실이라는 것이다. 여기서 우리는 왜 사람들이 결코 행복에 도달할 수 없는지 알 수 있다. 욕망의 충족을 행복이라고 생각한다면 마음껏 쓸 수 있는 돈이 없을 때 불행할 수밖에 없고, 또 마음껏 쓸 수 있는 돈이 있어도 마지막엔 공허하거나 동일한 짜증밖에 없다. 이래도 불행, 저래도 불행이다. 그래도 당신은 돈 많은 불행이 좋은가? 그렇다면 돈이 많다는 것이 무엇인지 정확히 알고 있는가?

300억의 거지

어느 부자가 있었다. 그는 즐기는 것을 최대한 자제하며 평생 돈을 모았다. 그 결과 주변사람들이 부러워하는 300억의 부호가 될 수 있었다. 그는 자신이 너무 자랑스럽고 멋있게 느껴졌다. 그래서 이제 삶을 좀 즐겨도 되겠다는 생각에 여행을 떠났다. 그런데 도착지 공항에서 비행기 추락으로 사망하고 말았다. 사람들은 이렇게 말했다. "수백억의 부호가 안타깝게 죽었다!" 하지만 그는 엄밀히 말해 300억의 거지에 불과했다.

부자가 살던 도시에 '쌩거지'가 한 명 있었다. 그는 말 그대로 무일푼이었다. 그런데 그는 자신이 300억의 부호라는 환각 상태에 빠져 있었다. 그래서 그는 스스로 행복하다고 믿고 있었다. 현실은 거리를 다니며 구걸하는 거지였지만, 그는 마음속으로 되새기곤 했다.

"그래 난 300억의 부자야. 이건 전부 내 돈이야. 그러니 아무에게도 꿔 주지 말아야지. 물론 밥도 사 줄 수 없어! 나 혼자만 즐겨야 하거든! 이렇게 수백억을 가지고 있는 이 기쁨, 아마 아무도 이해할 수 없을 거야!"

행복에 겨운 얼굴로 거지는 살았고, 당연히 거지인 상태로 죽었다. 두 사람의 차이가 뭘까?

자본의 소유는 화폐의 소유, 즉 은행 잔고와 동일한 것이 아니다. 당신에게 300억이 있다고 가정해 보라! 그런데 지금 당신은 사하라사막 한가운데에 있다. 그렇다면 당신이 소유하고 있는 것은 정확히 무엇인가? 자본은 절대가치를 지닌 것이 아니라 교환가치, 즉 상대가치만을 지닌다. 그러므로 자본은 정확히 소비를 통해 향유될 때에만 소유된다. 내가 부자이므로 모든 것을 바꿀 수 있다고 믿는 그 믿음에서 오는 향유는 환각에 빠진 거지와 다를 바가 없다.

2011년 스티브 잡스가 사망할 때 그는 83억 달러(약 9조 8600억 원)를 보유한 미국 내 42위의 부자였다. 그러나 그는 단 1달러도 가지고 갈 수 없었다. 다행히 잡스는 보통 사람과 달랐다. 그는 돈의 본질을 이미 생전에 간파하고 있었다. "살다 보니 돈은 별로 중요하지 않더라!"

60억의 기계

300억의 거지만 있는 것이 아니다. 60억의 기계도 있다. 그는 한국 최고 기업의 고위 간부였다. 약 30년가량의 직장 생활을 성공적으로 이루어 냈고, 평균적으로 10년마다 현금만 약 20억씩을 모을 수 있었다. 그런 그가 최고의 자리에서 약간 낮은 부서로 옮기게 되자 자살하고 말았다.

자살만 빼면 그의 삶은 사실 대부분 젊은이들의 꿈이다. 최고 기업에 다니고, 직장인으로 최고의 자리에 오르고, 재정적으로도 풍요롭고. 하지만 그는 행복한 사람이 아니었다. 아마도 그는 매일 아침 일찍 출근해서 밤늦게까지 일했을 것이다. 그가 자신의 삶을 향유한 것은 주말에 가족과의 외식정도나, 하루 일과가 끝난 후 멋진 차를 타고 술을 한잔하러 갈 때뿐이었을 것이다. 단지 성공만을 위해, 오직 위만을 향해 일한 그는, 실제 자본을 진정한 의미에서 소유하고 삶을 향유한 존재가 아니었다. 60억의 돈도 그의 실질적 소유가 아니었지만, 사실 그는 약 30년 동안 반복된 노동에 고착된 기계에 불과했다.

그렇다면 진정한 부자는 누구일까? 그는 은행 잔고가 많은 사람이 아니라, 자신이 부자라고 확실히 믿고 있는 사람이다. 이 말은 거지처럼 환상에 빠져 있는 사람을 의미하는 것이 아니다. 진정한 부자는 '하고 싶은 대로 다 하는데, 즉 즐기고 싶은 대로 즐기고, 사고 싶은 것을 마음대로 사는데도 불구하고 돈이 모자라지 않는 사람'이다. 이 말을 들으니 돈을 더 벌어야겠다는 생각이 드는가? 그렇다면 당신은 아직 내가 한 말을 이해하지 못하고 있다. 법정 스님이나 빌 게이츠 같은 사람들은 모두 부자이다. 그들은 모두 돈이 모자라지 않는 사람들이다. 왜 그럴까? 각자가 필요로 하는 것이 다르고, 그럼에도 불구하고 그 필요로 하는 것을 모두 가지고 있으며, 그것을 통해 돈으로부터 영향을 받지 않기 때문이다. 그들은 돈을 소유하되 돈으로부터 소유되고 있지 않는 사람들이다.

여기서 우리는 자본의 문제는 부자만의 문제가 아님을 알 수 있다. 가난은 역으로 자본에 집착하게 만들 수 있다. 부자는 왜곡된 소비로 이어질 수 있고 빈자는 자본에 대한 일그러진 집착으로 이어질 수 있다. 그리고 부에 대한 비판은 소유하지 못함에서 오는 자괴감과 자본을 향한 은폐된 욕망의 표현인 경우가 많다.

돈은 교환가치를 상징하는 매개물일 뿐이다. 돈의 단순한 소유는, 즉 통장에 적힌 많은 숫자는 진정 돈을 소유한 것을 의미하지 않는다. 진정한 소유는 그 돈이 소비될 때 발생하며, 더 나아가 단순한 소비에서 멈추는 것이 아니라 그 소비되어 교환된 대상을 향유하기 시작할 때 완성된다. 그때 비로소 나는 돈을 진실로 소유한 존재가 된다. 수많은 명품을 사 놓고 그것들을 옷장에 모셔둔 채 "그런데 입을 옷이 없어요!"라고 말하는 연예인 같은 사람이라면, 진정 자본을 소유한 것이 아니다. 그녀는 많은 짐에 불과한 것을 단지 제삼자에게 자랑하기 위해 이사 갈 때마다 싸들고 다니는 불쌍한 사람일 뿐이다.

부자가 아닌 부자의 또 다른 문제점은 그가 자신의 돈으로 사람도 구매할 수 있다는 사실이다. 스캔들로 곤욕을 치룬 골프 황제가 돈이 없었다면 가정과 명예의 상실을 경험하지는 않았을 것이다. 자본의 소비가 적절하지 못할 때, 때로는 없는 것보다 못할 수 있다. 그러니 자본을 진정으로 소유한다는 것은 쉬운 일이 아니다.

빌 게이츠는 수조 원의 돈을 소유하고 있다. 전 세계 1%의 부자들과 마찬가지로 그는 평생 자신을 위해 쓸 돈 이상을 소유하고 있다. 실제 그가 평생 사용할 돈은 아마 몇백억을 넘지는 않을 것이다. 이 경우 그가 일반인들과 마찬가지로 필요한 만큼 쓰고 나머지는 그대로 은행에 둔 채 죽는다면 본질적으로 그는 몇백억의 돈만을 소유한 셈이다. 왜냐하면 그가 죽은 후 남게 될 수조 원의 돈은 결국 남에게 갈 것이기 때문이다. 하지만 역시 빌 게이츠는 지혜로운 사람이다. 그는 자신의 모든 돈을 진정 소유하기를 원했다. 즉 모두 소비하되 생산적으로 소비하고 싶었던 것이다.

그래서 그는 자신에게 필요한 돈 이외의 것을 빌 게이츠 재단을 만들어 소외계층에게 소비하고 있다. 결국 그는 재산의 일부는 자신을 위해 그리고 나머지는 타인을 위해 소비함으로써 일차적으로 모든 돈을 향유하는 지혜를 발휘하였고 또한 이차적으로 소비의 질도 이타적 사랑의 가치실현에 둠으로써 타인으로부터의 존경과 정신적 만족도 얻고 있다.

『시크릿』의 허구

『시크릿』은 왜 전 세계 인구의 1%밖에 안 되는 사람들이 전 세계 돈의 96%를 벌어들인다고 생각하는지 질문한다. 저자인 론다 번(Rhonda Byrne)은 그것이 우연이 아니라 끌어당김의 법칙 때문이라고 주장한다. 그녀에 따르면 간절히 원하면 모든 것이 이루어질 수 있다. 그녀는 소망을 이루는 법칙인 '원하기, 믿기, 받기'의 세 단계를 말하며 구체적인 방법으로 '감사하기'와 '그림 그리기'를 제시한다. 라이트 형제와 비행기, 조지 이스트먼과 필름, 토머스 에디슨과 전구, 알렉산더 그레이엄 벨과 전화기 등 발명과 창조의 유일한 원인은 마음속의 그림이라는 것이다.

사람들은 『시크릿』의 사고가 행복을 향한 탁월한 길을 제시하고 있다고 평가한다. 하지만 그것은 행복과 무관한, 구체적으로 말하면 정교하게 만들어진 행복의 짝퉁이다. 그것은 '긍정의 힘'이라는 멋진 포장지로 자신을 감싸고 있지만 은폐된 욕망의 총체에 다름이 아니다. 돈을 많이 벌어 수많은 행복감의 증폭을 통해 자신이 행복하다는 착각을 불러일으키기 위한 몸부림에 불과하다. 왜 그럴까?

『시크릿』은 행복이라는 단어를 사용하고 있지만 실제 그들이 그 단어로 의미하는 것은 긍정적 사고를 통한 성공 그리고 그 성공을 통한 행복감의 쟁취이다. 『시크릿』은 행복감의 문제가 무엇인지에 대해서는 전혀 언급을 하지 않은 채, 그것을 행복과 구분 없이 섞어 놓고 있다. 따라서 얼핏 보면 행복에 관한 가이드처럼 보이지만 바로 거기에 함정이 있다. 마치 보석과 돌을 섞어 놓고 모두 보석인 것처럼 주장하는 것과 같다. 신선한 과일을 싸게 판다고 해서 샀는데, 위에는 신선하지만 밑에 깔려 있는 과일들은 썩은 경우와 같다. 『시크릿』은 회칠한 무덤처럼 겉은 깨끗하나 속은 인간의 탐욕이 발산하는 썩은 오물로 가득 차 있다. 그것은 인간의 욕망을 아름답게 포장하고 그 성취를 통한 행복감을 건전한 행복으로 포장함으로써 어리석은 대중을 이용하여 은폐된 상업적 마케팅을 벌이고 있을 뿐이다. 따라서 『시크릿』의 진정한 '시크릿'은 그것이 행복과 관계있는 것처럼 보이지만 행복과 전혀 관계가 없다는 사실이다.

생각이 삶에 영향을 주는 것은 맞다. 자신의 미래에 대한 긍정의 사고는 실제 미래의 삶에 생산적 기능을 하는 것이 맞다. '감사하기'와 '그림 그리기'도 분명 긍정적이다. 하지만 다시 한 번 강조해야 할 것은 시크릿이 짝퉁과 명품을 섞어 팔고 있다는 것, 즉 '무엇을 긍정해야 하며', '무엇을 부정해야 할지' 구분하고 있지 않다는 것이다. '부자가 될 수 있다'라고 말하기 전에 부자가 된다는 것이 무엇인지, 그것이 행복과 어떤 관계가 있는지를 알아야 한다. 행복한 부자도 있지만 불쌍한 부자도 있고, 위험한 부자도 있으며, '돈만 많은 돼지'도 있기 때문이다. 긍정적 사고를 통해 성공한 많은 인재들이 금융사기를 치고 대기업의 CEO가 편법 증여를 한다. 그리고 긍정적 사고만을 말한다면 범죄자들도 긍정적 사고의 소유자가 될 수 있다. "나는 저 은행을 털 수 있어!", "저 안에 있는 모든 돈은 내 것이야!"를 반복해서 생각하여 정말 완전범죄를 했다면, 시크릿은 그를 칭찬해 줄 것인가? 역사상 자신이 하는 일에 긍정적인 사람들이 많았지만 히틀러도 그들에게 뒤지지 않을 만큼 자신이 한 유태인 학살에 긍정적이었다. 세계의 1%인 슈퍼리치가 되는 것보다 중요한 것은 어떤 슈퍼리치가 되는가이다. 수많은 염문을 뿌리고 다니는 스포츠 스타들, 마약과 섹스에 중독된 연예인들 그리고 법조문을 교묘히 악용하며 사욕만 채우는 기업인들을 행복감이 어디로 끌고 가는지 우리는 매일 미디어를 통해 목격하고 있다. 돼지와 늑대의 아이큐가 150에 가깝게 되었다고 가정해 보자. 많은 돈을 보유하게 되었다. 말도 할 줄 안다. 그러면 그들이 무엇을 할지 우리는 충분히 추측할 수 있다. 시크릿은 필연적으로 다가올 무의미와 우울을 지연시키고 가능하면 다시 매트릭스로 돌아가 '나'를 잊고 살며 시간을 보내다, 존재했는지도 모르게 흙으로 돌아가도록 만드는 장치에 불과하다. 말기 암 환자들에게 마약을 대량 투여함으로써, 고통을 잊고 정상인처럼 삶을 즐기다, 죽는지도 모르게 죽음을 맞이하도록 하는 것, 그것은 말 그대로 이미 '죽은 존재와 마찬가지로 판명된' 사람들에게만 위로가 되는 일이다. 아직 살아 있고 삶의 미래가 존재하며, 행복의 가능성을 자신 안에 내재하고 있는 젊은이들을 행복감의 매트릭스로 다시 끌어가려는, 그래서 살아 있으나 죽은 좀비처럼 만들려는 시도는 아무리 아름답게 보여도 추하고, 그래서 성의로운 분노의 대상이 되어야 한다.

쾌락의 본질

넷째로 행복감은 절대 긍정적으로 끝나지 않는다. 행복감은 처음 우리에게 즐거움과 기쁨을 주는 것처럼 보이지만, 일단 사람들이 행복감의 단맛에 취하게 되면 즐거움이나 기쁨을 점점 고통이나 괴로움으로 대체시킨다. 그런데 신기하게도 사람들은 행복감에 도취되어 고통을 고통으로 바라보지 못하고 고통을 쾌락인 것처럼 여기게 된다. 그것은 행복감이 주는 쾌락의 여정을 보면 잘 드러난다.

    인간의 쾌락은 항상 단순한 것에서 복잡한 것, 단것에서 쓴 것, 즐거운 것에서 고통스러운 것으로 전이되어 가는 특성이 있다. 어린아이는 아버지가 목욕탕의 열탕에서 "어! 시원하다!"라고 하거나, 맥주를 마시고 "어! 맛있다!"라는 말을 듣고 따라 했다가, '믿을 놈 하나도 없다!'는 사실을 깨닫는다. 와인을 처음 마시는 사람은 '달콤한'(delicious) 것만 주로 마신다. 하지만 점점 '조금 텁텁한'(half dry) 맛을 지나 '순수하게 텁텁한'(dry) 맛으로 넘어가게 된다. 중요한 것은 일단 드라이한 맛에 빠지게 되면 달콤한 것은 싫어하게 된다는 것이고, 신기하게도 드라이한 맛이 그 사람에게는 달콤하게 느껴진다는 사실이다. 그것은 소주와 같은 독주도 마찬가지이다. 술을 처음 마시는 사람들은 "소주가 달다!"라는 말을 이해하지 못한다. 하지만 술을 많이 마신 사람에게 소주는 '진짜' 달다. 어린아이도 처음에는 사탕만 좋아한다. 그런데 그 아이가 자라서 청소년이 되면 '불닭'이나 '매운 떡볶이'를 좋아한다. 매운맛이 주는 고통으로 땀을 뻘뻘 흘리면서도 먹는다. 고통스러운데도 왜 먹을까? 바로 그 고통이 맛있기 때문이다. 어느 순간인지 정확히 모르지만 쾌락이 쾌락인 시기가 의식하지 못한 채 지나가고 고통이 곧 쾌락이 된다.

    그런데 어떻게 고통이 쾌락이 될 수 있는가? 여기 중요한 진리가 숨어 있다. 욕망으로부터 출발한 쾌락은 처음에는 고통과 관계가 없어 보인다. 하지만 점차 고통 자체가 쾌락이 되어 간다. 역으로 말해 사람들은 쾌락이 고통으로 변질되어 가는데도, 아니 조금씩 변질되어 가기 때문에, 그것을 인지하지 못하고 자신이 계속 쾌락의 상태에 있는 줄 착각하게 되며, 고통을 주는 그 대상을 계속 그리고 더 강하게 원하게 된다. 그리고 결국에는 고통의 끝에 도달해, 그 끝에 있는 죽음조차도 마치 쾌락의 한 종류인 것처럼 자연스럽게 반기게 된다. 그런 의미에서 사디즘(Sadism, 가학성 음란증)과 마조히즘(Masochism, 피학성 음란증)은 예외적인 사람들에게만 해당되는 것이 아니다. 그것은 사실 현대인의 행복감이 지니는 본질 그 자체이다.

> 에스키모는 전통적으로 늑대를 잡기 위해 독특한 방법을 사용한다. 칼날을 아주 날카롭게 간 다음 거기에 늑대가 좋아하는 피를 묻히고 꽁꽁 얼린다. 그리고 그 피가 묻은 칼을 얼음에 묻어 고정시켜 놓는다. 얼마 후 피 냄새를 맡은 늑대는 다가와 칼끝을 핥기 시작한다. 피 맛에 취하고, 차가운 얼음으로 인해 혀의 감각이 점차 둔해진 늑대는 자신의 혀끝이 칼날에 잘려 나가는 줄도 모르고 계속 핥게 된다. 그리고 끝내는 잘려나간 자신의 혀를 입에 문 채 죽게 된다.

사드(Marquis de Sade)는 『소돔 120일』[4]에서 인간이 누구의 방해도 받지 않고 자신이 원하는 대로 성적 쾌락을 추구할 때 어디까지 나아가게 되는지를 추적한다. 줄거리에 따르면 공작, 주교, 판사 등 사회 지배층 네 명은 미소년, 소녀를 납치하여 사회로부터 분리된 성에서 네 달 동안 엽기적인 성욕을 즐긴다. 그들은 자신들의 광기를 이성적인 스케줄과 형식에 따라 진행했는데 매달 성유희의 강도가 높아지게 된다. 단순한 정욕에서 변태적인 행위로 그리고 그로부터 범죄적인 행위로 그리고 마지막 성학대 후 살인의 단계로 진행되는 그들의 성적 광란은 결국 희생자들을 죽이고 그들의 시신을 먹는 것으로 종결된다.

포스트모던을 대표한다는 사드의 작품이 우리에게 주는 메시지는 분명하다. 성적 쾌락은 일단 그것에 고착되면 증폭되며, 점점 출산과는 관계없는 방향으로 흘러간다. 즉 성기 중심에서 성기로부터 점점 멀어지는 방향으로 진행되고, 동시에 정상에서 비정상으로 나아가게 된다. 초등학생들이 즐겨 하는 '기절놀이'가 있다. 목을 졸라 숨이 막힐 지경이 되면 일종의 황홀감을 느끼게 된다. 그래서 서로 목을 졸라 준다. 이 놀이는 사실 이미 "감각의 제국"이라는 일본 영화에 등장했다. 성욕에 불타는 남녀는 정상적인 성행위가 싫증나자 엽기적이고 변태적인 방향으로 나아간다. 그리고 결국 그들은 S&M을 넘어 여성이 성행위 과정에서 남성의 목을 졸라주게 된다. 하지만 그녀는 어느 순간 그를 죽이게 되고, 그의 성기를 잘라 가지고 다니다 체포된다. 실화를 바탕으로 한 이 영화는 에로스(Eros)와 타나토스(Thanatos)가 상호 의존적이라는 프로이드의 가설을 사실로 증명해 준다. 성욕과 죽음의 욕망은 함께 간다. 마찬가지로 쾌락과 죽음도 아주 가까이에 있다. 쾌락을 행복감으로 고정시키는 순간, 인간은 정상에서 비정상, 비정상에서 엽기로 전이되도록 선고받게 된다. 쾌락이 고통으로, 고통이 중독으로 그리고 중독이 삶의 파괴로, 결국 극단적인 경우 허무로 인한 자살이나 살인에 이르기까지 고통을 고통인 줄 모르고 쾌락으로 착각한 채 그림자의 방향으로 나아가게 된다.

인간은 우주의 시작에서 끝까지 단 한 번 태어나 단 한 번 살다 가는 절대적 일회성의 존재, 대체 불가능성의 귀한 존재이다. 그런데 벌거벗은 욕망에서 출발한 행복감이 그러한 존재인 인간에게 행하는 일을 보라! 도살장에 끌려가는 소나 돼지들처럼 먹이로 유혹하면, 그 끝에 자신에게 어떤 일이 기다리고 있는지 알지 못하는 짐승들처럼 지금도 상상도 할 수 없는 많은 사람들이 "행복감이 언젠가 행복을 주려나?" 하며 그 뒤를 좇아가고 있다. 하지만 그들은 행복감을 행복으로 규정하고 그것을 삶의 목적으로 삼는 순간 이미 죽은 것이다. 대상에 의해 삶이 끌려갈 때, 자유는 상실된다. 자유가 없는 존재는 노예이고, 노예는 상품, 즉 사물이기 때문이다. 행복감을 행복과 동일시할 때, 그것은 인간을 즉자적 존재, 즉 돌이나 나무와 같은 그냥 있는 존재, 다시 말해 좀비처럼, 살아 있는 것처럼 보이나 사실은 죽은 존재로 전락시킨다. 그리고 그 사실은 그가 왕성하게 활동하고, 사회에서 인재로 인정받고, 성공한 존재로 대우받고 있더라도 바뀌지 않는다.

우울증

행복감의 욕망을 행복으로 선택한 사람들이 대부분 공통적으로 겪는 현상은 우울증이다. 사람들은 우울증을 질환이나 일종의 정신적 결핍으로 보지만, 사실 우울증은 현대인의 70% 정도에 해당하는 일반적 질환이다. 대부분의 현대인이 행복감을 행복으로 고착시킨 채 살아간다는 점을 고려하면 사실 이 수치는 지극히 논리적인 결과이다. 사막에서 신기루를 보고 달려간 사람이 결국 그것이 허상임을 깨닫게 될 때 느끼는 감정이 무엇일까? 허무와 좌절 그리고 절망 등의 감정은 행복감이 행복인 줄 알고 평생을 사는 인간이 종국적으로 느끼게 되는 결과이다. 단순한 우울감에서 진행되어 "우울증에 빠지게 되면 모든 활동, 모든 감정, 더 나아가 인생 자체의 무의미함이 자명해진다. 이 사랑 없는 상태에 유일하게 남아 있는 감정은 무의미함이다."[5]

우울하기를 원하는 인간

우울증을 치료하는 것은 중요하다. 하지만 그것보다 더 중요한 것은 왜 우울증이 발생하는가에 대한 근본적 인식이다. 우울증에 대한 일반적인 인식은 분명하다. "아무도 우울증에 걸리기를 원치 않는다. 인간은 사회에 적응하기를 원하고 사회에서 성공적인 삶을 살기를 원한다. 따라서 우울증을 치료해 주고 사회로 복귀시켜야 한다." 하지만 이것은 반만의 진실이다. 우울증의 뒷모습은 다르다. 진실은 우울하기를 원하지 않는데 우울한 것이 아니라, 오히려 우울하기를 원하기 때문에 우울하게 되는 것이다.

실제 우울증의 증상인 무기력이나 무의미의 심화는 일차적으로 성공적 사회인으로 살아가고자 하는 욕망과 자신의 능력이 배치된다고 생각할 때 발생한다. 인간은 자신에게 실망하거나 사회를 원망하게 되고, 결국 경쟁 자체를 거부하며 자포자기의 상태에 빠지게 된다. 그는 더 이상 사회적 존재가 되기를 거부한다. 우울해지는 것이다. 하지만 우울증을 심층적으로 바라보면 다른 얼굴을 볼 수 있는데, 그것은 소위 정상이라고 불리는 사회의 뒷모습을 바라볼 때 드러난다. 즉 사회가 행복이라 우리를 회유하지만, 실제 행복과 전혀 상관없는 행복감만을 조장하며, 그것에의 추구가 끝이 없는 욕망 충족의 무의미한 반복뿐임을 인지하게 될 때, 인간은 근본적인 "왜?", 또는 "무엇 때문에?"라는 질문과 직면한다. 전자가 사회를 정상으로 간주하고 그것의 궁극적 가치인 행복감 내에서 발생한 우울증이라면, 후자는 사회의 비정상성을 인지함으로써 행복감 밖에서 그것을 향해 의문을 제기할 때 발생한다.

일반적으로 사회적 성공이나 만족감이 유지될 때 일상적 존재는 무의미란 단어를 모르고 산다. 하지만 방아쇠 효과를 일으킬 동기는 개인이 사회에서 겪는 작은 문제 하나면 충분하다. 성적하락이나 이별 또는 실업 등의 사건은 사회적 주체에게 스트레스로 다가오고, 동시에 그 자극은 때로 보다 근원적인 스트레스로 방향을 돌리게 한다. 그러면 다람쥐는 더 이상 바로 앞의 도토리만을 바라보지 않고, 이제 쳇바퀴를 돌리고 있는 자신의 한심한 모습 전체를 바라보게 된다. 그리고 그 무의미한 순환은 정상적인 사회적 존재로 살아가는 것 자체에 대한 혐오와 거부로 발전하게 된다. 우울해지는 것이다.

그런 의미에서 개인이 원하는 것이 표면적으로는 소위 사회적 정상인으로서의 존재 또는 질서이지만 심층적으로는 무질서(disorder)일 수 있다. 소위 질서화된 사회가 개인에게 스트레스로 다가온다면, 그것은 자연스러운 현상이다. 그래서 '정상'이나 '질서'라는 단어는 상대적 개념이며 동시에 변증법적 구조 안에 있다. 어쩌면 바로 이 점이 문제를 복잡하게 만드는 요인인지도 모른다. 하지만 끝나지 않을 행복감으로의 욕망을 행복이라 생각하고 살다가 죽으라는 것이 사회의 정상을 의미한다면, 개인은 충분히 그것을 비정상이라 생각할 수 있고 저항할 수 있다. F. 카프카(Franz Kafka)의 『변신』(Die Verwandlung)에서 벌레로 변한 삼사가 벌레인지 삼사를 벌레로 보는 사람들이 벌레인지 구분하는 것이 간단하지 않은 것처럼 말이다.

일반적으로 "행복은 뭐! 다 그냥 그렇게 살다 가는 거지!"라는 사람들의 말은 다양한 의미를 내포하고 있다. 무엇보다 그 말에는 행복감의 본질을 무의식적으로 느끼고 있는, 그것을 벗어나고 싶으나 벗어날 수 없는 현실로 인해 행복을 근본적으로 포기한, 하지만 그러면서도 행복에 대해 막연하게나마 그리워하는 현대인의 아픔이 녹아 있다. 그는 벗어나고 싶으나, 행복을 찾고 싶으나 길을 모르고 있다. 그래서 삶은 일종의 체념이 되고 우울증은 일상이 되는 것이다.

그런데 이렇게 우울증이 일상화되는 상태로 아무 일이 없는 듯 인간은 살아갈 수가 없다. 물론 다른 대안을 발견하지 못한 일상적 개인은 어쩔 수 없이 그것을 운명으로 받아들이고 인정한 채 사회생활을 이어 간다. 취미 생활이나 술자리 또는 주말 드라마를 통해 잠시 우울함에서 벗어나곤 하지만, 근본적인 변화를 시도하지 않으며 사실 시도할 용기도 없는 경우가 많다. 하지만 그 우울증에 예민한 사람들은 반드시 그것으로부터 탈출하고 싶은 욕망을 지니게 된다. 그리고 그 욕망은 두 가지 극단의 방향으로 진행된다. 하나는 우울한 현실의 영역을 무시하거나 억누르고, 보다 더 깊숙이 행복감 안으로 자신을 밀어 넣는다. 즉 현실도피를 통해 행복감을 위한 경쟁과 스트레스의 공간으로부터 벗어나는 길이다. 그리고 다른 하나는 공허한 행복감을 위해 살아가야만 하는 세계 속의 자기 스스로를 아예 제거해 버림으로써 우울증의 가능성으로부터 근본적으로 떠나간다.

죽음본능

첫째 종류의 현실도피형은 인터넷을 통해 가상공간으로, 게임 중독과 도박에 빠져 환각과 허구의 세계로 그리고 술이나 마약 등을 통해 제3의 쾌락으로 도피한다. 평소에 길을 갈 때에도 그들은 이어폰으로 자신과 사회를 차단하고 현실을 망각시킬 음악을 들으며, 스마트폰의 화면에만 몰두한다. 극단적인 경우엔 사이비 종교에 빠져 삶이 철저히 파괴되거나, 외톨이로 집 안에 틀어박혀 두문불출하고 일체의 사회 활동이나 대인 관계를 기피하는 '은둔형 외톨이', 즉 '히끼꼬모리'가 된다. 실제 일본에는 현재 100만 명 이상의 히끼꼬모리가 있으며, 그들은 경우에 따라 3~4년, 심할 경우에는 10년 이상을 방 안에서만 생활한다.

우울증으로부터 벗어나려는 극단의 두 번째 길은 보다 급진적이다. 그 길을 선택한 사람은 아예 스트레스나 무의미의 씨를 말린다. 그는 자신을 파괴한다. 현실도피가 자신의 존재를 전제한 채 문제를 해결하려는 시도라면 자아파괴는 희망이 없는 사회로부터 완전히 이탈하고 싶은 욕망의 실현이다. 이러한 일이 발생하는 이유는 그 누구가에게 단지 욕망 추구나 욕망의 무의미가 문제가 아니라, 이제 욕망을 포함한 삶 전체가 문제로 다가오기 때문이다. 무엇인가 욕망하고 실현하기 위해 몸부림치는 일로 지쳐 버려, 살아 움직이는 것 자체가 하나의 스트레스로 다가오는 것이다. 이런 사람들에겐 "사는 것이 지겹다!" 결국 행복감을 행복으로 규정할 때 발생하게 되는 최악의 시나리오가 현실화된다. 그리고 개인의 사라짐을 자유로 착각하는 것이 개인의 자유인 것처럼 보이게 된다.

그런데 인간이 괴로워서 자살하는 것이 아니라 사실은 죽고 싶어 죽는 것이라는 희한한 이론을 내세우는 사람이 있다. S. 프로이드는 삶이 주는 스트레스와 중압감을 견디지 못하고 자살하는 것이 사실 죽음에 대한 무의식적 욕망이 표출된 것이라고 주장한다. 인간의 내면에 본래부터 죽음에 대한 욕망이 내재되어 있다는 것이다.

1차 대전 이후 『쾌락원칙을 넘어서』(*Jenseits des lustprinzips*)[6]에서 프로이드는 그전까지 정신분석학의 핵심개념인 쾌락원칙에 죽음본능인 타나토스(Thanatos)를 첨부한다. 그리고 성적 영역에 국한된 리비도(Libido) 개념을 에로스(Eros)로 대체함으로써 무의식의 두 영역인 에로스와 타나토스를 완성한다. 리비도를 생존본능인 에로스로 확장한 것이다.

그런데 정말 인간의 내면에 죽음본능이 있는 것일까? 그리고 죽음본능은 어떻게 쾌락원칙과 연결될 수 있는 것일까?

프로이드로 하여금 죽음본능에 대한 관심을 갖도록 해 준 사건은 1차 세계대전에서 돌아온 군인들의 특이한 모습이었다. 군인들은 외상성신경증의 꿈을 통한 반복강박으로 시달리고 있었다. 전쟁에서 겪은 참혹한 실상이 꿈에 계속 나타나 잠을 자길 두려워할 정도였으며, 그러한 증상이 시간이 지나도 개선되지 않고, 경우에 따라선 오히려 심해지기까지 할 정도였다. 프로이드는 그러한 현상을 이해할 수 없었다. 일반적으로 꿈은 쾌락원칙에 기반을 둔다. 그리고 쾌락원칙은 정신과정, 즉 "마음속에 존재하는…흥분의 양과 연결"[7]된다. 이때 "불쾌는 흥분의 양의 '증가'에 그리고 쾌는 그것의 '감소'에 해당"[8]된다. 따라서 군인들은 꿈이 반복될수록 고통의 원인과 대면하게 되고, 그러면 시간이 지날수록 흥분의 양은 줄어들어야 하며, 결국 점차 꿈 자체가 사라져야 정상이었다. 그런데 병사들의 꿈은 그들을 반복적으로 고통의 현장으로 되돌리고 있었다. 더욱이 반복강박은 일반적 "쾌락의 가능성을 전혀 포함하고 있지 않은 과거의 경험

그리고 억압된 본능충동에서조차도 만족을 가져올 수 없었던 과거의 경험을 회상"해 내고 있었다.[9]

결국 프로이드는 쾌락원칙의 통념을 뒤집는 질문을 하게 된다. "혹시 군인들이 사실은 고통을 원하고 있는 것이 아닐까?" 그리고 그는 기존의 쾌락원칙에서 독립된 자율적 기제를 상정한다. 그것에 따르면 인간의 내면엔 고통을 향한 반복강박이 실제로 존재하며, 그것은 고통을 넘어 죽음으로 향하는 것처럼 보인다. 그리고 이 죽음본능은 모든 생명체에게 나타난다. 그렇다면 왜 생명체, 나아가 인간은 죽음본능을 지니고 있을까?

열반원칙

프로이드의 주장은 G. 페히너(Gustav Fechner)의 '항상성의 원리'를 통해 보강된다. 프로이드는 항상성의 원리(Konstanzprinzip)에서 쾌락원칙이 나온다고 보았다. 페히너는 1873년에 발표한 『조직체의 창조와 발생학에 나타난 유일한 관념』에서 다음과 같이 말하고 있다.

> …의식 영역 위로 솟아오르는 모든 정신, 신체적 운동은 일정 영역을 넘어 완벽한 안정성에 접근해 가는 데 비례해서 쾌감을 얻게 된다. 그리고 그것이 일정 영역을 넘어 완벽한 안정성에서 일탈하려는 정도에 비례해서 불쾌감을 맛보게 된다.[10]

항상성의 원칙은 결국 자연계 내에 존재하는 모든 것들은 원래의 상태로 돌아가려는 경향이 있다는 것을 의미한다. 프로이드는 이 이론을 진화론과 접목시킨다. 즉 그는 모든 생명체의 기원이 무기물이라는 진화론의 가설을 받아들인다. 따라서 항상성의 원칙과 진화론을 결합하면 결국 생명체는 무생물에서 나왔다는 것을 의미하고, 생명체로의 전환으로 인해 곧 평정 상태가 깨어졌고 스트레스, 즉 흥분의 양이 증가하게 되었다는 결론이 도출된다. 결국 모든 생명체는 태어나는 순간 불쾌로 시작하게 되는 셈이다. 태어나지 않는 것이 가장 큰 축복이라는 헬레니즘적 사고가 떠오르는 대목이다.

죽음본능은 생명 발생으로 인해 생긴 모든 자극과 스트레스로부터 벗어나려는 무의식의 욕망이다. 그리고 그런 의미에서 정신의 내적 긴장을 줄이고 안정된 상태로 유지시키는 열반원칙과 동일하다. 석가가 팔고(八苦) 가운데 사고(四苦)를 생로병사로 본 것은 우연이 아닌 것 같다. "헛되고 헛되며 헛되고 헛되니 모든 것이 헛되다!"라는 전도서의 말도 그냥 단순히 넘길 말은 아닌 것이다. 만약 그것이 사실이라면 분명 모든 생명체는 원래의 상태인 무기물로 돌아가고 싶어 할 것이기 때문이다. 그리고 우울증은 바로 그 죽음에의 욕망에 대한 소극적 기호일 것이다. 무기물로의 욕망과 자살욕구 그리고 우울증은 기본적으로 동일한 방향을 보이기 때문이다.

시지포스의 부조리

항상성의 원칙을 구체적으로 행복감에 적용하면 어떻게 될까? 까뮈(Albert Camus)의 『시지포스의 신화』(The Myth of Sisyphus: And Other Essays)에서 시지포스(Sisyphus)는 죄의 대가로 신들로부터 벌을 받는다. 그는 끝없이 펼쳐진 평야의 한 언덕 위로 거대한 바위를 올려야 한다. 태양의 이글

거림 아래 땀과 피로 범벅이 된 그는 결국 돌을 정상에 올린다. 하지만 그 돌은 다시 굴러 떨어진다. 그는 다시 올리고 돌은 다시 떨어진다. 그의 노동은 끝이 없다.

시지포스의 벌이 지니는 본질은 단순한 육체적 고통이 아니다. 그것은 오히려 그에게 직접적으로 주어진 현실, 즉 돌이 정지하지 않고 굴러 떨어지는데도 돌을 계속 올려야 하는 사실 자체에 있다. '결과가 없음에도 동일한 작업이 계속 진행되어야만' 하는 것이다. 이 '무의미한 반복'은 부조리이다. '부조리'는 현실로 존재하나 이성으로 이해하거나 해결할 수 없음을 의미한다. 그런데 이 부조리의 주인공은 까뮈가 생각했던 것처럼 산업사회의 일상적 노동자나 회사원만이 아니다. 프로이드에 따르면 부조리는 모든 인간의 문제이고, 인간 생명현상 자체 안에 내재되어 있다.

평안에 대한 욕망

우리는 앞에서 인삼이 성상히는 계단식 형태의 삶이 지니는 허구를 살펴보았다. 삶의 경로를 행복감의 한계효용체감 지수로 바라보면, 삶의 그래프는 계단식의 모형이 아니라 시지포스의 '오르고 내림'의 반복과 동일한 구조를 보인다. 그런 의미에서 시지포스의 벌은 행복감의 무의미한 반복으로 이해될 수 있다. 하지만 항상성의 원리가 적용되면 전혀 다른 해석이 가능하다.

프로이드의 열반원칙이 옳다면 시지포스의 '오르고 내림'은 욕망의 충족을 위한 상승과 한계효용체감의 법칙에 따른 하강이 아니다. 시지포스가 원하는 것은 오히려 욕망 충족, 즉 오름을 통해 자극으로 인한 스트레스를 해소함으로써 비로소 다시 안정의 상태로 돌아가는 것이다. 그의 궁극적 목적은 결국 욕망 충족이 아니라 그 욕망 충족을 통한 스트레스로부터의 자유, 즉 욕망을 자극하는 대상으로부터의 자유이며 원상태로의 복귀인 것이다.

내 앞에 최신형의 스마트폰이 있다. 그 폰이 나를 자극한다. 이때 내 안에 발생하는 욕망은 두 가지로 해석될 수 있다. 하나는 그것을 취함으로써 욕망을 충족시키는 것이고, 다른 하나는 평안한 상태에 있는 나를 대상의 자극이 혼란스럽게 하고 스트레스를 일으켰으므로, 그 스마트폰을 소유함으로써 나를 자극하기 이전의 상태, 즉 평안의 상태로 돌아가고자 하는 것이다. 후자의 경우 행위의 목적은 욕망의 충족이 아닌 스트레스의 해소이다. 이런 관점이 옳다면 인간의 무의식이 원하는 것은 엄밀히 말해 합격이나 취직 그리고 다양한 종류의 쾌락충족이 아니다. 그것은 그러한 쾌락충족을 통해서만 비로소 달성되는 자극 이전의 안정 상태이다.

평안에의 욕구는 그러므로 엄밀히 말해 행복감을 향한 욕망이 아니라, 그 행복감에 대한 저항이다. 그리고 우리가 알던 기존의 전제는 뒤집힌다. 인간은 욕망 충족을 통해 행복감을 원함에도 불구하고, 그 행복감이 주는 한계효용의 체감으로 인해 본래의 무미건조한 느낌으로 돌아오는 것이 아니다. 인간은 바로 그 무미건조함이라 불리는 평안 상태를 원

평안에의 욕망

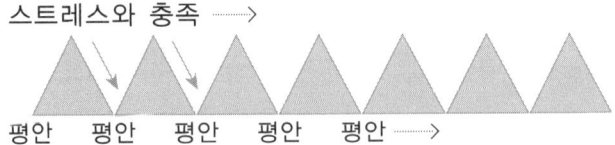

하고 있다. 궁극적으로 그 무미건조함의 평안을 원하기에 자극된 대상으로부터 자유로워져야 하고, 그러기 위해 그 대상에 대한 욕망을 충족시키는 것이다.

문제는 행복감을 통한 자극의 스트레스가 점점 인간의 포화능력을 벗어나고 있다는 점이다. 안정을 유지하기 위해 충족시켜야 할 대상이 엄청난 속도로 증가하고 있다. 문명은 끝없이 홍수처럼 밀려오는 자극의 폭증에 다름이 아니기 때문이다. 그렇다면 대상의 자극에 반응을 하지 않으면 되는 것 아닐까? 평안한 상태로 그냥 머물러 있으면 되는 것 아닌가?

생명의 본질은 환경에 대한 적응과 반응이다. 일단 생명이 되면 경험을 해야 하고, 경험은 곧 자신이 원하든 원하지 않든지 필연적으로 적응과 반응을 해야 한다는 것을 의미한다. 자극에 대한 반응과 환경에 대한 적응은 자율적 선택의 문제가 아니며, 생명체에게 운명적으로 부여된 현실이다. 그런데 삶은 인간으로 하여금 사회와 미디어를 통해 폭발적으로 증폭되어 송출되는 모든 자극에 반응할 것과, 급속히 변화하는 시대에 적응할 것을 요구한다. 따라서 사회가 현대화될수록 그에 대한 적응과 반응 그리고 그것을 통해 계속 평안 상태를 유지해야 하는 스트레스는 엄청난 양으로 증가할 수밖에 없다. 따라서 프로이드가 옳다면 인간은 태어남의 스트레스와 살아 내야만 하는 스트레스의 이중고를 겪는 존재이다. 현대인은 생명체로의 탄생으로 인한 스트레스에, 복잡하고 바쁜 그리고 힘들고 피곤한 삶의 무게가 주는 스트레스가 더해져 스트레스의 무더기에 눌려 있는 꼴이다. "사는 게 지겨워!"라는 말은 결국 이런 유기체적 생명으로의 존재 자체가 스트레스라는 것을 의미한다.

우울증은 그러므로 절망의 심리기제이다. 기호로서의 우울증은 단순히 "나는 삶을 즐기고 싶은데 절망에 빠져 있다!"를 의미하지 않는다. 그것은 좀 더 근원적인 시니피에를 향한다.[11]

"나는 넘쳐 나는 삶의 모든 자극을 더 이상 견디기 힘들다. 그것은 나를 과포화 상태로 몰고 가고 있다. 그리고 그로 인해 점점 삶 자체가 스트레스가 되어 가고 있다. 살아 있다는 것 자체가 무거운 짐일 뿐이다. 이제 나는 모든 자극으로부터 자유롭고 싶다. 모든 대상만이 아니라 모든 관계도 마찬가지이다. 아무것도 하고 싶지 않고, 아무도 만나고 싶지 않다."[12]

그러므로 문명이 발달하고 사회가 소위 경제적으로 발전할수록 우울증과 자살이 증가하고, 행복지수가 떨어지는 현상은 사실 논리적이다. 그리고 그러한 상황에서 죽음본능이 의식의 표면으로 드러나는 것은 자연스러운 일이다. 사실 우리의 일상을 관찰해 보면 죽음에의 욕망이 특수한 현상도 아니다.

어떤 부자가 게임을 했다. 그는 두 사람을 선택한 후, 각각에게 돈을 주고 하루를 보내게 했다. 처음 사람에게는 100억을 주었다. 그는 아침 7시부터 밤 10시까지 자신이 생각하는 모든 향락을 위해 그 돈을 소비할 수 있었다. 단 100억짜리 빌라를 사는 등의 일회성 소비는 금지된다. 다른 사람에게는 단돈 1만 원만을 주었다. 그는 그 돈으로 동일하게 하루를 보내야 한다.

처음 사람은 아침 일찍 제트비행기를 대절했다. 그리고 바로 파리로 날아가 샹제리제의 최고급 호텔에서 아침을 먹고 명품쇼핑을 한다. 그리고 오후엔 런던의 템즈 강가에서 가능한 최고로 화려한 오후를 보낸 다음, 뉴욕의 티파니로 가 저녁을 먹고 밤 10시가 되어 산더미 같은 쇼핑 보따리를 들고 돌아온다. 두 번째 사람의 하루는 단조롭다. 그는 아침을 먹고 담배 한 갑을 사니 돈이 떨어져 오후엔 무료 급식소에서 때운 다음 공원에서 낮잠을 자다 이리저리 도시를 서성인다. 그리고 그도 10시가 되어 집으로 돌아간다.

두 사람은 극단적으로 대립되는 하루를 보냈다. 그런데 신기하게도 그 둘이 집에 도착하는 순간 내뱉는 말은 동일하다.
"아! 피곤해! 빨리 씻고 자야지!"

어떻게 보내든 하루가 끝나면 사람들이 느끼는 감정은 동일하다. 그것은 피곤이다. 따라서 누구나 쉼의 욕구를 잠을 통해 실현한다. 그런데 잠은 활동의 정지이며, 그런 의미에서 죽음이다. 죽음은 모든 활동의 영구적 정지를 의미한다. 장례식장에서 "이제 편히 쉬세요!", "영원히 안식하세요!"라고 죽은 사람을 위로하는 것을 보면 정말 한 인생을 살아 내는 게 '장난'은 아닌 것 같다.

삶의 무게가 과도하게 내리누르면 우울증으로 연결된다. 그리고 우울증은 생명욕구와 반대의 증상을 보인다. 삶에 대한 에너지 상실이나 과업 수행의 어려움, 수면장애나 식욕부진 및 체중저하, 성욕과 집중력저하 그리고 인지기능저하 등은 명백히 생명에의 의지에 반하는 증상들이다. 일부의 경우 식욕증가와 수면시간증가 등 반대의 경우로 보이는 증상도 있지만 사실 본질은 같다. 식욕부진이 활동에의 의지 저하와 연결되어 있다면, 식욕증가는 스트레스에 대한 전형적 반응이다. 동시에 수면감소는 에너지 재생을 막지만 수면시간증가는 죽음의 근본적 의미, 즉 활동의 정지인 엔트로피와 연결되어 있다. 따라서 우울증이 지속되면 생명과 삶이 주는 스트레스에서 버텨 내도록 해 주는, 그래서 삶을 지속적으로 영위할 수 있는 버팀목이 사라졌다고 생각하게 된다.

자살의 원인에 대하여 사람들은 대부분 그것을 현상학적으로만 분석한다. 즉 경제문제나 이별 등 자살엔 다양한 원인이 있음을 지적한다. 하지만 그러한 요소들은 모두 피상적 원인에 불과하며, 사실은 근본적 원인을 불러일으키는 촉매제에 불과하다. 욕망, 행복감 그리고 우울의 삼각관계를 고려하면 자살의 본질적 원인은 모든 사람에게 동일하다. 그리고 그 원인은 단 하나, 삶의 의미상실이다. 사랑에 실패해 자살하는 사람은 사실 사랑 때문에 자살하는 것이 아니다. 그가 존재하는 시간과 장소에서 삶의 의미가 사랑이었던 것이다. 따라서 삶의 무의미를 받아들이게 되면 그것이 단어가 아닌 현실이 되고 죽음이 친근함과 평안으로 다가온다. 그런데 이것을 역으로 해석하면 성적하락이나 실연과 같은 피상적 촉매제를 통해 인간 내면의 근원적 욕망인 죽음의 욕망이 눈을 뜨기 시작했다는 것을 의미한다. 우울증이 심화되면, 삶이 주는 모든 굴레에서 벗어나기 위해 '나'를 무화하고 그것을 통해 자유를 추구하게 된다. 해방이 파괴로부터 오는 것이다.

결국 시지포스를 프로이드식으로 해석하면 우울증은 스트레스로 둘러싸인 생명 상태에의 거부이며 휴식과 안정 그리고 평안에 대한 욕구이다. 석가모니가 '인생을 고'라고 설명했을 때 그것은 끊임없이 자극에 반응하도록 결정된 생명 현상의 성찰적 인식으로 해석할 수 있는 것이다. 그리고 우울증에서 시작되는 자살은 결국 자신의 궁극적 목적인 근원적 존재로의 회귀, 즉 무기물로 환원하고자 하는 욕구로 해석된다.[13] 실제 우리의 삶을 관찰해 보면, 프로이드의 주장이 일견 설득력 있게 다가온다. 왜냐하면 우울증 환자의 2/3는 자살을 생각하고 10~15%는 실제로 자살을 시행한다. 까뮈가 『시지포스의 신화』의 첫 문장을 "진정 철학적인 문제는 자살이다"로 시작한 것이 단순한 낭만의 기호는 아니었다.

자살과 평안

　인간의 내면엔 정말 자살을 향한 욕망이 있는 것일까? 자살은 정말 평안에의 욕구를 의미할까? 프로이드의 죽음본능 가설은 항상성의 원칙과 진화론의 화학적 진화에서 생물학적 진화로의 전이를 전제하고 있다. 여기서 중요한 것은 인간의 최초의 상태가 무엇인가 하는 것이다. 인간은 정말 무기물에서 유기체로 진화한 것일까? 그래서 무기물의 상태에 대한 그리움이 있는 것일까? 정답부터 이야기하면 전혀 그렇지 않다. 인간은 무기물적 존재였던 적도 없고 따라서 무기물에서 유기체로 진화한 것도 아니다. 화학원소들의 집합을 아무리 들여다보고 있어도 그것들로부터 단백질이 만들어지고 생명으로 전이하는 현상은 일어나지 않는다. 왜 그럴까?

　먼저 생명은 에너지이다. 에너지는 우연히 발생하지 않는다. 에너지는 주입되어야 한다. 라디오에 건전지를 넣지 않고 아무리 들여다보고 있어도 우연히 켜지는 일은 없다. 오래되면 부식될 뿐이다. 무기물은 결코 스스로 유기체로 전이될 수 없다. 과학은 지금 의도적으로 무기물에서 생명을 만들어 내고자 노력하고 있지만 아직 성공하지 못했다. 그런데 의도적으로 그렇게 애를 써도 안 되는 것이 우연히 될 수 있다는 말인가? 생명이 무기물에서 우연히 발생했다는 가설은 신화일 뿐이다.

　진화론은 우연의 학문이다. 사실은 존재하시 않고 전제와 우연, 신화 그리고 그것을 향한 맹신만이 존재한다. 합리성을 가장한 비합리성의 집합이며 종교를 표방하지 않는 절대종교, 그것이 진화론이다. 더욱 황당한 것은 과학을 표방하면서도 논리가 없다는 것이다. 그 안을 들여다보면 모든 것이 우연이다. 주변을 한번 둘러보라. 이 세상에 우연히 된 것은 없다. 건물, 자동차, 컴퓨터, 비행기 그리고 수많은 음식 등 모든 것은 누군가에 의해 만들어진 것이다. 아파트가 우연히 만들어질 수 있을까? 우연히 흙과 시멘트가 모이고, 우연히 물이 밀려와 적당한 비율로 섞이고, 태양을 통해 굳어지되, 우연히 특정 부위만 굳어져 방모양이 형성되고 그 안에 우연히 몇 군데는 비게 되었는데, 유리가 우연히 만들어져 정확히 그 안에 맞게 되고 그리고 우연히 또 우연히…태양계의 행성들이 이루는 궤도의 정밀성을 생각하고, 지구 안에 존재하는 오존층이나 지구와 태양의 거리 그리고 지구에만 존재하는 산소와, 생명을 위해 필요한 모든 조건을 보라! 이 우주 그리고 지구의 환경은 아파트보다 더 정밀하게 제작되어 있음을 알 수 있다. 그럼에도 진화론자들은 자신들이 본 것만, 아니 정확하게 보았다고 믿는 것만을 인정한다. 사실 그럴 수도 있긴 하다. 인도네시아의 쓰나미 때 살아남은 원시 부족도 헬리콥터를 보면 큰 새로 생각해서 활을 쏜다고 한다. 본 적이 없었기 때문이다.

세상에 우연은 없다. 모든 것은 인과론의 법칙 하에 있다. 그것은 진화론도 마찬가지이다. 진화론의 인과론은 그 이론이 전혀 사실이 될 수 없는 전제에서 출발했다는 원인 때문에 대부분의 것을 우연으로 둘러대는 결과를 초래했다는 사실이다.

또한 생명은 무기물에서 시작할 수 없다. 인간은 더욱더 무기물로 이루어진 존재가 아니다. 인간의 몸이 흙덩어리인 것은 맞다. 하지만 흙의 집합도 아니고 인간은 몸만의 존재도 아니다. 인간에게 무기물에 대한 그리움이 있기 위해선 유기체로서의 자아가 무기물로 있을 때도 그 안에 내재되어 있어야 한다. 그런데 무기물에 어떻게 자아가 있다는 말인가? 인간이 죽어 몸이 무기물로 돌아가면 그것은 분해되어 수많은 새로운 형태를 지니게 될 것이다. 그렇다면 그 먼지들 가운데 어떤 자아가 평안을 느낀단 말인가? 거기엔 의식도 자아도 없다. 마찬가지로 생명 이전의 무기물 상태에서 자아가 존재하지 않았기에 그 무기물 상태에 대한 기억이 무의식중에라도 있을 수 없고, 따라서 그 상태를 향한 그리움도 존재할 수 없다.

결국 죽음본능이나 자살에 대한 욕망은 평안에 대한 욕망이 아니다. 인간에게 평안에 대한 욕망이 있는 것은 사실이다. 하지만 그것은 죽음본능과 동일하지 않다. 죽음본능은 평안에 대한 욕망이 왜곡된 방향으로 나아갈 때 발생하는 것이다. 절망에서 자살하는 사람들을 보라. 그들에겐 공통점이 있다. 무엇일까? 설정된 삶의 의미가 모두 행복감이라는 사실이다. 행복감의 근본은 이기주의이다. 불우 이웃을 돕던 사람이 자살했다는 소리는 들어볼 수 없다. 그러므로 자살은 이기주의가 극단의 이기주의적 결과를 초래한 것이다. 사랑이 이기주의와 결합하면 집착이 된다. 그리고 집착의 끝은 증오이다. 마찬가지로 행복감에 종속되면 개인의 삶의 의미는 모두 대상의 존재 여부에 달려 있게 된다. 삶의 의미가 자신에게서 나오는 것이 아니라 대상에 의해 부여되는 것이다. 그리고 그렇기 때문에 대상의 충족이 불가능해지거나 과다한 충족으로 인해 다른 행복감을 찾을 수 없는 공허나 무의미의 순간이 올 때, 개인은 더 이상 의미를 발견하지 못하게 되고, 그런 자신을 세상이 알아주지 못한다고 생각하면 자살하게 된다. 자신에 대한 집착이 자신에 대한 일종의 증오로 변이되는 것이다.

무엇보다 모든 현상엔 양면성이 있다. 삶 전체를 하나의 스트레스 덩어리로 간주하는 프로이드의 사고는 삶의 한 면만을 본 것이며, 동시에 일반화의 오류에 불과하다. 잠을 자는 것은 단순히 스트레스로부터의 자유를 의미할 수 있지만, 사실은 활력 있는 다음날을 위한 에너지 재충전의 기호이다. 행복이 무엇인지를 모르는 사람은 삶에 기쁨의 환희가 순수하게 존재할 수 있다는 것을 알 수 없다. 빛을 등지고 있으니 그림자만 떠안고 있는 것이다.

이제 우리는 행복의 짝퉁, 즉 행복에 '감'이라는 단어 하나 더 붙은 것이 종국에 어떤 충격적인 결과를 도출하는지 확인했다. 행복감은 그것을 전부로 여기는 사람에게나, 아니면 그것의 문제를 인식한 사람에게나 무의미와 공허 그리고 종국에는 우울을 선물한다. 행복감은 스스로 설정한 매트릭스 안으로 사람들을 유혹하고, 그들로 하여금 자신이 자율적으로 선택해서 행복을 추구하고 있다고 믿게 만듦으로써, 전혀 자율성이 없는 노예와 같은 인간들을 허무와 공허 그리고 무의미와 파멸의 길로 이끌고 있다. 그리고 삶의 거부인 자살을 마치 자유를 찾아 떠나는 낭만적 여행인 것처럼 포장함으로써 행복과는 정반대의 길로 가게 만들고, 심지어는 그 모든 여정이 정상적인 인간의 삶인 것처럼 위장해 놓고 있다.

인간의 무의식 안에 죽음을 향한 욕망이 있다고 주장하는 프로이드의 사유는 행복감만을 삶의 중심에 놓고 살아가는 인간의 비극적 결론에 다름이 아니다. 행복감이 허구이듯, 프로이드의 주장도 사실과는 다른 이데올로기에 불과하다. 인간은 무기물의 상태에서 유기물로 변한 존재가 아니다. 무엇보다 인간은 무기물의 단순한 결합체가 아니다. 생명 현상 역시 무기물에 대한 스트레스가 아니다. 생명은 생명일 뿐이고, 욕망은 욕망일 뿐이며 행복감은 행복감일 뿐이다. 사실(fact)은 그 자체로 가치(value)가 될 수 없다. 생명이든, 욕망이든, 행복감이든 가치의 문제는 주체가 그것을 어떤 방향으로 바라보는가에 의해 결정된다. 사실은 언제나 그렇듯 가치중립적이므로 양면적이고 이중적이다.

긍정적 행복감, 부정적 행복감

행복감을 행복으로 알고 따르는 것은 분명 빛을 등진 그림자의 모습이다. 하지만 그로 인해 행복감 자체를 부정적으로 보거나, 삶 자체를 고통으로 바라보는 것은 지나친 논리적 비약이며, 마치 목욕물을 버리려다 욕조 안의 아기를 같이 버리는 꼴이다. 그래서 평안의 추구라는 이름하에 자기 자신을 파괴하는 것은 어리석으며 동시에 안타까운 일일 뿐이다.

행복감을 향유하는 것과 행복감을 행복으로 인지하는 것은 동일하지 않다. 인간의 삶을 피폐하게 하고 파괴하는 것은 욕망이나 행복감 자체가 아니다. 욕망 그 자체는 선도 아니고 악도 아니다. 욕망은 그냥 욕망일 뿐이다. 문제는 인간이 자신의 욕망을 대하는 태도이다. 욕망과 행복감에 대해 잘못 이해하고 있는 두 극단이 있다. 하나는 언급한 것처럼 욕망이나 행복감에 집착하는 경향이다. 그리고 그것이 행복이라 생각하여 행복감을 행복과 동일시하는 의식이다. 그리고 다른 하나는 욕망이 가져오는 폐해에만 주목하여 욕망 자체를 그리고 심지어는 욕망의 주체조차 거부하는 의식이다. 그런데 극단적 거부는 욕망의 또 다른 얼굴이다. 증오는 항상 사랑의 뒷모습이다. 금욕주의는 은폐된 욕망의 또 다른 얼굴일 수 있다.

욕망은 거부하고 벗어나야 할 대상이 아니라 다스리고 조절해야 할 대상이다. 현대인이 행복하지 않은 이유를 생각해 보라. 당신은 그의 욕망이 그를 불행하게 만든다고 생각하는가? 그래서 욕망을 추구하는 것이 잘못되었다고 생각하는가? 그렇지 않다. 그가 불행한 것은 욕망 때문이 아니라 욕망의 결과인 행복감을 행복과 동일시하며, 행복감의 쟁취를 모든 것 위의 상위의 목표로 삼았기 때문이다. 방글라데시인은 욕망이 없기 때문에 행복감을 느낀 것이 아니라는 사실에 주목하라. 인간이 욕망의 존재라는 사실로부터 '인간은 불행하다'라는 명제가 직접 도출되지 않는다. 무소유의 근본적 목적이 욕망의 사라짐이라면 길을 잘못 들어선 것이다. 왜냐하면 실제 그렇게 될 수도 없고 그렇게 요구되어서도 안 되기 때문이다. 최소 소유의 추구가 지나친 소유욕을 지양한다는 점은 분명히 옳고 수용되어야 하지만, 그러한 노력이 지나친 금욕주의로 이어질 때 인간의 건전한 행복감도 상실되게 된다. 사랑하는 사람과 함께하는 저녁 식사의 행복감은 무엇보다 황홀하다. 식구들과 주말에 야외로 나가는 일도 기쁜 일이다. 맛있는 음식을 맛있게 먹는 것이 무슨 문제이겠는가? 행복감을 느끼고 만족감을 얻는 것은 아무 문제도 없다. 그러므로 캐나다인의 불행은 욕망의 존재가 아니라 욕망의 왜곡된 적용에서 온 것이며 행복과 행복감의 왜곡된 동일시에서 온 것이다. 행복감의 본질을 인식하고, 적절하게 욕망에 선을 긋고 자신의 삶을 주체적으로 살아가는 사람에게, 행복감이 주는 해악은 없다.

실제 건전한 행복감은 인간행복의 필수 요소이기도 하다. 문제는 그 행복감의 본질을 이해하지 못하고, 행복감의 대상에 종속되는 줄도 모르고 그것에 집착하기 때문에 발생하는 것이다. 단순한 만족감이든, 일중독(workholic)이나 성공지상주의의 성취감이든, 행복감에의 집착이 종국적 만족이 없는, 밑 빠진 독에다 물 붓는 것이라는 사실을 모르는 것이 문제인 것이다. 그러므로 현대인의 불행은 그것을 모르고 살다 죽거나, 알아도 대부분 너무 늦게 안다는 사실에 있다.

삶 자체를 무조건 부정적으로 바라보는 것은 합리적이지도 낭만적이지 않다. 하지만 안타깝게도 적지 않은 사람들이 이 길을 간다. 그들은 빛을 등진 상태에서 자신이 원하는 것이 무엇인지, 자신이 어디에 서 있는지, 자신이 어디로 가는지도 모른 채, 행복감의 매트릭스 속에서 살다가 삶에 대한 정확한 분별력 없이 죽는다. 그리고 오히려 행복감을 또 하나의 종족의 우상이며 동시에 동굴의 우상으로 삼고 경배하고 있을 뿐이다.

인생의 의미는 삶의 마지막 끝에서 자신의 삶 전체를 조명할 때 알 수 있는 것이다. 그때, 당신은 원하든 원하지 않든 자신의 삶을 돌아보게 될 것이고, 자신의 인생을 평가하게 될 것이다. 실제 자신을 속일 수는 없기에 인간은 그 순간 진실하게 된다. 내가 진정 나 자신의 삶을 살았는지, 내가 행복했는지! 그러니 이왕 행복을 원한다면 정확히 알고 원해야 할 필요가 있다.

이제 마지막으로 행복감외 문제점과 관련하여 지금까지 다룬 것을 간단히 정리해 보자.

1) 행복감은 주관적이며 순간적이다. 반면 행복은 객관적이며 지속적이어야 한다.

2) 행복감은 항상 욕망의 대상에 의존하며 종속되어 있다. 반면 행복은 주체적이어야 한다. 행복은 '나'의 행복이기 때문이다.

3) 욕망의 대상은 끊임없이 증폭되므로 결국 행복감의 종착점은 없다. 반면 행복은 종착점이 있고 "이제 나는 행복해!"라고 말할 수 있어야 한다.

4) 행복감의 구조는 허상이다. 진실은 무의미한 반복과 허무한 죽음이다. 반면 행복은 지속적이다. 행복한 사람은 항상 행복하다.

5) 행복감은 결국 고통과 심지어 죽음조차도 쾌락으로 변질시킨다. 반면 행복한 사람의 기쁨과 즐거움은 변질되지 않는다.

6) 행복감의 종착점은 우울이다. 반면 행복은 우울하지 않다.

7) 우울은 극단적으로 평안의 욕망이란 허구를 통해 자살을 부른다. 반면 행복은 삶을 긍정한다.

8) 행복감 자체는 가치중립적이다. 하지만 행복은 절대적 선이다.

제2장

나

너는 빛의 아들이다.
너는 행복하다.
너는 건강하고, 기쁘고, 최고이다.
너는 왕 같은 순례자이다.
너는 세상의 빛이다.
너는 하늘을 산다.
너는 빛의 자존심이다.

제2장
나

나는 나를 찾아 나서지 않는다.
나는 나를 찾을 수 없다.
나는 이미 왔다.
나는 나와 함께 있다.

나는 나에게 가장 가까이 있지만
나는 나에게 가장 멀다.
나는 나를 사랑하시민
사실 나는 나를 증오했다.

헤어지지 않으면 만날 수 없다.
만나기 위해
나는 나를 내리쳐야 한다.
나는 나를 못 박아야 한다.

내가 매달릴 때
나는 자유하다.
내가 죽을 때
나는 비로소 태어난다.

슬픔은 기쁨을 부르고
고통은 평화를 약속한다.

이제 조용히 돌아서서
나와 화해할 때도 되었다.
오랜 갈등과 아픔은
상처와 허무 그리고 눈물과 무의미를 주었지만,
의미 없는 아픔은 없고,
우리는 모든 것에서 배운다.
모든 것은 선하고
비가 온 뒤에 우린
만날 수 있다.

만남은 산만하지 않고
대화는 수다스럽지 않다.
의미는 난해하지도 않다.
이제 우리 이렇게 차를 나누니,
따뜻함이 서로의 혈관을 흐르니,
아는 것을 다시 묻진 말자!

왜 인간은 욕망의 굴레, 또는 행복감의 매트릭스에서 벗어나지 못하는 것일까? 논리적으로 행복이 아닌 것에 빠져 있는 이유는 행복이 무엇인지를 모르기 때문이다. 행복이 무엇인지 모르면, 행복하지 않은 상태를 정상으로 알고 살아갈 수 있다. 따라서 행복의 객관적 규명이 요구된다. 하지만 행복에 대한 논의에 선행되어야 할 것이 있다. 행복감에서 벗어나 행복으로 넘어가기 위해서는 '나'에 대한 이해가 필요하다. '나'를 알아야 내가 무엇을 원하는지도 알 수 있을 것이기 때문이다. 사실 인류가 행복하지 않은 것은 '나'를 이해하는 데 실패했기 때문이라고 해도 과언이 아니다. "너 자신을 알라!"라는 소크라테스(Socrates)의 말은 포스트모던의 M. 푸코(Michel Paul Foucault)에 이르기까지 답을 얻지 못하고 있다. 그래서 철학은 답이 중요한 것이 아니라 답을 찾으려는 사유의 과정이 중요하다고 말한다. 인생은 조금씩 자신을 알아가는 과정이라고 말한다. 그리고 고행과 수련을 통해 진정한 자아를 발견할 수 있으리라 말한다. 하지만 모두 변명에 불과하다. '나'는 '지금' 그리고 '여기'에 있다. 공간과 시간 속에 이렇게 분명하게 현존하고 있는 나를 모를 수는 없다. 모른다면 그 원인은 안 보인 것이 아니라 안 본 것이다. 빛을 등지고 있으면서 빛을 볼 수는 없다.

소크라테스의 질문

'만남'이라는 단어는 '누군가'와의 만남을 떠올린다. 하지만 인간이 처음 만나는 존재는 타인이 아니다. 만남의 일차대상은 바로 '나 자신'이다. "너 자신을 알라!"는 소크라테스의 말은 사실 정체성에 관한 것이라기보다는 자신의 가치관과 생각을 계속 점검해 보라는 뜻이었다. 정의가 무엇인지, 용기가 무엇인지, 자신이 알고 있던 것이 단순한 외견일 뿐 진정한 이해가 아님을 인정함으로써, 다시 말해 무지를 인정함으로써 새로운 이해로 나아가는 지혜의 길을 선택하라는 것이다. 하지만 근본적인 문제는 여기에서 시작한다. 무지를 깨닫고 지혜로 나아갈 '나', 그 '나'라는 존재가 도대체 누구인가 하는 것이다.

일상적 자아

사람들은 취직하기 위해 이력서를 낼 때 자기소개서를 함께 제출한다. 그 안에는 개인의 가족과 환경, 자라 온 배경, 취미, 특기, 장래희망 등이 적혀 있다.

자기소개서

■ 지원자 기재사항

성명	홍길동	주민등록번호	999999 - 0000000
대학교	○○ 대학교		
연락처	전화번호: 000-000-0000	휴대전화번호: 010-9999-1111	
지원 모집단위	해외무역부		
	영업1팀		

○○○○년 ○○월 ○○일

지원자   홍 길 동   자필 서명 혹은 날인

○○기업 귀하

잠깐 상상해 보자! 지금 당신은 면접관 앞에 앉아 있다. 이제 면접관이 당신에게 질문한다. "홍길동 씨! 자기소개를 좀 해 보겠습니까?" 그러면 당신은 "자기소개서에 나와 있는 대로 저는 ○○○ 씨의 아들이고, ○○대학을 졸업했으며, 취미는 ○○이고, 특기는 ○○이며…한 사람입니다!"라고 자신을 구체적이고 상세하게 설명할 것이다. 그런데 당신의 자기소개를 다 듣고 난 면접관이 이렇게 질문을 한다면 어떨까?

"네! 당신이 지금까지 살면서 어떤 경험을 했는지, 그에 관한 정보는 잘 들었습니다. 그런데 제가 알고 싶은 것은 그런 것들이 아닙니다. 저는 당신이 누구의 자녀이고, 당신이 어떤 대학을 나왔고, 당신의 취미가 뭔지, 아니 당신이 살아오면서 어떤 경험을 했는지에 대해서는 관심이 없습니다. 제가 알고 싶은 것은 바로 당신 자신입니다. 당신은 누구십니까?"

이런 상황이 발생할 가능성은 물론 희박하다. 왜냐하면 대부분의 경우 우리는 개인의 주관적 경험과 자아를 동일시하는 데 익숙해져 있으며, 따라서 자신을 이런 방식으로 소개하는 데 이견이 없기 때문이다. 면접관의 질문이 당황스러운 이유는 누구나 일반적으로 인정하는 자아(Ego)에 대한 설명에도 불구하고 그 자아와 다른 또 하나의 '나'를 요구했기 때문이다. 아마 이 상황에서 당신이 할 수 있는 최선의 답변은 "이제부터 저를 경험하시면 알게 되실 것입니다!"라고 말하는 것뿐일 것이다. 이것은 상당히 지혜로운 답변이다. 다만 도움이 많이 되지 않는 이유는 면접관이 경험을 통해서 알게 될 당신 역시 시간이 흐름에 따라 몇 꺼풀 더 붙을, 마치 양파 껍질들 같은 경험의 덩어리일 것이기 때문이다.

우리가 자아라고 부르는 에고는 태어난 후 세계와의 경험적 관계를 통해 획립된다. 생물학적으로 아기의 자아의식은 생후 6개월경 시작된다고 한다. 이 말은 갓 태어난 아기들의 경우는 자아의식이 없다는 것을 의미한다. 신생아실의 아기들은 한 아기가 울면 모두 따라 운다. 아직 자아

의식 그리고 그것을 통한 '나'와 '너'의 구분이 없기 때문이다. 6개월 정도 되어서야 인간은 자신을 어렴풋이 타인과 구분하기 시작한다. 물론 자아의식은 한 번에 분명하고 구체적으로 확립되는 것이 아니다. 그것은 시간이 흐름에 따라 천천히 분명해지고 구체화된다.

프로이드가 남근기라고 부르고, J. 라캉(Jaques Lacan)이 거울단계라고 부르는 3-6세 정도가 되면 자아는 어느 정도 확립된다.[14] 물론 이 시기에도 아기는 아직 안정된 언어 구사 능력이 없기 때문에 자신에 대한 정확한 개념이 없는 상태이다. J. 라캉의 말처럼 인간은 언어를 습득한 후에야 자신을 정확히 설명할 수 있다. 라캉에 따르면 언어 습득을 통해 인간은 불완전한 자아에서 온전한 사회적 존재가 될 수 있는 주체로 나아가게 된다. '자아'에서 '주체'로의 전이를 통해 인간의 일상적 자아는 완성된다. 언어화는 '나'를 명확히 인식하고 타자와 분리시키며 욕망과 관계 그리고 가치의 대상을 개념화할 수 있기 때문이다. 따라서 라캉이 말하는 주체는 우리가 여기서 의미하는 사회적 자아와 동일하다.

인간의 자아의식은 이처럼 경험에 비례해서 구체화되고 확립된다. 그리고 경험이 하나씩 더할 때마다 인간에게는 자아를 구성하는 요소가 하나씩 더 첨가된다. 이것은 마치 양파의 껍질이 하나씩 더 붙는 것과 마찬가지이다. 젖을 먹고 싶은 어렴풋한 나로부터 알사탕을 먹고 싶은 나, 과자와 장난감을 원하는 나 그리고 동생에 대한 질투와 엄마의 사랑을 독차지하고 싶은 나 등등. 자아는 경험을 통해 점점 팽창된다. 그래서 대학을 졸업하고 취직할 때쯤이면 A4용지 여러 장 분량의 정보가 쌓이게 된다. 그리고 그 정보의 집합을 나는 '자아'란 이름으로 명명한다. 나는 이 자아를 통해 타자와의 관계로 들어가고 마찬가지로 타인의 자아를 소개받는다. 그리고 그러한 의사소통을 통해 사회는 작동된다.

문제는 자기소개서에 등장하는 일상적 자아가 실제 '나'가 아니라는 것이다. 위에서 확인한 것처럼 소개서의 인물은 면접관이 알고 싶은 '나'가 아니라 내가 경험한 것들의 집합에 불과하기 때문이다. 결국 우리가 사회생활을 하며 흔히 생각하는 '나'는 실제 내 안의 '나'가 아닌 경험의 집합으로서의 자아에 불과하다는 결론이 도출된다. 그렇다면 '나'를 안다는 것은 '나'의 경험체인 자아로부터 모든 경험들을 지워 버린 다음 마지막에 남는 것을 확인하는 것일 게다. 자아를 구성하고 있는 모든 경험 덩어리들을 하나씩 지워 나가면 마지막에 남는 것, 그것이 '나'라는 것이다. 대입과 동아리 모임, 고등학교 시절의 추억, 어린아이였을 때 동네 친구들과의 놀이 등을 하나씩 지우다 보면 마치 양파 껍질을 벗기듯 우리 경험의 껍질들이 하나씩 사라진다. 그리고 마지막 껍질이 벗겨진다. 그 안에는 무엇이 있을까?

몸적 자아

당신은 지금 거울을 본다. 누가 보이는가? 당연히 '나'라고 생각할 것이다. 하지만 그렇지 않다! 지금 당신이 거울을 통해 보는 것은 당신이 아니라 옷을 입힌 당신의 몸이다. 당신 자신은 보이지 않는다. 실제의 '나'는 피부밑 장기 너머 깊숙한 어딘가에 숨어 있다. 그래서 항상 보이지 않는 것이 보이는 것보다 중요하다. 사실 인간의 몸은 물과 황산 등 다양한 원소들의 집합에 불과하여 가격으로 따져 봐야 몇 만 원 되지 않는다. 만약 내가 나의 몸이라면 나 자신의 가치 역시 그 정도밖에 안 될 것이다.

 그런데 내 몸과 나 자신은 정말 구분될 수 있는 것일까? 나는 몸과 어찌 되었건 붙어 있지 않은가! 보이지 않는다는 사실이 오히려 몸이 곧 나라는 사실을 방증하는 것이 아닌가?

 당신은 밥을 먹고 화장실에 간다. 평균적으로 인간은 매일 한 번 정도 소화되고 남은 찌꺼기를 몸 밖으로 배출한다. 그런데 혹시 당신은 매일 화장실 가는 일이 견딜 수 없을 정도로 행복한가? 애인과 약속한 것처럼 흥분과 두근거림으로 설레며, 화장실 가기를 매일 간절히 고대하는 사람이 있을까? 변비가 없는 정상인의 경우라면 그럴 가능성은 거의 없다. 그래서 평생 한 알만 먹으면 배가 안 고픈 미래의 식사를 기다리는 사람도 있다. 화장실은 내가 원해서 가는 것이 아니다. 그곳에 가기를 원하는 놈이 있다. 바로 나의 몸이다. 나는 원하지 않지만 몸의 그런 욕구에 순응할 수밖에 없다. 내가 몸을 따라가는 것이다.

 단지 배설만이 아니다. 공부를 더하고 싶지만 몸은 나에게 자고 싶다고 말한다. 동물이나 인간이나 성관계를 할 때면 수컷은 피스톤처럼 몸을 앞뒤로 움직인다. 그들이 원해서 하는가? 그렇지 않다. 단지 몸의 본능일 뿐이다. 그렇기 때문에 아무도 왜 그러는지 질문하지 않는다. 몸은 단순히 욕망하고 행동한다. 몸의 욕망 앞에 인간과 동물은 평등하다. 차이는 인간의 경우 그 욕망에 저항하고 더 나아가 몸에 역행하는 선택을 할 수 있다. 몸과 다른 '나'는 기본적으로 욕망을 따라가지만 때로는 잠을 뿌리치며 밤을 새기도 하고 금욕의 시간을 보내기도 한다. 인간은 몸의 욕망과는 다른 것들을 원한다. 나의 몸 안엔 몸과 분명히 구분되는 '나'의 존재가 있다.

모든 인간은 죽는다. 그런데 죽었다는 것은 단순히 생명의 에너지가 고갈된 것만을 의미하지 않는다. 인간이 죽으면 에너지만 사라지는 것이 아니다. 거울 속의 내가 갑자기 심장마비로 죽어 거울 옆에 쓰러져 있다고 상상해 보자. 그 경우 조금 전 살아 있을 때와 비교해 보면 몸이 지니는 성분과 구조는 머리에서 발끝까지 정확히 동일하다. 단지 움직이지 않는다. 유일한 차이는 '나'라고 주장하던 그 어떤 것의 사라짐이다. 죽어 있는 몸 안에는 이제 '나'라고 불리던 존재가 없다. 방금 전까지 있었던 존재가 죽음이 오면 없어진다. 어떻게 된 것일까? 혹시 '나'는 원래 없었던 것일까? 그렇다면 그것은 환상에 불과한가? 그래서 몸이 죽으면 착각 속의 나도 사라지는가? 만약 이 주장이 옳다면 모든 인간은 자아의 환상 속에 산다는 말이 된다. 하지만 육체가 정상적으로 기능하는 동안 그 몸의 주체인 '나'는 구체적으로 경험 가능한 사실(fact), 즉 변함없는 진실이다. 혹시 '나'라고 생각한 것은 생명 자체일까? 단순한 생명현상이 어떻게 구체적이고 개별적인, 그것도 모든 의식 작용들을 총괄하는 의식적 주체가 될 수 있겠는가? 결론은 분명하다. 내 안에는 내 몸과 다른 무엇이 있다.

몸과 다른 '나'의 존재에 대한 증거는 또 있다. 원시 민족이든 누구든 인간은 언제 어디서나 초월적 존재를 생각한다. 몸은 신을 찾지 않는다. 그뿐이 아니다. 인간만이 의미에 대한 질문을 한다. 몸은 의미에 관심 없다. 그것은 단순히 대상의 자극에 반응하고 자신에게 쾌락을 주는 쪽으로 향할 뿐이다. 또한 인간만이 꿈을 지닌다. 잠잘 때의 꿈이 아니라 먼 미래에 있을 자신의 모습을 상상하고 그것을 위해 현재의 것들을 조율해 나간다. 꿈을 꾸는 것은 몸 안의 진정한 '나'이다. 그 '나'가 꿈을 꾸고 그것이 이루어질 것을 믿는 것이다. 하지만 몸에게는 이런 비전이 없다. 그러므로 믿음 역시 몸과는 무관한 것이다.

사실 생각해 보면 몸과 분리된 내 안의 '나'가 있다는 증거는 무수히 많다. 그런데 대부분의 사람들은 몸과 '나'의 존재가 분리된 것이 아니라고 생각한다. 그들은 단지 동일한 하나의 인간이 때로는 욕망에 따라, 때론 욕망과 다르게 행동하는 것뿐이라고 생각한다. 하지만 몸은 욕망과 다른 방향으로 움직일 능력이 없으며 원하지도 않는다. 몸은 오직 욕망에 따라 움직인다. 그러므로 몸이 자신의 본능과 다르게 움직인다면 그리고 몸이 전혀 할 수 없는 것을 내가 하고 있다면, 그것은 몸과 분리된 그 어떤 것이 내 안에 존재한다는 분명한 증거가 된다.

행복감의 주체 - 몸

우리는 1장에서 인간이 행복감을 행복과 동일시하고 그것만을 욕망하면 결코 행복에 이를 수 없다는 사실을 확인했다. 그런데 우리는 행복감의 주체를 단순히 '인간'이라고 명명했다. 그리고 인간으로서 '나'의 개념 역시 포괄적으로 사용했음을 의미한다. 하지만 이제 행복감의 주체로서 '인간'이나 '나'의 개념을 명확히 할 수 있게 되었다. 행복감의 주체는 바로 몸이다. 그리고 행복감을 삶의 목표로 삼고 살아가는 사람, 또는 사회적 자아는 몸적 자아가 된다.

몸은 단지 본능에 따라 움직이고 욕망한다. 몸은 자극에 따라 움직이기 때문이다. 그러므로 몸은 필연적으로 보이는 것을 욕망한다. 따라서 행복감의 대상인 육체의 욕망, 자극의 욕망 그리고 비교의 욕망은 가시적이라는 특징이 있다. 동시에 몸은 자신을 위해 먹고, 즐기고, 타인보다 우월하고자 하므로 이기적이다. 그런데 여기에 한 가지 의문이 있다. 인간은 다양한 사회적 활동을 한다. 직업이나 취미 활동 등 그 종류도 셀 수 없이 많다. 그럼에도 불구하고 이 모든 것을 몸적 자아의 욕망으로 단정 지을 수 있을까? 사회 활동을 위해서 이성의 사용은 필수적이지 않은가?

이성은 근본적으로 합리적 이성을 의미한다. 그리고 그런 의미에서 이성은 인간에게 뿐만 아니라 동물에게도 있다. 피그미침팬지는 언어 습득 훈련을 통해 자아의 정체성도 표현할 수 있다. 돌고래나 진돗개의 지능은 웬만한 아이보다 높다. 원숭이들은 빗물을 받아 마시기 위해 넓은 잎사귀를 사용한다. 딱따구리는 뾰족한 가시를 이용해 나무 틈새의 벌레를 잡아먹는다. 하지만 동물의 이성에 비해 인간의 이성은 고도로 발달되어 있다. 그것은 과학기술의 발달을 통해 폭발적으로 증가했으며, 이제 이성에 관한 한 동물이 한 방울의 물방울이라면 인간은 바다와 같은 존재가 된 것이 틀림없다. 그래서 우리는 때로 인간이 동물과 근본적으로 다른 존재인 이유가 이성 때문이라고 믿었다. 하지만 지능이 발달한다고 이성의 본질이 달라지지는 않는다. 이성의 근본적 기능은 합리성이며 그것은 일상생활에서의 선택을 통해 나타난다.

인간은 자아 형성 과정에서 수동적으로 경험을 맞이하기만 하는 것이 아니다. 인간은 매일 무엇인가를 선택한다. 어느 것을 입고, 누구를 만나고, 무엇을 먹고 등등. 물론 이러한 선택이 과거의 경험으로부터 영향 받는 것이 사실이겠지만, 그럼에도 불구하고 선택은 계속된다. 아침에 잠에서 깨어 밤에 잠들 때까지 평생 동안 인간은 이성을 사용해 선택한다. 특정 목적이 있을 때, 일례로 스파게티를 먹고 싶을 때, 어느 레스토랑을 갈 것인지, 어떤 종류를 주문하고 계산은 어떻게 할 것인지 등의 문제는 이성의 몫이다. 이성은 근본적으로 합리성을 추구하기 때문이다. 물론 '무엇을 먹어야 맛있게 먹을까?'의 문제도 이성의 영역이다. 무슨 말인가?

몸적 자아는 이성을 도구로 사용한다. 흄(David Hume)은 이성을 감성의 노예라고 했지만 사실 그것은 이성이 몸적 자아의 욕망 충족을 위한 합리적 수단임을 의미한다. 따라서 이성은 몸의 욕망과 배치되거나 모순되지 않는다. 이성은 가치중립적 합리성으로서 주체가 무엇이건 목적이 존재하면 수단을 찾는 데 기여한다. 따라서 이성적 인간은 자신의 욕망을 따라 끊임없이 선택한다. 어떤 대학, 어떤 과를 지망해야 할지, 졸업 후 회사는 어디로 가고, 나이가 들면 독립해서 사업을 할지 말지 등등. 그리고 그 모든 과정에서 인간은 의식적 또는 무의식적으로 타인과 자신을 비교한다. 그래서 사회가 제공하는 다양한 자리에 연연하게 된다. 그것이 권력과 명예 그리고 자본을 보장할 것이라고 믿기 때문이다.

영

'나'는 몸이 될 수 없다. 몸의 일부도 아니다. 왜냐하면 몸과 분리되어 독립적으로 움직이기 때문이다. 몸이 아니면 무엇일까? 몸이 아니라는 것은 물질이 아니라는 것이다. 육체 안에 있으나 물질은 아닌 존재? 그렇다면 그것은 '영'(Spirit)일 수밖에 없다. 육체가 배제된 상태는 영적 상태일 수밖에 없다. 그러므로 진정한 '나'는 영이다. 나아가 행복감의 주체가 몸이라는 사실, 따라서 몸은 '이기적'으로 '보이는 것'만을 욕망할 수밖에 없다는 사실로부터 몸과 분리된 진정한 '나'는 행복감의 주체가 아님을 알 수 있다. 그렇다면 '나'는 무엇을 욕망하는가? 엄밀히 말해 '나', 즉 영은 욕망을 지닌다고 말할 수 없다. 욕망이 몸에서 비롯되는 모든 가시적인 욕구의 총체를 의미한다면 영은 당연히 욕망과 무관한 존재일 것이기 때문이다. 그러므로 '나'는 몸의 욕망과 관계가 없는 것을 원할 것이며, 그것을 우리는 '지향'이라고 할 수 있을 것이다. 그런데 우리가 원하는 것 중에 몸의 욕망이 아닌 것이 무엇일까? 그것은 몸의 욕망이 필연적으로 이기적일 수밖에 없다는 사실로부터 추론할 수 있다. 욕망이 이기적이라면 영이 원하는 것은 우리 안의 모든 탈이기적 지향성을 의미할 것이기 때문이다. 탈이기적 지향성! 그것은 바로 자기애적 지향성이다.

자기애란 본능의 이기주의를 벗어나 자신을 진정 사랑하는 방향에서 이루어지는 삶의 모든 움직임을 뜻한다. 인간은 몸의 본능에 따라 움직이는 자신, 즉 몸적 자아를 벗어날 수 있다. 의미나 가치에 대한 질문을 통해 쾌락이나 성공만을 향해 움직이는 자신의 삶이 정말 옳은 것인가 질문할 수 있는 것이다. 다시 말해 인간만이 단순히 환경에 따라 움직이는 즉자적 존재가 아니라, 반성적 사고를 통해 스스로를 대상화하고 자신의 삶을 새롭게 결정할 수 있는 대자적 존재이다. 반성적 사고가 모두 긍정적인 결말을 가져오는 것은 아니지만 어쨌든 인간이 대자적 존재라는 사실은 인간이 영적 존재임을 보여 주는 증거이다. 따라서 몸의 본질이 이기주의라면 영의 본질은 자기애이다. 그리고 몸의 욕망이 몸적 자아를 형성한다면 영의 소원은 영적 자아를 형성할 것이다. 그러므로 측은지심(惻隱之心)이나 긍휼, 자비, 나아가 사랑의 마음 등은 영적 자아의 특성이며 인간의 자기애적 삶의 영역에 속하는 것들이다. 타인과의 공존을 추구하고 배려하며 신뢰하는 마음도 마찬가지일 것이다. 그리고 무엇보다 행복감이 아닌 행복에 대한 바람도 영적 자아에 속한다. 그 외에 신과의 초월적 영역에 대한 지향성이나 단순한 성공이 아닌 의미와 가치의 추구 등은 모두 영적 자아의 자기애에서 발생하는 것들이다.

내 몸 안에 몸과 다른 영적 자아가 존재한다는 사실을 이해하기 위해 무슨 종교적인 믿음이 필요한 것이 아니다. 단순히 몸의 욕망이 될 수 없는 많은 것들이 내 안에 있다는 그 사실만 보아도 '나'는 단순히 몸과 그 몸에 봉사하는 이성이나 마음의 결합체가 아님을 알 수 있다. 본능은 필연적으로 이기적이다. 본능은 결코 이기주의를 극복할 수 없다. 바로 그렇기 때문에 본능적 존재인 몸은 이타적일 수 없다. 물론 동물의 경우에서처럼 본능에 각인된 이타적 성향도 존재한다. 하지만 본능적으로 결정된 이타적 성향은 반드시 종의 이기주의와 연결되어 있다. 그런데 인간은 이수현 씨처럼 철길에 떨어진 낯선 존재를 보고 죽음의 위험 속에서도 뛰어들려는 마음이 있다. 그 행위는 어떠한 자기 이익도 가져오지 않는다. 아니 오히려 이익을 바란다면 결코 할 수 없는 행위라는 것이 더 정확한 표현일 것이다. 동시에 그러한 행위가 유전적으로 결정된 것이라면 누구나 그렇게 행동해야 할 것이다. 하지만 소수만이 순수한 이타적 행위를 한다. 그것은 대부분의 사람이 이기적 욕망을 따르는 몸적 자아를 선택한 반면, 소수의 사람들만이 이타적 영적 자아를 선택한다는 방증이다. 따라서 희생적 행위의 주체는 몸이 아니며, 동시에 정신도 이성도 될 수 없다. 정신이나 이성은 모두 '나'의 정신이며 '나'의 이성이다. 정신적 가치는 내가 추구하는 것이지 정신 자체가 추구하는 것이 아니며, 내가 이성을 통해 신을 생각하는 것이지 이성이 스스로 신을 생각하는 것이 아닌 것이다. 그러므로 '나'는 몸도 정신도 이성도 아닌 영일 수밖에 없다.

몸적 자아와 영적 자아

내 안에는 진정한 '나', 즉 영이 존재한다. 영은 보이지 않는다. 그러므로 영의 존재는 직접적으로 경험할 수 있는 것이 아니라 간접적으로만 접촉할 수 있다. 우리에게 보이는 것은 누군가의 몸과 말 그리고 행동을 통해 드러나는 그의 자아(Ego)이다. 그러므로 개인의 자아는 영이 선택한 결과물, 영의 거울인 것으로 보아야 한다. 그러므로 특정한 개인의 자아를 보면, 그의 영이 어떤 선택을 했는지, 어떤 자아를 형성하기를 원했는지 알 수 있다. 몸을 통한 경험과의 상관관계 안에서 영은 자아를 고착시킬 것이기 때문이다. 그리고 일단 자아가 형성되면 자아는 모든 사회적 관계에서 개인의 정체성을 대변하게 된다. 그러므로 자아는 영이 몸과 함께 성장하면서 선택한 패러다임의 구체적, 가시적 형상이다. 당신이 알고 이해하고 있는 '누군가'는 사실 보이지 않는 영인 '누군가'가 자신을 형상화한 것, 즉 보이는 '누군가'로 결정하고 만든 결과물이다.

문제는 몸과 영 사이의 갈등이다. 화장실을 가고 싶어 하고 피자를 먹고 싶어 하며, 놀러 나가고 싶은 몸에 대해, 영은 몸의 욕구를 수용하거나 거부, 또는 조절함으로써 몸에 대응한다. 그리고 이렇게 몸 안의 영은 경험 덩어리를 자신의 주위에 덧입힘으로써 경험적 자아, 또는 우리가 인격이라고 부르는 정체성을 형성한다. 그런데 우리가 사람들을 관찰해 보면 다수의 사람은 몸의 욕망에 따라 사는 데 비해, 소수는 그렇지 않으며, 심지어 법정 스님이나 인도의 금욕주의자들처럼 전적으로 몸을 거부하는 사람들도 있음을 알 수 있다. 이러한 현상이 의미하는 것은 분명하다. 영은 몸의 경험이 증가하고 사회적 정체성을 조금씩 획득하게 되는 과정에서 대부분의 경우 몸의 욕망에 순응하게 된다는 것, 또는 어쩔 수 없이 몸에게 주도권을 내주기 쉽다는 것을 의미한다. 이처럼 영이 무기력하게 몸의 욕망에 무너져 자신의 외적 정체성인 자아를 이기적 자아로 구성하는 이유는 몸 내부에 존재하는 인간 영의 존재론적 한계에 있다.

영적 존재인 '나'는 인간의 몸이 태어나서 죽을 때까지 몸 안에 실질적으로 갇혀 있는 것과 마찬가지이다. 몸은 외부 세계와의 관계에서 욕망을 무차별적으로 수용한다. 특히 문명사회가 진행될수록 모든 삶의 영역에서 욕망을 자극하고 감성을 마비시키는 대상이나 상품들 또는 유사 가치들이 폭발적으로 증가하고 있다. 이러한 것들은 영의 비판적 사고를 마비시킴으로써 탈정치화시키며 자신들의 욕망에 맹목적으로 순응하도록 자연화한다. 따라서 영의 분별력이 약해지면 약해질수록 몸의 욕망은 주도권을 쥐게 되고 결국 영은 욕망으로 가득 찬 몸적 자아의 형성을 막지 못하게 된다.

물론 이미 언급한 대로 영이 항상 맹목적으로 몸만을 추종하여 자아를 형성하는 것은 아니다. 욕망화된 자아를 형성한 이후에도 "너는 지금 어디에 있는 거니?" 또는 "너는 지금 무엇을 하고 있는 거니?" 등 다양한 질문을 통해 '나'의 왜곡된 자아의 정체성을 바로잡기 위해 노력하며, 실제 적지 않은 사람들이 삶의 전환을 겪는다. 하지만 일반적으로 욕망으로 굳어진 자아는 자신의 정체성을 영이 유도하는 대로 변화시키지 않는다. 아니 사실 못하는 것이라고 보는 것이 옳을 것인데, 그 이유는 상상할 수 없이 많은 쾌락과 향유의 대상들이 '나'를 사로잡고 있기 때문이다. 1장에서 본 것처럼 외부로부터의 자극을 무비판적으로 수용하는 '나'는 대부분의 경우 행복감의 조절은 고사하고 그것에 중독됨으로써 행복과는 근본적으로 분리된 채 무의미한 삶과 죽음을 향해 매일매일 '그냥 그렇게' 시간을 '죽이게' 된다. 다음 도식을 잠깐 보자!

이 도식은 영이 몸의 욕망과 영의 요구 가운데 어느 것을 선택하는가에 따라 마음은 그 선택된 대상 중심으로 움직이고 그것을 통해 자아의 정체성이 형성, 고착되는 과정을 나타낸다. 여기서 중요한 것은 '나'의 선택은 영의 요구와 욕망 사이에 하나를 포기하는 것을 의미하는 것이 아니라는 점이다. 선택은 둘 중에 무엇을 우선시할 것인가에 해당하는 것이다. 즉 선택의 본질은 순서이다. 먼저 영의 요구를 욕망보다 우선시할 경

자아형성의 길

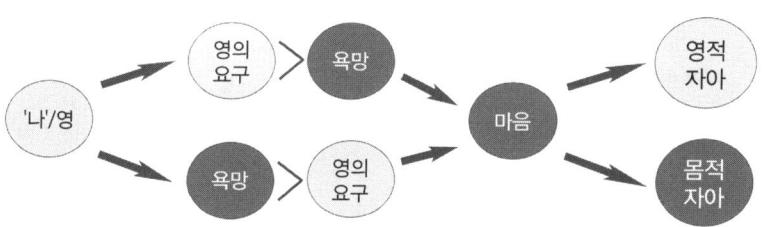

우 '나'는 '지정의'의 마음을 통해, 또는 생물학적 관점에서 뇌의 의식 작용을 통해 자기애의 삶, 즉 행복을 목적으로 삼게 되고 욕망은 부차적인 것이 된다. 그리고 이 경우 형성되는 정체성은 영적 자아이다. 반면 '나'의 선택이 욕망을 우선시하는 것으로 결정되면 '나'는 마음을 도구화함으로써 행복감의 성취에 고착되고 몸적 자아가 형성된다. 결국 몸을 우선시하고 몸의 욕망을 따르는 자는 몸의 일만을 생각하게 되고, 영을 따르는 자는 영의 일을 생각하게 된다.

영과 뇌

'나'의 진정한 모습이 영이라면 죽음에 대한 우리의 시각도 변해야 한다. 내 안에 영이 있다면 죽음은 단순한 '사라짐'이 될 수 없다. 왜냐하면 몸은 죽은 후에 썩어 흙으로 변할 것이지만 물질이 아닌 영은 썩을 수 없기 때문이다. 따라서 영을 인정할 때 죽음은 '사라짐'으로 이해할 수 없다. 그렇다면 죽음은 무엇일까? 그것은 '분리'이다. 즉 몸은 죽어 흙으로 돌아가고 영은 죽어 영의 세계로, 그곳이 어떤 곳이든 갈 수밖에 없을 것이기 때문이다. 스티븐 호킹(Stephen Hawking)은 2011년 5월 《가디언》(*Guardian*)지와의 인터뷰에서 사후 세계나 천국은 죽음에 대한 두려움이 있는 사람들이 만들어 낸 '동화'일 뿐이라고 주장했다. 인간은 죽음의 순간에 마지막으로 뇌가 깜빡이고 그 뒤에는 아무것도 없다는 것이다. 이처럼 영의 주장은 현대 과학과 충돌한다. 현대 과학은 정신, 또는 마음이 뇌를 통해 작동하는 것으로 믿는데, 뇌는 분명 육체의 일부이기 때문이나. 따라서 과학은 뇌가 곧 마음, 즉 지정의를 포함한 모든 정신 작용의 주체라고 본다. 인간의 모든 의식 작용은 뇌 안의 칼슘이나 호르몬 또는 신경전달물질 등을 통해 형성되는 것으로 보아야 한다는 것이다. 실제 현대 신경생물학은 이런 식으로 모든 의식 작용을 물질적 메커니즘으로 환원시킬 수 있으리라고 보고 있다. 단 뇌 안의 무엇이 '나'인지는 결코 설명하지 못하고 있다.

영의 존재 여부에 대한 논쟁은 임사체험과 관련해서도 확대되고 있다. 임사체험은 뇌 기능이 멈춘 상태에서도 마음이 사물을 인지하고 감정을 느끼며 생각한다는 것이다. 그런데 임사체험자들은 자신이 몸으로부터 분리되어 나왔으며 빛의 길을 통한 사후 세계를 경험했다고 주장한다.

과학자들은 이를 정면으로 부인한다. 혼수상태일는지 몰라도 뇌 기능이 의학적으로 완전히 멈춘 뒤 그런 체험을 하고, 또 기억해 낸다는 것은 불가능하다는 얘기다. 특히 임사체험에서 중요한 유체이탈 체험도 뇌의 작용으로 설명한다. 헨리크 에르손(Henrik Ehrson) 박사가 이끄는 영국 유니버시티 칼리지 런던의 연구진에 의하면 유체이탈 체험은 뇌가 감각기관들의 정보를 처리하는 과정에서 발생한 혼란에 불과하다. 연구진은 실험을 통해 사람에게 고글을 씌우고 비디오카메라 쪽으로 등을 돌린 채 서 있게 한 후 그들의 등을 찍은 입체 영상을 고글로 보내면 자신의 뒤에 서서 등을 보는 듯한 착각을 일으키는 것을 확인했다. 그리고 자신의 등을 자신의 실제 등으로 인식하지 않게 됨으로써 특정 부위를 펜으로 찔러도 가상의 등을 찌른 것으로 이해한다는 것이다. 또한 미국에서는 여성 간질 환자의 뇌를 자극한 결과 공중에서 자신을 내려다보는듯한 느낌을 일으키는 데 성공했다. 과학의 결론은 간단하다. 인간이 완전히 죽으면, 즉 뇌가 완전히 정지되면 모든 것이 끝난다. 따라서 임사체험은 뇌 기능이 완전히 소실되지 않은 상태에서 일어나는 착각이나 뇌 기능의 혼란에 불과하다는 것이다.

그런데 정말 뇌가 끝이라면, 인간이 물질에 불과하다면, 그러한 가설을 과학자들이 믿는다면, 도대체 선악을 말할 이유는 어디 있는 것일까? 죽음 후엔 모든 것이 먼지에 불과하다면, 히틀러나 김일성의 삶과 마리아 테레사나 슈바이처의 삶이 무엇이 다른가? 오히려 자신의 욕망에 따라 살다 장수하고 간 김일성이 세상을 가장 잘 산 사람이 될 것이다. 테레사 수녀는 자가당착에 빠져 헛된 인생을 남을 위해서만 쓰다 간 어리석은 인간에 불과하지 않겠는가? 과학은 자신들이 무슨 이야기를 하고 있는지 스스로도 이해하지 못하고 있다.

진실

스티븐 호킹이나 일련의 과학자들의 주장은 지혜가 없는 지식이 얼마나 독단적이고 어리석을 수 있는지를 단적으로 보여 준다. 과학은 사실 언제나, 마치 철없는 아이가 자신의 수저로 바닷물을 다 퍼내겠다고 주장하는 것처럼, 자신의 동전으로 달을 가릴 수 있다고 믿는 것처럼, 늘 보이는 것만을 보고, 보이지 않지만 실제로 존재하는 것들을 부인해 왔다. 마치 증거가 나오기 전까지는 모든 범죄행위를 부인하는 범죄자와 같이 과학은 새로운 이론이 등장할 때까지 자신만이 진리의 척도인양 고집을 부렸다. 그러다 새로운 사실이 드러나면 작은 송구스러움의 표현도 없이 그 사실조차 자신이 발견한 것처럼 득의양양한 표정을 짓는다. 어리석음에 지식을 더하면 과학자가 되는 것인가! 안쓰러움과 연민의 정을 느낄 뿐이다. 지금 보이지 않는 것이 존재하지 않는 것은 아니라는 사실을 그들 스스로 매번 증명하면서도 그들이 존재하는 동안 보이지 않는 것은 늘 존재하지 않는다고 우긴다. 그런 의미에서 요즘 적지 않은 학자들이 지혜로워지는 것은 다행스러운 일이 아닐 수 없다. 적어도 절대성을 주장한 근대과학과 달리 현대 과학은 과학적 진리의 개연성만을 주장하고 있기 때문이다.

일례로 성경에 등장하는 마리아 동정녀설과 관련해서 과학은 그것이 거짓임을 절대적 확실성을 가지고 주장했었다. 1967년 인공수정이 도입되어 남녀의 성관계가 없이 출생이 가능하게 된 이후에도, 최소한 정자와 난자가 필요하다고 고집을 부렸다. 하지만 아이러니하게도 과학 스스로 체세포복제를 통해 마리아의 무죄를 증명했다. 체세포복제는 인간이 태어나는 데 남녀의 성관계는 물론, 정자와 난자의 결합이 없어도 됨을 증명했기 때문이다. 과학은 결국 구체적으로 마리아가 어떻게 임신하게 되었는지는 증명하지 못했지만, 마리아가 거짓말한 것이 아닐 수 있음을 증명한 셈이다. 다시 말해 과학 스스로 인간이 만들어지는 방법은 다양하며 반드시 남성과 여성의 성관계를 통해서만 가능하다고 생각했던 것이 오히려 과학의 어리석음이고 허구적 믿음이었다는 사실을 인정한 것이다.

오랫동안 과학은 영과 같은 형이상학적 대상을 단지 믿음의 대상으로만 치부해 왔다. 과학은 사실에 관한 학문인 반면, 종교나 형이상학은 믿음의 학문에 불과하다는 것이었다. 이러한 이분법적 주장은 근대에 시작되었다. 근대적 사유에 따르면 경험될 수 없는 것은 지식이 아닌 믿음의 대상이다. 학문은 엄밀하기에 지식의 대상 이외의 것을 다루지는 않는다. 따라서 신의 존재나 영혼, 우주에 관한 논쟁은 칸트(Immanuel Kant)에 와서 더 이상 학문적 논의 대상이 될 수 없다고 했다. 하지만 베이컨(Francis Bacon)이 우상을 없애자며 과학의 우상을 만든 것처럼 근대인은 영이 믿음의 대상이고 경험이 지식이 대상이라는 또 다른 믿음을 가진 것에 불과하다. 중세까지 영을 믿었고 근대 이후에는 이성을 믿게 된 것이다.

믿음과 지식의 구분은 간단한 것이 아니다. 세상에는 엄밀한 의미에서의 객관적 지식이 존재하지 않는다. 당신의 생일을 생각해 보라! 지금 당신이 알고 있는 생일이 진짜일까? 부모님이 혹시 어떤 이유로 출생신고를 늦게 한 것은 아닐까? 물론 당신은 그렇지 않다고 말할 것이다. 그런데 그 이유는 생일이 사실이기 때문이 아니다. 당신의 부모님이 진실을 말했을 것이라고 믿기 때문이다. 프랑스혁명이 1789년에 있었다는 것, 인간이 달에 착륙했다는 것, 9·11테러가 빈 라덴(Osama bin Laden)의 소행이라는 것 등을 우리는 어떻게 확신하는 것일까? 인간의 모든 지식은 엄밀히 말해 믿음이다. 사실 믿음이 아닌 것은 단 한 번도 학문의 대상이 된 적이 없다. 지동설로 인해 사라진 천동설, 상대성이론에 함몰되어 버린 뉴턴의 절대물리학, 줄기세포로 무의미하게 된 마리아의 동정녀신화 등 과학과 신앙의 차이는 사실 근본적으로 존재하지 않는다. 근대인은 과학이라는 종교 또는 신화를 믿기 시작했고, 그래서 과학종교는 전통종교를 대체한 것뿐이다. 하지만 그 믿음도 평균 6개월 정도면 새로운 이론으로 대체되고 있다. 그럼에도 사람들은 과학의 사실성이 존재한다고 믿는다.

다른 관점에서 한번 생각해 보자! 과학의 기초는 수학이다. 그래서 1+1=2와 같은 수학적 진리는 어거스틴에게 영원히 변하지 않는 신적 진리였으며, 칸트에게는 경험과 무관하게 참인 선험적 종합판단의 진리명제였다. 그러나 수학은 절대적이지 않다. 왜냐하면 1+1=3일 수 있기 때문이다. 20세기 초 비엔나의 분석철학자들이 밝힌 바에 따르면 수학은 하나의 체계이다. 하지만 체계 안의 진리는 체계를 바꾸면 사라진다. 간단히 설명해 보자. 1+1=3이다. 어떻게 가능할까? 나머지 모든 체계를 바꾸면 된다. 그러면 1+2=4, 1+3=5, 1+4=6⋯. 이런 식으로 계속될 것이다.

수학은 마치 문법과 같은 것이다. 그리고 문법은 변경될 수 있다. 이러한 사실이 의미하는 것은 무엇인가? 수학은 인간이 인위적으로 만든 체계이므로 실제 존재하지 않는 허구이며, 허구이기 때문에 엄밀하게 객관성을 지닐 수 있다는 것이다. 더욱이 수학의 기초는 점이다. 그런데 점은 존재하지 않는다. 점은 오직 관념 속에만 존재한다. 허구적 관념인 점이 없으면 대수학도 기하학도 불가능하다. 수학은 허구적 관념에 기초한 허구적 산물이기에 정밀한 것이다. 하지만 인간의 삶은 허구가 아니다. 삶은 진실하다. 그렇기 때문에 현재의 우리가 보기에 모순투성이다. 어린 에디슨이 1+1이 무엇이냐는 선생의 질문에 고양이가 쥐를 잡아먹으면 하나라는 대답을 하고 멍청하다는 소리를 들었지만 진짜 멍청한 것은 그 선생이었다. 왜냐하면 에디슨은 진실을 보았고, 선생은 허구를 보았기 때문이다. 삶은 다양하다. 다양하기에 눈으로 보이지 않고, 현재 이해할 수 없는 진리도 존재한다.

영의 실재

1991년 가수 겸 작사가인 팸 레이놀즈(Pam Reynolds)[15]는 뇌 중심부 깊숙한 곳의 '거대 동맥류'로 인해 죽음을 기다리는 상황이었다. 그녀에게 유일한 희망은 아리조나 주 피닉스 베로우 신경학 연구소였다. 그곳에서 그녀는 심실정지수술을 받았다. 이 수술과정에서 환자의 체온은 10-15도로 유지되었고, 심장박동과 호흡은 완전히 멈추었으며 뇌파는 정지되었다. 그리고 수술 중 뇌출혈을 막기 위해 뇌 안의 모든 혈류를 빼냈다. 따라서 그녀는 수술 전 과정에서 의학적 사망 상태였다. 그런데 그녀는 놀랍게도 후에 수술과정에서 있었던 뇌 절개용 수술도구의 소리와 모습, 수술실 상황 그리고 의사들의 대화를 정확히 설명할 수 있었다. 임사체험을 한 것이다.

팸의 사례는 임사체험의 불가능을 주장하는 모든 과학적 주장을 무효화한다. 그녀는 의학적인 장비를 갖추고 철저히 모니터 되는 상황에서 임사체험을 하였다. 측정 가능한 어떠한 뇌의 활동도 불가능한 상황, 즉 의학적으로 완전히 죽은 상태임을 의사들이 확인하고 있는 상황에서, 몸으로부터 분리된 그녀의 '무엇'이 실제 체험을 한 것이다.[16] 그녀는 비물질적인 상태에도 불구하고 자신의 형태를 그대로 유지하고 있었다. 그녀는 식물인간 상태도 아니었고 고글을 씌워 놓고 입체영상을 주입한 것도 아니었다. 그녀의 뇌 안에는 혈액이 전혀 존재하지 않았다. 그녀는 자신의 몸 안으로 돌아가고 싶지 않았다고 했다. 그것은 자신의 몸 안으로 돌아가기를 원치 않은 또 다른 그녀가 존재했다는 것을 의미한다. 팸의 사례는 결국 몸 안의 '나', 즉 영이 존재함을 단적이고 경험적으로 보여 준다.[17]

임사체험은 유체이탈을 경험했다고 주장한 C. G. 융(Carl Gustav Jung)에 의해 이미 간접적으로 의미화되었지만 객관화되지는 못했다. 흥미로운 점은 고대에서 중세에 이르기까지 서구에는 영의 존재가 자명한듯 보였다. 비록 그것이 무엇인지 분명하지는 않았지만 사람들은 영의 존재를 믿었다. 그리고 인간의 생명은 혼이라는 일종의 에너지임을 인지하고 있었다. 하지만 영에 대한 사유는 사실 근대 이후 희미해지다가 18세기 칸트 그리고 실증주의 이후 과학적 논의에서 사라졌다. 인간 스스로 자신의 정체성을 포기한 것이다.

　과학적 관점에서 영의 존재에 대한 논란은 계속될 것이다. 아직 과학은 영의 존재를 시각화할 수도, 그것이 없다는 것을 증명하지도 못한다. 따라서 영의 존재를 3차원의 영역에서 논의하는 것은 현재 무의미하다. 하지만 이미 설명한 것처럼 몸과 다른 무엇인가가 내 안에 존재하는 것은 과학이 인정하든 안하든 객관적 사실(fact)이다. 그것은 종교도, 과학도, 문학도 그 무엇도 아닌 단지 하나의 사실이다. 그리고 과학자들도 늘 자신에게서 확인하는 일이다. 동시에 물질이 아니라면 영일 수밖에 없다는 사실은 필연적으로 도출될 수밖에 없는 결론이다.

　영을 부인하고 모든 것을 물질론적으로 설명하려는 신경생물학적 환원주의의 한계는 자아의식과 관계있다. 인지심리학과 신경과학은 인간이 어떻게 감각자극들을 구별해 내고 그에 대해 적절하게 반응하는지, 두뇌가 어떻게 서로 다른 많은 자극들로부터 정보를 통합해 내고 그 정보가 행동을 통제하는 데 사용하는지 설명할 수 있을 것이다. 왜냐하면 이것들은 의식과 관련되어 있지만 모두 인지 체계의 객관적 메커니즘에 관한 것이기 때문이다. 그런데 신경과학이 절대 설명할 수 없는 것이 있다. 그것은 주관적 의식경험, 즉 '나'에 관한 것이다. 한 인간은 수많은 행동을 한다. 장미꽃을 바라보고 감탄하기도 하고 주사를 맞으며 고통스러워하기도 한다. 달콤한 사랑의 키스를 상상하기도 하며 죽음 앞에 두려워 떨기도 한다. 그런데 이렇게 수많은 행위와 그에 전제되는 의식 작용의 주체가 동일한 한 존재이며, 그것이 '나'라는 것을 뇌가 어떻게 인지하는지 인지과학은 설명할 수 없다. 왜냐하면 '나'는 대상이 아니다. 모든 것은 지각의 대상이 되지만 '나'는 아니다. '나'는 단지 지각의 주체이다. 자아의식은 따라서 객관적 경험이 아니다. 그럼에도 불구하고 나는 '나'를 안다. 그것이 어떻게 가능한 것일까? 간단하다! 내 몸 안에 실제 내가 있기 때문이다.

과학자들이 뇌 기능의 핵심으로 보는 마음, 지정의는 반드시 외부의 특정 대상이 전제되어야 한다. 나아가 마음의 존재는 지정의의 존재로부터 추론할 수 있다. 하지만 마음의 주인인 '나'의 항상성과 동일성은 어떤 경험으로부터도 추론할 수 없다. 뇌는 자극을 분별, 분석, 통합 그리고 반응할 뿐인데, 그 모든 의식 작용의 주체는 뇌를 자극하지 않기 때문이다. 따라서 뇌는 통합적 자아를 인지할 수 없다. 그런데 우리는 통합적 자아를 분명히 인지하고 있다. 이 사실이 의미하는 것은 무엇인가? 그것은 '나'에 대한 의식이 뇌와 분리되어 이루어진다는 것, 즉 영 자신에 의해 이루어지는 것으로 추론할 수밖에 없다는 것이다. 그래서 팸의 경우 유체이탈한 후 영은 자아의식을 지니고 있었던 반면 자신이 내려다본 몸은 단지 물질의 집합에 불과했다.

영으로서 '나'의 존재가 뇌와 분리되어 있다는 사실은 인간의 탈이기주의적 본성으로부터도 추론된다. 뇌가 호르몬과 화학물질의 작용으로 이루어지는 물질의 집합이라면 몸의 일부일 수밖에 없고, 몸은 이미 확인한 것처럼 이기적이다. 따라서 뇌도 근본적으로 이기적으로 작동될 수밖에 없다. 그런데 인간에게는 동물과 근본적으로 구분되는 비본능적 이타주의나 희생이 존재한다. 맹자는 인간에게 측은지심의 마음이 있다고 했다. 하지만 그 마음의 주체는 몰랐다. 칸트도 선의지를 언급했지만 그는 단지 경험계가 아닌 가상 세계, 즉 목적으로서 도덕적 주체의 왕국이라는 예지계를 상정했을 뿐이다. 맹자는 아예 접근을 못했고, 칸트는 이원론으로 접근은 했으나 길을 잘못 접어들었다. 진실은 인간이 동화의 나라 같은 예지계에 속한 존재가 아니라 바로 영적 존재라는 사실이다. 이기주의와 이타주의는 한 근원에서 나올 수 없다. 열매가 다르면 나무도 다르기 때문이다.

권투 선수가 팔을 뻗어 상대방을 가격하고 있다. 이 순간에 그의 팔은 누가 뻗은 것인가? 팔이 스스로 움직인 것은 아니다. 그렇다면 뇌가 움직였는가? 아니다, 내가 움직였다. 나는 뇌를 통해 상대방의 허점을 발견하고, 뇌를 통해 팔을 뻗어야겠다고 생각하고, 뇌를 통해 팔을 움직인 것이다. 여기까지는 과학자들도 내가 아닌 뇌가 움직인 것이라고 말할 수 있다. 동물도 마찬가지로 행동하며, 본능적으로 뇌가 작동한 것일 수도 있기 때문이다. 그런데 상대방을 가격하다 말고 "왜 내가 저 사람을 때려야만 하지?"라는 생각이 든다. 그리고 갑자기 폭력이 혐오스러워진다. 그래서 상대방이 나를 가격하고 있는데도, 피해야 하는데도, 차라리 때리느니 맞자는 결정을 내린다면! 그런 결정을 뇌 스스로 내렸다고 생각할 수 있단 말인가?

코페르니쿠스적 변혁

팸은 유체이탈의 상태, 즉 영적 상태에서 마음을 지니고 있었다. 그녀는 지각하고 느끼고 의지적인 결정도 하였다. 그리고 모든 시간과 공간 내에서 이루어지는 통합적 자아의식은 뇌가 아닌 영에 의해서 이루어질 수밖에 없음도 확인했다. 그렇다면 이러한 사실들로부터 어떤 결론이 도출될 수 있을까? 그것은 마음의 주체가 뇌가 아닌 '나'라는 사실이다. 이 주장은 과학의 입장에서 볼 때 코페르니쿠스적 변혁과 같은 것이다. 왜냐하면 지금까지 과학이 지니고 있던 전제를 뒤집는 것이기 때문이다. 과학적 전제는 뇌가 능동적이며 주체적이라는 것이었다. 하지만 새로운 주장은 뇌가 오히려 수동적이며, 마음의 작용을 받아 그것을 몸에게 전달해 주는 수단에 불과하다고 본다. 이러한 관점에서 보면, 의식 작용의 순간에 발생하는 뇌 특정 부위의 반응은 뇌 스스로의 의식 행위를 보여 주는 것이 아니라 영이 마음을 통해 의식 작용을 하는 것이 현상적으로 드러난 것을 의미하며, 이러한 의식 작용 시에 뇌가 사용됨으로 반응하는 것이 된다. 간단히 말하면, 뇌는 '나', 즉 영의 도구이며 자신의 마음을 현실적으로 몸 안에서 구체화하는 통로인 것이다.

BBC가 팸의 사례와 함께 방영한 또 하나의 케이스를 보자. 비키 노라 투크라는 여성이 20대 초반에 차사고로 입원했다. 하버뷰 메디컬센타에 입원한 그녀는 심장이 멎은 상황에서 임사체험을 했다. 문제는 그녀가 선천적 시각장애인이라는 사실이다. 이는 그녀가 어떠한 것도 경험할 수 없는 존재라는 것을 의미한다. 사람들은 장님의 경우 세상을 검은색으로 경험할 것이라고 믿으나, 그녀는 세상이 검은 것도 아니고 그 어떤 것도 아니라고 한다. 빛이 무엇인지 모르는 그녀가 '검다는 것'이 무엇인지 알 수 없는 일이기 때문이다. 그런데 신기하게도 그녀는 임사체험한 후 영적 상태에서 본인이 치료받은 병실과 응급처치 장면, 소품들 그리고 사후 세계를 모두 색과 함께 보았고 그것을 기억하여 설명하였다. 이는 뇌의 경험적 정보가 없어도 마음은 독립적으로 사물을 인지하고 체험할 수 있다는 사실을 의미한다. 비키의 사례는 '나'인 영이 뇌와 독립적인 마음을 지니고 있다는 객관적 증거이다. 따라서 우리는 다음을 추론할 수 있다. 영이 몸 안에 있는 동안 영은 뇌를 통해 의식 작용을 한다. 따라서 마음이 작동하는 동안 뇌의 특정 부위가 활동하는 것은 뇌의 주체적 활동이 아닌 '나'의 정신 활동이 일어나고 있다는 사인(sign)이다. 그런데 뇌는 몸과 연결되어 있고, 몸은 3차원 공간에 제한되어 있으므로 마음 역시 인간이 살아 있는 동안에는 의식 작용의 한계를 지니게 된다. 그러나 영이 육체를 떠나면 독립적인 상태에서 몸을 통하지 않고 마음을 사용할 수 있게 된다.

과학자들은 지금 순간이동에 대해 연구하고 있다. 하지만 70%의 물과 30%의 광물질 및 유기 원소로 구성된 인간을 분해한 후 다시 결합하더라도 동일한 인간으로 되살아날 수는 없을 것이다. 이러한 추론은 영의 존재를 인정할 때 자연스럽게 도출되는 것이다. 인간이 단순한 물질의 집합이 아니라면, 물질이 분해된 상태에서 생명현상을 유지시켜 줄 수 없을 때, 인간 내부의 영은 사라질 것이기 때문이다.

공(空)과 무아(無我)

불교에서 공은 단순히 '무상'이나 '비어 있음'만을 의미하는 것이 아니나. 공은 무엇보다 '다름'을 뜻한다. 우리가 '그렇다'고 생각하는 것, 그렇게 보이는 것이 실제 '그런 것'은 아니라는 것이다. 멀리서 보면 선으로 보이는 전봇대도 가까이 가 보면, 둥근 면과 입체를 지니고 있음을 본다. 칸트는 이것을 현상과 물자체로 표현했다. 요점은 간단하다. 세상 모든 것의 현상과 실재는 다르다는 것이다.

공사상의 핵심 중 하나가 무아설(無我說)이다. 이에 따르면 '나'라고 하는 것은 경험을 통한 욕망의 업(karma) 덩어리일 뿐, 서양에서 말하는 주체와 같은 독립되고 자율적인 '나'는 없다. 그리고 인간의 자아라고 하는 것은 색(色, 육체), 수(受, 감수 작용), 상(想, 대상 인식), 행(行, 정신 작용), 식(識, 마음)의 다섯 요소의 집합, 즉 오온(五蘊)에 불과하다.

이러한 공사상은 "당신이 누구인지 말해 보라!"는 면접관의 질문에 왜 경험에 관한 이야기들만 할 수밖에 없는지 이해할 수 있도록 해 준다. 자아가 경험들의 집합만으로 이루어진 것이라면 그 경험의 중심이 되는 구체적 핵이 존재하지 않는 것은 자연스러운 결론이다. 양파 껍질을 벗기면 남는 것은 빈 공간뿐이다.

그럼에도 불구하고 반야의 진리는 부분에 머무른다. 자아가 경험에 의해 형성되는 것은 사실이지만 단지 경험의 집합에 불과할 수는 없다. 자아의 본질이 결국 오온에 불과한 것이기에 독립적이고 개별적인 자아가 존재하는 것이 아니라면, 그렇게 내가 공이라는 것을 깨닫고 있는 '나'는 누구인가?

공의 깨달음에는 깨닫는 '나'와 깨달아지는 '나'가 있다. 깨달음에는 주체와 대상이 있을 수밖에 없다. 따라서 깨달아지는 '나'로서의 자아에 대해 깨닫는 '나'가 존재해야 하는 것이며 그것은 자아처럼 경험에 종속된 것이 아니어야 하므로 영적 존재일 수밖에 없다. 또한 물질이 아니므로 '나'는 경험의 대상이 아니다.

혹시 영이 아니라 자아 스스로 자아의 공을 깨닫는 것은 아닐까? 본질적으로 그것은 불가능하다. 경험을 통해서 형성된 자아가 자신의 무성을 깨달으려면 자아는 오온의 결합과 오온의 해체를 경험해야 한다. 그러나 자아는 자신의 결합과 해체 중 어느 것도 경험할 수 없다. 어머니의 자궁 안에서 오온이 어떻게 그리고 어떤 순서로 결합되는지, 죽음의 과정에서 또 어떻게 분해되는지 자아가 어떻게 스스로 경험할 수 있다는 말인가? '나'도 그 사실을 경험을 통해 인지하는 것이 아니다. 경험은 자아에게만 귀속되어 있기 때문이다. 따라서 경험이 아니라면 결국 그것은 영적 직관, 통찰, 즉 깨달음임을 뜻한다. 실제 반야의 진리는 경험적 인식의 대상이 아니다. 그것은 각, 즉 깨달음의 대상이다. 그리고 자아의 존재가 깨달음의 대상이라면 깨닫는 '나', 즉 몸의 경험과 별도로 깨닫는 내 안의 '나'는 존재해야 한다. 다시 말해 반야는 자아의 무상함을 증명함으로써 사실은 역설적으로 오온과 분리된 또 다른 '나', 즉 영의 존재를 증명하고 있다. 결국 '나'는 반야가 이야기하는 것처럼 단순히 오온에 의해 경험되는 것들로 이루어진 업 덩어리, 즉 모두 벗기고 나면 아무것도 남지 않는 양파와 같은 존재가 아니다.

자아가 공인 것은 분명하다. 인간의 자아는 경험을 통해 만들어지기 때문이다. 하지만 우리 안에는 몸의 경험을 통해, 그 경험들의 집합을 일정한 형태로 구성함으로써 통일된 자아로 만들어 내는 근원적인 '나'가 존재한다. 자아와 분리되어 있기에 '나'는 단순히 경험을 하는 자아를 향해 질문할 수 있고, 그 자아에 대해 반성할 수 있다. 그리고 바로 그렇기 때문에 '나'는 공의 논리대로 비어 있는 무(無)가 아니다. 진아(眞我)는 반야의 생각과는 달리 구체적이고 개별적인 존재이다. 그것은 육체와 분리된 영이며 각각의 영은 모든 다른 존재와 구별되는 절대적 일회성의 존재이다. 결국 자아는 앞에서 확인한 것처럼 영이 자신을 둘러싸고 있는 몸과 세계와의 경험을 어떤 방식으로 풀어 나가는가에 따라 고착화되는 것으로 보아야 할 것이다.

자연 안의 나 - 장자

어떤 사람들은 개체로서의 인간을 부정하고 대자아의 존재를 주장한다. 물론 이때 대자아는 자연이다. 노자나 장자, 스피노자, 라즈니쉬 등과 같은 사람들은 인간이 자연의 일부임을 주장한다. 따라서 그들에게는 개인의 자아는 없으며 영으로서의 '나' 역시 없다. 그들은 관점을 '영원' 내지 '자연'으로 돌리라고 한다. 그러면 인간이라는 존재가 자연의 한 부분에 불과함을 깨닫게 되고 고정되고 분리된 주체의 허상에서 벗어날 수 있다는 것이다.

그런데 인간이 자연의 일부라는 것을 어떻게 이해해야 할까? 인간이 죽어 자연으로 변화된다는 것이 사실이라면 결국 인간은 자연과 같은 흙이라는 것을 의미한다. 그렇다면 자아는 경험을 통해 만들어진 허구적 주체임이 분명하다. 삶이 끝나면 몸이 분해되고 분해된 몸이 자연으로 돌아가면 어차피 존재한다고 믿었던 자아도 사라질 것이기 때문이다. 과연 이 말은 사실일까? 인간은 죽으면 흙으로 분해되어 버릴 흙덩어리에 불과한 것인가?

대자아를 주장하는 사람들의 문제점은 깨달음의 자리에서 발생한다. 그 아름답고 심오한 직관적 깨달음에 이르도록 만든 '나'는 누구인가? 노자나 장자의 어떤 부분이, 라즈니쉬나 스피노자의 어떠한 '나'가 깨달음을 얻은 것일까? 물론 에고인 자아는 아니다. 왜냐하면 에고는 깨달음을 통해 벗어나야 할 대상이기 때문이다. 에고가 에고의 헛됨을 깨닫고 에고 아닌 무엇으로 질적 도약을 한다는 것은 불가능하다. 에고는 에고가 아닌 무엇이 될 수 없다. 더욱이 몸의 경험으로부터 만들어진 허구적 자아가 아닌가? 혹시 장자의 말처럼 자아가 사라지면, 즉 소자아가 사라지면,

우주라는 대자아가 우리 안에 들어오는 것일까? 그렇다면 깨달음을 얻은 사람들은 자신의 소우주를 버리고 대우주를 소유한 사람들이 된다. 스피노자는 실제로 '영원의 관점에서' 보라고 한다. 장자나 라즈니쉬도 마찬가지이다. 그러나 대자아가 무엇인가? 우주의 마음이 무엇인지, 영원의 관점이 무엇인지, 우주의 관점이 무엇인지, 인간이 어떻게 알 수 있는가? 우주의 마음은 차치하고 그 모양이나, 크기, 아니 우주의 단 하나의 특성만이라도 완전하게 알고 있는 것이 있는가?

현대 과학이 발전했다고 하지만 몇 사람을 제외하고 우리는 아직 지구 바깥으로 나가본 적도 없다. 우리가 알고 있는 것은 우주는 타원형일 가능성이 있으며 팽창하거나 수축하고 있을 수 있다는 것 그리고 수십억 개의 별들이 존재하는 은하계 안에 지구가 있는데 그러한 은하계가 또 수십억 개가 존재한다는 것 그리고 사실 그 뒤에 무엇이 있을지는 상상할 수도 없다는 것뿐이다. 그뿐인가? 인간은 아직 우리 내면의 소우주조차도 완전히 알고 있지 못하다. 그런데 장자와 라즈니쉬는 어떻게 우주의 마음을 가지고 세상을 바라본다는 것인가? 그들은 신일까? 하긴 자연이 신이고 자신도 자연의 일부, 즉 신의 일부라고 보니 신이라고 주장하는 것도 무리는 아니다. 어린아이는 결코 자신의 수저로 바다를 퍼낼 수 없다. 문제는 아이의 입장에서는 퍼낼 수 있어 보인다는 것이다.

"인간이 죽으면 흙이 되고 어차피 흙이 될 것이니 세상만사에 연연할 것이 무엇이냐!" 정도라면 겸손의 의미에서 수긍할 수 있을 것 같다. 그런데 자연, 즉 우주와 하나가 된다니! L. J. 비트겐슈타인(Ludwig J. Wittgenstein)은 "이해할 수 없는 것은 침묵하라!"고 했다. 실제 이해할 수도 없는 것을 언어로 음성화한다고 실제 그렇게 될 수 있다면 인간은 폐가수

스나 천사도 될 수 있을 것이다.

장자나 스피노자가 말하는 영원적 관점의 진실은 자연의 웅대함에 비해 인간의 보잘것없음을 깨달은 사실일 것이다. 사실 그것만도 대단한 일이다. 자연을 사물로 보고 인간이 그것을 마음대로 조작하고 파괴하며 또 정복할 수 있다고 믿었던 F. 베이컨이나, 절대정신이 자연과 하나 된 형태로 자신의 안에 있다고 믿었던 헤겔(George Wilhelm Friedrich Hegel) 같은 근대 서구적 사상의 허풍과 무지에 비하면, 분명한 지혜이며 깨달음이 분명하다. 하지만 바로 그런 이유로 장자에게도 비워야 할 자아와 그것을 깨닫는 '나'는 구분되어야 한다. 자아를 버려야 한다고 생각하는 '나', 깨달음을 얻기 전에 그런 깨달음을 얻어야 하겠다고 생각하는 '나'! 분명 그것은 자연 또는 우주인 대자아는 아니다. 우주가 안으로 들어와 생각하기에는 인간의 자아는 너무 작다.

장자나 스피노자의 오류는 분명하다. 그들은 '버려야 할 자아'와 '버리는 자아'를 구분하지 않았다. 자아를 버려야 우주와 하나가 될 것이라고 결단한 '나'는 자아도 우주도 아닌 내 안의 또 다른 '나'일 수밖에 없다. 그것은 몸과 분리되어 몸의 경험 덩어리인 자아에게 자신의 실체를 정확히 인식하라고 요구하는 내 안의 진정한 '나'이다. 경험한 것만이 세상의 전부인 것처럼 생각하는 어리석음에 빠지지 말라고, 스스로 진정한 '나'인 척하지 말라고 그리고 더 이상 스스로 삶의 지배자이거나 신이라고 지칭하는 교만에 빠지지 말라고 말하는 내 안의 영인 것이다.

인간은 흙으로 만들어진 몸만의 존재가 아니다. 몸의 욕망을 따라 만들어진 자아만의 존재도 아니다. 인간 안에는 자신의 몸과 자아를 자신이 원하는 모습으로 새롭게 변화시키고자 하는 또 다른 나가 있다. 장자의 영도 자신에게 필요한 사유를 하고 있었다. 다만 장자는 그것을 모르고 있었을 뿐이다.

주체로서의 나 - 데카르트의 유령

스피노자 등 소수의 사상가들을 제외한 서구는 석가, 장자 그리고 라즈니쉬와는 반대의 길을 갔다. 그들은 내 안에 에고가 아닌 무엇인가가 있는 것을 분명히 알고 있었으나, 단지 왜곡된 것으로 구체화하였다.

R. 데카르트는 절대적이고 보편타당한 진리를 알고 싶어 했다. 의심할 수 없는 진리, 그것은 그의 꿈이었고 그래서 그는 추운 겨울날 담요를 뒤집어쓰고 난로 앞에 앉아 매일 생각했다. 의심할 수 없는 것을 알기 위해 그는 의심할 수 있는 모든 것을 거짓으로 간주하는 모험을 감행했다. 자신의 방법론에 따라 먼저 감각이 제외되었다. 그가 보기에 어차피 인간의 감각은 항상 정확하지 않다. 시각은 컵에 든 막대기를 꺾어진 것으로 보며, 청각은 아주 작은 소리도 못 듣고 큰 소리도 못 듣는다. 이성의 논리도 오류에 빠진다. 어거스틴이 영원한 진리라고 칭송했던 수학도, 자신이 지금 난로 앞에서 담요를 뒤집어쓴 채, 앉아 있다는 자명한 직관적 사실도 데카르트는 의심할 수 있었다. 그가 의심할

수 없었던 것은 단 하나, 즉 모든 것이 참이 아닌 것으로 의심될 수 있다고 하더라도, 그 모든 것을 의심하고 있다는 사실이었다. 그래서 그는 자신이 의심하고 있는 동안은 '의심하고 있는 무엇인가'는 존재해야 한다는 결론에 도달했다.

데카르트는 이 유령과도 같은 그 무엇을 주체로 섣불리 단정했다. 나아가 의심 역시 사유작용의 일부라는 점에서, 주체를 '사유하는 이성적 주체'로 규정했다. 그리고 '나는 생각한다, 고로 나는 존재한다.'(Cogito, ergo sum)라고 사유의 결과를 정리했다. 그러므로 이 명제의 구체적 의미는 '나는 생각하는 동안 이성적 주체로 존재한다.'는 것, 동시에 사유는 정신이므로 정신이야말로 인간 고유의 본질이라는 것, 결국 '인간은 정신 이외에 다른 것이 아니라는 것'이다.

데카르트는 정신이 몸과 분명히 분리된 내 안의 진정한 '나'임을 확실히 하기 위해 정신을 실체로 명명한다. 그는 '스스로 존재하는 자'라는 적극적 의미의 실체 개념 대신 소극적 의미의 '자신의 존재를 위해 다른 존재를 필요로 하지 않는 존재'라는 의미로 정신이 몸의 도움 없이 존재함을 들어, 정신이 사유하는 실체로서 진정한 '나'임을 주장하였다. 그리고 몸은 정신이 결여되어 있으므로 기계와 마찬가지로 치부하였으며, 몸 안에서 정신이 움직이기 위해 존재하는 교류점으로 '송과선'이라는 허구적 가설을 제시하였다.

흥미로운 점은 데카르트가 주체로서의 정신을 영혼이라고도 말했다는 점이다. 이는 그가 영혼의 존재를 인정했다는 말이 된다. 단지 그는 영혼의 수단인 마음, 즉 정신을 영혼의 위치까지 고양시키는 오류를 범했다. 이미 언급한 것처럼 정신은 마음이고 마음은 '나'를 담고 있는 그릇이다. 나는 정신을 이용해서 사물을 인지하고 느끼고 무엇인가를 원한다. 정신이 정신을 이용하는 것이 아니라 내가 정신을 사용하는 것이다. 따라서 정신은 실체가 될 수 없다. 정신은 사유의 도구이며 내 안의 실체인 '나'가 그 정신을 통해 사유하는 것이다. 따라서 '나'를 정신으로 본 데카르트의 주장은 도구를 주체로 보는 오류를 범한 것이 된다. 더욱이 자신이 정신이라고 생각하는 사유는 정신 자체에 의해서가 아니라, 그 정신에 대한 반성적 사유에 의해 이루어지는 것이다. 따라서 데카르트가 보았어야 할 '나'는 실체라는 이름으로 우상시한 사유하는 주체(res cogitans)가 아니라, 사유를 사유하는 메타(Meta) 사유의 주체, 즉 영인 '나'이다.

데카르트와는 달리 회의주의자 흄은 독립적 주체로서 '사유하는 나'의 존재 자체를 부인한다. 왜냐하면 자아는 항상 구체적이고 개별적인 지각을 통해서만 나타나기 때문이다. 따라서 흄에 따르면, 데카르트가 사유하는 '나'라고 부르는 것도 결국 일련의 지각의 다발이나, 지각의 결합에 지나지 않는다. 결국 정신이나 주체라는 단어를 사용하며 자아가 실제 존재하는 것처럼 만든 것은 상상력의 연상작용에 불과하다. 자아는 허구이다. 하지만 흄은 한 가지 사실을 간과했다. 자아가 지각의 다발에 불과하다는 사실을 깨달은 존재는 그러면 어떤 지각의 다발인가? 흄 자신이 죽을 때 어떤 지각의 다발이 죽은 것인가? 모든 의식작용에 통일을 부여하고 그것에 하나의 동일성을 부여하는 주체의 존재는 팩트(fact)이다.

칸트의 선험적 자아

데카르트와 다른 방향에서 내 안의 또 다른 '나'를 이해한 사람은 칸트이다. 칸트 역시 인간이 이원론적 존재임을 인지하고 있었다. 그는 인간의 내면에 단순히 몸이나 경험에 국한되지 않는 영역을 인정하고 있었다.

I. 칸트는 『순수이성비판』(Kritik der reinen Vernunft)에서 "모든 인식은 경험과 함께 시작한다. 하지만 모든 인식이 경험으로부터 오는 것은 아니다."라는 유명한 말을 남겼다. 그는 이 말을 통해 당대의 경험론과 합리론을 화해시키려 하였다. 그래서 그는 경험에서 시작하면서도 보편타당성(Allgemeingültigkeit)과 필연성(Notwendigkeit)을 지니는 인식이 가능한가를 탐구했다. 그러한 인식을 칸트는 선험적 종합인식이라고 명명하였다.

칸트는 '선험적'과 '후험적' 그리고 '분석적'과 '종합적'을 구분한다. '선험적'(a priori)은 '선천적'을 의미하는 것이 아니다. '선천적'은 '태어나기 전'을 의미하지만 '선험적'은 '경험으로부터 독립된'을 의미한다. 칸트는 또한 분석적 명제와 종합적 명제를 구분하였다. 분석적 명제는 '공이 둥글다'처럼 공의 개념에 필연적으로 '둥글다'가 포함되어 있는 설명적 명제이며, 따라서 경험적 지식의 확장을 가져오지 못한다. 반면 종합적 명제는 '공이 파랗다'처럼 공의 개념에 '파랗다'라는 특성이 선천적으로 포함되지 않은 것이다. 따라서 경험을 통해 지식을 확장시킨다.

선험과 후험 그리고 분석과 종합의 개념을 구분한 후 칸트는 선험적이며 동시에 종합적인 지식이 가능하다고 주장한다. 즉 경험을 분명히 넓혀 주고 확대해 주지만 경험에 기인하지 않는, 따라서 보편타당성과 필연성을 지닌 지식이 있다는 것이다. 칸트에 따르면 수학적 진리 그리고 인과율과 같은 과학적 진리는 선험적이며 동시에 종합적이다. 따라서 순수(rein)수학이나 순수자연과학은 가능하다.

칸트는 인간의 지식도 수학과 과학의 사례처럼 경험으로부터 시작되나 선험적인 부분이 함께한다고 주장한다. 인간은 자신이 경험하는 모든 것을 감성을 통해 받아들인다. 즉 칸트가 직관형식이라고 부르는 시간과 공간의 관계 속에 배열한다. 그리고 그렇게 배열되면 오성은 개념들을 통해 체계화하고 통일한다. 이때 시간, 공간 그리고 오성 개념들은 경험의 대상들이 아니다. 인간의 내면에 이미 지각의 형식, 즉 틀로서 존재하는 것이다. 따라서 선험적이다. 그러므로 인식 자체가 가능한 것은 인간에게 경험으로부터 독립된 인식능력이 선재되어 있기 때문이다. 그런데 인식이 궁극적으로 가능하기 위해서는 감성과 오성의 결합을 넘어 그 모든 과정의 토대가 되는 결합의 주체가 있어야 한다. 따라서 칸트는 개별적 인식주체인 경험적 자아를 상정한다. 그리고 더 나아가 모든 개별적 인식들을 하나로 통일시켜 주는, 즉 인식의 근본적 가능성인 선험적 자아(das transzendentale Ich)를 상정한다. 인식이 가능하기 위해선 그러한 선험적 자아가 필연적으로 존재해야 한다는 것이다. 무슨 말인가? 나에게는 다양한 의식작용들이 있다. 장미를 보니 아름답다고 느끼고, 사랑하는 사람이 죽으니 슬프고, 밥을 먹으니 배부르다. 그런데 이 모든 의식작용을 하는 주체가 각각 다른 존재가 아니고 항상 나로서 동일성을 지닌다는 것을 어떻게 아는가? 그것은 모든 의식작용의 기반에 존재하는 틀로써 '나', 즉 자아의식이 있기 때문이다. 따라서 칸트는 인식가능성의 필연적 조건으로 선험적 자아를 요청한 셈이다.

그런데 칸트에 의하면 선험적 자아는 실제 존재하는 구체적 자아가 아니다. 지각대상과 완전히 분리된 선험적 자아는 인식대상으로 존재할 수 없다. 물론 그렇다고 흄이 말한 것처럼 지각의 다발은 더욱 아니다. 실제 '나', 즉 '생각하는 나'는 칸트에 따르면 항상 주어로 간주되고 반드시 인정되어야 하는 것이다. 하지만 그것은 '자존적 존재'가 아니다. 칸트에 따르면 그것은 인식을 가능하게 해 주는 선험적 통각(Apperception)의 의식이다. 즉 모든 개별적 의식작용에 통일성과 동일성을 부여하는 의식의 형식이라는 것이다. 그러나 그것의 존재는 '있음'을 증명할 수도 '없음'을 증명할 수도 없다. 경험의 대상인 현상이 아니기 때문이다.

그런데 칸트는 형이상학의 대상, 즉 영혼, 세계 그리고 신은 인식의 대상이 될 수 없다고 주장한다. 칸트에 따르면 그들은 이성이 추구하는 궁극적 통일성의 욕구, 즉 무제한적인 것에 대한 욕구의 결과물들이다. 다시 말해 마치 그런 통일체가 존재하는 것처럼 생각하는 심리적 오류의 결과물이다. 형이상학의 대상들은 '생각 가능'하나, '인식 가능'하지는 않다. 그것들은 감성의 직관형식도, 오성의 개념도 아닌 관념(Idea)일 뿐이다. 따라서 모두 믿음의 대상이다. 결국 순수이성비판을 통해 칸트는 순수이론이성의 능력에 대해 한계를 설정하고, 인식 가능한 것은 현상뿐이며 영혼 등은 그 가능성에서 배제하였다.

그런데 정말 그럴까? 무엇보다 믿음과 인식의 구분은 그렇게 명확한 것일까? 형이상학이 믿음의 영역이며 현상이 인식의 영역이라고 말하는 것은 정확히 무엇을 의미하는가? 칸트는 인식의 대상인 현상 뒤의 물자체(Ding an sich)는 알 수 없다고 했다. 그런데 현상 뒤에 물자체의 존재가 있는지 없는지 그는 어떻게 아는 것일까? 나에게 무엇인가 보인다는 것은 항상 그 뒤에 보이지 않는 무엇이 있어야 하는 것을 함축하는가? 칸트는 그렇게 믿은 것뿐이다. 또한 지식의 기준이 되는 보편타당성과 필연성은 무엇을 의미하는가? 단어 뜻이 아니라 실제 그것은 무엇인가? 인간은 필연의 존재가 아니라 우연의 존재이다. 그런데 어떻게 필연성이 무엇인지를 안다는 것인가? 동일한 관점에서 인과율이 어떻게 보편타당성과 필연성을 지닌다는 말인가? 귀납의 오류를 범하지 않고 그렇게 주장할 수는 없는 일이다. 사실 칸트가 보편타당성과 필연성을 인식의 기준으로 삼을 수 있었던 것은 수학 때문이다. 그런데 수학은 현실과 어떤 관계가 있는가? 수학은 우리 삶의 진실을 얼마나 함축하고 있는가? 1+1이 2인 것은 수학의 체계 내에서만 참이다. 현실은 다양하고 모순투성이이다. 왜 그럴까? 현실은 진실하고 수학은 허구이기 때문이다. 수학은 점이라는 존재하지 않는 관념에 기초한 학문이다. 더욱이 수학적 진리는 모두 인간의 합의에 의한 일종의 문법체계와 같은 것이다. 그런데 그러한 허구가 현실과 어떤 관계가 있단 말인가? 그러므로 순수이성비판의 생사가 달려 있는 수학적 명제는 선험적 종합명제의 사례로 볼 수 없다. 결국 그의 인식론도 믿음에 기초하고 있다. 칸트가 말한 선험성이라는 것도 '사실 분명히 존재하는데 경험으로부터는 아니고, 어디에서 유래하는지는 모른다.'는 말과 무엇이 다른가? 이렇게 불확실한 것을 토대로 쌓아 올린 그의 인식론이 어떻게 정밀성을 지닌다는 것인가? '형식'이나 '이념'과 같은 애매모호한 말로 포장했지만 사실 그 포장 자체가 불확실성을 가중시킬 뿐이다. '순수이성'에 대한 비판은 그 자체가 믿음의 대상이었다.

그런데 왜 칸트는 데카르트처럼 정신이나 영혼이라고 말하지 않고 굳이 추상적인 '선험적 자아'라는 말을 사용한 것일까? 그 존재의 논리적 필연성을 말하면서도 실재하는 것이라고 하지 않고 단지 형식이라고 얼버무리는 이유가 무엇인가? 그 이유는 분명하다. 그는 경험론과 합리론을 종합하길 원했고, 그 과정에서 영혼은 인식의 대상에서 추방해야만 했다. 그러나 그가 그렇게 원했음에도 불구하고 결과적으로 칸트는 영혼을 버릴 수 없었다. 왜냐하면 실제 행위와 삶의 문제로 넘어가면 영혼을 수용하지 않을 수 없기 때문이다.

칸트는 인간을 한편으로는 욕망을 따라 사는 경험적 존재로, 다른 한편으로는 선의지로 불리는 도덕성에 따라 살 수 있는 존재로 보았다. 그리고 인간의 내면에 갈등이 존재함을 인정했으며, 그것을 극복하기 위해 도덕성과 함께 '의무', '존경' 그리고 정언명령의 형식을 제시하였다. 정언명법은 무조건적으로 지켜야 하는 도덕적 명령을 의미하며 구체적으로는 '보편화 가능성', 즉 '자신의 행위규칙을 모든 사람들이 수용할 수 있도록 행동하라는 것'을 의미한다. 평소에 자신의 행위규칙이 '길거리에 쓰레기를 버리는 행위처럼 다른 사람에게 조금 피해가 될 수 있어도 나에게 편하면 한다.'일 때, 과연 그것을 모든 사람이 자신의 행동규칙으로 수용할 수 있을지 판단해 보라는 것이다.

정언명법에 따라 행동한다는 것, 또는 선의지에 부합하게 행동한다는 것은 인간을 존엄한 존재로 대우한다는 것을 의미한다. 다시 말해 어떠한 경우에도 인간을 수단화하지 않고 목적으로 대우한다는 것이다. 이성적으로 보면 기술실천이성이 아닌 도덕실천이성의 명령에 따르는 것이다. 이처럼 도덕성을 통해 개인의 행동이 이루어질 때 인간은 다른 어떤 존재와도 구별되는 세계에 속하게 된다. 칸트는 그것을 예지계(intelligible Welt)라고 부른다. 그리고 그렇게 도덕성의 주체가 되는 사람들의 보이지 않는 연대를 '목적의 왕국'으로 설명한다. 따라서 욕망의 인과율에 따라 움직이는 경험계와 달리 예지계는 자율과 존엄의 원리에 따라 움직인다. 칸트가 의미하는 것은 분명하다. 인간은 도덕성의 존재로 절대적 가치를 지닌다.

그런데 칸트의 딜레마는 도덕성과 행복의 관계, 즉 최고선의 문제에서 드러난다. 칸트에 따르면 도덕성이 현실성이 있기 위해서는 도덕성과 행복의 합치가 반드시 가능해야 한다. 그런데 그것은 세상에서 불가능하다. 따라서 그는 영혼의 불멸과 신의 존재를 요청한다. 만약 신이나 영혼이 존재하지 않는다면 이 세상에서 도덕적으로 선하게 살아야 할 이유는 없을 것이기 때문이다. 학문적 객관성을 위해 칸트는 영과 같은 형이상학적 개념을 포기하고 인간 이성만을 붙들고 싶어 했지만 결국 인정할 수밖에 없었다.

흥미로운 점은 칸트가 도덕성의 근원을 이성에 두었다는 것이다. 이유는 쉽게 추론할 수 있다. 객관적인, 즉 보편타당하고 필연적인 도덕원칙, 즉 정언명법을 원했기 때문이다. 하지만 그것이야말로 믿음의 대상이었다. 정언명법이 주장하는 것처럼 한 사람의 행위규칙이 모든 인간에 의해 수용될 수 있는지를 어떻게 알 수 있단 말인가? 칸트는 상식적 윤리를 제시한 것뿐이다. 그리고 그것이 보편윤리가 되리라고 믿은 것이다. 또한 이성은 가치담지적이지 않다. 도덕적 이성이라는 단어를 사용한다고 이성의 본질이 바뀌지 않는다. 인간의 이성은 그렇게 착하지 않으며, 그렇다고 나쁘지도 않다. 이성은 가치중립적이다. 그래서 히틀러도 이성을 사용해 유태인을 학살했고, 테레사 수녀도 이성을 사용해 인도의 불쌍한 사람들을 도왔다. 이성이 착하다는 사고, 이성이 도덕적일 수 있기에 이성을 사용하면 인류가 함께 평화롭고 평등한 사회를 만들 수 있을 것이라는 사고는 사실 아직도 이상으로 존재한다. 그리고 정확히 이상으로만 존재한다. 아이러니하게도 이상(Utopia)의 어원적 의미는 'U-topos', 즉 '부재'이다. '너 자신을 알라!'는 소크라테스의 말은 그런 의미에서 칸트가 들었어야 할 말이었다.

흄이 지적한 대로 이성은 독립된 주체가 아니라 감성의 노예일 뿐이다. 정확히 마음의 일부로서 이성은 마음이 선택한 목적에 가장 적합한 수단을 찾아 주는 존재이다. 그런데 마음은 누구의 마음인가? 바로 '나'의 마음이다. 그리고 그 '나'는 몸이 아니다. 그것을 어떻게 부르든, 데카르트처럼 정신이라 부르든, 아니면 칸트처럼 선험적 자아라 부르든 본질은 하나이다. 그것은 몸적인 것이 아니고 영적인 것이다. 인간에게는 자존심 상하는 이야기이지만 디트로이트의 생체과학연구소는 바퀴벌레가 위험에 빠지면 순간적으로 IQ가 340까지 상승한다고 밝힌 바 있다. 인간보다 훨씬 더 이성적인 바퀴벌레, 하지만 바퀴벌레는 본능의 이기주의를 절대 넘어서지 못한다. 영이 없기 때문이다.

　욕망을 선택하도록 그리고 그것을 통해 '경험적 자아'가 되도록 만드는 동인은 몸이다. 반면 도덕성을 선택하여 '예지적 자아'나 '도덕적 자아'가 되도록 만드는 동인은 몸이 될 수 없다. 동일한 나무에서 서로 다른 열매가 나올 수는 없다. 그렇다면 정신일까? 정신은 도구임이 이미 확인되었다. 칸트는 그것을 도덕실천이성이라고 주장하였다. 하지만 선의지는 이성이 아니다. 더욱이 선의지는 이성으로부터 나오는 것도 아니다. 선의지는 몸과 분명히 분리된 '나', 즉 영혼으로부터 나올 수밖에 없다. 명칭이 무엇이든 중요하진 않다. 중요한 것은 인간이 영적 존재라는 사실이다. 결국 칸트에게서 확인하는 것은 철학자들의 비애이다. 사고의 논리를 위해 분명히 존재하는 사실을 부인하는 어리석음을 보여야 하기 때문이다.

헤겔의 절대이성

칸트와 다른 각도에서, 하지만 역시 이성의 관점에서 영을 왜곡한 인간은 헤겔이다. 그는 인류의 역사를 물질 속에 자신을 용해시킨 절대정신이 그 물질 안에서 자기 자신으로, 즉 절대정신으로 복귀하는 과정으로 보았다. 헤겔의 이 유명한 변증법적 역사관은 절대정신(정)이 자기를 부정하고, 즉 자신과 전혀 연결될 수 없는 물질 안에 자신을 잃어버린(반) 상태로부터 시작하여 조금씩 물질 안에서 자신의 절대정신으로 복귀하는 것(합)을 의미한다. 여기서 복귀된 상태는 정신의 최고 상태인 철학, 특히 헤겔 철학에 인간의 정신이 도달했다는 것을 의미한다. 여기서 중요한 것은 절대정신이 인간 안에서 발현된다는, 즉 자신의 원래 상태로 복귀한다는 사실이다. 이 사건은 극단의 두 가지 해석이 가능하다. 하나는 키에르케고르가 본 것으로 인간존재가 절대정신의 자기 복귀를 위한 수단에 불과한 존재로 전락했다는 것, 반면 헤겔이 본 바에 따르면 절대정신이 내재된 인간정신이야말로 절대적인 존재가 된다.

이성을 절대화하고 그것을 인간의 진정한 '나'로 이해하려는 헤겔의 사고는 그러나 정당화될 수 없는 자가당착에 불과하다. 먼저 헤겔은 칸트와 마찬가지로 가치중립적인 이성을 가치론적으로 보는 오류를 범했다. 이성을 긍정적 가치나 부정적 가치로 향하도록 만드는 것은 이성 자체가 아니라 그 이성을 사용하는 '나'이다. 이성을 어떤 방향으로 움직여 몸을 움직이는가에 따라 정반대의 결과가 도출될 수 있기 때문이다. 헤겔의 소위 절대이성은 서구인의 내면에서 오만과 독단만을 초래했다. 서구는 스스로를 역사의 정점으로 보고 문명으로 규정했으며 아프리카나 아시아를 열등이나 야만으로 규정했다. '절대이성'의 이름으로 '절대열등'의 생각을 한 것이다.

　그 결과 서구의 절대이성은 광기로 전락했다. 서구 열강의 제국주의적 침략을 통해 인류에 고통과 슬픔을 가져왔고, 1, 2차 세계대전과 원폭을 통해 자멸의 시한폭탄을 장전하고, 환경 파괴로 다음세대조차 지구에서 거주할 수 없게 만들고 있다. 무엇보다 절대이성의 광기가 상징적으로 드러난 것은 600만 유태인 학살이었다. '가장 많은 유태인을, 가장 적은 시간에, 가장 적은 비용으로, 가장 빨리 사라지게 만드는 목적'을 위해 소위 서양인의 절대이성은 인간의 이성을 사용하여 소각로를 만들었다. 그러므로 헤겔의 머릿속에 있던 것은 절대정신이나 절대이성이 아니었다. 그것은 독단과 교만, 무지로 가득 찬 채 이기적 몸의 욕망만을 따르기로 선택한, 그래서 인간의 이성을 광적 이성으로 변질시킨 사악한 영이었을 뿐이다.

　사실 인간의 내면에 절대이성이 존재한다는 가정 그리고 그것을 통해 은근히 이성적 존재를 신적 위치에 올려놓는 것 자체가 망상이며, 심각한 교만에 불과하다. 인간은 이성을 통해 절대의 개념을 상정할 수 있다. 하지만 이성은 '절대'가 무엇인지 '절대' 알 수 없다. 절대를 경험할 수도 없으며, 절대가 무엇인지 설명할 수도 없고 상상조차 할 수 없다. 인간의 이성은 경험만큼 상대적으로 영리해질 수 있는 것뿐이기 때문이다. 그런 의미에서 독일관념론을 비롯한 근대의 이성철학은 『해리 포터』보다도 더 강도 높은 상상력의 산물이었다. 그래도 『해리 포터』는 재미라도 있었다.

　칸트나 헤겔에 반해 이성의 본질을 정확히 인지한 이들은 D. 흄이나 S. 프로이드 등이었다. 흄에 의하면 이성은 합리적 이성이며 '감성의 노예'에 불과하다. 경험을 통해 인간의 자아가 만들어지며, 이성은 그렇게 만들어진 자아에 봉사하는 인식과 실천기능을 가지고 있을 뿐이라는 것이다. 따라서 이미 언급한 것처럼 이성은 그냥 이성일 뿐이며, '수단-목적 관계의 인식능력'일 뿐이다.

이성은 영이 감성이나 욕망 또는 본능이 요구하는 것에 굴복하게 되면 욕망을 생산적으로 충족시키기 위한 선택을 한다. 반면 영이 몸의 욕망을 통제하고 삶의 의미가 무엇일까 생각하면 그것에 적합한 것을 찾기 위해서 노력한다. 실제 우리는 매일 아침 일어나서 잠이 들 때까지 선택을 한다. 무엇을 먹을까, 무엇을 입을까, 무엇을 타고 갈까? 어떻게 해야 하루를 가치 있게 보낼까 등등. 이러한 문제에 대해 가장 바람직하다고 여기는 것을 선택하도록 해 주는 것이 바로 이성이다. 이성은 우리가 죽을 때까지 자신의 기능을 수행한다. 아마도 우리가 마지막으로 걱정할 문제는 '유산을 누구에게 물려주어야 하나?'이거나 '내 장례는 화장으로 할까, 아니면 매장으로 할까?'일 것이다.

실존적 자아와 영

J. P. 사르트르(Jean Paul Sartre)를 비롯한 실존주의자들은 즉자적 존재와 대자적 존재를 구분한다. 전자는 주어진 대로 그냥 살아가는 존재이다. 돌이나 식물 그리고 동물은 그냥 있는 대로 존재하거나 본능에 따라 살아간다. 인간 중에도 반성적 의식 없이 하루하루를 보내는 소위 일상적 존재는 즉자적이다. 반면 대자적 존재는 주어진 그대로 살지 않는다. 스스로를 대상화할 수 있는 대자적 존재는 마치 자신의 의식이 몸 밖으로 나와 자신을 바라보고 있는 것처럼 자아에게 질문한다. 일례로 그는 "과

연 너의 그 삶이 의미가 있니?"라고 질문한다.

실존주의 사상가들은 이 대자적 질문을 던지는 존재를 실존적 주체라고 명명한다. A. 까뮈는 『시지포스의 신화』에서 일상성에서 깨어나는 실존적 자각의 순간을 설명하기 위해 '무대가 무너지는 때'를 언급한다. 매일 동일한 삶을 살아가는 직장인이 동일한 어느 날 지하철을 타고 직장에 출근하며 문득 질문한다. "내가 지금 어디로 가고 있지?"

실존주의의 가치는 즉자와 대자의 구분 그리고 의미에 대한 질문을 통해 영의 본질적 특성을 생산적으로 설명하고 있다는 점이다. 실존주의 사상에는 인간 내면의 또 다른 '나'의 존재가 간접적으로 잘 드러나 있다. 더 나아가 인간이 몸의 욕망, 즉 '중성자' 또는 일상성의 존재 그리고 대중 속의 하나로만 살아갈 때, 에즈라 파운드(Ezra Pound)의 표현처럼 '군중 속의 유령 같은 얼굴들'처럼, 살아 움직이나 죽은, 좀비와 같은 존재가 될 수밖에 없음을 설득력 있게 설명하고 있다.

하지만 실존주의는 몸과 경험적 자아 그리고 영의 차이와 관계를 구체적으로 설명하고 있지 않다. 나아가 실존주의는 실존적 자각의 근거를 이성적 주체에 둠으로써 근대의 이성철학의 연장선상에 있다. 이성과 영의 본질을 혼동하고 있는 것이다. 이성이 가치중립적이라는 점을 생각하면, 의미론적 사유는 이성 자체로부터 나올 수 없음이 분명하다. 우리가 확인한 것처럼 의미에 대한 사유는 영으로부터 나오는 것이다. 그리고 영적 자아가 형성되어 '나'의 소리에 귀를 기울인다면, 이성은 그때 기능하기 시작하는 것이다.

하이데거(Martin Heidegger)가 지적한 것처럼 우리에게는 일상성의 무의미한 삶에서 오는 불안이 있으며, 이 불안을 느낌으로써 실존적 전환을 하게 만드는 양심의 소리가 있다. 아마도 우리가 의미하는 영은 이 양심을 일으키는 주체에 가까울 것이다. 키에르케고르(S. Kierkegaard)의 개별자 내지 단독자로 설명하는 실존적 주체 역시 이성이 아닌 영으로 이해해야 한다. 왜냐하면 개별자는 실존적, 질적 도약을 위해 진리 앞에 서야 하기 때문이고, 그런 의미에서 개별자는 경험적 자아로부터 분리되어 그에게 의미를 질문하는 존재로 남아 있어야 하기 때문이다.

S. 프로이드 - 억압된 욕망의 덩어리

인간의 영적 인격체인 '나'는 혹시 무의식일까? 프로이드는 인간의 진정한 본질을 이성이 아닌 무의식에서 찾았다. 이성은 빙산의 드러난 부분처럼 인격의 지극히 작은 일부에 불과하며 진정한 '나'는 드러나지 않는 거대한 빙산, 즉 무의식 내지 본능이라는 것이다. 이성을 거부했다는 점에서 그리고 무의식이 이성을 통해 합리적으로 설명할 수 없는 영역이라는 점에서 영과 유사한 점이 있다. 하지만 무의식은 영적 주체가 될 수 없다.

프로이드에게 무의식은 억압된 욕망의 총체이다. 프로이드 사상을 전체적으로 고찰해 볼 때 무의식의 내용물은 에로스와 타나토스, 즉 생명에의 욕망과 죽음을 향한 욕망이다. 물론 성욕으로서의 리비도는 에로스에 내재된다. 그런데 이러한 욕망들은 모두 자연 상태로부터 인간에게 각인된 것이다. 따라서 모두 사회화 과정에서 정제되어야 할 반사회성을 내포하고 있다. 사회의 법과 도덕이 일반적으로 반사회적인 욕망을 규제하고 통제한다는 점에서 무의식에 내재된 욕망은 반사회적, 원시적 성격을 보이고 있는 것들이다. 따라서 무의식은 몸적 자아보다 더 원초적인 것이다. 몸적 자아가 사회화된 욕망이라면, 무의식적 욕망은 여과되지 않은 이기적 몸의 욕망이다. 따라서 프로이드의 무의식은 극단적 이기주의의 원형일 뿐 탈이기주의적 지향성을 보일 수 없으며 따라서 결코 영적 주체가 될 수 없다.

C. G. 융 - 비이성의 총체

융은 '자기'(Self)의 존재를 강조한 사람이다. 그는 자아를 제1의 인격으로, 셀프를 에고의 그림자(Shadow), 즉 제2의 인격이라고 부름으로써 무의식의 중심인 '자기'가 단지 자아적 욕망의 부산물이 아니라 독립적인 또 하나의 중심임을 주장한다. 융은 프로이드와 달리 무의식을 억압된 욕망의 총체로만 보지 않는다. 그가 보기에 무의식 내부에는 억압된 욕망뿐만 아니라 다양한 비이성적 요소들이 존재하며, 그 중심엔 구체적인 인격으로서 '자기'가 있다. 육감, 감성, 직관, 본능 그리고 집단 무의식까지 제2의 인격 내부에는 다양한 비이성의 요소들이 존재한다는 것이다. 그렇다면 융이 의미하는 '자기'는 무엇일까? 융은 이 '자기'를 구체적으로 명확하게 설명하지 않는다. 때론 모든 비이성적 요소들의 집합인 것처럼 또는 그 비이성적 요소들의 중심인 것처럼 설명되곤 한다. 따라서 융의 'Self'를 구체적으로 이해하기 위한 방안 중 생산적인 것은 이성에 대비되는 무의식적 요소들의 공통점에 주목하는 것이다. 감성이나 직관 또는 집단 무의식 등 모든 비이성적 요소들을 관통하는 연결점! 그것은 무엇일까? 바로 자연이다.

융 철학의 시작은 내용적으로 동양의 노장사상과 맞닿아 있다. 고대에 인간은 자연과 일치된 존재였다. 자연과의 관계 속에서 인간은 생명과 죽음, 기쁨과 슬픔 등의 문제에 대한 답을 찾았다. 융에게 있어 이러한 현상은 인류에 내재된 집단 무의식의 존재를 통해 증명된다. 이성을 비롯한 인간의 모든 요소는 자연과의 관계에서 균형을 이루며 연결되어 있었다. 하지만 근대 이후 인간이 자연을 스스로와 분리시키고 대상화하며 이성 중심적 방향으로 전환함에 따라 인간의 내면은 균형이 깨지게 된다. 즉 이성을 지나치게 팽창시킴으로써 일단 인간 내면에 존재한 비이성적 요소들이 그림자로 내려가 무의식의 수면 밑에 가라앉아 버리고 실질적 기능을 발휘하지 못하게 된다. 감성이나 육감 또는 직관의 기능, 우리가 주로 우뇌의 기능이라고 부르는 것들이 억압된 것이다. 이러한 불균형은 우리의 온전한 인격을 상실하게 만들고 그로 인해 삶 자체가 지나치게 이성에 의해 촉발된 물질주의와 현상주의에 몰입하게 되어 평안과 안정으로부터 멀어지게 된다.

개인만이 아니다. 인류 역시 이성중심주의적인 사고로 인해 과학지상주의 물질주의로 빠져 결국 환경파괴와 양대 세계대전 그리고 핵 등을 통해 스스로 파괴의 길을 가게 되었다. 따라서 근본적 파국에 직면하지 않기 위해서 개인이나 인류의 차원에서 필요한 것은 융이 개인화 과정이라고 부르는 전환을 통해 인격의 균형을 회복하는 것이다. 개인화 과정이란 에고, 즉 이성 중심의 지아가 무의식, 즉 '자기'의 소리에 귀를 기울임으로써 인격적 보상을 통해 인격의 평형상태를 이루는 것이고, 인류의 측면에서는 자연의 소리를 듣고 인간과 자연이 근본적으로 공존적 존재임을 깨닫는 것, 그럼으로써 제1의 인격과 제2의 인격 사이에 균형을 회복하는 것이다. 흥미로운 점은 융이 개인화 과정의 궁극적 지향점인 원형으로 성경의 예수를 지목했다는 사실이다. 물론 그는 예수를 신적 존재로 보지 않았다. 그가 의미하는 예수는 에고와 셀프가 완벽히 균형을 이룬 인격의 이상적 지향점이었다.

'자기'에 대한 융의 사상은 서구적 사고관과 배치되며 오히려 우리가 살펴본 장자에 유사하다고 하겠다. 근본적으로 그의 무의식 세계는 자연과의 합일이라는 전제에서 시작된 것이기 때문이다. 마치 영화 "아바타"가 '나비족'과 문명인의 대립을 통해 인류의 암울한 미래를 극복하는 길이 '오래된 미래'의 삶으로 돌아가라고 경고하고 있는 것처럼 융도 자연과의 관계 회복만이 깨어진 자아의 회복을 가져올 것이라고 말하고 있다. 결국 융의 '자기'는 자아와 다른 또 하나의 '나'로 이해된다.

그렇다면 융이 의미하는 '자기'의 본질은 무엇인가? 그가 의미하는 '자기'는 이성과 방향만 다를 뿐, 고대인의 경험을 통해 형성된 자아라는 점에서 몸과 분리된 것이 아니다. 인도네시아에서 쓰나미로 인해 40만 명에 가까운 사람들이 목숨을 잃었을 때 해안가에 살고 있으면서도 단 한 명의 희생자가 없었던 원시 부족이 있었다. 이 부족이 문명과의 단절적 삶을 보여 주는 좋은 사례는 그들이 헬리콥터를 보고 큰 새로 여겨 화살을 쏘았다는 이야기일 것이다. 쓰나미가 올 때 이 부족 사람들은 모두 산꼭대기에 올라가 있었다. 오감으로 설명할 수 없는 육감이 발달해, 아니면 덜 퇴화되어 해일이 올 것을 알았다는 것이다.

육감이란 무엇일까? 육감은 동물에게 발달해 있다. 이는 육감이 생존을 위한 본능과 연결되어 있음을 시사해 준다. 이성의 추론이나 분석을 통해서가 아니라 자연현상의 미세한 변화를 통해 직감적으로 그 변화의 뒤에 있을 또 다른 거대한 변화를 읽어 내는 것이다. 직관 역시 이성과 다른 인지능력을 수행한다. 이성이 하나의 부분에서 다른 부분으로 이어지는 논리추론적 사고를 한다면, 우뇌의 직관은 자신에게 보이는 현상 전체를 순간적이며 총체적으로 파악한다. 그리고 감성 역시 느낌을 통해 사물을 인지하고 판단한다. 좌뇌의 이성이 추론을 위해 경험적 데이터를 필요로 할 때 감성은 그냥 어떤 사실을 느낀다. 일반적으로 남성은 좌뇌적 사고를 하는 반면 여성은 우뇌적 사고를 한다고 한다. 그래서일까? 남성은 자신의 아내가 바람피우는 것을 증거가 있거나 지인이 제보해 주기 전에는 잘 알지 못한다. 반면 여성은 그냥 말한다. "당신 요즘 좀 이상해! 뭐라고 말할 수는 없지만 뭔가 느낄 수 있거든! 조심해!"

결국 융이 의미하는 '자기'(Self)가 비이성적 주체라고 말할 때, 사실 그것은 영이 아니라 경험적 자아의 또 다른 측면에 불과하다. 원시적 경험을 통해 발달된 비이성적 정신 작용의 집합인 것이다. 그런데 좌뇌든 우뇌든 모두 우리의 정신영역 안에 존재하는 것이고, 그 모든 의식 작용은 우리가 마음이라고 부르는 것이다. 그리고 마음은 영의 도구일 뿐이다. 흥미로운 것은 융이 유체이탈을 경험했다는 사실과 성경 속의 인물, 즉 자신의 쉐도우와 대화를 나눴다고 주장하는 것이다. 이는 'Self'를 통해 비물질적 영의 존재로 나아갈 수 있는 단초가 되겠지만 융은 아쉽게도 그 방향으로 가지 않았다.

내 안의 '나'는 영적 인격체이다. 그것은 이성도, 무의식도 단순한 도덕적 양심도 아니다. 그리고 그 영적 인격체는 분명히 존재한다. 우리는 화장실 가기를 싫어하고, 신적인 초월을 추구하며, 꿈, 믿음, 의미에 대한 지향성 그리고 무엇보다 이타주의와 희생적 사랑을 지니고 있다. 우리는 이 영이 몸과 분리된 것이기에, 탈이기주의적 성격을 지닐 수밖에 없음을 논리적으로 도출했다. 그리고 그로부터 이미 1장에서 우리는 행복감을 행복이라고 상정하고 그것에 종속될 때 인간은 결코 행복에 도달할 수 없으며, 무의미한 삶을 흘려보낼 수밖에 없음을 확인했다. 2장을 통해 우리는 그 원인을 정확히 이해할 수 있게 되었다. 인류의 불행과, 그럼에도 그것을 당연시하는 현상은 나의 정체성을 정확히 인지하지 못한 데서 기인하는 것이다.

    인간은 몸적 자아와 영적 자아의 두 가지 정체성을 지닐 수 있다. 이 정체성은 영적 인격체로서 '나'의 선택에 의해 결정된다. 만약 영이 스스로의 본성에 따르지 못하고, 몸의 욕망을 우선시하는 선택을 하면 몸적 자아가 형성되며 이 길은 행복감의 길이 된다. 반면 영이 스스로의 본성에 부합된 삶을 선택하고, 그것에 맞게 몸의 욕망을 조율하면 그 길은 행복의 길이 된다. 지금까지 인류가 이 사실을 간과한 것은 내 안의 영을 오해하고 왜곡하고 간과했기 때문이다. 이성이나 무의식 등 추상적인 개념들은 결코 나의 진정한 정체성을 설명해 주지 못하며 행복이 무엇인지도 알 수 없다. 행복은 영적 인격체로서의 자신에 대한 정확한 이해로부터 출발하는 것이다.

    이제 우리는 본격적으로 행복감을 넘어 행복에 이르는 길이 무엇인지 그리고 그 과정에서 영적 인격체의 삶이 구체적으로 어떻게 드러나는지 살펴볼 준비가 되었다. 세상에 살고 있음과 세상에 제대로 살고 있음은 다른 것이다. 많은 사람들이 있지만 사람마다 호흡하는 높이는 다르다. 빛을 향하는 사람만이 행복하다. 그리고 그 행복은 구체적이고 객관적인 빛의 길 끝에 있다.

제3장
10차원의 길

꿈이 미래를 창조하고

말이 길을 열면,

생각은 당신을 만들고

믿음은 운명을 결정한다.

보이지 않는 것이

보이는 것을 결정한다

제3장

10차원의 길

어떤 사람은 보이는 것만 보고,
어떤 사람은 보지 말아야 할 것을 본다.
어떤 사람은 보고 싶은 것만 보고,
어떤 사람은 보라고 하는 것만 본다.

그래서 어떤 사람은 보이지 않는 것을 본다.
그리고 어떤 사람은 모든 것을 본다.
당신이 바라보는 것이 당신이 된다.
열매를 보면 나무를 안다.

모두가 그렇다고 해도
아닌 것은 아닌 것이다.
모두가 아니라고 해도
그런 것은 그런 것이다.

모두가 같은 곳에 살아도
모두가 함께 있지 않다.
모두가 길을 떠나지만

방향은 다 다르다.
겉은 겉이고 속은 속이다.
인간은 평등하지 않다.
인간은 평등하길 원하지 않는다.
사실 인간은 평등할 수 없다.
고래는 걸을 수 없고, 사자는 날 수 없으며, 독수리는 헤엄칠 수 없다.
평등은 오래된 신화이다.

산은 산이고 물은 물이지만
산은 산이 아니고 물은 물이 아니다.
살아 있는 것은 침묵하고
죽은 것은 춤을 추는 법이다.
넓은 길은 길이 아니기에 넓고
좁은 길은 유일한 길이기에 좁다.
그래서 처음은 끝을 만나지 못하고
끝은 처음을 기다리지 않는다.

차원의 문제

동일한 세상이 동일한 삶을 의미하는 것은 아니다. 같은 세상에서 같은 공기를 마시고 살지만 숨 쉬는 공기는 다르다. 그러므로 인간은 평등하지 않다. 인간의 삶에도 차원이 있다. 모두가 같은 방향을 향해 달리고 있는 것처럼 보여도 그들의 정체성과 목적 그리고 방향은 다르다. 말 그대로 노는 물이 다르다. 따라서 각자에게 부여되는 행복의 질도 다르다. 10차원의 패러다임은 바로 그 질적 차이를 보여 준다. 이제 당신이 지금까지 과연 몇 차원의 삶을 살아왔는지, 따라서 행복에 얼마나 가까이, 아니면 멀리 있었는지 직접 확인할 때가 되었다.

　기존의 세계관과 달리 현대물리학의 초끈이론은 우주의 최소 단위를 끊임없이 진동하는 끈으로 본다. 그리고 세계를 우리에게 익숙한 기존에 4차원에 6개의 덧차원(extra dimension)을 포함시켜 10차원으로 분류한다. 3차원에 시간을 더하면 4차원이 되며 그것이 차원의 세계라는 일반적 견해와 달리 1-9차원까지의 공간과 10차원의 시간으로 보는 것이다. 초끈이론은 물론 가설이다. 하지만 10차원에 관한 이야기를 인간의 삶과 연결하면 흥미로운 결과가 도출된다. 인간의 삶에도 10차원이 존재하기 때문이다.

　10차원의 패러다임은 '나', 즉 영의 성숙 단계를 의미한다. 그리고 그것은 영이 취하는 삶의 방향, 즉 바라봄과 관계한다. 열매를 보면 나무를 알 수 있듯이 각각의 패러다임은 사람들의 생각과 행동 그리고 삶의 가치관을 통해 나타난다. 하지만 삶의 차원은 명상이나 선 등을 통해 이루어지는 영적 깨달음의 단계가 아니다. 영적 깨달음은 자각을 통해 자유를 얻으려는 것인 반면 10차원의 패러다임은 구체적인 삶의 실현을 통해 자신을 드러내기 때문이다.

　플라톤의 '동굴의 비유'는 차원이 다른 인간의 모습을 잘 설명해 준다. 동굴 안에는 몸이 묶여 동굴 벽에 비친 그림자만을 보는 사람이 있다. 그가 만약 자신에게 보이는 것만을 믿지 않고 돌아선다면, 동굴 안의 물건들을 볼 수 있을 것이다. 그것들은 동굴 밖에 있는 실제의 모형들이다. 그래서 그가 동굴 밖으로 나오면 그는 눈이 부셔 태양 아래 세상을 보지 못하고 밤의 세상만을 볼 것이다. 그것은 또 다른 세상이다. 그리고 그는 낮에 익숙해지고 결국 언젠가 태양도 볼 것이다. 바라봄은 새로운 경험만을 가져다주지 않는다. 바라봄은 존재의 본질을 결정한다. "아바타"를 통해 보면 나비족이 되어 자연과 더불어 사는 그들의 삶을 알 수 있듯, 바라봄을 통해 신분이 바뀌고, 같은 공간 안의 다른 세상으로 이동할 수 있다. 그래서 무엇을 보는가가 중요하며, 내가 바라보는 그것을 통해 존재의 다양한 방식, 즉 삶의 서로 다른 패러다임을 경험하고 또 그만큼 행복해질 수 있다.

지구상의 70억 인간은 동일한 지구 안에 살지만 실제는 10차원의 서로 다른 차원 안에서 움직이며 살아간다. 따라서 10차원을 생각하는 것은 '나' 자신에 대해 좀 더 이해하고, 좀 더 나 자신과 화해하기 위한 것이며 나의 궁극적 목적을 향하는 것이다. 인간은 누구나 자신의 세계에서 자신에게 보이는 것만을 바라보며, 또 자신이 바라보고 싶은 것만을 바라보고 산다. 그래서 사람들은 자신들보다 상위 차원의 패러다임이나 가치관을 이해하지 못한다. 하루살이가 나비를 이해하지 못하고 나비가 제비를 이해하지 못하는 것과 마찬가지이다. 장자가 말하듯 참새는 대붕을 이해할 수 없다. 그러므로 지금까지 바라보지 않던 곳을 바라볼 필요가 있다. 왜냐하면 매트릭스의 밖이라고 생각하던 이곳이 또 다른 매트릭스일 수 있기 때문이다.

0차원

0차원은 점이다.

점은 침묵이고 정지이다. 따라서 0차원은 기본적으로 죽음이고 물, 흙, 돌과 같은 무기물의

세계이다. 따라서 시체도 0차원이다. 죽음은 생명을 즉시 무기물로 전환시킨다.

1차원

1차원은 한 점에서 운동을 시작하여 다른 점에서 끝난다. 따라서 1차원은 선이다. 1차원은 0차원으로부터 자유롭다. 그러므로 침묵이 아닌 소리, 정지가 아닌 움직임이다. 그래서 1차원은 살아 있음이다. 그런데 살아 있지만 움직임은 제한되어 있다. 1차원적 존재는 한 점에서 다른 점을 왕복하기만 한다. 생명에 대입하면, 그것은 '먹고 싸고, 먹고 싸고'의 반복이다. 따라서 1차원적 존재는 근본적으로 신진대사만을 하는 식물이다. 그런데 동물 가운데에도 1차원적인 존재가 있다. 사람이 쥐덫을 놓는 이유는 쥐가 동일한 길을 왕복해서 움직이는 1차원적 존재라고 생각하기 때문이다. 이 경우 쥐가 덫에 안 걸리려면 자신의 길을 벗어나 다른 길로 가야 한다. 그렇기 때문에 한 길로만 다니던 쥐가 자기 옆을 지나가는 다른 쥐를 본다면 아마 기절할 정도로 놀랄 것이다.

2차원

2차원인 면은 선을 확장한 것이다. 따라서 선으로부터의 자유이며 단순히 생존하는 것이 아니라 살아 움직인다.

눈이 오면 뛰어노는 강아지는 '먹고 싸고, 먹고 싸고'에 '놀고'가 첨가된 존재이다. 그래서 2차원적 존재는 동물이다. 동물은 감각에 반응하며, 기본적으로 쾌락원칙에 따라 움직인다.

3차원

2차원적 길은 다양하나 특정한 면 안에 제한되어 있다. 따라서 평면운동을 하는 존재는 그 면 밖으로 나갈 수 없다. 큰 원의 형태로 불을 붙여 놓고 그 한가운데 뱀을 넣어 보자. 뱀은 2차원적 존재이므로 자신을 가로막고 있는 불을 넘어가지 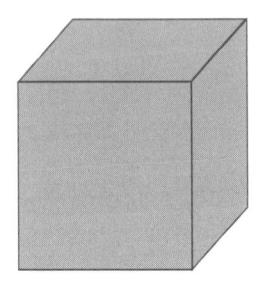 못하고 이리저리 방황할 것이다. 그러다가 방금 자신과 같이 있던 강아지가 순간 불 밖에 서 있는 것을 보면 놀라게 된다. 뱀이 볼 때 강아지는 갑자기 사라졌다 나타난 것과 마찬가지이다. 그것은 마치 새로운 평면이 존재하고 있는 것과 마찬가지이다. 그래서 뱀이 물었다.

"어떻게 그 너머로 갔니?"

멍멍이가 대답했다.

"위로 뛰어넘어!"

"위? 위가 뭔데?"

뱀에게 위는 존재하지 않는다. 이처럼 면이 수직으로 팽창되어 오르면 입방체가 된다. 입방체는 3차원이므로 이제 길은 평면을 넘어 공간으로 확장된다.

　3차원적 입방체의 존재는 '먹고 배설하고, 노는 걸 넘어 성공하고'를 지향하는 존재, 즉 인간이다. 인간은 자아실현이라는 이름으로 성공을 지향한다. 그리고 그렇기 때문에 2차원으로부터 자유로운 존재이다. 그는 성공을 위해 쾌락을 조절하고 성공한 후에는 쾌락을 지배한다. 성공은 나로 하여금 남보다 잘나 보이는 우월감을 느끼게 해 주며 그렇지 않을 경우 열등감에 괴로워하도록 만든다. 그래서 사람들은 잡스 같은 인재가 되길 원하고 높은 지위에, 권력과 명예를 원한다. 플라톤(Plato)의 『국가론』 (Republic)에서 트라지마코스가 "정의는 강자의 이익이다."라고 한 말을 사람들은 실제로 믿고 산다. 기업 CEO, 정치가, 법조인, 의사, 교수, 유명 연예인이나 스포츠 선수 그리고 종교 지도자 등 인간은 가능하면 위로 올라가기를 원한다. 그리고 그렇게 되지 못한 사람들은 최소한 자본을 통해서라도 자신을 증명한다. 멋진 차나 으리으리한 집, 또는 명품이나 하다못해 짝퉁이라도 걸치고 싶은 소박함에서 인간은 좀처럼 벗어나지 못한다. 무시당하지 않고, 다른 사람들에게 인정과 존경을 받으며, 자신의 존재감을 느끼려는 욕망이 삶의 근본적 가치도 때론 포기한 채 성공 지향적 존재로 만드는 것이다.

0~3차원의 공통점

　이제 3차원까지를 한번 비교해 보자. 흥미로운 점은 0~3차원이 양적 차이는 있으나 질적 차이는 없다는 것이다. 0차원인 점을 보자. 점은 분명 선, 면, 입체 등과 다른 것으로 보인다. 하지만 점을 확대하여 보면, 점

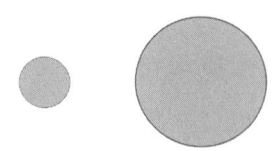

은 더 이상 단순한 점이 아니다. 왼쪽 도형처럼 점을 확대한 것을 보면 점이 동시에 선이고 면임을 알 수 있다. 그리고 더 나아가 색깔이 칠해져 있으므로 미세하지만 두께도 있다. 그러므로 점도 사실은 입방체이다.

그런데 이는 1차원도 마찬가지이다. 아래 왼쪽 1차원의 선을 보면 실제 선으로만 보인다. 하지만 가까이 다가간다면 오른쪽처럼 보일 것이다. 전깃줄을 멀리서 보면 선으로 보이지만 가까이 다가가면 두께가 느껴지는 것과 마찬가지이다. 다시 말해 1차원인 선도 면과 두께를 지니고 있으며 따라서 입방체이다. 그리고 이것은 2차원의 면도 마찬가지이다. 면도 사실은 입방체이다.

점에서 입방체가 모두 동일하다는 것은 0~3차원이 본질적으로는 동일하다는 것을 의미한다. 이 사실이 함축하고 있는 것은 무엇일까? 이는 양과 정도의 차이만 있을 뿐 3차원 입방체의 특성이 하위 차원에도 있으며, 그 역도 마찬가지라는 것을 의미한다.

감정과 이성

0~3차원의 본질적 동일성을 보여 주는 첫 번째 특성은 감정이다. 인간에겐 감정이 있다. 그렇다면 0~2차원의 존재인 무기물, 식물, 동물 모

두에게도 감정이 존재하는 것으로 보아야 한다. 정말 돌이나 물에도 감정이 있는 것일까?

0차원의 무기물도 감정적인 반응을 한다. 에모토 마사루는 눈(雪) 결정 하나하나가 모두 다르다는 사실로부터 물의 결정도 다를 것이라는 생각으로 물을 얼려 결정 사진을 찍기 시작했다. 8년 동안 그는 다양한 사진을 얻었는데, '사랑', '감사'라는 글을 보여 준 물에서는 아름다운 육각형 결정이 나타났고 '악마'라는 글을 보여 준 물은 공격적 형상을 보였으며, '고맙습니다'의 경우는 정돈되고 깨끗한 결정이었지만, '망할 놈', '바보' 등 부정적인 말에는 폭력을 당한 형상을 드러냈다.

물은 음악에도 반응했는데, 쇼팽의 "빗방울"을 들은 물은 빗방울처럼 생긴 결정이 나타났고, "이별의 곡"을 들은 결정들은 잘게 쪼개져 있었다. 결국 그는 물도 의식이 있다는 결론에 이르렀고 '물은 답을 알고 있다'[18]고 주장하였다.

그의 실험 결과는 일관되지 않았다는 점에서 논란의 여지를 남겼다. 하지만 실험 결과가 일관되게 반응하지 않았다는 점이 오히려 신빙성을 더해 준다고 볼 수 있다. 0차원은 3차원과 같은 입방체로 볼 수 있지만 점의 두께는 지극히 미비하다. 따라서 0차원 안에 의식이 존재한다면 거의 확인되기 힘든, 지극히 미세한 분량일 수밖에 없을 것이다. 그리고 바로 그렇기 때문에 반응은 하되 일관되게 반응하지 않은 것이 오히려 논리적 타당성을 부여받는다.

1차원의 식물 역시 감정이 있는 것처럼 보인다. '그린 음악 농법'이라는 것이 있다. 오전에는 모차르트와 같은 클래식을, 오후에는 사물놀이 등의 풍물음악을 들려주는데, 80dB의 음파가 세포벽을 흔드는 파동효과를 통해 원형질 운동이 활발해져 식물의 신진대사가 잘되는 것으로 알려져 있다. 그러므로 음악 농법에는 농약이나 화학비료를 사용하지 않으며, 농사를 지으면 벼의 길이는 짧아지는 대신 밑동이 두꺼워져 튼튼해진다고 한다. 또한 음악 파동은 해충을 자극하여 벼멸구나 진드기를 예방하는 방제효과를 본다고도 하는데, 이는 음악을 들은 해충의 위기감이 감소되어 종족 번식 의욕이 저하되거나, 해충에 스트레스를 주어 쫓는 작용을 하기 때문이라고 한다. 식물도 답을 알고 있는 것이다.

2차원의 동물에게 감정이 있는 것은 분명하다. 눈이 오면 강아지는 이리저리 뛰어다닌다. 동물은 식물과 비교할 수 없는 정도로 기쁨과 슬픔 등의 감정을 드러낸다. 도살되기 직전의 소의 눈물, 죽은 새끼의 곁에서 떠나지 않는 어미 개 그리고 주인이 오면 꼬리를 흔들고 기뻐하는, 심지어 오줌을 지리는 강아지를 통해 우리는 그러한 사실을 가시적으로 확인할 수 있다.

이성도 마찬가지이다. "Cogito, ergo sum", 즉 "나는 생각한다, 고로 나는 존재한다"라는 잘 알려진 데카르트의 말은 오랫동안 인간의 고유성이 이성에 있으며, 이성이야말로 인간을 다른 모든 존재와 구별시켜 주는 기준인 것으로 당연시하게 만들었다. 하지만 싱어(P. Singer)가 『실천윤리학』(Practical ethics)에서 밝힌 것처럼 동물도 이성적 존재이다. 2차원적 존재에게도 마음의 지적 능력이 있는 것이다. 피그미침팬지나 고릴라, 돌고래, 진돗개 그리고 돼지 등의 IQ는 상당한 수준이다. 피그미침팬지의 경우는 다양한 표현을 적은 판에 벨을 부착해 놓고 훈련시키면 자신의 의사표현은 물론 심지어 자신의 정체성도 알 수 있다고 한다. 그리고 심지어 바퀴벌레는 앞에서 언급한 것처럼 IQ 340을 자랑한다. 따라서 식물과 무기물에도 그 정도가 미비하나 지성이 존재하는 것으로 이해할 수밖에 없다. 라이프니츠가 무기물을 '잠자는 단자'라고 부른 것도 생각해 보면 허무맹랑한 이야기가 아니었다.

0~3차원의 인간

이제 인간만 한번 생각해 보자. 0~3차원의 존재가 지니는 본질이 근본적으로 동일하다면, 그것은 인간에게도 0~2차원적 속성이 있다는 의미이고 이를 조금 더 확장해서 생각하면, 인간도 0~2차원적으로 살 수 있다는 말이 된다.

먼저 인간 가운데에도 0차원인 존재가 있다. 뇌사나 식물인간은 관계론적으로 볼 때 시체나 다름없다. 인간(人間)으로서 사회생활이 불가능하기 때문이다. 또한 영적으로 죽은 존재도 있다. 게임이나 마약 등에 중독된 환자들이 여기에 속한다. 중독은 자신을 잃어버린 것이다. 무엇인가에 중독된 사람들은 성상직인 이성의 사고나 자율적인 감정 표현 그리고 의지적인 결단이 없다. 마음이 타율적으로 종속되었기 때문이다. 그들은 전형적인 즉자적 존재들이다. 그들은 마치 돌이나 물처럼 그냥 있거나 이끌리는 대로 흘러간다. 자유를 상실한 노예처럼 즐기는 대상에 끌려다니는 것이다. 그런데 노예는 사고파는 상품이며, 상품은 사물이다. 따라서 중독은 인간의 사물화를 의미한다. 마치 영화 "좀비"의 시신들처럼 살아 움직이나 실제는 죽은 존재들이다.

1차원적 인간은 누구일까? 그는 생존만이 주된 삶의 목적인 경우, 즉 일반적으로 하루하루를 간신히 연명하기 위해 사는 사람을 의미한다. 그는 즉자적이다. 자신의 삶에 대한 반성적 사고를 할 여유가 없다. 아이티에서 진흙을 구워 먹고 있는 사람들, 북한 땅에서 부모를 잃고 고아로 전전하다 굶어 죽어 가는 꽃제비처럼, 생존을 위해 처절하게 살아가는 사람들이다. 물론 자본주의의 그늘에도 존재한다. 거지나 노숙자, 폐지를 주워 하루 몇 천 원의 돈으로 연명하는 노인들, 기초생활수급자 이하의 삶을 사는 독거노인들은 어쩔 수 없이 생존만을 위해 그렇게 살아간다.

그런데 흥미롭게도 1차원적 존재는 생존의 절박함이 아니라 오히려 풍요로움에서 발생하기도 한다. 그들은 북한의 꽃제비와는 정반대로 마구 먹어 댄다. 몸무게 300kg이 넘는 초고도 비만의 인간이, 마치 더 먹지 않으면 죽을 것처럼, 먹거리를 통해 자신을 파괴한다. 살기 위해 먹는 것이 아니라 먹기 위해 먹고, 결국 죽기 위해 먹는다. 그들은 위절제술을 통해 강제적 체중 감량을 이끌어 내야 목숨을 건질 수 있다. 아이러니하게도 먹는 것이 아닌, 못 먹는 것이 생존을 위한 처방이 된다.

0~1차원적인 사람들은 상대적으로 소수이다. 대다수의 사람들은 어떻게 살까? 그들은 동물과 같은 2차원적 존재로, 즉 쾌락 중심적으로 산다. 2차원은 선이다. 선 안에는 수많은 점들이 들어갈 수 있다. 따라서 2차원적 존재는 생존 문제로부터 자유로운 사람이다. 이제 그가 추구하는 삶의 가치는 쾌락이나 향유이다. 일반적으로 우리는 인간의 향유가 동물의 쾌락과 질적으로 다르다고 생각한다. 하지만 그것은 예술과 같은 창조적 행위로부터 발생하는 것에만 해당된다. 쾌락을 주는 대상에 종속된 향유는 다양해지고 복잡해졌지만 동물의 것과 근본적으로 차이가 없다. 인간은 자연 상태에서 문화로 넘어왔다. 문화는 다양한 영역에서 변화되었지만 역시 하나의 목적, 바로 쾌락, 또는 향유를 지향한다. 인간은 즐기기

위해 산다. 그런 의미에서 문화는 '디자인'이라 정의할 수 있을 것이다. 디자인은 실용성과 예술성을 추구한다. 마찬가지로 인간의 문화는 안정된 생존의 바탕 위에 자동차나 여객기, 컴퓨터와 향수, 스마트폰이나 로봇 등 다양한 놀거리들을 만들어 내고 있다. 의식주의 영역이 생존에서 쾌락으로 이동한 것이다. 인간은 생존을 위해 먹지 않고 쾌락을 위해 먹으며, 추위를 피하기 위해 옷을 입지 않고 즐기기 위해서 입으며, 즐기기 위해 집을 짓고 산다. 인간은 근본적으로 '놀이하는 인간'(homo ludens)이다. 하지만 이미 확인한 것처럼 유희의 삶이 극단이 되면 쾌락이 인간을 가지고 즐기는 상황, 즉 인간이 사물로 전락하는 상황에까지 이르게 된다. 실제 술이나 마약중독 등은 2차원적 인간을 언제든 0차원으로 하락시킨다.

3차원의 성공 지향적 인간은 2차원의 쾌락 탐익적 인간에 비해 소수이다. 단지 소수의 사람들만이 성공을 위해 살아간다. 사람들은 누구나 성공을 원할 것이라고 생각하지만 그렇지 않다. 대부분의 사람들에겐 성공 자체가 아니라, 성공해서 2차원의 쾌락을 즐기는 것이 궁극적 목적이다. 성공은 목적이 아닌 수단인 것이다. 실제 입방체 안에는 엄청난 양의 면이 층층이 쌓여 있다. 무슨 말인가? 성공하면 원하는 쾌락을 무엇이든 즐길 수 있다는 것이다. 물론 점은 헤아릴 수 없이 많으니 생존 문제는 당연히 해결된 것이다.

당신이 2차원인지 3차원인지 확인하고 싶으면 다음과 같은 질문을 던져 보면 된다. "만약 500억의 로또에 당첨된다면 고생 없이 인생을 편하게 즐기며 살 수 있을 텐데!" 이런 생각으로 복권을 산다면 당신은 2차원이다. 2차원의 사람은 결코 성공할 수 없다. 능력이 없어서가 아니라 원하지 않기 때문이다. 성공을 위해 포기해야 할 것과 감내해야 할 것을 원하지 않기 때문이다. 결국 인간은 자신이 원하는 것만을 얻는다. 자신이 원하지 않는 것은 얻을 수 없다. 그래서 성공을 원한다는 사람들은 많지만, 실제 성공을 원하는 사람들은 적고 당연히 성공하는 사람들도 적다.

본능, 이기주의, 행복감

혹시 우리가 다뤘던 행복감을 기억하는가? 흥미롭게도 행복감을 지향하는 인간의 세 가지 욕망, 즉 육체의 욕망, 자극의 욕망 그리고 관계의 욕망은 각각 1~3차원에 정확히 부합된다.

욕망 ⇒ 행복감		
육체의 욕망	자극의 욕망	관계의 욕망
1차원	2차원	3차원
생존 중심형 인간	쾌락 탐익적 인간	성공 지향적 인간

이 사실이 함축하는 바는 무엇인가? 그것은 1~3차원의 존재들은 모두 궁극적 목적으로 행복감을 지향한다는 것이다. 그러므로 행복감을 추구한다는 점에서 인간은 동물과 다를 바가 없다. 실제 행복감의 주체는 '나'가 아닌 몸이다. 몸은 보이는 것, 가시적인 대상에 반응한다. 행복감의 대상은 모두 보이는 것이다. 음식을 보고, 즐거운 것을 보고, 어떤 권력의 자리를 본다. '봄'은 본능의 욕망을 자극하고, 몸적 자아는 그 욕망을 이루기 위해 자신에게 주어진 IQ를 활용한다. 그는 자신의 영리함의 정도에 따라 욕망을 성취해나간다. 사람들은 성공하는 인간이 자율적 삶을 설계하는 것이라고 말한다. 3차원 안에서는 맞는 말이다. 하지만 그도 자신에게 주어진 환경에 반응하는 것뿐이다. 그 안에서 최고가 되려고 반응하는

것이다. 어떤 방향으로 반응하는가?

1~3차원은 몸적 자아가 원하는 방향으로 반응한다. 그것은 곧 본능에 따르는 것이다. 몸에 본능이 각인되어 있기 때문이다. 몸은 이기적이다. 따라서 모든 반응도 이기적 방향으로 진행된다. '내가' 먹어야 하고, '내가' 즐겨야 하고, '내가' 성공해야 한다. 언제나 '나' 그리고 또 '나'밖에 없다.

그러므로 인간이 3차원적 패러다임, 즉 삶의 중심이 생존, 쾌락 그리고 성공에 있다면 인간은 단지 '영리한' 동물에 지나지 않는다. 동물들의 의식주를 인간은 세련되고 복잡한 형태로 즐길 뿐이지, 먹고 소화시키고 배설하는 것은 동일하다. 동물들의 단순한 놀이 대신 인간은 문명을 통해 셀 수 없이 무한한 놀거리를 만들어 냈을 뿐, 역시 노는 것은 동일한 것이다. 그리고 자본주의와 직업을 통해 새로운 성공의 개념을 사용하며, 성공에 대한 욕망이 인간만의 특징이라고 착각할지 모르지만 성공도 사실은 권력욕이며 비교욕구이고 이 욕구는 동물에게도 있다. 집에서 애완견을 키워 본 사람이라면 개가 소파나 침대의 높은 곳으로 올라가려는 성향을 알 것이다. 동물에게도 본능적으로 비교욕구와 권력욕이 있다. 집단의 우두머리가 된다는 것은 집단의 모든 것을 소유할 수 있다는 것을 의미하기 때문이다. 인간의 성공욕은 그 권력욕을 문화라는 물감으로 세련되게 채색한 것

에 지나지 않는다.

　IT업계의 천재 스티브 잡스는 항상 '다르게 생각하라'(Think different)는 말을 강조하곤 했다. '다르게 생각하는 것'은 중요하다. 그는 단순히 먹고 사는 1차원적 존재와 다르게 생각했고, 쾌락을 좇아 즐기기만을 원하는 2차원의 인간과 다르게 생각했고, 성공을 원하는 3차원의 인간과도 다르게 생각했다. 그는 융합의 시대, IT의 시대를 읽었다. 그는 죽기 전 애플의 향후 제품에 대해서도 걱정하며 몇 년 치 계획을 미리 세워 알려주고 죽었다 한다. 세계는 그의 죽음을 애도했고 세계를 변화시킨 인재가 사라졌음을 안타까워했다.

　하지만 잡스의 'Think different'는 3차원에서 멈춘 것처럼 보인다. 그는 자신에게 정말 필요한 '다른 생각'을 했을까? 지식의 생각에서 지혜의 생각으로 넘어갔을까? "내가 이룩한 이 애플제국이 나의 행복에 어떤 의미를 주는 것일까?", "죽으면 단 1달러도 가져가지 못할 돈이나, 싸들고 가서 경영할 수 없는 기업 대신, 혹시 나의 많은 시간을 나의 딸, 아내, 가족에게 그리고 어쩌면 내 삶의 근본적 의미를 생각하는 데 할애했어야 하지 않을까?", "내가 죽어 가는 이 상황에서도 애플의 미래만을 걱정하고 있어야 하는 걸까?" 사람들은 그의 성공 스토리에 경의를 표했다. 그의 재산이 얼마인지, 그 돈이 누구에게 갈 것인지, 그가 없는 애플은 어떻게 될 것인지. 하지만 그들은 가장 중요한 것에 대한 관심은 없었다. 그것은 그가 진정 행복한 인간이었는가 하는 것이다. 잡스는 'Think different'해야 할 것이 정작 자신의 '다른 생각'일 수 있다는 생각은 못한 것 같다.

　조선 시대에는 겨우 4계급이 있었다. 현대사회엔 이렇게 다양한 계층들이 존재한다. 앞으로도 더 많은 계층들이 위에 만들어질 것이다. 하지만 아무리 계층이 많이 만들어져도 모두 1~3차원 안에 속했을 뿐이다. 사람들은 각자의 능력에 따라 1~3차원적 삶을 살아간다. 그리고 자신의 존재 위치 때문에 울고 웃는다. 존경하고 업신여긴다. 그리고 신기하게도 불행하다고 한탄하고, 행복하다고 착각한다. 하지만 한 가지 사실은 분명하다. 당신이 어느 계

?	
탑VVIP	
VVIP	
VIP	
상류층	
중산층	1~3차원
서민	
차차상위층	
차상위층	
빈민	
실업자	
노숙자	

층에 속하든 만약 당신의 삶이 그 계층적 패러다임에 머무른다면, 당신은 행복감의 매트릭스에 종속된, 동물의 영역에서 아직 분리가 되지 않은 0~3차원의 존재일 뿐이다. 그것은 설사 3차원적 행복감의 최상위에 위치해, 세계적으로 성공한 인재로서 환호와 갈채를 받는다 해도 마찬가지이다. 보이는 것들은 죽으면 남지 않는다. 정확하게 아무것도 가져갈 수 없다 돈도 지위도 그 어떤 것도 무덤 안에선 의미가 없다. 따라서 어쩌면 당신은 단 한순간도 행복이 무엇인지 모르고 죽는 불행한 존재가 될 수도 있다. 그러니 만약 당신이 스스로를 진단하기에 1~3차원에 속해 있다면, 이제 정말 잡스의 말을 그와는 다르게 해석할 필요가 있다. "Think different!"

'다른' 차원(4~10차원)

　　3차원과 4차원의 사이에는 근본적인 변화가 일어난다. 0차원부터 3차

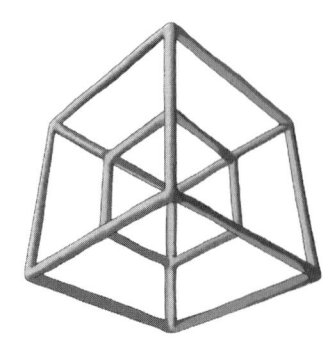

원까지는, 양의 차이는 있지만 질적 차이가 없음을 이미 확인했다. 0~2차원 모두 3차원 입방체의 축소체이며 따라서 정도의 차이만 있을 뿐 본질은 같다. 하지만 왼쪽의 4차원 초입방체는 3차원 입방체와 근본적으로 다르다. 입방체는 초입방체의 축소물이 될 수 없다. 물론 4차원인 초입방체의 부분이 될 수 있다. 하지만 그 자체는 아니다. 이 사실은 4차원부터 양적 변화를 넘어 질적 변화가 발생한다는 것을 의미한다.

물리학은 4차원 이상을 덧차원이라 설명한다. 9차원까지의 공간과 10차원의 시간을 말한다. 하지만 우리는 순수하게 4차원이 어떤 영역인지 알 수 없다. 그것은 5~10차원도 마찬가지이다. 다만 덧차원이 어떤 형태로 존재할 수 있을 것인지에 대해선 상상할 수 있다. 4차원의 초입방체에 수없이 많은 직선들이 관통하고 있다고 상상해 보자. 이 경우 초입방체 자체의 길이 아닌 다른 길들이 존재하는 것으로 이해할 수 있다. 실제와는 다르겠지만 5차원은 4차원의 세계에 존재하는 수많은 보이지 않는 길들로 상상할 수 있다. 6차원은 그 5차원의 덧차원들인 선의 길들이 면으로 확장되어 4차원 초입방체 안에 존재하는 수많은 면의 세계들로 상상해 볼 수 있겠다. 그리고 7차원은 초입방체 안에 존재하는 다량의 입방체들로 연상해 볼 수 있을 것이며, 차원은 이렇게 계속되는 것으로 추측할 수 있다.

덧차원을 비유적으로 이해하기 위해서는 카퍼필드의 마술이 도움을 준다. 세계적인 마술사 D. 카퍼필드는 전 세계가 지켜보는 가운데 만리장성의 한쪽 벽으로 들어가 다른 쪽 벽으로 나오는 모습을 보여 줬다. 마치 벽 사이에 비밀통로가 존재하는 것처럼 그는 우리가 이해할 수 없는 길을 통해 벽을 통과한 것이다. 물론 카퍼필드가 보여 준 것은 쇼였지만 적어도 덧차원을 이해하고자 하는 우리에게 시사해 주는 바가 있다. 카퍼필드의 마술을 적용하면 상위 차원은 하위 차원의 입장에서 볼 때, 우리 공간에 존재하는 비밀통로와 같다. 그것은 자신이 존재하는 차원에서는 보이지 않는 또 다른 길이다.

이제 본격적으로 차원과 인간에 관해 이야기해 보자. 인간은 3차원 시공에 제한되어 있지만 동시에 4차원 이상의 존재이다. 인간은 이기적 몸적 자아로서 행복감을 추구한다는 점에서 동물과 동일하지만, 동물과 근본적으로 다른 인간만의 고유한 특성을 지니고 있다. 그리고 그것은 다양한 형태로 나타난다.

인간은 무엇보다 의미에 대한 질문을 한다. 스스로를 대상화할 수 있기에 인간은 자신의 3차원적 삶에 의문을 제기한다. 인간은 또한 자유와 행복을 추구한다. 정의와 평등을 지향한다. 나아가 인간은 초월적 존재에 대한 그리움이 있다. 어떤 원시사회라 하더라도 인간이 존재하는 모든 곳에는 신화가 있다. 인간은 자신이 존재하는 모든 곳에서 초월적 존재에 대한 경배를 올린다. 무엇보다 인간에겐 이타심과 사랑이 존재한다. 자신의 이익과는 아무런 관계도 없는 타자에게 자선을 베풀고 때론 자신의 목숨까지 희생한다. 이러한 모든 특성들이 지니는 공통점은 그 대상이 '보이지 않는 것'이라는 사실이다. 그리고 이기주의와는 구별된다는 점이며, 행복감과 무관하다는 것이다. 그러므로 인간은 몸을 가지고 있지만 동시에 몸이 아닌 존재이며, 이기적이지만 동시에 탈이기적이며 행복감을 추구하지만 동시에 행복을 추구한다. 전자가 몸적 자아라면 후자는 무엇일까? 영적 자아일 수밖에 없다. 그러므로 4차원 이상의 영역은 영적 영역이다.

그런데 4차원부터 9차원까지는 독특성을 지니고 있다. 그것은 우리가 존재하는 3차원 공간 내에 존재하는 덧차원들이라는 사실이다. 그리고 10차원의 경우는 유일하게 시공을 완전히 초월한다. 이 사실은 무엇을 의미할까?

4~9차원은 공간 속에 존재하는 비공간이다. 다시 말해 3차원 공간 안에 있지만 우리가 감각적으로 경험하고 바라보는 3차원적 공간이 아니다. 그것은 우리 안에 있지만 보이지 않는 비가시적 영역이다. 따라서 물질적이지 않고 영적이다. 역으로, 영적 영역이지만 3차원 공간 안에 존재한다. 단 물과 기름처럼 섞이지 않는 영역이다. 그러므로 인간은 의식하든 의식하지 못하든, 9차원 공간 안에 존재한다. 그리고 우리의 삶 가운데에는 비가시적인, 3차원의 욕망에 해당되지 않는 영적 가치들이 존재한다. 그런데 흥미롭게도 이 영적 가치들은 인간이 추구하는 이념들과 상응한다. 삶의 의미, 자유, 행복, 정의, 평화 등의 이념은 비가시적이다. 사랑이나 이타심도 그 자체로는 보이지 않는다. 인간이 그리워하는 초월적 존재도 감각적으로 경험될 수 없는 존재이다. 그런데 이러한 가치들은 보이지 않음에도 불구하고, 보이는 우리의 세계에 존재한다. 결국 이로부터 도출되는 결론은, 인간이 추구하는 대부분의 긍정적 가치들이 3차원 공간 안에서 경험되지만 3차원에 속하지 않는 영적 가치들이라는 사실이다. 인간의 몸 안에 존재하는 영적 가치들인 것이다. 따라서 4~9차원의

영역은 바로 그러한 가치들이 살아 움직이는 삶의 공간이다. 그리고 10차원은 순수한 초월적, 영적 영역으로 이해해야 할 것이다. 그렇다면 4~10차원에 이르는 가치는 구체적으로 무엇일까?

두 세계

인간은 몸과 영의 존재이다. 그리고 몸의 본능은 이기주의이다. 영은 이 본능으로부터의 자유이다. 따라서 영은 본질상 몸의 이기주의에 문제를 제기하고 탈이기적 패러다임을 지향한다. 결국 4~10차원은 3차원의 의미에 대해 질문하고, 3차원적 욕망으로부터 자유로워지고, 더 나아가 몸의 본능과 정반대인 타자지향적 패러다임으로 진행할 수밖에 없다. 이렇게 볼 때 1~3차원의 본능은 이기주의이고 4~10차원의 본성은 탈이기주의를 통한 자기애(Self-loving)로 보아야 할 것이다. 상위 차원으로 갈수록 점점 더 자신으로부터 타자에게로 나아가는 것이다. 이제 두 세계를 비교해 보자.

인간의 두 세계	
그림자의 세계(Matrix)	빛의 세계(Real)
행복감	행복
이기주의	자기애
1-3차원	4-10차원
몸의 욕망	영의 소망
보이는 대상	보이지 않는 대상
동물과의 근본적 차이 없음	동물과 근본적으로 다름

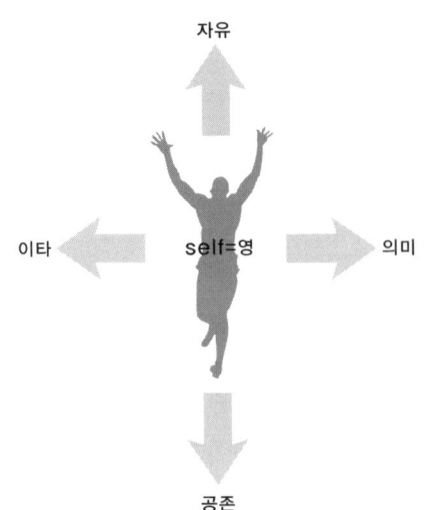

영적 존재로서 인간은 10차원의 나머지 7차원이 지니는 요소를 자신 안에 지니고 있다. 물론 그 특징들은 상위 차원의 것일수록 인간 내부에 존재하는 정도가 희미할 것이다. 차원과 인간의 내부에 존재하는 특징의 정도는 반비례의 관계이다. 따라서 상위 차원으로 갈수록 해당 차원에 속한 사람들 역시 소수가 될 것이다. 하지만 1~3차원에서 볼 수 있었던 것처럼 4차원 이상의 상위 차원은 곧 자유와 행복을 의미한다. 0차원에서 10차원은 상위 차원으로 올라갈수록 그만큼 자유로워지고 행복해진다. 물론 하위 차원은 상위 차원을 이해할 수 없다. 보이지 않기 때문이다. 따라서 자신이 선택한 차원만큼의 자유와 행복을 누릴 뿐이다. 그러므로 이해할 수 있는 자만이 이해할 수 있다.

4~9차원까지의 방향은 이렇게 탈이기적 패러다임을 보인다. 1~3차원이 모든 것을 자아에게로 끌어당기는 것과 반대로 4~10차원은 자아로부터 바깥방향으로 나아가는 과정이다.

10차원의 단계

1~10차원에 이르는 행복감과 행복의 단계를 전체적으로 조망하면 다음과 같다.

행복감 (Matrix)	행복 (Real)						
1~3차원	4차원	5차원	6차원	7차원	8차원	9차원	10차원
욕망	의미	자유/무아	자유/합일	공존	이타/자비	사랑	만남
움켜쥠	멈춤(질문)	놓음(소멸)	비움(용해)	나눔(공유)	베풂(양보)	희생(죽음)	융합
종속	소극적 행복			적극적 행복			
⇒ ⇒ 자유 ⇒ ⇒							
가시적	비가시적						
대상이 부여	'나'로부터 나옴						
몸의 차원	영의 차원						
이기적	탈이기적(타자지향적)						

 도표에서 보는 것처럼 1~10차원은 상위 차원으로 갈수록 하위 차원으로부터의 자유를 얻게 된다. 그중 1~3차원은 행복감, 4~10차원은 행복에 해당한다. 나아가 행복감의 발생주체는 대상인 반면, 행복의 발생주체는 '나'이다. 또한 전자는 몸의 차원(몸적 자아)에 머무르는 데 반해, 후자는 영의 차원(영적 자아)를 이루며, 따라서 1~3차원의 욕망은 모두 가시적인 대상을 향하지만, 4~10차원에 이르는 의미~만남은 모두 비가시적인 가치를 향한다.

 행복의 단계는 점점 더 자신으로부터 타자로 향하고, 점점 더 자신의 공간을 내어 주는 방향으로 진행된다. 먼저 4차원은 행복감으로 향한 걸음의 '멈춤'이다. 그것은 3차원적 삶의 의미에 대한 문제 제기이다. 5차원과 6차원은 3차원에 대한 4차원의 문제 제기에서 더 나아가 3차원 이하의 욕망으로부터 자유로워지기를 원하고, 이를 통해 평안을 얻고자 한다. 이중 5차원은 모든 욕망의 대상에 대한 집착을 제거하여 자유를 깨닫는 석가의 방식, 즉 '소멸'이고 6차원은 욕망의 대상에 관계없이 스스로를 비우고 자연과의 합일을 통해, 대상의 존재를 무의미하게 만듦으로써 자유로워지려는 장자의 방식이다. 따라서 6차원은 '용해'이다.

　4~6차원이 욕망으로부터의 이탈과 자유, 즉 소극적 행복에 초점이 맞추어져 있다면, 7~10차원은 적극적 행복을 추구한다. 왜냐하면 7차원부터 '나'는 자아중심으로만 머물러 있지 않고, 조금씩 타자에게로 향하기 때문이다. 그것은 자신의 공간을 타자에게 조금씩 더 비워 주는 것이다. 먼저 7차원은 '더불어', 즉 '공유'의 공간이다. 그것은 나의 공간 중 일부를 타자와의 '함께'를 위해 비워 주는 것이다. 나아가 8차원은 7차원에서 더 나아가 나보다 '너'에 더 비중을 준다. 그것은 '내어 줌', 즉 이타주의이다. 그리고 8차원을 지나면 '내어 줌'이 부분이 아닌 전체가 되는 단계, 즉 자신을 포기하는 9차원이 기다린다. 9차원은 상대를 위해 나 자신을 모두 내어 주는 것, 상대를 위한 '죽음', 바로 사랑이다. 그리고 10차원은 '나로부터의 사랑'이 '나에게로의 사랑'과 만나는 것이다.

　도표를 보면 영적 차원과 육적 차원 사이에는 넘어설 수 없는 간극이

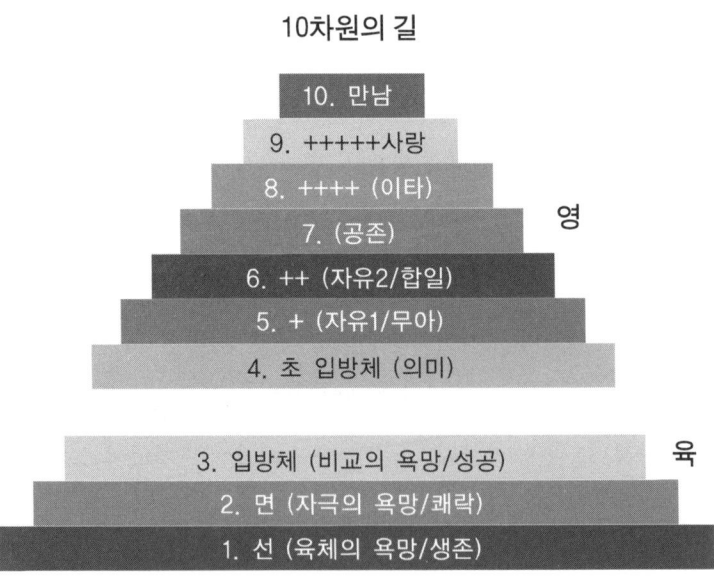

존재한다. 그리고 상위 차원으로 갈수록 자유로워지지만 그만큼 수가 많지 않다. 그것을 선택할 때의 행복이 크면 클수록 사람들은 더 적게 선택한다. 이것은 아이러니이다. 하지만 이기주의의 가장 심각한 약점이 그것이다. 자신의 이익이 무엇인지 정확히 계산하지 못한다는 것이다.

    행복감과 행복의 차이를 이해하면 우리는 왜 대부분의 사람들이 1~3차원에 머무르는지 알 수 있다. 보이는 것을 따라가는 것은 쉽다. 그 길은 넓은 길이다. 반면 보이지 않는 것을 따라가는 것은 어렵다. 그 길은 좁은 길이다. 보이지 않는 것을 보이는 것처럼 대하는 것은 쉬운 일이 아니다. 그럼에도 우리는 분명 넓은 문이 아닌 좁은 문으로 가야 한다. 왜냐하면 넓은 길이 사실은 좁은 길, 아니 엄밀히 말해 길이 아니기 때문이다. 그 길은 행복의 짝퉁인 행복감만이 있는 허구의 세계, 즉 Matrix이다. 많은 사람들이 선택하지만 그곳에 행복은 없다. 반면 좁은 길을 선택하는 사람들은 상대적으로 적지만, 사실 그곳에만 행복이 있다. 좁은 길이 유일한 길이다. 좁아 보이지만 유일하게 넓다. 그리고 다양하다. 이제 그 4차원 이상의 삶이 주는 행복을 구체적으로 상세하게 살펴보자!

4차원 - 의미

    행복의 1단계는 의미사유를 통한 멈춤이다. 욕망 충족에만 몰두하고 있는 움켜쥠의 삶을 놓고 자신의 삶을 근본적으로 돌아보는 것이다. 그런데 이 의미사유를 위해서는 먼저 선행되어야 할 존재론적 상태가 있다. 그것은 불안이다.

불안과 두려움의 기호들

불안, 두려움, 공포, 좌절 그리고 절망 등은 동일한 것이 아니다. 얼핏 생각하면 큰 차이가 없어 보이지만 근본적으로 다르다. 불안은 대상이 없다. 인간은 '왠지' 불안하다. 반면 두려움에는 구체적 대상이 있다. '그것'이 두렵다. 그리고 두려움의 대상을 직면하는 순간 두려움은 공포로 변한다. 공포는 현실화된 두려움에 대한 직접적 감정이다. 동시에 두려움의 대상이 가시적이며 나의 생존, 즉 생명과 안전을 위협하는 경우 발생한다. 밀려드는 쓰나미, 화산에서 솟구쳐 흘러내리는 용암 그리고 도시를 뒤덮은 페스트는 죽음의 공포를 불러일으킨다. 좌절은 죽음의 위협 앞에서 가능한 모든 수단을 동원함에도 불구하고 해결책이 보이지 않을 때 발생한다. 그리고 모든 가능성이 사라졌음을 최종적으로 느낄 때, 더 이상 어떠한 기회도 존재하지 않음을 느낄 때 인간은 절망한다.

한 사람이 저녁노을을 바라보며 낭만적인 숲 속의 카페에 앉아 라떼를 마시고 있었다. 주변은 고요했고 그는 편안한 마음으로 자연을 감상하고 있었다. 그런데 어느 순간 왠지 불안해지기 시작했다. 이유는 알 수 없었지만 마음이 편치 않았다. 그리고 조금 후 이번에는 두려움이 밀려들어 왔다. 믿을 수 없는 일이 일어났기 때문이다. 카페에서 멀지 않은 곳, 노을을 향한 방향에 호랑이 한 마리가 어슬렁거리고 있었다. 불가능한 일이었지만 사실이었다. 호랑이는 좌우를 둘러보다 카페에 홀로 앉아 있는 그를 발견했다. 그리곤 쏜살같이 그를 향해 달려오기 시작했다. 죽음의 공포가 그를 뒤덮었다. 그는 호신용 권총을 찾았다. 없었다. 깜빡 잊고 집에 두고 온 것이다. 주변을 둘러보았다. 도움을 청할 경찰을 찾았다. 하지만 카페의 테라스에 앉아 있던 그를 도와줄 사람은 아무도 없었다. 좌절은 빠르게 절망으로 바뀌었다.
죽는 순간 그는 얼마나 황당했을까? 인생이란 참 묘한 거다. 동물원에서 원인 불명으로 탈출한 호랑이에 물려 죽기 위해 태어날 수도 있다니.

인간 감정의 변화를 관찰하는 것은 상당히 흥미로운 일이다. 일상생활의 불확실성에 대한 염려나 원하는 것에 대한 충족의 어려움에서 오는 걱정, 즉 생명에 대한 직접적 위협이 아닌 경우 인간은 의식주 등에 관해 염려하며 삶에 필요한 요소들을 충족시키지 못할까 봐 걱정한다. 걱정은 실업에 대한 두려움으로 오고, 해고로 인한 좌절이 더 이상 재취업의 가능성으로 연결될 수 없음을 느낄 때 절망한다. 이러한 다양한 감정 상태는 인간이면 누구나 한 번쯤은 겪을 수 있는 것들이다.

하지만 지금 논의하고자 하는 것은 인간 심리의 다양한 형태와 메커니즘이 아니다. 다양한 정서들을 나열하는 것은 그것들과 차별화되는 독특한 하나에 주목하고 싶기 때문이다. 그것은 불안이다. 유독 불안에 초점을 맞추는 이유는 그것이 다른 것들과 달리 원인이 되는 대상이 없기 때문이며, 그럼에도 불구하고 그 '어떤 것'의 결과로서 나타나기 때문이다. 원인이 없다면서 어떻게 '어떤 것'이라고 할 수 있을까? 원인이 없는 결과는 없기 때문이다. 따라서 엄밀히 말하면 원인이 없는 것이 아니라 원인을 모른다고 해야 할 것이다. 그런 의미에서 다른 것들은 모두 그 감정을 불러일으키는 대상이 구체적으로 존재하며 인지 가능하다. 하지만 유독 불안만은 '그냥', '이유 없이' 그리고 '갑자기' 온다.

혹시 당신도 불안해 본 적이 있는가? 내가 의미하는 것은 동물원 청년의 불안이 아닌 보다 근원적인 것이다. 키에르케고르나 하이데거와 같은 실존주의 철학자들은 불안을 인간 존재의 근원적 상황으로 규정한다. 이 말이 사실이라면 누구나 느낄 수밖에 없는 정서라고 볼 수 있을 것 같다. 무엇인지 모르고 원인을 정확히 파악할 수 없지만, 안정될 수 없고 평안할 수 없는 상황, 뭔가 내 삶에 문제가 있는 것 같은 자각을 주면서도 그것이 무엇인지 정확히 알 수 없는 상태, 그런 이유로 때로는 우울로도 이어질 수 있는 감정의 상태, 그것이 불안이다. 그래서일까? 인간은 불안해질까 봐 불안할 수도 있다.

그런데 이미 언급한 것처럼 불안의 원인은 경험적으로 '지금', '이 공간에' 주어져 있지 않다. 그래서 불안은 대상이 없는 것처럼 보인다. 이러한 사실은 불안이 다른 것들과 달리 3차원이 아닌 4차원적 원인으로 인해 발생한다는 것을 의미한다. 시공의 한계 내에 존재하는 것은 불안의 대상이 아니다. 불안은 시간 너머로부터 온다. 사실 불안의 이런 특성을 생각하면 왜 사람들이 보통 그것을 느끼지 못하고 사는지 이해할 수 있다. 관심이 시공에 제한된 것이다. 3차원의 '지금' 그리고 '현재'에 몰두하면 불안은 시선에 들어오지 않는다. 일상의 흐름에 나를 내맡기고, 그냥 사회가 돌아가는 대로 취직하고, 돈 벌고, 결혼하고, 애 낳아 키우며 늙다 보면 시간은 간다. 쾌락을 주는 무엇인가에 탐닉하거나 몰두할 때도 시간이 잘 간다. 직장을 잃을까 두렵고, 그녀가 떠나갈까 두렵고, 대출받아 투자한 주가가 폭락하는 순간 인생이 끝난 것 같은 좌절과 절망이 밀려들지만 적어도 불안하지는 않다.

불안은 3차원이 멈추는 순간 비로소 자신의 문을 연다. 일상의 흐름을 멈추고 휴식을 취할 때, 아니면 그 무엇인가가 나의 일상을 끊고 시공을 넘어서도록 강요할 때 인간은 불안해진다. A. 까뮈는 그것을 '무대가 무너지는 순간'이라고 했다.

한 여성이 집안 청소를 하고 있다. 그녀는 대학 때 만난 멋진 남자와 아들딸 낳고 이제 안정된 삶을 사는 자신이 마냥 행복하다. 게다가 친구들

사이에서도 부러움의 대상이 되고 있다. 특별히 부러운 게 없는 삶이었다. 오늘도 그녀는 남편을 회사에 보내고 자녀들을 학교에 보낸 후 콧노래를 읊조리며 걸레로 방을 닦고 있었다. 그러다 문득 이런 생각이 들었다.
"내가 지금 무엇하고 있는 거지?!"
MS를 창설하여 세계 최고의 갑부가 된 빌 게이츠를 생각해 보자. 그가 세계적인 대부호가 된 후, 어느 날, 다른 일상의 날과 마찬가지로 차를 몰고 회사로 가고 있었다. 그러다 문득 이런 생각이 났다면 어떨까?
"내가 지금 어디로 가고 있지?"

인간은 운명적으로 반성적 존재이다. 돌이나 나무처럼 그냥 있거나, 생명이 있어도 주어진 대로 생각 없이 살아가는 단순한 존재가 아니다. 인간은 마치 자신의 몸에서 유체이탈하여 자신을 바라보는 것처럼 스스로를 향해 의미에 대한 질문을 던질 수 있는 존재이다. 그는 자신을, 정확히 자기 자신의 삶을 대상화한다. 그리고 질문한다. "넌 지금 행복하니?", "넌 네 삶의 마지막 순간에 스스로에 대해 잘 살았다 칭찬할 수 있니?" 이렇게 의미에 대한 질문이 던져지는 순간이 바로 무대가 무너지는 순간이다. 그리고 인간이 내면의 불안을 자각하는 순간이다. 인간의 불안은 인간으로 하여금 3차원적 문을 닫고 4차원의 문을 열라고 요구하는 사인이다. 불안을 통해 인간은 자신의 삶을 총체적으로 점검하며, 자신의 삶에 어떤 근본적인 문제가 있는지를 파악하게 된다.

빌 게이츠의 이야기는 물론 설정된 것이다. 하지만 그가 빌 게이츠 재단을 세우고 창조적 자본주의를 실현하고자 마음먹기 전에 어떤 형태로든 반성적 질문이 전제되었을 것이라는 사실은 쉽게 추측할 수 있다. 그 질문이 없었다면 그 결과가 나올 수 없기 때문이다. 삶의 의미를 느끼고자 하는 것은 욕망에 따라 살던 자아에게 "멈춰!"라고 말하는 것과 같다.

그는 아무 생각 없이 살고 있던 자신에게 질문하고, 정지할 것을 명령한다. 지금 그리고 여기에서 반성적 사고를 통해 삶을 전체적으로 관조해 보라고 말한다. '의미지향적 삶'을 살라는 것이다.

'의미'는 보이지 않는다. 만질 수도 없고 들을 수도 없다. 의미는 영적 차원이다. 의미는 경험에서 확인되나 경험을 초월한 것이다. 안중근 의사는 죽었어도 그의 의미는 남아 있다. 전태일 열사도, 간디도 그리고 유관순도 의미는 인간을 영원한 존재로 만든다. 그러므로 행복감을 초월한 인간의 주체적 행복은 삶의 의미 발견으로부터 시작된다.

자살과 의미

A. 까뮈는 '진정 철학적인 문제는 자살이다.'라고 했다. 철학은 인생에 관한 학문이다. 그러므로 자살은 인생의 본질과 연결된다. 앞에서 우리는 사람들이 단 하나의 이유, 즉 삶의 의미상실로 자살하는 것을 확인했다.

자살은 인간 고유의 문제이다. 어쩌면 당신은 "원숭이도 의미를 생각할지 모른다. 우리가 원숭이를 어떻게 아는가?"라고 반문할지 모른다. 물론 우리는 원숭이를 모른다. 어쩌면 원숭이는 이렇게 생각할 줄 모른다. '멍청한 인간들 나도 여기서 사과를 받아먹는 것이 의미 없는 삶인 걸 안다구. 하지만 내가 아는 척하면 혹시 건방지다고 그나마 주는 사과도 안 줄지 모르니 어떡하겠어? 멍청한 척해야지!'

우리가 던져 준 뼈를 씹던 강아지가 '왜 내가 이 뼈다귀를 물며 좋아해야 하는 걸까?', '내 이 견공의 생의 의미는 무엇일까?'라고 생각할 가능성은 원칙적으로 존재한다. 하지만 그렇지 않을 개연성이 거의 절대적이라는 것도 분명하다. IQ는 차치하고라도 그들의 행동, 즉 사유의 결과를 통해 우리는 그들이 의미에 대해 생각하지 않는 존재임을 추측할 수 있다. 우리 집의 견공은 한 번도 생각하는 존재로의 모습을 보여 준 적이 없다. 사실 동물이 의미에 대한 질문을 할 수 없는, 그 질문 자체를 이해할 수 없는 이유는 영적 존재가 아니기 때문이다. 동물은 보이는 것에 반응할 뿐인 몸적 자아의 존재이다.

인간이 의미 지향적 존재라는 것은 인간의 삶이 아무리 행복감으로 가득 차 있더라도 공허함을 느낄 수 있음을 의미한다. 모 기업 CEO의 딸이 애정문제로 자살한 것이라든지, 모 그룹 회장이 자사빌딩에서 뛰어내린 것 등 인간의 자살은 모두 의미상실과 관계한다. 그런 점에서 진정 철학적인 문제는 실제로 자살이다.

안타까운 사실은 대부분의 사람들이 일상성의 흐름 속에서 의미에 대한 사유 없이 중성적 존재로서만 살아가고 있다는 것이다. 카프카의 『변신』은 의미와 일상성의 대립을 전형적으로 보여 준다. 그레고어 삼사라는 보험회사 직원이 '벌레'가 된 것은 초현실주의가 아닌 지극히 현실적인 은유이다. 의미 없는 자본주의사회의 일상에서 자신만의 의미를 발견했을 때 그리고 그 의미로 인해, 대중이 볼 때 정상적이고 사회적인 삶을 포기한다면, 그 존재가 일반인들에게 어떻게 보일지는 짐작할 수 있을 일이다. 정상적인 직업을 가지고 착실하게 가장 역할을 하던 젊은이가 어느 날 갑자기 소설가가 되겠다고 집에 틀어박혀서는 두문불출한다. 돈도 벌어 오지 않고, 수염도 머리도 손보지 않고, 밥만 먹고 글을 쓰겠다고 자기 방으로 들어가 버리는 남편을 본다면 아내의 입에서 무슨 소리가 나올까? 그렇게 갑자기 변해서 가정에 대한 책임도 없이 언제 될지도 모를 소설가의 꿈을 키우고 있는 한심한 남편을 보고, "아이고 저 짐승!"이라는 말이 나오지 않을까? 하지만 중요한 것은 변해 버린 벌레, 즉 의미를 발견하여 실존적 도약을 한 존재의 입장에서는 다수의 무의미한 일상적 존재들이 벌레로 보일 수도 있다는 사실이다. 이런 질문이 던져질 때, 몸적 자아로 몸의 욕망을 따라가던 자아는 멈추어 서게 된다. 그리고 '나'의 질문에 직면한다.

"지금 네 삶은 의미 있니?"

진정한 행복은 내가 행복한 줄 착각하고 끌려다니는 것이 아니라, 내가 행복한 것이고, 따라서 행복감이 대상에서 오는 반면, 행복은 나로부터 나오는 것이다. 삶의 의미는 나로부터 나온다. 따라서 의미 있는 삶을 사는 사람, 스스로 발견한 가치에 따라 사는 사람은 행복하다. 무소유의 가치를 산 법정 스님이나 일 년에 몇십만 원밖에 못 받는 무명연극배우, 또는 몇조 원의 돈으로 구호재단을 만든 빌 게이츠, 노래 부르는 것 자체가 행복하다는 김장훈이나 스케이트와 수영이 좋아서 한다는 김연아나 박태환, 자식 키우는 일에 암 말기임에도 불구하고 풀빵장수가 행복하다던 어느 엄마 그리고 공장에서 나사를 돌리는 일이나, 신문을 돌리는 일이라도 그것 자체가 의미 있는 일이라고 생각하는 작은 거인들, 무엇인가에 몰두해 최선을 다하는 달인들 모두 3차원의 사람들보다 행복한 이들이다.

3차원이 이기주의적이라는 점에서 의미 지향적 사람은 자기애의 사람이다. 그는 진정 자신을 사랑하는 사람이다. 나아가 의미를 통한 자기애의 실현은 건전한 자기애의 구현이다. 건전한 자기애는 몸의 욕망에 따라 즉자적 행동을 하는 것이 아니라 스스로 의미를 발견하고 타인을 이해하며, 사회적 합의를 존중하는 태도이다. 일례로 교통법규를 준수하는 사람은 두 가지 동기를 지닐 수 있다. 건전한 이기주의 사람은 몸의 욕망에 따라 움직이므로 그가 신호등을 위반하지 않고 차선을 지키는 것은 그렇게 하지 않았을 때 법적 규제가 따라오기 때문이다. 범칙금과 벌점을 받지 않기 위해, 혹시 저 앞에 경찰이 숨어 있을지 모르기 때문에 교통법규를 지키는 것이다. 반면 건전한 자기애의 사람은 모두가 자신이 원하는 의미에 따라 살기 위해서는 먼저 혼자만의 이기주의에 빠져서는 안 된다고 생각한다. 자신의 의미를 추구하되 타인에게 피해를 주는 일은 없어야 된다고 생각하는 것이다. 따라서 그는 사회적 존재로서 공동체 안에서 자신의 행복을 추구하는 존재들이 함께 합의한 규칙을 지키는 것이 당연하다고 생각한다. 그리고 그러한 사고를 바탕으로 경찰이 없더라도, 범칙금과 관계가 없더라도 법규를 지킨다.

두 종류의 행복감

그런데 의미를 발견한 사람에게 행복만 있는 것은 아니다. 일단 그들에겐 통제된 3차원의 행복감이 있다. 의미를 발견한 사람은 3차원의 기쁨을 포기하는 것이 아니다. 이미 설명한 것처럼 행복감 자체는 부정적인 것이 아니다. 행복감을 행복으로 규정할 때 문제가 발생하는 것이다. 4차원의 존재는 행복감을 행복과 분명히 분리한다. 따라서 그들은 행복감에 종속되지 않으며 그것을 주체적으로 조절할 뿐, 3차원의 존재와 동일한 행복감을 느낀다. 맛있는 피자를 먹으면 기뻐할 줄 알고, 좋아하는 축구를 하거나 사업이 성공하면 행복감을 느낀다. 그러므로 행복을 추구하는 사람은 3차원의 행복감으로부터 분리되는 것이 아니라 행복에 행복감을 덤으로 받게 되는 것이다. 신비로운 것은 4차원의 존재에겐 더 나아가 3차원의 존재가 경험할 수 없는 행복감이 있다는 사실이다. 그것은 그들이 선택한 행복이 행복감과 연결될 때 발생한다. 그것은 행복한 행복감이다.

의미가 주는 행복감은 3차원의 경우와 다르다. 그에게는 3차원의 인간이 이해할 수 없는 기쁨이 있다. 욕망이 주는 기쁨은 대상이 사라지면 함께 사라진다. 하지만 행복이 주는 기쁨, 즉 스스로가 만든 기쁨은 대상이 사라져도 사라지지 않는다. 또한 욕망이 주는 기쁨은 무조건 고통을 거부하고 어려움을 견디지 못하지만 행복이 주는 기쁨은 고통도 껴안고 자신의 것으로 품어 낸다. 언젠가 김연아 선수는 인터뷰에서 자신이 스케이트를 타는 것은 1등하기 위해서가 아니라 스케이트를 타는 것이 즐거워서라고 말했다. 만약 1등이 목적이었다면 힘들어서 그만두었을지도 모른다는 것이었다. 그런데 김연아 선수는 1년 내내 거의 쉬는 날 없이 훈련하고, 매일 100번 정도의 점프연습을 한다고 한다. 넘어지고 깨지고 멍이 들 때면 기쁨이 있을 리가 없다. 그래서 고통스러워서 그만두고 싶을 때도 있었지만, 스케이트를 타는 것이 즐거워서 그만두지 않았다고 대답한다. 어떻게 이렇게 모순되는 말을 할 수 있을까? 고통스러워서 그만두고 싶지만 즐거워서 그만둘 수 없다니. 내가 스스로 의미를 발견하고 그 의미로부터 흘러나오는 즐거움은 게임이나 영화를 보는 감각적 즐거움이 아니기 때문이다. 감각적 즐거움은 오직 대상이 주는 즐거움만 바라는 것이므로 그 즐거움이 고통으로 변하면 고통을 인내하지 못한다. 하지만 의미에서 나오는 기쁨은 대상에서 나오는 것이 아니라 내가 의미를 통해 그 대상에 기쁨을 부여하는 것이다. 따라서 그것이 나에게 의미로 존재하는 한 즐거움은 계속되는 것이다. 더욱이 의미 있는 기쁨은 고통과 갈등하지 않는다. 오히려 고통과 함께하고 수용하며, 인내하고 더 나아가 그 고통 속에서도 기쁨을 발견한다. 이 기쁨은 행복한 '나'의 기쁨이다. 그리고 의미가 있기에 육체적인 고통이나 물리적 또는 환경적 어려움이 있다고 멈추지 않는다. 아니 멈출 수가 없다. 좋기 때문이다. 일 년에 40만 원도 못 벌면서 무명연극배우나 무명작가로 사는 이들이 버틸 수 있는 것은 그들이 삶의 의미가 주는 행복과 그로부터 나오는 즐거움을 발견했기 때문이다. 그리고 그 의미가 그들에게는 분명 기쁨과 행복을 가져다주기 때문이다. 사실 인간은 기적 같은 존재이다. 왜냐하면 전혀 의미가 없어 보이는 일에도 의미를 부여할 수 있기 때문이다.

자동차 생산라인에서 바퀴에 나사를 돌려 고정시키는 일을 하는 노동자가 있었다. 어느 날 취재 나온 기자가 그에게 물었다. "왜 나사를 돌리십니까?" 그러자 "보면 몰라요! 입에 풀칠이라도 하려면 돌려야지 어떡하나!"라고 노동자는 대답했다. "아! 그렇습니까!" 기자는 옆의 노동자에게로 가서 동일하게 질문했다. 그의 대답은 "돈이라도 벌어야 술이라도 한잔하고 식구들이랑 영화라도 볼 수 있을 것 아닌가!"라는 것이었다. 그리고 같은 질문에 대해 세 번째 노동자는 "열심히 일해야 승진이라도 하지 않겠나!"라고 답했다. 기자는 마지막 사람에게 물었다. "당신은 왜 이렇게 열심히 일하고 있지요?" 그러자 그는 대답했다. "내가 돌리는 이 나사 하나가 제대로 고정되어야 바퀴가 정상적으로 굴러가고, 차를 구입한 손님의 안전이 보장됩니다. 나는 사람의 생명을 구한다는 마음으로 일하지요!"

네 명의 노동자는 기계와 같은 동일한 일을 하고 있지만 동기와 목적이 다르다. 처음 셋은 각각 육체의 욕망, 시각의 욕망 그리고 관계의 욕망에서 일을 한다. 하지만 마지막 사람은 의미실현의 동기에서 일하고 있다. 앞의 세 사람은 번 돈으로 각자가 원한 것을 할 것이다. 그들은 밥 사 먹을 때, 가족과 영화 볼 때 그리고 승진했을 때 행복감을 느낄 것이다. 하지만 일하는 동안 그들은 행복하지 않다. 월급을 위해 억지로 하는 노동이기에 K. 마르크스의 지적처럼 강제 노동이 되고 결국 그들은 기계화, 노예화된 존재로 소외되고 있기 때문이다. 반면 마지막 노동자는 다르다. 그도 월급으로 밥 사 먹고, 가족과 영화 보고, 또 열심히 하니 승진도 할 것이다. 하지만 그는 노동하는 동안 그 자신으로 살아 있다. 그는 앞의 세 사람처럼 욕망이 아닌 의미실현을 위해 일하고 있기 때문이다. 그의 의미가 그를 기계와 같은 존재에서 자율적 주체로서의 인간으로 변화시켜 준 것이다. 따라서 4차원의 행복한 사람은 3가지를 얻는다.

1) 행복
2) 3차원의 행복감
3) 행복한(의미가 주는) 행복감

이제 분명히 드러나는 한 가지 사실이 있다. 같은 공간에 존재한다고 같은 삶을 사는 것이 아니며, 동일한 일을 한다고 다 동일한 일을 하는 것은 아니다. 한 사람은 빛을 바라보며 일하고, 한 사람은 빛을 등지고 일하기 때문이다.

의미의 주관성

의미론적 행복추구의 한계는 인간의 의미선택이 자의적일 수밖에 없다는 데에 있다. 따라서 건전한 자기애가 타인에 대한 무관심이 될 수도 있고 때로는 건전한 이기주의, 심지어는 폐쇄적인, 자신밖에 모르는 이기주의로 변질될 수도 있다. 그리고 행복감을 자신의 의미로 둘 수도 있다. 어떤 사람은 무조건 성공하는 데에만 삶의 의미를 둘 수 있다. 어리석은 사람은 자신을 사랑하지 않는 사람에게 집착해 상대방과의 결혼을 삶의 의미로 결정하고 그것 때문에 상대방과 자기 자신에게 피해를 주는 경우도 있다. 의미의 문제는 근본적으로 옳고 그름보다는 선택의 문제이기 때문에 변질될 가능성이 상존한다.

또한 의미의 주관성은 의미선택 자체의 문제를 야기한다. 일례로 어떤 학생은 성적하락 같은 문제로 자살하고, 어떤 학생은 실연 때문에 자살한다. 그리고 어떤 사람은 사업 실패로 자살한다. 다양한 이유 중에 우열을 가릴 수 있을까? 근본적으로 다양한 삶의 의미가 있을 때, 어떤 것이 다른 것보다 더 의미가 있는지 우리는 정확히 판단하기 어렵다. 하지만 우리는 최소한 개인의 의미가 자기애에 기초해야지 이기주의에 기초해서는 안 된다고 말할 수 있다. 왜냐하면 의미를 행복감에 둘 때, 행복감은 대상에 종속된 것이므로 자살현상에 동반된 의미사유는 4차원의 행복과는 무관하다. 따라서 공부가 삶의 의미로 삼기에 적절치 않은 경우는 그것이 3차원적 성공만을 위한 것이거나, 다른 학생들에게 지기 싫어하는 비교의식에서 나온 때이다. 그렇지 않고 학자로서의 삶 자체를 즐기거나 연구를 통해 사회에 기여하는 것이 목적인 사람이라면 성적이 떨어졌다고 자살하지는 않을 것이다.

진리는 전체이다. 인간은 부분이 아닌 전체적 존재이다. 따라서 삶의 의미도 부분이 아닌 전체로 평가되어야 한다. 삶의 한 시기에 인간은 자신의 의미를 구체적 대상이나 행위로 선택할 수 있다. 하지만 그 의미는 시간이 지나면 사라진다. L. 비트겐슈타인(L. Wittgenstein)은 존재나 영혼 같은 형이상학적 질문은 근본적으로 대답될 수 없으며 따라서 해결될 것이 아니라 사라질 대상이라고 보았다. 형이상학적 질문이 대답될 수 없다는 그의 주장은 타당성이 없다. 공기를 모르던 이들이 인간의 호흡에 관해 대답할 수 없다고 하는 것이나, 전기를 모르는 사람이 어떻게 불이 켜지는지 설명할 수 없다고 말하는 것과 마찬가지이기 때문이다. 보이지 않는 것이 모두 대답될 수 없는 것은 아니기 때문이다. 단지 그의 말 중 유념할 가치가 있는 것은 '문제는 해결되는 것이 아니라 사라지는 것'이라고 본 점이다.

수학이 아닌 인생의 모든 문제는 해결되는 것이 아니라 사라진다. 문제의 본질을 이해하면 더 이상 문제가 아닌 것도 있지만 대부분 인생의 문제는 단순히 시간이 흐르면 함께 사라진다. "그녀가 없으면 내 삶은 없습니다. 난 죽을 거예요!"라고 절절히 외치던 이가 조금만 지나면 "내가 왜 그렇게 멍청했을까?"로 바뀌는 경우를 우리는 종종 본다. 삶의 의미가 있었는가, 없었는가의 문제는 결국 삶의 마지막에 인생을 전체로 놓고 판단할 사안이다. 진리가 전체이듯 의미도 전체이기 때문이다. 그러므로 자살은 현재의 의미를 인생 전체의 의미로 확장한 부분-전체 동일시의 오류에서 기인한다. 따라서 자살은 윤리적 비난이 아닌 연민의 대상이다.

그러므로 어떤 의미가 바람직한 것인가의 문제는 조언 가능하다. 4차원이 의미선택 자체의 영역이라면 5차원부터는 구체적인 의미의 영역이다. 따라서 10차원의 패러다임은 상위 차원으로 갈수록 의미의 가치가 높아진다. 이 말은 가치가 선택의 문제라는 앞의 주장과 배치되는 것이 아닐까? 그렇지 않다. 특정 기준을 설정하면 가치의 차등은 존재한다. 우리가 설정한 기준은 행복이다. 즉 의미의 선택에 따라 행복의 주관적 느낌은 동일하더라도, 객관적 의미에서 그 가치의 차등은 존재한다. 1-3차원의 삶은 오직 이기적이다. 그리고 이미 확인한 것처럼 그 의미는 대상에 종속된 것이지 나로부터 나온 것이 아니다. 반면 4차원으로 시작되는 행복의 차원들은 상위로 갈수록 이기주의로부터 벗어나 탈이기적 방향으로 진행된다. 그리고 그 의미들은 모두 내 안으로부터 나온 것이다.

5차원 - 자유

4차원이 '멈춰 섬'이라면 5차원부터는 본격적인 움직임이다. 그리고 그 움직임의 첫 단계는 자유이다. 행복의 2단계, 즉 5차원적 행복은 욕망에의 집착, 즉 행복감으로부터의 자유이다. 자유 역시 의미와 마찬가지로 3차원의 시공에 제한받지 않는다. 따라서 영적이며 비가시적이다. 인간은 자유로우나, 자유는 보이지 않는다.

영적 행복의 시작인 집착으로부터의 자유를 끝까지 일관되게 사유한 사람은 석가이다. 그는 행복감의 본질을 가장 정확하게 직시한 사람이다. "인생은 고(苦)다."라는 말을 통해 석가는 왜 인간이 행복을 추구하면서도 행복하지 않은지 그리고 왜 인간이 행복감을 행복으로 착각하고 있는지를 구체적으로 설명해 준다. 그에 의하면 인간이 행복감을 행복으로 착각하고 있는 것은 무지로 인한 오류 때문이다. 현상과 실재를 구분하지 못함으로 인해 사람들은 마치 세상에 행복이 존재할 것처럼 잘못 알고 있다는 것이다. 석가가 보기에 삶은 행복한 것이 아니다. 그것은 '고'이다.

그러므로 그는 불교 핵심진리인 사성제론(四聖諦論)을 통해 세상의 문제가 무엇이고 그것으로부터 어떻게 자유, 즉 열반의 세계에 도달할 수 있는지를 설명한다.

팔고

석가가 깨달음을 얻은 후 베나레스에서 다섯 비구들에게 설법한 것 중 삼법인의 하나는 '인생은 고(苦)', 구체적으로 팔고(八苦)라는 것이다. 석가는 인생의 본질이 팔고로 대표되는 삶임을 지적하며 그 원인을 밝혀내고 그 원인을 없앰으로써 자유로워지라는 연기법(緣起法)을 설명하였다. 먼저 사고(四苦)는 생로병사(生老病死)를 의미한다. 그리고 이 사고에 사랑하는 존재와 이별해야 하는 애별리고(愛別離苦), 증오스러울 정도로 싫은 존재를 다시 만나는 원증회고(怨憎會苦), 얻고 싶어도 얻지 못하는 구부득고(求不得苦)가 추가된다. 마지막으로 여덟 번째 고는 오음성고(五陰盛苦)이다. 이는 색수상행식(色受想行識)의 오온(五蘊), 즉 다섯 개의 요소로 결합된 인간자아가 눈, 귀, 코, 혀 그리고 몸이라는 안이비설신(眼耳鼻舌身)의 본능에 따라 색성향미촉(色聲香味觸)을 통해 오욕(五慾)—성욕, 식욕, 명예욕, 재욕, 수면욕—을 추구할 수밖에 없는 고통이다. 원하는 오복—수(壽), 부(富), 강녕(康寧), 유호덕(攸好德), 고종명(考終命)—은 오지 않고 오욕만 끊임없이 따라온다는 것이다.

'인생이 고'라는 석가의 말은 일견 일반화의 오류로 들린다. 사랑의 밀애와 다양한 놀이의 즐거움은 분명 기쁨이고 세상엔 또한 수많은 즐거움의 대상이 있기 때문이다. 그런데 어떻게 모든 것이 고통이란 말인가?

석가의 말은 현상 자체에 대한 것이 아니라 그 현상의 본질에 대한 것이다. 성경의 전도서에는 이런 말이 있다. "헛되고 헛되며, 헛되고 헛되니 모든 것이 헛되다!" 이 말은 모든 것이 즐겁지 않다는 말이 아니다. 아무리 즐겁고 행복한 것처럼 보여도 허무한 것이라는 말이다. 그런데 왜 공허한 것일까? 그 구체적인 이유는 무엇일까?

석가의 고를 동일한 맥락에서 재해석해 보자. 그렇다면 인생이 고라는 것은 인생의 모든 것이 고통이라는 말이 아니다. 즐거움과 쾌락도 있지만 '인생의 마지막엔 반드시 이별이 있다.'는 것이다. 그러므로 석가의 고는 곧 회자정리(會者定離)이다. 만남이 있으면 이별이 있고 그러기에 인간은 고통스러울 수밖에 없다. 분리불안이 처절하게 현실화되는 순간인 죽음 앞에서, 우주 가운데 오로지 혼자일 수밖에 없음을 깨달을 때, 외로움은 피할 수 없는 고통으로 다가온다.

팔고를 자세히 살펴보면 결국 근본은 외로움과 이별임을 알 수 있다. 인간은 태어나 성장하지만 어린아이의 순수함과 이별해야 하고 젊음과 이별해야 하며 건강과 헤어져야 한다. 원증회고 역시 인간이 사랑과 배려로부터 분리되었음을 의미하는 것과 같다. 나의 것, 나의 사람 그리고 나의 세상과 영원히 분리된다는 기분을 과연 누가 알 것인가? 철학적 사유도, 신비주의적 명상도 실존적 외로움 앞에는 무기력해진다. 프랑스의 국민적 영웅이었던 사르트르는 신을 거부하고, 실존적 자아의 멋을 한껏 뽐내며 한 세대를 풍미했던 사람이다. 『존재와 무』(*L'Être et le néant*), 『실존주의는 휴머니즘이다』(*L'Existentialisme est un humanisme*) 등 그의 저서는 그로 하여금 당시 젊은이들의 우상이 되게끔 만들었다. 그래서 그가 말년에 폐수종 진단을 받고 죽음을 앞두었을 때, 사람들은 그가 자신의 사상에 걸

맞게 품위 있고 멋지게 자신의 삶을 마무리하리라 믿었다. 하지만 그의 말년은 비참하고 초라했다. 죽음에 대한 두려움으로 발악하는 사르트르 앞에서 의사와 프랑스 국민들은 허탈해 할 수밖에 없었다. 인간은 우리가 생각하는 것보다 훨씬 약하다. 자신의 보상심리가 허풍을 진실처럼 위장하게 할 수 있을지는 모르지만, 때가 되면 진정한 자신은 드러날 수밖에 없다. 죽음 앞에 인간은 무기력하다. 호스피스는 이유가 있기 때문에 존재하는 것이다.

사성제

석가는 팔고의 깨달음을 바탕으로 사성제론을 제시한다. 먼저, 1) 고(苦)성제, 즉 고통의 현실을 지적한다. 이 현실은 세 가지 진실한 가르침인 삼법인(三法印)과 깊은 관계가 있다. 즉 모든 것은 변화한다는 제행무상(諸行無常), '나'라는 실체는 없다는 제법무아(諸法無我) 그리고 모든 변화하는 것은 괴로움을 발생시킨다는 일체개고(一切皆苦)가 그것이다. 여기서 우리는 석가의 비판이 정확히 인간의 욕망에서 비롯되는 행복감을 지시하고 있음을 알 수 있다. 행복감의 기원인 세상의 것들은 모두 가시적이다. 궁극적 멈춤이 없고, 완전한 충족도 없다. 따라서 평화는 있을 수 없다.

그런데 석가가 보기에 평화와 안식이 없는 이유는 대상의 문제이기도 하지만 주체의 문제이기도 하다. 사람들은 '나'라는 주체를 상정하고 그 '나'의 행복을 원하지만 그러한 '나'는 존재하지 않기 때문이다. 제법무아에 기초한 무아설에 따르면 우리가 당연히 그렇다고 알고 있는, 무엇인가 구체적인 것으로 여겨지는 '나'(我)는 사실 존재하지 않는다. 우리가 '나'라고 믿고 있는 자아의 실체는 석가에 따르면 1장에서 살펴보았듯이 오온(五蘊)에 불과하다. 여기서 온(蘊)은 '집합'을 의미한다. 따라서 오온은 다섯 요소의 집합을 말한다. 결국 '자아'는 주체처럼 구체적이고 개별적인 존재가 아니라 다섯 구성요소들의 결합체에 불과하다.

그렇다면 오온을 이루는 다섯 요소는 구체적으로 무엇인가? 그것은 색(色, 육체), 수(受, 감수 작용), 상(想, 대상 인식), 행(行, 의지 작용), 식(識, 마음)을 뜻한다. 이와 관련하여 반야심경은 "색불이공(色不異空) 공불이색(空不異色) 색즉시공(色卽是空) 공즉시색(空卽是色) 수상행식(受想行識) 역부여시(亦復如是)"라고 말한다. 이를 번역하면 "색이 공과 다르지 않으며, 공이 색과 다르지 않고, 색이 곧 공이며 공이 곧 색이다. 나아가 색 이외에 수, 상, 행, 식의 네 요소도 마찬가지이다."라는 의미이다.

결국 오온의 해석은 다양하지만 일반적으로 이해할 때 '나'의 존재는,

① 색, 즉 형태를 가진 육체가
② 수, 즉 고통, 쾌락 그리고 일반감정의 감수 작용을 하고(아름다운 여성을 느끼고),
③ 상, 즉 그것에 대한 개념이나 표상 등을 통해 심상을 만들며(마음에 품으면),
④ 행, 즉 의지 작용을 하며(사귐을 원하고),
⑤ 식, 마음을 통해 종합적으로 분석 판단하는 식별 작용을 한다는 것이다(좋다고 판별).

석가는 오온을 순차적으로 해석하지 않았다. 오온은 사실 단순히 몸과 마음을 의미한다. 실제 색을 제외한 사온은 마음과 다르지 않다. 단

지 식을 마음으로 보고 수, 상을 마음의 작용 그리고 행을 수, 상을 제외한 모든 마음의 작용으로 보는 해석도 있고, 색을 몸, 나머지를 마음으로 보는 견해차이가 있을 뿐이다.

하지만 오온을 어떻게 해석하든 핵심은 '자아'라는 것이 몸과 마음의 우연적 결합이며 근본적으로는 없는 것이 된다. 물론 달라이라마(Dalailama)에 따르면 불교는 우리가 일반적으로 수용하고 있는 상식적 자아를 부인하지는 않는다. 다만 상식적 자아가 진아(眞我)는 아니다. 석가에 따르면 인간은 결합과 해체를 반복하는 존재이며 그런 점에서 무상하다. 무아인 것이다. 하지만 무아를 자각하지 못하는 상식적 자아는 마치 고정된 주체가 있는 것처럼 욕망을 추구하고 갈망한다. 즉 행복감을 좇는다는 것이다. 왜 그럴까? 석가는 그 원인을 집성제를 통해 설명한다.

2) 집(集)성제는 고통의 원인을 밝히는 것이다. 이에 따르면 모든 고는 삼독인 탐진치(貪瞋癡), 즉 탐욕, 분노 그리고 어리석음에서 비롯된다. 삼독은 삼불선근(三不善根)·삼구(三垢)·삼화(三火)라고도 하는데, 탐은 좋아하는 대상에 대한 집착, 진은 좋아하지 않는 대상에 대한 반감·혐오·불쾌 등의 감정이다. 그리고 이 두 감정은 치(癡), 즉 어리석음 또는 무지로부터 나온다. 이 치는 12연기의 시작인 무명(無明)의 상황, 즉 장님과 같은 상태를 뜻한다. 왜곡된 판단이나 분별을 일으켜 모든 문제를 일으키는 것이다. 〈법구경〉에서는 이 삼독을 "탐욕처럼 심한 불길은 없고 분노처럼 심한 포수(捕手)도 없으며, 어리석음에 비할 그물도 없고 욕망과 같은 거센 물결도 없다."로 표현한다. 결국 삼독은 몸적 자아의 특성임을 알 수 있다.

3) 멸(滅)성제는 해탈의 길이다. 무지와 갈망 그리고 삼독에서 자유로운 절대평화, 절대자유, 즉 해탈의 경지로 가는 길이다. 석가는 그 방법으로 중도에 기초한 '여덟 가지 올바른 수행방법'인 팔정도,[19] 즉

4) 도(道)성제를 마지막으로 제시한다. 도성제에 따른 구체적 실천방법으로는 육바라밀(六波羅蜜),[20] 즉 열반에 이르고자 하는 보살의 수행을 들 수 있을 것이다. 특히 그중 중요한 것은 자비의 마음과 인내이다. 보시(布施)바라밀과 인욕(忍辱)바라밀을 통해 탐욕은 베푸는 마음으로, 분노는 인내의 마음으로 치료하라는 것이기 때문이다. 그리고 자비의 실천은 두 바라밀이 제대로 이루어졌는가를 확인할 수 있는 일종의 열매이다.

자비란 무엇일까? 그것은 연기의 깨달음을 통해 발생하는 보편적 사랑의 마음을 의미한다. 연기는 우주 안의 모든 존재가 함께 의존하고 있다는 사상으로 자타불이(自他不二)를 의미하며 이 사고를 근거로 이루어지는 사랑이 자비이다. 구체적으로 자비(慈悲)의 자(慈)는 '적극적으로 상대방에게 이익과 기쁨을 주는 것'을 말하며 비(悲)는 '고통 받는 이의 불이익과 고통을 덜어 주는 것'을 의미한다.

싯다르타는 35세 되는 해에 깨달음을 얻어 모든 고의 원인이 되는 집착의 근원을 단멸(斷滅)하게 되었다고 한다. 번뇌(煩惱)에 흔들림 없는 절대정적(絶對靜寂)으로 열반의 세계를 체현(體現)한 것이다. 그래서 사람들은 석가를 정각(正覺)을 통해 눈을 뜨게 된 자, 즉 불타(佛陀)라고 부른다.

자유의 철학자로서 석가는 5차원의 삶을 산 사람이다. 그는 단순한 금욕주의자가 아니었으며 고의 원인인 행복감으로부터 진정 자유로워지기를 원한 사람이었다. 그는 인간으로는 유일하게 삶의 무상함과 함께 고통이라는 본질을 꿰뚫은 존재이다. 사실 석가의 사상을 하나의 패러다임으

로 규정하기는 어렵다. 왜냐하면 그 안에 자비나 자연과의 합일 등 다양한 사상도 내재되어 있기 때문이다. 그럼에도 불구하고 그가 5차원적 패러다임을 대변하는 이유는 자비가 그 자체로 추구되는 것이 아니라 열반으로 나아가기 위한 수행의 열매로 지향되기 때문이다. 자비가 없으면 육바라밀의 근원적 실천은 불가능하다. 따라서 자비는 대각으로 나아가기 위한 과정이지 그 자체가 궁극적 목적이 아니다. 물론 대각을 이루면 인간은 자비로운 마음을 가질 수밖에 없다. 하지만 석가의 삶의 목적은 자비에 있는 것이 아니라 고를 초래하는 일체의 집착으로부터의 자유였다.

또한 석가의 연기론이 자타불이(自他不二)의 사유로부터 발생한다는 점을 보면 분명 석가는 자연과의 합일도 추구한 것이 분명하다. 하지만 이것 역시 종착점이 아니다. 연기의 깨달음을 통해 자비를 알고 자비를 통해 육바라밀을 실천함으로써 자유에 다가가는 것으로 보고 있기 때문이다. 따라서 합일사상이 시간적으로 해탈의 사유에 선행하나 존재론적으로는 후행한다고 볼 수 있다.

석가의 자유가 구체적으로 무엇을 의미하는 것인지는 법정의 『무소유』[21]와 비교해 보면 분명해진다. 법정은 소유가 주는 집착에서 벗어난, 무소유를 통한 자유의 가치를 강조했다. 『무소유』를 보면 난의 사례를 통해 소유, 즉 대상의 존재는 집착을 낳고 자유를 상실한 채 대상에 종속된다고 지적한다. 소유욕은 한계가 없으며 심지어 인간의 사물화도 초래한다는 것이다. 여기까지는 석가의 입장과 동일하다. 그런데 초기의 법정은 문제의 해결책을 대상의 부재로의 추구에서 찾는다. 즉 무소유의 지향을 통해 진정한 소유인 자유를 얻을 것을 충고하고 있는 것이다. 하지만 이 해결책은 석가가 의미한 자유와 다른 것이다.

『무소유』의 글에서 먼저 흥미로운 점은 스님이 자신을 집착으로 몰고 간 그 난들을 산에 옮겨 심어 주지 않고 친구에게 주었다는 것이다. 자신에게 고통을 준 난을 친구에게 준 것도 문제이지만, 난이 존재하지 않아야만 난으로부터 자유롭다고 믿은 것은 아직 자유의 진정한 의미에 다가가지 못한 사고이다. '난이 내 옆에 있으면 안 된다!'라는 사고가 이미 의식을 통해 난에게 종속된 것이기 때문이다. 또한 '최소한의 소유'를 의미하는 무소유는 엄밀히 말해 법정의 관점에서 '최소한'일 뿐이다. 과연 삶을 위해 필요한 '최소한'은 어느 정도일까? 자신이 쓴 책들을 남겨 놓고 가는 것도, 설사 그것들이 의미가 있고 자본주의의 폐해를 지적함으로 후세에 필요한 것일지라도, 최소한을 넘어서는 것일까? 더구나 모호한 '최소'의 개념보다 더 본질적인 문제는 이 당시의 법정이 현상의 양면성을 언급하고 있지 않다는 점이다.

사물과 현상에는 절대선도 절대악도 없다. 그것들은 동전의 앞뒤처럼 양면을 지니고 있다. 그러므로 건전한 소유가 있고 왜곡된 소유가 있다. 그리고 생산적 무소유가 있고 소모적 무소유가 있다. 중요한 것은 분별력으로서의 지혜이다. 소유할 것과 소유하지 않을 것을 구분해 내는 능력이 필요할 뿐 소유도 무소유도 그 자체로는 선도 악도 아니다. 자본도 마찬가지이다. 자본은 종이로 된 화폐일 뿐이다. 그 자체로는 가치중립적이다. 자본을 선이나 악으로 만드는 것은 자본이 아닌 인간인 것이다.

행복하게 살고 타인을 행복하게 만들어 주기 위해서도 돈이 필요하다. 하지만 돈보다 분별력이 문제이다. 실제 법정도 가난한 학생들의 장학금을 대 주기 위해 출판사로부터 인세를 달라고 재촉한 적도 있었다. 그가 인세를 받지 않았다면 누구도 도와줄 수 없었음이 당연하다. 그도 사실 아름다운 소유를 통해 아름다운 소비를 한 것이다.

진정한 자유란 무엇일까? 집착으로부터의 자유라는 말은 석가가 말하는 중도를 이해할 때에만 가능하다. 그것은 '욕망에 집착한 쾌락주의'와 '고행을 통한 금욕주의' 모두로부터 벗어난다. 법정도 궁극적으로는 이 단계를 지향했다. 근본적으로 행복은 행복감을 행복으로 여기는 허구로부터 자유로워진다. 이 자유는 구체적으로 주체와 대상의 관계를 역전시키는 것으로부터 가능하다. 즉 행복감을 대상이 나에게 느끼도록 방치하는 것이 아니라 내가 행복감을 느끼는 것, 즉 행복감을 온전히 통제하는 것이다. 중요한 것은 행복감을 포기하는 것이 아니라 행복감을 주체적으로 조율하는 것이라는 사실이다.

돈으로부터 자유로운 사람은 어떤 사람일까? 인간은 부자가 될 때 돈으로부터 자유로울 수 있다고 생각한다. 그런데 이미 언급한 것처럼 부자는 많은 돈을 소유한 사람이 아니다. 왜냐하면 일반적 의미의 돈 많은 부자는 자신보다 더 부유한 사람에게 시선이 갈 수밖에 없기 때문이다. 그에게는 벌어야 할 것이 더 있다. 그래서 그만큼 가난하다. 다시 한 번 강조하자. 진정한 부자는 돈이 많은 사람이 아니라, 하고 싶은 것을 다 하고, 쓰고 싶은 것을 다 쓰는 데 돈이 모자라지 않는 사람이다.

흡연하는 사람들은 담배를 끊는 것이 어렵다고 한다. 하지만 담배를 끊는 것보다 어려운 것은 담배로부터 자유로워지는 것이다. 어떤 사람이 567일 동안 담배를 끊었다고 자랑하는 것을 본 적이 있다. 나는 그에게 "당신은 담배는 끊었지만 아직 담배에 종속되어 있습니다! 그러니 아직 끊은 것이 아닙니다!"라고 말해 주었다. 그랬더니 그가 "아니 담배를 이렇게 오래 끊었는데 그게 무슨 소리입니까?"라고 물었다. 그래서 "당신은 입에는 담배가 없지만 당신의 머리에는 담배가 가득 차 있습니다!"라고 말해 주었다. 담배에서 자유로운 사람은 담배를 피우지 않는 사람이 아니라 가끔 담배를 한두 개비 피더라도 담배가 자신의 삶에 영향을 주거나 좌지우지 않는 사람을 말한다. 어쩌면 그는 가끔 친구들과의 좋은 자리에서 한 대 피울 수 있다. 하지만 그의 마음에는 담배가 없다. 그의 마음엔 평안이 있다. 다이어트를 열심히 하는 사람은 언젠가 폭식을 했다는 것을 의미한다. 먹는 것에서 자유로운 사람은 다이어트를 할 필요가 없다. "살을 빼야지!"라는 생각을 할 때 이미 마음의 자유를 빼앗긴 것이다. 그러므로 법정 스님의 무소유가 '최소한의 소유'를 의미할 때 그 최소한은 양적 개념이 아니다. 그것은 절제가 되어서도 안 되고 검소가 되어서도 안 된다. 왜냐하면 그 안에 이미 낭비와 사치에 대한 의식이 내재되어 있기 때문이다.

그러므로 행복감으로부터의 자유는 절제나 금욕이 아니다. 삼라만상은 기본적으로 음이 항상 양을 달고 다닌다. 거부는 항상 집착을 동반한다. 증오가 사랑의 또 다른 표현인 것과 마찬가지다. 그래서 절제는 이미 마음이 행복감의 대상에 가 있는 뉘앙스를 풍긴다. 즉 하고 싶은데 억지로 참는다는 것이다. 금욕 역시 내면의 욕망을 드러낸다. 자유는 극단에 있지 않다. 자유는 그냥 자유하다.

안타까운 것은 행복감으로부터의 자유를 만끽하는 사람이 그렇게 많지 않다는 것이다. 실제 몸을 지닌 현실적 인간이 석가의 경지에 도달하는 것은 쉬운 일이 아니다. 그렇다면 어떻게 해야 할까? 행복감을 적절하게 통제할 수 있는 차선책은 결단이다. '멈춰!'(Stop)라고 말할 수 있는 결단이다. 4차원의 존재는 이 결단을 실행할 수 있는 존재이다. 그는 모든 대상에 대해 자유하지 않지만 자신이 의미로 설정한 것 이외의 대부분을 결단을 통해, 아니면 자연스럽게 통제할 수 있는 사람이다. 그러므로 '멈춰'는 나를 자극하는 행복감의 대상들에 대해 "그만! 거기까지!"라고 말할 수 있는 용기이다. 이 결단의 중요성은 아무리 강조해도 부족하지 않다. 단 한 번 사는 '나', 몸이 아닌 '나'의 중요성을 인식한다면 그리고 다람쥐 쳇바퀴 돌듯 행복감과 욕망의 반복 속에 살다 허무하게 죽지 않기 위해서라면 필연적으로 요구되는 덕목이다.

행복의 일차적 관문인 자유는 결국 마음에서 오는 것이다. 화엄경의 지적처럼 일체유심조(一切唯心造)는 참이다.

어느 맑은 봄날, 바람에 이리저리 휘날리는 나뭇가지를 바라보며, 제자가 물었다. "스승님, 저것은 나뭇가지가 움직이는 겁니까, 바람이 움직이는 겁니까?" 스승은 제자가 가리키는 것은 보지도 않은 채, 웃으며 말했다. "무릇 움직이는 것은 나뭇가지도 아니고 바람도 아니며, 네 마음뿐이다."

위 이야기는 중국 혜능선사(慧能禪師)의 일화를 각색한 이야기이다. 동일한 맥락에서 불가에서는 일수사견(一水四見)을 말한다. 동일한 물을 어떤 사람은 마시는 물로, 지옥의 중생은 피고름으로, 물고기는 집으로 그리고 호숫가의 사랑을 아는 자는 물이 곧 사랑이다. 결국 마음이 중요하다는 것이다.

전설에 따르면 요석공주와의 일을 뒤로 하고 수행에 정진하기로 마음먹은 원효대사는 홀로 자재암으로 갔다. 어느 폭풍우가 치는 날 밤, 문을 두드리는 소리에 나가 보니 아리따운 절세미인이 속이 다 보이는 얇은 천으로 몸을 가리고 떨고 있었다. "저, 스님 밤늦게 길을 헤매어 갈 데가 없습니다. 하룻밤만 재워 주세요!" 그는 주저할 수밖에 없었지만 어쩔 수 없이 여인을 안으로 안내했다. 그런데 안으로 들어온 여성은 그냥 자는 것이 아니라 스님에게 몸이 아프니 온몸 구석구석을 안마해 달라고 청했다. 결국 원효는 밤새 땀을 흘리며 여인의 아픈 몸을 만져 주었다. 그런데 날이 밝자 그녀는 입고 있던 옷마저 홀렁 벗어던지고 암자 앞의 작은 못으로 들어가 "스님도 들어오세요!"라고 말했다. 참다못한 원효는 "감히, 네가 수행하는 스님을 유혹하느냐! 당장 떠나거라!"라고 했다. 그런데 그 여성의 대답이 걸작이었다. "스님, 저는 스님을 유혹한 적이 없습니다!"

'나'의 문제

모든 문제가 마음으로부터 오는 것은 아니다. 하지만 모든 문제가 마음에 달린 것은 맞다. 그럼에도 불구하고, 아니 바로 그렇기 때문에 마음보다 더 중요한 것이 있다. 그것은 마음을 움직이는 '나', 즉 영이다. 마음은 마음의 주인에 의해 움직일 수밖에 없을 것이기 때문이다.

석가는 고정된 자아가 존재하지 않는다고 하였다. 그렇다면 그가 말하는 열반은 과연 누가 체험한 것일까? 인간이 무상한 오온을 통해 임시적인 존재를 산출한다면, 죽음 후에 다시 분해되어 버릴 오온 중 어느 것도 진정한 자아가 아니라면, 따라서 무상, 무아가 인간존재의 참모습이라면, 누가, 또는 무엇이 무아를 알고, 무엇이 열반을 경험한다는 말인가? 아니 열반 이전에 몸의 욕망과 집착으로부터 벗어나야 하겠다는 생각은 석가 안의 무엇이 한 것일까? 오온은 아니다. 왜냐하면 오온은 몸과 마음인데, 몸은 자신의 욕망과 반대되는 사고를 할 수 없다. 그리고 지정의를 의미하는 마음은 그 자체로 독립적인 무엇이 아니다. 마음은 항상 누군가의 마음이다. "마음이 아프다!"는 말은 정확히 "내 마음이 아프다!"는 말이다. 석가가 왕자로 있을 때의 마음이 몸의 욕망을 어떻게 충족시킬 것인가에 집중되어 있었다면, 수행을 할 때의 마음은 몸의 욕망이 아닌 다른 내 안의 무엇을 따라 사유하고 있었다. 문제는 인생의 문제를 질문하고 몸의 욕망으로부터 자유로워져야겠다고 결단한 그 마음의 주체로서의 '석가'가 누구냐 하는 것이다.

어쩌면 석가는 브라만교의 영혼불멸설을 반대하고 싶었는지도 모르겠다. 하지만 그는 무아설을 제기함으로써 단순히 우파니샤드로부터 이어받은 윤회사상이나 열반사상만을 모순되게 만든 것이 아니었다. 만약 석가의 무아설이 논리적으로 일관되게 적용된다면 그의 모든 철학적 사유 자체가 불가능하거나, 아니면 그것 역시 오온의 무상한 결론에 불과할 수밖에 없다. 왜냐하면 그의 깨달음의 길 자체가 자신의 업덩어리에 대한 반성적 사고에서 출발하였기 때문이고, 오온으로서의 삶을 대상화하여 사유한 것이기 때문이다. 무엇보다 팔정도의 길이야말로 바르게 보고, 바르게 생각하는 등 바른 깨달음의 길을 가야 할 분명한 주체를 요구한다. 오온은 외부의 자극과 경험에 몸과 마음이 반응하여 만들어지는 것이다. 그렇기 때문에 그 뿌리가 육근(六根)과 육경(六境)[22]인 것이다. 다시 말해 오온은 즉자적 존재이다. 하지만 '나'는 경험이 아닌 내적 성찰에 의해 인지되는 것이다. 따라서 '나'는 대자적 존재이며, 그렇기 때문에 영일 수밖에 없다.

오온은 분명 무상하다. 인간의 몸과 몸의 경험에 대한 마음의 작용은 죽음과 함께 사라진다. 하지만 마음은 독립된 주체가 아니다. 마음은 인간의 지정의를 관장하는 작용의 총체이며 그 마음을 움직이는 것은 몸도 마음 자체도 아닌 '나'이다. 그리고 그 '나'는 무상하지 않다. '나'로서의 진아가 몸의 욕망 충족을 목적으로 자아를 구성할 경우 석가가 직시한 것처럼 집착 덩어리의 가련한 중생으로 전락하게 되지만 석가 자신이 그렇게 하였듯이 그리고 법정이나 성철 스님을 비롯한 수많은 현자들이 그러하였듯이 몸의 정체성을 문제 삼고 깨달음을 통해 그것으로부터 벗어나 '나' 스스로의 정체성을 얻을 때, 벗어난 만큼의 평안과 안식을 얻을 수 있다.

일체유심조는 옳은 말이다. 하지만 이 말은 "모든 것은 마음에 달렸으니 마음아 네 마음 스스로를 조심해라!"라는 의미는 아니다. 그것은 "모든 것이 '너'의 마음에 달렸으니 사람아 '너'의 마음을 조심하라!"라는 의미임이 분명하다. 그리고 이때 강조되어야 할 단어는 사실 마음이 아니라 '너'이다. 마음은 항상 누군가의 마음일 수밖에 없는 것이고 그 누군가는 자신이 선택한 삶의 패러다임에 따라, 자신이 바라보는 가치에 따라 마음을 움직일 것이기 때문이다. 따라서 "마음이 중요하다!"는 것은 엄밀히 말해 "네가 마음을 이끌어야 하니 너의 마음이 정도를 벗어나지 않도록 너 자신의 가치관을 바르게 정립해야 한다!"로 이해해야 한다. 결국 '마음'보다 '마음을 이끄는 주체'가 더 중요한 것이나. 성철이나 법정 스님의 '나'가 없다면 몸이 다비식을 통해 사라져 버린 상황에서 도대체 '누가' 극락이든 어디든 가겠는가?

그러므로 진아인 '나'는 몸이 될 수 없으므로 물질이 될 수 없고, 따라서 영일 수밖에 없다. 아마도 여기에 석가의 딜레마가 있었던 것 같다. 한편으로는 인생의 고를 깨닫고 그 원인을 자아인 오온으로 보았기에 무아론을 주장해야 했으며, 동시에 그 깨달음의 과정이 한 번의 인생으로 불가능할 것 같고, 만인평등설의 입장에서 현세의 불평등은 내세를 통해 해결될 수밖에 없기에, 윤회설을 받아들였지만 역으로 무아를 말했기에 깨달음을 얻는 '나'와 함께 브라만의 영혼불멸설을 거부할 수밖에 없었던 것이다. 불교의 기나긴 역사 속에서 불교학자들이 이 모순을 굳이 정당화하기 위해 지금까지 애쓰는 모습을 보면 애처롭기까지 하다.

6차원 - 자연과의 합일

석가는 집착이 주는 결과인 '고'를 정확히 정관함으로써 집착으로부터 자유를 얻었다. 그는 금욕주의를 거부하였지만 수행의 중요성은 강조하였다. 단 번의 깨달음이냐 아니면 수행의 중요성이냐는 돈오돈수(頓悟頓修), 즉 '단박에 깨닫고 단박에 닦는 것'이냐 아니면 돈오점수(頓悟漸修), 즉 '단박에 깨닫되 점차로 수행을 통해 완성해 나가는 것'이냐의 논쟁으로 남아 있지만, 출가한 인간이 돈오하기 전까지 하는 모든 일이 사실 수행이 될 것이고, 깨달은 인간이 깨달음을 위한 수행은 아니더라도 깨달음을 유지하고 지키기 위한 수행을 안 한다면 오만부덕한 것이므로 그 논쟁도 근본은 무의미하다. 핵심은 구경열반의 경지에 들기 위해서 수행이 필요하다는 것이다.

그런데 석가가 추구한 자유를 동일하게 추구하면서도 수행을 전면 거부하고 돈오 자체만을 강조한 사람이 있다. 그는 직관, 즉 순간적으로 주어지는 깨달음을 통해 집착의 대상들로부터 자유로워지는 방법을 거부하고 집착하는 자아로부터 자유로워지는 방법을 선택한 장자(莊子)이다.

현자는 말했다.
'스스로에게 만족하는 자는
쓸모없는 일을 한다.
구하고자 하는 마음은 잃음의 시작이고
이름 얻고자 하는 마음은 이름 잃음의 시작이다.'
구함과 이름 얻음으로부터 자유를 얻어
사람의 무리 속으로 내려와 사라질 수 있는 자는 누구인가.
그는 도와 함께 흘러 다닌다. 눈에 띄지 않은 채.
그는 삶 그 자체가 되어 걸어간다.
집도 없이 이름도 없이
아무 구별함 없이 그는 단순하다.
…
무엇을 이룸도 없다.
그는 이름을 얻지도 않는다.
또한 누구를 판단함이 없기에
아무도 그를 판단하지 않는다.

그러한 이가 완전한 이다.
그의 배는 비어 있다.
 - 장자『빈 배』[23]

 오쇼 라즈니쉬(Rajneesh Chandra Mohan Jain)는『삶의 길, 흰 구름의 길』에서 장자의 자아 개념을 빈 배로 설명한다. 여기서 빈 배가 의미하는 것은 에고(Ego)를 비움을 의미한다. 자유를 위해 석가가 제시한 공의 논리는 에고를 이루고 있는 껍질들을 벗기는 것, 즉 백팔 개로 상징되는 경험적 욕망들에 대한 집착으로부터 벗어나는 것이다. 반면 빈 배의 논리는 대상으로부터의 집착을 끊는 것이 아니라 자아 자체를 부정하고 끊는 것이다. 스스로의 사라짐을 통해 자유를 발견하는 것이다. 자아 자체가 사라진 상태라면, 집착의 대상이 있고 집착의 유혹이 있어도, 내가 없기에 유혹 받을 주체가 없고, 그렇다면 유혹은 무의미해지고, 결국 자유로울 것이기 때문이다.

그런데 어떻게 그것이 가능할까? 장자에 따르면 그 작업은 자아의 진정한 본질을 직관적으로 깨닫는 것을 통해 이루어진다. 그리고 그 진정한 본질은 인간이 자연의 일부라는 사실이다. 에고는 항상 자아의식을 통해 자신과 세계를 분리한다. 그리고 모든 것을 자신에게로 끌어당긴다. 이것이 욕망이고 집착이다. 그런데 인간이 우주 또는 자연의 일부라면 욕망의 주체인 자아는 더 이상 구체적이고 개별적인 자아가 될 수 없다. 라즈니쉬의 장자에 따르면 진정한 자아는 우주이다.

미치 엘봄(Mithell David Albom)의 『모리와 함께한 화요일』(Tuesdays with Morrie)에 보면 비슷한 비유가 나온다. 루게릭병에 걸려 죽어 가는 모리 교수는 자신을 방문한 제자에게 작은 파도 이야기를 해 준다.

> 어느 날 작은 파도는 자신의 앞에 있는 모든 파도들이 하나씩 하나씩 해안가의 절벽에 부딪혀 포말로 사라지는 것을 목격한다. 그리고 자신도 그렇게 될 수밖에 없음을 인지한 작은 파도는 죽음에 대한 두려움을 지니게 된다. 떨고 있는 작은 파도에게 옆의 다른 파도가 묻는다.
> "무엇을 그렇게 걱정하니?"
> 작은 파도는 말했다.
> "저것 봐, 파도들이 죽어 가고 있어, 나도 곧 저렇게 되고 말 거야!"
> 그러자 다른 파도가 말했다.
> "걱정하지 마, 네가 포말로 변해도 넌 변함없이 바다의 일부야!"[24]

자아가 독립된 개체가 아니고 우주의 일부라고 느끼는 순간 인간은 기존의 자아라는 좁은 존재로부터 벗어나 자신이 우주의 일부라는 사실을 깨닫게 된다. 소자아를 벗어나 대자아로서의 충만함과 환희를 느끼게 된다는 것이다. 그렇게 될 때 소자아였던 에고는 사라지고, 에고에 의존하고 있던 모든 욕망도 자연스럽게 그리고 필연적으로 사라지게 된다.

에고를 포기함으로써 자신의 진정한 자아인 자연과 합일된 존재가 된다는 사상은 서양의 스피노자(Baruch de Spinoza)에게서도 발견할 수 있다. "내일 세계가 멸망해도 난 오늘 한 그루의 사과나무를 심겠다." 스피노자의 이 유명한 문장은 단순히 세상사에 초연한 모습을 드러내려는 것이 아니다. 그것은 오히려 필연의 인식을 통한 자유의 획득을 의미한다. 스피노자에 따르면 자연은 능산적 자연, 즉 자연화하는 자연(natura naturans)과 소산적 자연, 즉 자연화되는 자연(natura naturata)으로 나뉜다. 전자가 모든 존재의 원리로서 자연을 자연으로 만드는 에너지를 의미하면, 후자는 실제 만들어진 양태로서의 자연을 나타낸다. 스피노자에게 이 자연은 장자와 마찬가지로 신이다. 모든 존재의 근원이 되며 동시에 존재 자체이기 때문이다. 그리고 인간은 자연이 자신을 드러낸 모습으로서 소산적 자연, 즉 만들어진 자연의 일부가 된다. 그런데 자연이 신이라면 자연의 일부인 인간도 신의 일부일 수밖에 없다. 인간도 신인 것이다.

모든 것이 자연이라는 사고는 '나'라는 자아 역시 독립된 개체가 아니고 자연의 일부임을 확인시켜 준다. 따라서 작은 파도처럼 인간의 죽음은 없다. 우리가 죽음이라고 부르는 현상은 오히려 자아의 울타리를 벗어나 자연의 일부로 돌아가는 변화에 불과하다. 그러므로 죽음을 두려워할 이유도 없고 언제나 자연은 그렇게 존재할 것이기에 나는 오늘도 내가 하던 일을 계속하면 된다. 스피노자는 이렇게 우주의 관점에서 자신을 바라보는 것을 '영원의 관점'이라고 말한다. '존재한다는 것'만이 자연의 본질이므로 우리가 생각하는 모든 선악의 개념 역시 영원의 관점에서 보면 무의미하다. 따라서 죽음도 악이 아니며 우리가 자연스럽게 받아들일 수 있는 하나의 과정일 뿐이다.

장자와 스피노자 그리고 작은 파도에게 있어 행복이 무엇인지 이해하는 것은 그리 어렵지 않다. 그것은 대자아를 깨닫는 것이다. 관점을 개인에서 우주로, 순간에서 영원으로 그리고 죽음에서 존재로 바꾸는 것이다. 그리고 그러한 깨달음을 통해 모든 개인적인 문제로부터 자유를 얻는 것이다.

장자나 라즈니쉬는 에고가 허구임을 깨달았다. 그리고 깨달음을 통해 자아를 비우고 '빈 배'가 될 수 있었다. 그것은 라즈니쉬에 의하면 벽이 아닌 문과 같은 존재이다. 벽은 모든 것을 막는다. 모든 것과 부딪히고 자신의 존재를 부각시키려 한다. 하지만 그로부터 마찰과 갈등이 온다. 그러나 문, 즉 열린 문은 모든 것을 통과시킨다. 욕망이 와도 집착이 발생할 수 없다. 벽처럼 그것에 대항하거나 부딪히지 않고 잡으려 하지 않기 때문이다. 문은 모든 외부로부터의 자극을 통과시켜 버린다. 아무것도 그의 평안함과 고요함을 방해할 수 없다. 그러므로 이러한 깨달음을 얻은 도의 사람은 남에게 의존하지 않고 자신의 길을 간다.

    도의 사람은 알려짐 없이 머물러 있다.
    완전한 덕은 아무것도 만들어 내지 않는다.
    자아가 사라진 것이 진정한 자아.
    가장 위대한 자는 아무도 아닌 자이다.[25]

6차원의 행복은 자연과의 합일을 통해 대자아가 되는 경우이며 그것을 통해 나를 재정립하고 비우는 것이다. 자연과 하나가 된 무아의 존재는 쉽게 행복감의 욕망으로부터 자유로울 수 있다. 그리고 자아의 존재가 없으므로 근본적인 욕망 자체가 존재하지 않는다. 단지 자연과 하나가 된 삶에서 자신의 행복이라면 행복을 발견할 것이다.

자연의 이해

장자의 행복은 얼마나 현실성이 있을까? 아쉽지만 인간은 자연과 하나가 될 수 없다. 솔직히 장자가 이해하는 자연, 그가 이해하는 우주는 베이컨의 동굴의 우상에서 나온 결과일 수밖에 없다. 현대 과학은 아직도 우주를 이해하지 못하고 있다. 장자의 우주는 그가 본 하늘과 그가 본 바다나 산 이외에 다름이 아니다. 그는 결코 우주를 이해할 수 없다. 따라서 우주와 하나가 된 자신을 상상할 수는 있을지 모르지만 그것은 말 그대로 상상력의 산물에 불과하다.

'나'를 비우고 우주와 하나가 되는 것도 불가능하지만 만약 그것이 가능하다 해도 '나'는 사라질 수 없다. 석가처럼 장자도 두 개의 '나', 즉 비워진 '나'와 비울 '나'가 있어야 하기 때문이다. 그리고 그 마지막 '나'는 절대 우주와 하나일 수 없다. 물론 인간의 몸은 우주와 하나이다. 장자가 잘 알고 있던 것처럼 흙은 흙으로 갈 것이기 때문이다.

장자가 죽을 때 제자들이 장례를 후하게 치르고 싶다고 청했다. 장자는 하늘과 땅, 해와 별 등 자연이 모두 장례 선물이니 모자람이 없으므로 더할 것이 없다고 대답한다. 이에 제자들은 "저희들은 까마귀나 솔개가 선생님의 시신을 먹을까 봐 두렵습니다."라고 안타까움을 표하자, 장자는 이렇게 응답한다. "땅 위에 있으면 까마귀나 솔개의 밥이 되고, 땅속에 있으면 땅강아지와 개미의 밥이 되거늘 어찌 한쪽 것을 빼앗아 딴 쪽에다 주어 한쪽 편만 들려 하는가?"

장자의 생각은 옳았다. 인간의 몸은 몸일 뿐이고, 자연과 하나라고 말할 때, 그때의 장자는 자신이 아닌 장자의 몸이다. 몸은 분명 우주와 하나이다. 그리고 사실 그것이 인간이 우주와 동일하다는, 또는 우주의 일부로서 신이라는 특별한 의미를 지니는 것도 아니다. 인간의 몸은 흙이니 죽으면 한 줌 흙으로 돌아갈 것이고, 그 흙은 먼지가 되어 덧없이 흩어져 버릴 것이라는 무상의 사실을 말할 뿐이다. 그러나 영은 자연과 하나가 아니다. 영은 물질이 아니기 때문이다. 그런데 스피노자 등은 자연 안에 영이 있다고 주장한다. 하지만 자연에 영이 존재할 수는 없다. 자연은 자연일 뿐이다. 그렇다면 자연이 영적 존재라는 믿음은 어떻게 발생할 수 있었던 것일까? 이유는 간단하다. 이미 앞에서 확인한 것처럼 자연에도, 심지어 무기물에도 마음이 있기 때문이다.

하지만 자연에는 영이 없다. 따라서 자연의 마음은 영의 마음이 아닌 각인된 마음, 즉 몸의 마음이다. 동물의 감정표현이나 의지적 행위로 보이는 현상은 자극에 대한 몸의 반응에 불과하며, 영적 자율성이 결여되어 있는 것이다. 그것은 마치 모든 감정적 정보가 입력된 사이보그와 같다. 인간과 유사한 감정을 표현하지만 그것은 상황에 대응하여 입력된 반응 명령이 작동하는 것에 불과한 본능의 작용인 것이다.

결론적으로 자연과의 관계에서 얻는 행복은 합일을 통해 발생하지 않는다. 오히려 자연과 잦은 대면을 하고 자연 속에서 많은 시간을 보낼 때,

인간은 새로운 세계를 인식할 수 있고 그로부터 행복을 도출할 수 있다. 자연은 안정시키는 향유의 대상이다. 자연은 우리를 자극하지 않으며 존재 자체가 지니는 편안한 아름다움을 보여 줌으로써 우리의 영을 평화롭게 해 준다. 자연을 볼 때 우리는 대자연이 지니는 경이로움을 발견할 수 있다. 무엇보다 자연의 아름다움은 존재하는 모든 것들의 다양성에 있다. 우리는 눈송이 하나하나의 입자가 모두 다름을 안다. 숲을 산책하며 나무에서 떨어진 낙엽들을 보라. 그 낙엽 하나하나도 서로 다르다. 이 세상에 동일한 존재는 하나도 없다. 그리고 물의 입자도 미세하나마 감정적 반응을 보인다면 자연이 살아 숨 쉬고 있다고 해도 과언은 아닐 것이다. 절대적 일회성, 모든 생명은 그 자체로 일회적이다. 따라서 그들도 존재의 가치를 지닌다. 다양성이 존엄성을 낳는 것이다. 다만 영적 존재인 인간의 존엄성과 다를 뿐이다. 따라서 우리는 인간과 동일하지는 않지만 일회적 생명이라는 차원에서 특히 피를 가진 존재는 귀하게 여겨 주어야 한다. 피는 생명이기 때문이다. 어린아이와 산모가 자궁에서 모든 것을 공유해도 피는 공유하지 않는다. 피는 그 존재의 정체성이다. 그래서일까, 티벳에서 소를 잡을 때는 큰 소를 잡는다고 한다. 어쩔 수 없이 인간이 살기 위해 소를 죽여야 한다면 생명의 숫자를 최대한 줄이자는 것이다.

 자연을 사랑하지 않고 단순히 3차원적인 이기주의의 관점에서 대할 때, 그 결과는 부메랑 효과로 우리에게 돌아온다. 그만큼 우리를 불행하게 만든다. 대한민국에서는 2011년 구제역 파동으로 300만 마리 이상의 소와 돼지를 산 채로 파묻거나 안락사시켰다. 소고기 청정지역이라는 국제적 위상과 20억 달러 정도의 수출을 위해 헤아릴 수 없는 생명을 고통 속에 죽이고 파묻었다. 이미 인간은 육식을 할 수 없는 소에게 인간편의

주의에서 육류가공물을 먹여 광우병을 탄생시켰다. 그리고 이제 인간 광우병으로 떨고 있다.

만약 인간의 이익을 위해 어쩔 수 없이 자연을 보호하는 것이라면, 그것은 자기애가 아닌 이기주의일 것이다. 내가 살기 위해 자연을 보호하는 사람은 자신이 살기 위해 언제든 자연과 분리되어 자연을 파괴할 수 있다. 즉 아직 3차원의 영역에 머무르는 것이다. 하지만 이익과 관계없이 생명 자체를 사랑하는 사람은 인간도 사랑한다. 자연을 사랑하는 사람은 평화도 사랑할 수밖에 없다. 자연과의 합일로 넘어갈 때, 정확히 말하면 자연을 사랑하는 마음을 가질 때, 인간도 그만큼 행복해진다.

지금까지 우리는 석가와 장자의 소극적 행복론을 생각해 보았다. 석가는 진정한 자유를 깨달을 때 행복이 온다는 지혜를 주었다. 석가의 사고는 몸의 욕망을 자신인 것으로 착각하고 욕망에 집착해서 살아가는 세상 사람들에게 무엇이 잘못되었는지를 정확히 가르쳐주는 의미 있는 철학이다. 따라서 허구적 자아를 버리고 내 안의 진정한 '나'가 원하는 자유를 깨달으라는 석가의 가르침은 그 어느 때보다도 유효하며 필요하다. 중도로서 그가 제시한 자유의 의미 역시 단순한 금욕주의나 고행주의를 초월한 생산적인 교훈임이 틀림없다. 3차원의 세계에 갇혀 살던 이기적 자아가 자신의 내면에 진정 자신을 사랑하는 본연의 주체가 있음을 깨닫고, 모든 욕망으로부터의 자유를 느끼게 될 때 인간은 본격적으로 행복의 길에 접어든 것을 의미하기 때문이다. 또한 장자는 자연에 대한 긍정적 경험이 심화될 때 자연을 사랑하게 되고, 그만큼 우리는 도시의 욕망 덩어리들로부터 자유로울 수 있고, 따라서 행복하게 된다는 지혜를 주었다. 그러므로 석가와 장자를 통해 우리가 한 일은 우리가 입고 있던 더럽고 지저분하고 낡은 옷을 벗어던지고 샤워를 함으로써 몸과 마음을 깨끗하게 닦은 것과 같다.

그런데 행복은 깨끗한 몸이 되는 것으로 끝나지 않는다. 샤워를 하고 나면 이제 새 옷을 입어야 한다. 와인애호가의 예를 들어보자. 그가 자신의 식탁 위에 있는 잔에 오래된 와인이 담겨 있는 것을 발견하고, 잔을 비운 후 깨끗이 씻었다. 그런데 그가 이제 맑고 투명한 잔에 도취되어 최고급 샤도네가 주는 맛을 잊는다면 그를 진정한 와인애호가라 부를 수 있을까? 지극히 상식적인 일이지만, 와인애호가가 와인잔을 닦는 이유는, 그 안에 자신이 정말 애호하는 와인을 따라 마시고 싶기 때문이지, 맑은 잔을 보고 즐기기 위함이 아니다. 행복도 마찬가지이다. 행복을 찾는 사람은 '불행하지 않다는 것'만으로 만족할 수 없다. 그는 '행복한 것'을 맛보아야 한다. 행복은 단순히 욕망으로부터의 해탈, 즉 자유만을 의미하지 않는다. 행복에는 행복감의 쾌락과는 다른 즐거움과 기쁨이 있다. 그리고 그것은 자유함을 넘어, 구체적이고 적극적인 행복을 발견할 때 마음의 내면으로부터 지속적으로 생산되는 것이다. 행복한 사람은 평안하며 동시에 샘처럼 솟아오르는 기쁨을 통해 자신의 행복을 완성한디.

7차원 - 공존

7차원적 삶은 6차원과 비교하면 질적 노약이 이루어지는 영역이다. 5차원과 6차원은 행복감으로부터의 자유로 이해할 수 있는 소극적 의미의 행복추구이다. 그것은 더 이상 욕망이 내 삶의 주도권을 쥐도록 놓아두지 않는 것이다. 7차원부터는 이 소극적 행복추구를 넘어 적극적 의미의 행복을 지향한다. '어떻게 하면 행복감으로부터 자유로워질 것인가'보다, '어떻게 하면 구체적으로 행복해질 것인가'를 사유한다. 그것은 타인과 함께하고(7차원), 타인에게 주고(8차원), 그를 사랑하고(9차원) 그리고 마지막으로 그와의 만남을 통해(10차원) 완성된다. 행복의 차원이 높아질수록 삶의 방향은 이기주의와 분리되어 점점 더 타인을 향해 나아가고 있음을 알 수 있다. 그런데 이러한 '타자를 향한 나아감'의 패러다임이 어떻게 나의 행복이 될 수 있을까? 행복감을 행복으로 규정한 3차원 이하의 사람은 이 질문을 이해할 수 없다. 왜냐하면 그는 이기주의자이고 대상이 주는 행복감만이 행복인 것으로 알고 살기 때문이다. 7차원부터의 행복을 이해하기 위해선 3차원적 내에서의 '몸적 행복감'과 4차원 이상의 '영적 행복감', 즉 '행복한 행복감'의 차이를 기억하는 것이 필요하다.

2008년 1월 24일 스위스 다보스 세계경제포럼에서 빌 게이츠는 지금까지의 자본주의가 초래한 양극화를 지적하며 지구상의 모든 사람이 혜택을 볼 수 있는 새로운 자본주의 시스템을 제안한다. 그것은 사익추구와 타인을 보살피는 마음이라는 인간 본성을 바탕으로, 시장에서의 이익 창출과 경제적 약자들의 삶 개선이라는 두 마리 토끼를 잡는 시스템이다. 빌 게이츠는 그러한 시스템을 통해 기업은 이익과 동시에, 사회적 인정이라는 부수적 인센티브를 얻을 수 있으며, 가난한 사람들은 실질적 도움을 받는 윈-윈이 가능하다고 본다. 그는 이 새로운 시스템을 '창조적 자본주의'라 불렀다.[26]

빌 게이츠의 창조적 자본주의는 전형적인 공존 시스템이다. 그것은 소모적 복지를 벗어나 생산적 복지를 추구하며 이타와 사익이 하나의 톱니바퀴로 맞물려 있다. 일례로 세계보건기구가 아프리카의 뇌막염백신

보급을 원하면 백신생산기업을 수소문하고 가격을 알아본 다음, 아프리카에 지원할 것인가를 결정하는 것이 아니라, 먼저 아프리카 수요자의 지불능력을 파악한다. 이타가 이루어지지 않는다면 사익이 무의미하다고 보기 때문이다. 실제 기구는 적정 백신가격이 1회당 50센트 미만이어야 함을 확인한 후 그 가격으로 생산할 수 있는 회사를 찾았다. 결국 인도의 세럼 인스티튜트와 연결하여 40센트에 백신을 공급할 수 있었다. 그러면 세럼은 손해를 감수한 것일까? 그렇지 않다. 이 회사는 그 댓가로 10년간 약 2억 5천만 회분을 공급할 수 있게 되었다. 세럼은 R&D에 투자한 상상 이상의 이윤을 얻게 된 것이다.

    2007년 부시 대통령은 말라리아나 결핵처럼 소홀히 취급받는 질병을 위해 새 치료법을 개발하는 제약회사에게 다른 제품에 대한 식품의약국 우선심사권을 부여하는 법률에 서명했다. 정부의 개입을 통한 이 창조적 자본주의의 사례에서 해당 제약회사는 수억 달러의 이익을 보게 된다. 그 외에도 RED 캠페인 역시 창조적 자본주의의 모델이다. 기업이 제품 판매분의 일정 비율을 사회적 약자에게 환원하는 것인데, "이 제품 수익의 ____%는 _____에게 보내집니다!"라는 문구를 상품에 부착함으로써 사회적 인정을 얻게 되고 그것이 곧 매출증가로 이어지게 된다. 이처럼 7차원이 지향하는 길은 타인과의 '공존'을 통한 행복의 발견이다. 창조적 자본주의는 누군가 부자가 될 때 누군가는 가난해져야 한다는 자본주의의 선입견을 뒤집은 시스템이라는 점에서 의미가 깊다. 모두가 함께 공존하는 7차원의 사회가 자신의 이익만을 얻기 위한 무한 경쟁으로 서로 다투다 공멸해 가고 있는 3차원의 세상에 그래도 작은 빛을 비추기 시작한 것이다.

    그러나 진리는 항상 전체이다. '공존'의 노력이 경제 영역을 넘어 사회

전체에 의미 있게 정착하기 위해서는 삶의 모든 영역에서 그러한 노력이 진행되어야 한다. 세계정치에서의 갈등과 분열, 폭력, 전쟁 그리고 테러, 또한 한 국가 내에서 벌어지는 정당 간 갈등이나 보수, 진보의 대립, 더 나아가 지역이나 성 갈등 등 사회적 문제들을 보면, 사실 인간 사회에 있어 가장 심각한 문제는 공존임을 고백하지 않을 수 없다. 지구상에 존재하는 모든 종 가운데 인간만큼 갈등과 반목이 심한 종이 또 있을까! 사실 다른 모든 종이 그렇게 쉽게 이루어 내는 '함께 살기' 하나도 제대로 이루어 내지 못하고 있는 인류에게 행복이 찾아오리라는 것 자체가 지나친 욕심일지 모른다.

공존의 실제

헬레나 노르베리 호지의 『오래된 미래』(Ancient futures: learning from Ladakh)는 티벳의 고원지대, 작은 민족 라다크가 배경이다. 라다크가 우리의 관심을 끄는 이유는 이곳에 인류가 그토록 희망하는 '공존의 미래'가 이미 '오래된' 역사로 '존재하였기' 때문이다. '존재하였다'는 과거형이다. 현재 그들은 행복하지 않다는 뜻이다. 그리고 불행은 정확히 서구 산업문명이 라다크에 유입된 시점부터 시작한다. 노르베리 호지의 요점은 간단하다. 현대 서구문명의 보편적 우울증은 그 역사가 길다. 따라서 병세가 천천히 진행됨으로 말미암아 사람들은 문제점을 인식하지 못했다. 하지만 라다크는 20~30년의 짧은 기간 안에 유토피아에서 디스토피아로의 전환을 겪었다. 라다크 부족은 오랜 기간에 걸친 서구 문화의 감각적 축소판이다. 노르베리 호지는 인류에게 아직 지혜가 남아 있어, 인류의 미래가 과거 물질문명이 유입되기 전 라다크인의 삶의 모습에 있다는 것을 깨닫기를 바라고 있다.

'오래된'은 시간적 개념이 아니다. 그것은 존재론적 개념이다. 그래서 공존은 언제나 현재 안에서 이루어질 수 있다. 라다크인들의 삶에 있어 가장 본질적인 덕목은 '어떠한 경우에도 화내지 않기'이다. 라다크 사람들은 그 이유를 간단히 대답한다. "어차피 우리는 함께 살아야 하니까요!" 사람들 간에 말다툼이나 갈등이 일어날 가능성이 있으면 언제나 그 주변의 누군가가 중재자 역할을 한다. 그리고 신기한 것은 누구나 그 중재자의 말을, 설사 그가 작은 어린아이라 하더라도 듣는다는 사실이다. 심지어 배우자가 바람이 난 경우에도, 라다크 사람들은 상대를 비난하거나 헤어지지 않고 현실을 그대로 수용한다. "어떻게 그럴 수 있지요?"라고 묻는 말엔 다시 동일한 대답이 들려온다. "기분이 좋진 않지만, 어떡하겠어요? 어차피 함께 살 사람인걸요!"라곤 씩 웃는다.

더불어 삶의 지혜는 가정에서의 역할 분담에서도 드러난다. 라다크의 남성과 여성 그리고 가족은 필요에 따라 이해하며 더불어 살아간다. 남성과 여성의 고정된 지위나 역할 분담은 특별한 경우를 제외하곤 없으며, 모든 일은 자연스럽게 이루어진다. 남성과 여성이 동시에 가사일을 하지만, 서로의 역할이 정해져 있지 않다. 그들은 모두 함께 일을 한다는 개념만이 있다. 그리고 그 일들은 그들에게 전부 중요하다. 화이트칼라나 블루칼라도 없고 집안에서 엄격한 위계질서도 없다. 억압과 착취 그리고 불평등이란 단어를 들으면 그들은 의아해 한다. 그리고 묻는다. "그게 무슨 뜻이죠?" 경험해 보지 않았으니 차별이 어떤 것인지 이해하지 못한다. 소위 문명국가의 사람들은 평등과 차별이 무엇인지 안다. 그래서 평등을 외치고 평화를 갈구한다. 하지만 평등도 평화도 존재하지 않는다. 반면 라다크 사람들은 평등과 정의, 자유를 모르기에 외치지도 않는다. 하지만 모두 가지고 있다. 그들은 평화를 갈구하지 않지만 모두 평화롭다. 적어도 서구 문명이 들어오기 전까진 그랬다. 서구 문명의 개인주의, 3차원적 이기주의와 욕망의 세계가 그들 안에 들어오기 전까진 그랬다.

 라다크인이 우리에 비해 특별한 존재는 아니다. 그들도 생존을 추구하며, 기본적인 욕망은 동일하다. 어떤 측면에선 분명히 미개한, 문명화되지 못한 부분이 있다. 하지만 한 가지 본질적인 차이가 있다. 그것은 우리에게 생존이 '나'의 생존인 반면, 라다크인에게 생존은 '우리'의 생존이다. 서구 문화에 '우리'의 개념은 항상 상대적이다. 타민족과 비교한 우리 민족, 타 지역에 대한 우리 지역, 다른 가족에 대한 우리 가족, 타인에 대한 '나'. 상대적 '우리'는 결국 '나' 그리고 '확장된 나'로 귀결된다. 반면 라다크인들에게 '우리'는 절대적 개념이다. '우리'는 한계를 짓는 울타리를 지니고 있지 않다. 존재하는 모든 것은 있는 그대로의 그들 자체이다. 의미를 부여할 필요도 가치를 따질 필요도 없다. 그렇게 모든 존재는 서로 얽혀 있다. 그것을 상호의존, 공생, 어떠한 식으로 표현을 하든 그것은 중요하지 않다. 모든 것은 더불어 살아가는 존재들이다. 모두가 하나의 우리이다. 존재는 우리를 떠나서 존재할 수 없다. 그러기에 라다크인들에게 남성과 여성은 서로 함께 더불어 사는, 서로가 서로에게 얽혀 있는 존재이다. 그리고 그 얽힘은 본질적인 것이다. 언어는 존재하나 의미는 없는 서구와 달리 라다크엔 언어는 없지만 의미가 존재한다. 인권을 외치는 곳에는 아직 인권이 없다. 평등을 추구하는 곳, 거기에 아직 평등은 없다. 평등과 인권이 있는 곳은 조용하다. 고요함 속에 삶은 자연스럽게 진행된다.

그런데 라다크 사람들이 '함께'를 이루어 낸 것은 어쩌면 작은 부족국가이기 때문에 가능한 것이었을 수도 있다. 시골 사람들이 도시 사람들에 비해 정겹듯, 사실은 순진함의 표현이었을 수 있다. 사실 라다크인들이 서구의 물질문명을 견뎌 내지 못했다는 사실을 보면, 그들의 '더불어 삶'은 의식 깊숙이 뿌리박힌 공존의식보다 종교적 내지 환경적 원인에 기인한다는 사실을 알 수 있다. 엄밀히 말해 라다크 사람들이 공존의 의미를 깨달았다기보다는 환경이 그들을 공존적 삶으로 이끈 경우로 보아야 한다는 것이다. 현재 행복지수 1위인 부탄이 라다크의 전철을 밟기 두려워 서구 문명을 받아들이길 꺼려 하는 이유도 거기에 있다. 그리고 인구가 최소 몇백만에서 천만을 넘어서는 대도시에서 '어차피 함께 살아야 한다!'라는 덕목이 존재하기 어려운 것도 동일한 이유에서이다. 하지만 7차원적 공존의 핵심은 '라다크인을 따라 사는 것'에 있지 않다. 핵심은 라다크인들 스스로 지니고 있으면서도 의식하지 못했던 공존의 원리, 만약 그들이 그것을 정확히 의식하고 따랐더라면, 환경적 조건을 넘어설 수 있는 '함께'의 의식을 라다크 사람들의 삶 밑바닥에서 발견해 내는 데 있다.

공존과 타자성

유태인 철학자 E. 레비나스(Emmanuel Levinas)는 자신의 가족을 모두 2차 대전 때 가스실에서 잃었다. 그 충격적인 현실 앞에서 그는 고뇌할 수밖에 없었다. "어떻게 소위 이성적 존재라는 인간이 그런 반인륜적인 만행을 저지를 수 있는 것일까?" 결국 그가 내린 결론은 나치가 시간 안에 있지만 시간 속에 존재하지 못하는 존재, 즉 외로운 존재라는 사실이었

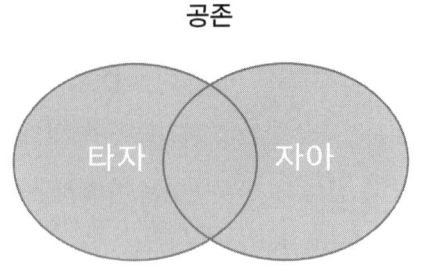

다. 무슨 의미일까?

『시간과 타자』(Le Temps et L'autre)에서 레비나스는 "시간은 주체가 홀로 경험하는 것이 아니라 타인과의 관계 자체이다."라고 말했다. 그는 시간을 우리가 일상적으로 알고 있는 것으로 해석하지 않고 인간 사이의 관계론적 개념으로 바라본 것이다. 어떻게 시간이 인간 사이의 관계가 된다는 것일까?

먼저 '주체가 홀로 경험하는 것'으로서의 시간, 즉 일반적 시간관에 따르면 시간은 항상 '과거-현재-미래'의 도식을 지닌다. 그런데 과거란 지나간 어떤 시간, 즉 지금은 지나갔지만 어떤 현재였던 시간을 의미한다. 따라서 과거는 엄밀히 말해 '지나간 현재'이다. 미래도 마찬가지이다. 나는 지금 미래를 경험할 수 없다. 미래는 내가 구체적으로 어떻게 경험하는가? 그것은 다가올 어떤 현재의 시간에 내가 경험할 것이다. 따라서 미래는 '다가올 현재'이다. 그렇다면 시간은 '과거-현재-미래'가 아닌 '지나간 현재-현재-다가올 현재'가 된다. 결국 현재만이 존재한다. 그러나 현재는 시간이 아니다. 다시 말해 현재만으로는 시간이 되기에 부족하다. 왜냐하면 시간의 정의상, 또는 우리가 시간으로 전제하는 바에 따르면 시간은 과거, 현재 그리고 미래의 세 가지 요소로 구성되어야 하기 때문이다. 결국 주체가 개인적으로 경험하는 시간은 엄밀히 말해 시간이 아니라고 레비나스는 결론짓는다.

우리가 아는 시간이 근본적으로 현재뿐이라는 레비나스의 주장은 사실 타당한 것이다. 왜냐하면 우리가 말하는 시간은 사실 시계 속의 시침과 분침이 가리키는 숫자이기 때문이다. 그런데 시계는 시간이 아니다. 사실 우리가 이해하는 시간은 엄밀히 말해 없다. 왜 그럴까? 시간은 경험될 수 없다. 볼 수도, 만질 수도, 냄새를 맡을 수도 없다. 그렇다면 우리가 시간으로 알고 경험하는 것은 무엇인가?

봄, 여름 등 계절과 생로병사의 흐름. 모든 것이 변화이다. 한 생명이 가면 한 생명이 오고, 밤이 가면 해가 뜬다. 우리의 시간은 변화의 흐름을 인위적으로 나눈 분류표에 숫자를 붙인 것에 불과하다. 그렇다면 진정한 시간은 무엇일까? 그것은 지금 이 순간이다. 시간은 항상 지금 이 순간으로 존재한다. 그래서 모든 것은 이 순간의 문제이다. 지금 행복하지 않은 사람은 결코 행복할 수 없다. 지금 이외의 시간은 존재하지 않는다. 지금 그 사람에게 말을 걸지 않는다면 당신은 결코 그 사람을 만날 수 없다. 다음은 없기 때문이다. 지금 당신에게 삶의 의미가 없다면 당신의 삶은 무의미한 것이다. 의미는 기다려 주지 않기 때문이다. 아니 기다릴 수 없기 때문이다. 지금 그를 만나든지 아니면 영원히 만날 수 없는 것이다.

그런데 레비나스는 시간이 현재라는 사실에 만족하지 않는 것 같다. 그는 과거와 미래를 만들어 실질적인 시간을 구성하고자 했다. 그래서 시간을 관계론적으로 해석한다. 시간을 인간과 **분리된**, 독립된 흐름으로 이해한 것이 아니라, '나'와 '너' 사이에 성립되는 일종의 관계로 본 것이다.

일단 현재를 보자. 현재는 항상 '나'의 시간이다. 왜 그런가? 나는 현재 안에서 모든 것을 이해하고 파악하기 때문이다. 정확하게는 지금 이 순간

나는 무엇인가를 지각하고 해석하며, 분석하고 판단한다. 그리고 이해한다. 현재는 '나'의 시간, 주체의 시간이다. 이 현재의 시간에 존재하는 것은 '나'뿐이다. 그렇다면 과거는 무엇인가? 과거는 내가 존재하지만 내가 없는 시간이다. 이 말의 의미는 쉽지 않다. 이렇게 생각해 보라. 인간이 자아의식, 즉 '나'라는 의식을 가지게 되는 것은 생후 6개월 정도이다. 물론 이때도 자아의식이 분명한 것은 아니다. 아기가 사탕을 먹고 있을 때 옆의 아기가 그 사탕을 가져가면 순순히 내준다. 그리고 상대방 아기를 물끄러미 바라본다. 그러다가 그 아이가 사탕을 먹기 시작하면, 그때 아기는 화를 내며 상대방을 밀거나 할퀸다. 그러면 당한 아이는 당연히 울게 되어 있다. 그리고 우는 아기를 물끄러미 보던 아기도 따라 울기 시작한다. 아기의 자아의식은 이렇게 왔다 갔다 한다. 인간은 언어단계에서야 비로소 확고부동한 그리고 설명가능한 자아의식이 형성된다.

그런데 자아의식이 생기기 전 아기에겐 무엇이 있는 것일까? 당연히 단순한 의식밖에 없다. 이미 살펴본 것처럼 태아는 8주 정도부터 뇌파가 측정된다. 즉 의식이 발생한다. 의식이 있다는 것은 무엇인가가 '무엇인가 있다'는 것을 느끼는 것이다. 그러므로 자아의식은 그 무엇인가가 바로 자신임을 아는 것이다. 자, 이제 앞의 논의로 되돌아가 보자. 자아의식의 시간, 즉 '나'의 시간을 우리는 현재라고 했다. 이제 과거가 무엇인지를 알 수 있다. 의식이 자아의식으로 변하는 순간은 다른 말로 표현하면 의식이 자아라는 존재를 만나는 것이다. 관계가 이루어지는 것이다. 결국 자아의식의 상태를 현재라고 보면 과거는 결국 나의 몸은 있지만 아직 자아 없이 의식만 있는 시기를 의미한다. 의식의 입장에서 자아는 자신과 완전히 다른 타자이다. 그러므로 단순한 의식과 자아의식의 경계선은 서로 다른 타자가 만나는 분기점이 된다. 결국 자아의식이 현재이므로 의식은 과거가 된다.

미래는 무엇일까? 이제 자아의식이 '현재'를 벗어나 '미래'를 만나기 위해서는 동일한 맥락에서 자신이 구체적으로 경험할 수 있으면서 자신과 완전히 다른, 즉 기존의 시간관에서처럼 '다가올 현재'라는 식으로 환원되지 않을 타자가 필요하다. 경험할 수 있으나 현재에 의해 소유되거나 이해될 수 없는 존재, 그것은 무엇일까? 레비나스에 따르면 그것은 '여성성'이다. 여성성은 타자성을 의미한다. 그리고 그것은 '신비', '수줍음', '영원' 그리고 '거리' 등의 단어들을 통해 은유적으로 표현된다. 여성성이 미래가 된다는 것을 어떻게 이해해야 할까?

전통적으로 문학이나 예술 작품에서 여성이 남성에게 신비하게 그리고 그런 의미에서 아름답게 보이는 경우는 실제 여성이 남성에게서 가장 먼 '거리'로 떨어져 있을 때이다. 여성이 가장 멀리 떨어진 사건? 그것은 여성의 죽음이다. 슈베르트의 "죽음과 소녀", 사과를 먹고 잠을 자는 백설공주 그리고 로미오와 줄리엣의 마지막 장면에서 우리는 드레스를 입고 아무런 저항도 할 수 없이 누워 있는 여성을 마주 대한다. 잠을 자는, 또는 죽어 있는 여성은 남성에게 자신을 그대로 내어 준다. 남성은 자신이 원하는 대로 그녀에게 할 수 있다. 하지만 눈을 감고 드레스를 입고 누워 있는 여성에겐 다가갈 수 없는 신비가 있다. 함부로 할 수 없는 신비한 권위가 그녀로부터 나온다.

"여자는 남자의 미래다"라는 영화가 있다. 한 여성이 여러 남성들을 만난다. 그들과 성적 관계도 나눈다. 하지만 그중 어떤 남자도 그녀를 만나지 못한다. 그들은 모두 자기 나름대로 그녀를 소유하였다. 그들의 필요와 상황에 따라서. 그렇기 때문에 그녀가 타자성의 존재, 즉 그들이 함부로 그리고 자의로 규정하거나 이해할 수 없는 자신만의 존재라는 것을 이해하지 못한다. 이해할 수 없음을 인정하지 않았기에 진정 이해할 수 없었던 것이다. 여자가 남자의 미래인 이유는 그녀가 타자성의 존재이기 때문이다. 남성에 의해 규정될 수 없는 의미에서의 신비, 영원의 거리에서 항상 수줍음으로 멀어지는 존재, 그것이 레비나스가 의미하는 타자성으로서의 여성성이다.

누군가를 이해한다는 것은 그렇게 쉬운 일이 아니다. '이해한다'(understand)는 말은 이중적인 의미를 지니고 있기 때문이다. 그것은 먼저 '내가 상대방의 밑에(under) 선다(stand)'를 의미한다. 이 의미대로라면 나는 상대방을 있는 그대로 받아들인다. 그를 그 존재 자체로 받아들인다. 나는 그 누군가를 진정 이해한다. 반면 '이해한다'는 전혀 다른 의미를 지닐 수도 있다. '이해하다'의 또 다른 의미는 '그가 내 밑에(under) 서는 것(stand)', 즉 내가 상대방 밑에 서는 것이 아니라 '상대방을 내 밑에 세우는 것'이다. 이 경우 나는 상대방을 그대로 수용하지 않게 된다. 오히려 상대방을 내 임의대로 파악하고 규정한다. 그리고 그 존재로 하여금 나의 주장을 그대로 인정하도록 강요하게 된다. 강제는 폭력이다. 따라서 나는 그 존재에게 폭력을 가하는 것이 되고 폭력을 통해 상대방은 자율성을 상실한 인간, 즉 노예 같은 존재로 전락하게 된다.

영희라는 여성이 영석이를 만났다. 그는 바람둥이였다. 그래서 헤어졌다. 영호를 만났다. 그도 바람둥이였다. 철수를 만났다. 그도 마찬가지였고, 그 다음에 만난 남자도 동일했다. 그녀는 궁금할 수밖에 없었다. "왜 내가 만난 사람들은 한결같이 그 모양일까?" 그래서 그녀는 남자들의 특징을 곰곰이 생각해 보았다. 그러다가 그들의 혈액형이 모두 B형임을 알게 되었다. 진리를 깨달은 것이 너무 기뻤다. 두 번 다시 바람기 있는 남자를 만나지 않을 자신이 생겼다. 어느 날 우연히 아는 언니의 소개로 정말 멋진 킹카를 만났다. 그도 그녀를 좋아했고 그녀도 너무 맘에 들었지만 먼저 물어볼 수밖에 없었다. "혈액형이 뭐예요?", "저 B형입니다." 그녀는 아쉽지만 뒤도 돌아보지 않고 그 자리를 떠나며, 안도의 숨을 내쉬었다. 또 고통을 겪지 않은 것만 해도 다행이라고 스스로를 자위했다. 그런데 사실 그가 만난 남자는 바람둥이가 아니었다. 그는 인성과 지성을 겸비한 완벽한 남자였을 뿐만 아니라 한 여성과 결혼하면 끝까지 책임을 질 줄 아는 멋진 남자였다. 그를 일방적으로 규정한 그녀의 폭력이 부메랑이 되어 돌아온 것이다.

혹시 당신의 친구 가운데 더 이상 살고 싶지 않다고 호소하는 친구가 있는가? 그렇다면 성급하게 판단하고 조언하려 하지 마라. "그래! 힘든 것은 알아! 하지만 남겨진 가족을 생각해 봐! 그들이 당할 고통을 생각해 보았니? 그리고 자살할 용기가 있으면 살아야지, 그냥 죽어 버린다는 것은 어쩌면 비겁한 일이야! 다른 사람들을 봐! 너보다 더 힘든 사람들도 지금 그 끔찍한 어려움과 고통 속에서도 저렇게 꿋꿋이 살아가고 있지 않니!" 하지만 옳은 것이 언제나 바른 것은 아니다.

인간은 그렇게 단순하지 않다. 고장난 자동차처럼 부속만 갈아 끼우면 간단히 다시 달릴 수 없다. 인간은 충고가 아닌 이해받음을 원한다. 외로움 속에서 인간이 그리워하는 것은 사실 조언해 주는 누군가가 아니라 그런 자신의 외로움을 그대로 받아 주는 존재이다. 솔직히 한 인간을 누가 완전히 이해할 수 있겠는가? 나 자신조차도 때로는 이해할 수 없는 것이 인간존재이다. 그렇다면 우리의 대화도 달라져야 하지 않을까?

"지금 많이 힘든가 보구나! 정말 미안하고 마음이 아프다. 난 하지만 솔직히 너의 아픔을 진정 이해해 줄 수 없어! 네가 아닌데 내가 어떻게 너를 다 이해할 수 있겠니! 내가 널 이해한다고 말한다면 그것은 분명 거짓일 거야. 그러니 난 어떤 조언도 너에게 함부로 해 줄 수가 없다. 단지 네가 원한다면 이렇게 네 옆에 항상 있어 줄 수 있어! 그리고 네가 이야기를 하고 싶을 때 조용히 들어줄게!"

이해할 수 없음의 인정이 진정 이해할 수 있음의 시작일 수 있다. 누군가를 이해해 준다는 것은 그 존재를 소유하지 않는 것이다. 과거 백인들만 흑인노예를 소유한 것이 아니다. 백인들도 서로의 규정을 통해 서로를 소유한다. 그리고 그렇게 우리도 지금 누군가를 소유하기 원한다. 문제는 그렇게 누군가를 소유하는 순간 관계가 사라진다는 사실이다. 관계에는 두 존재 이상이 필요하다. 홀로 인간관계를 만들 수는 없다. 그런데 내가 누군가를 소유하면 그 존재는 더 이상 인간으로 존재하지 못한다. 인간은 소유될 수 없기 때문이다. 물건만이 소유될 수 있기 때문이다. 결국 나는 내가 소유한 물건과 홀로 있게 된다. 그 존재와의 관계를 내 스스로 파괴한 것이다. 나아가 관계가 사라진다는 것은 단순한 사실로 멈추지 않는다.

사실은 가치를 동반한다. 누군가를 소유함으로써 실질적 솔로가 되는 순간 나는 외로울 수밖에 없다. 소유된 존재, 사물처럼 나의 삶의 영역에서 용해된 존재는 더 이상 나의 옆에 존재하지 않는다. 그는 살아 있으나 존재하지 않는다. 왜냐하면 사물은 존재하지 않는다. 사물은 그냥 있다. 그 존재는 사라진 것이고 내 옆에는 인간의 형상만을 지닌 물건만 있는

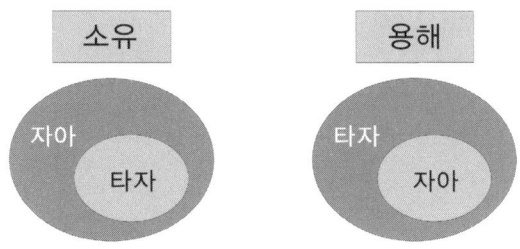

소유와 융해

것이다. 그녀와 사랑을 나눈다 하더라도 사실은 혼자만의 성을 즐길 뿐이다. 성기구를 이용해 마스터베이션을 한 것과 다를 바가 없다. 그런 의미에서 여성을 현모양처와 기생의 이분법적 구조로 분류한 동양의 남성들 그리고 레이디와 창녀로 분류한 서양 남성들은 자신들의 소유욕을 채우기 위해 현모양처 또는 레이디를 설정하고 성적 욕망을 채우기 위해 기생을 분류하였지만 어느 경우이건 존재론적으로 보면 홀로 외롭게 산 것이된다. 그들은 한 번도 여성을 만난 적이 없다. 그리고 그렇기 때문에, 누군가를 소유하는 자는 언제나 외롭다.

그러므로 관계론적 시간관에서 현재인 자아가 미래인 누군가를 만나려면 포기와 결단이 있어야 한다. 그 존재를 나의 방식으로 이해하려는 욕구를 포기해야 하며, 내가 근본적으로 이해할 수 없는 타자성의 존재로 인정하겠다는 결단이 필요한 것이다. 그리고 그 순간에 상대방은 '나'의 미래가 된다. 현재가 비로소 미래를 만나는 것이다. 물론 여성성이 단순히 생물학적 여성을 의미하지 않는다는 것은 쉽게 추측할 수 있다. 여성성은 타자성을 감각적으로 설명하기 위한 레비나스의 전략일 뿐이다.

이제 관계론적 시간은 완성된다. 이미 만들어진 과거와 현재가 '나'의 결단에 의해 미래를 만나게 된다. 그리고 그렇게 될 때 '과거-현재-미래'의 도식은 '의식-자아-타자성'이 되고 이 세 요소가 만나게 될 때, 자아의식을 가진 '나'는 진정 시간 속에 존재하게 된다. 즉 누군가와 '공존'하게 된다. 그리고 그런 의미에서 나치는 시간 속에 존재하지 못했다. 왜냐하면 그들은 유태인의 타자성을 무시하고 '개와 돼지'와 같은 비인간적 존재로 규정함으로써 스스로 미래를 포기했기 때문이다. 결국 미래가 없으니 진정 시간 속에 존재하지 못한 것이고, 유태인과 공존하지 못했으니 외로움의 존재일 수밖에 없었던 것이다.

서로의 타자성을 인정하며 만날 때 인간은 상호 진정한 시간 속에 존재하게 된다. 공존의 존재는 타자성을 인정해야 하고, 그 경우 하나로의 합일은 발생할 수 없다. '너'는 '나'에게 항상 타자이다. 우리는 많은 것을 나눌 수 있다. 서로에 대해 많은 것을 이해할 수 있다. 하지만 근본적으로 하나가 되어 각자의 고유성이 사라지지는 않는다. 바로 이 타자성의 현실적 실천이 라다크 사람들로 하여금 '더불어 삶'을 가능하게 한 원리였다. 간주체적 갈등이 발생할 때, 서로가 자신의 주관적 판단으로 상대방을 몰아가지 않고, 중재자를 통해 상대방이 처한 고유한 상황을 인정하는 삶은 서로가 단순히 다름을 이해하는 차원을 넘어선다. 그것은 어느 누구도 타인에 의해 일방적으로 이해되거나 규정될 수 없는 고유한 그 자신만의 존재임을 인정하는 자세로부터 출발한다. 남성과 여성이 서로를 규정하지 않고 가족 구성원들끼리 상호 역할 구분을 하지 않으며, 서로 다른 지역 사이에 반목을 조성하지 않고, 민족 간 갈등을 일으키지 않으며, 누구나 '누구나'와 함께 살며, "우리는 어차피 더불어 살아야 하지 않나!"라고 말할 수 있는 것은 상대방이 누구든 그 존재 자체의 타자성을 인정하는 주체의 자세가 있을 때에만 가능한 것이다.

공존과 자기애의 실현

라다크의 공존적 삶이 자연스럽게 이루어질 수 있었던 것은 불교의 공(空)사상이 있었기 때문이다. 공은 '비어 있음'이 아니라 '다름'이다. 사물의 실제와 현상이 다르다는 것이다. 그렇다면 현상은 뭐고 실제는 무엇일까? 공사상에 따르면 모든 개체가 분리되어 독립적으로 존재한다는 서구의 개인주의적 사고가 현상이다. 그리고 실제는 모든 존재하는 것이 서로 연결되어 있다는 것이다. 틱낫한 스님은 『화』에서 "책 속에 우주가 있다."고 말한다. 책 속에 우주가 있다? 스님의 덕담이니 대충 책 속에 있는 큰 지혜를 알기 위해 독서하라는 말 정도로 들린다. 하지만 그것은 불교의 연기론, 즉 모든 존재의 상호의존성을 드러내고 있다. 무슨 말일까? 우주가 있어야 지구가 있고, 지구가 있어야 하늘이 있다. 그리고 하늘이 있어야 구름이 있고, 구름이 있어야 비가 온다. 비가 와야 나무가 자라고, 나무가 자라야 종이를 만들 수 있다. 그리고 종이가 있어야 책을 만들 수 있다. 그러므로 책은 우주에 존재론적으로 의존한다. 책과 우주의 거리는 그렇게 멀지 않다.

여기 한 송이의 장미가 피어 있다. 그러나 장미는 홀로 존재하지 않으며 홀로 존재할 수도 없다. 장미가 존재하기 위해서는 토양과 햇빛, 비와 바람이 필요하다. 그리고 무엇보다 그 장미에게 '장미야!'라고 불러 주는 누군가가 있어야 한다. 누군가 이름을 불러 주기 전 그 장미는 시인의 말처럼 그냥 '몸짓'에 불과하다.

공존 지향적 삶의 존재는 합리적 자기애를 사는 사람이다. '합리적'이라는 것은 자신이 설정한 목적에 가장 적합한 수단을 발견하는 것이다. 따라서 7차원의 사람은 자신을 진정 사랑하는 것이 공존적 삶임을 깨달은 존재이다. '나'를 반성하니 진정 '나'를 위한 삶이 타인과의 공존임을 인식한 것이다. 문제는 공존이 정말 나에게 '좋은 것'인가 하는 것인데, 이때 핵심은 '좋다'의 의미이다.

공존적 행위 자체는 일상적 존재, 즉 3차원 이하의 사람들에게도 발견될 수 있는 현상이다. 그럼에도 그 길이 7차원의 공존과 근본적으로 다른 이유는 이기주의와 자기애라는 근본적 패러다임의 차이가 있기 때문이다.

행복과 행복감이 비슷하지만 본질적으로 다르듯, 공존 지향적 삶과 공존 지향적 행동은 다르다. 전자가 합리적 자기애의 산물이라면 후자는 합리적 이기주의의 결과이다. 합리적 이기주의는 자신의 이익을 위해 공존한다. FTA나 G20 개최 등은 윈-윈, 즉 서로의 이익을 위한 상호 관계를 정립한다. 2008년 미국 발 세계경제위기 이후 국제공조는 자국이기주의에 입각해 피해를 최소화하기 위한 어쩔 수 없는 공조이다. 그리고 2011년 일본의 지진과 쓰나미로 인한 핵원자로 문제 역시 방사선 피해를 염려한 서방국가들의 공조를 유도했다. 이렇게 현실사회에서 보이는 대부분의 공존 지향적 정책이나 계약은 모두 이기주의를 동기로 한다는 점에서 한계가 있다.

합리적 이기주의는 인간과 자연의 관계에도 존재한다. 인간은 인류 생존의 위협이라는 환경문제의 심각성을 경험한 이후에야 자연과의 공존을 이야기하고 있다. 하지만 이러한 사고 역시 엔트로피 법칙을 통해 자연 자원의 한계를 인식한 데서 오는 인간 이기주의의 단면을 보여 줄 뿐이다. 열역학 제2법칙인 엔트로피 법칙에 의하면 한 번 사용된 에너지는 원래의 에너지로 환원되지 않는다. 에너지 보존법칙에 의해 그대로 남아 있지만 '엔트로피', 즉 '쓰레기 에너지'로 남아 있기에 쓸모가 없다. 이를 자연자원에 비유하면 우리가 사용한 자원은 다시 복원되기 힘들다는 것, 따라서 자연자원이 무한하지 않다는 것을 의미한다. 최근 재생 가능한 에너지를 이야기하는 것도 이 때문이다. 자연이 인간과 대화할 수 없는 물체라 하더라도 인간은 자연이 합의를 도출할 수 있는 주체인 것처럼 대할 필요성을 느끼고 있다. 나아가 인간과 인간의 공존처럼 자연과의 공존적 관계를 확립하기 위해 노력하고 있다.

이기주의가 아닌 자기애에 기초한 공존 지향적 존재는 '함께'의 삶에서 행복을 느낀다. 일상적인 우리는 특별한 경우에만 그것을 느낄 뿐이다. 1997년 한국의 IMF 사태 때 '금모으기 운동'이 있었다. 사람들은 너도 나도 집안 구석구석을 뒤져 금을 가져왔다. 피상적으로 보면 금융위기를 극복하기 위한 거니 결국 이기주의가 아니냐 할 수 있겠지만 그렇지 않다. 만약 그것이 사실이라면 경제위기를 겪는 대부분의 나라에서 비슷한 현상이 목격되어야 한다. 이기주의는 본능이기 때문이다. 그런데 금모으기 운동과 같은 대규모 집단의 단결된 움직임이 있다는 것은 그 운동의 이면에 '함께'의 무의식이 잔존해 있는 것으로 보아야 한다. 2002년 월드컵 때 붉은 악마의 응원도 마찬가지였다. 세계를 놀라게 한 붉은 물결의 응원은 결국 한국 축구를 세계의 변방에서 4강으로 이끌어 내었다. 동일한 옷을 입고, 동일한 목적으로 모인 사람들 사이에 사회적 신분이나 개인적 차이는 없다. 골이 들어갈 때 카타르시스와 함께 서로 껴안고 얼싸안는 순간 그들은 모두 평등하다. 그리고 서로가 서로를 위해 존재한다. 선전한 스포츠가 사회 구성원들에게 긍정적인 이유는 사람들을 자연스럽게 공존으로 이끌어 주기 때문이다.

공존의식에서 오는 행복은 또한 행복한 행복감도 느끼도록 해 준다.

다시 한 번 2002년 월드컵을 생각해 보자. 축구 경기가 시작하면 가족들과 친구들이 함께 붉은 옷을 입거나, 태극기를 들고 호프집이나 식당에서 열광적으로 응원했다. 그들은 축구 경기를 보며 맥주와 치킨을 먹었을 것이고 그로부터 행복감이 나왔을 것이다. 하지만 그들은 맥주만 마신 것이 아니라 동시에 '관계'를 마셨다. 물론 맥주 자체가 주는 3차원적 행복감도 있었지만 맥주와 더불어 '함께'를 마셨고, '하나 된 우리'를 마셨다. 행복한 행복감이란 그런 것이다. 친구와 '함께'하는 자리는 운치가 있다. 주거 공동체가 아닌 진정한 가정의 식구들이 '함께'하는 식사 자리에는 기쁨이 넘쳐흐른다. 행복은 항상 보너스 선물을 동반하고 온다.

공존의 진실

공존 지향적 행복추구는 자아의 이기주의를 벗어나 '함께'의 기쁨을 찾는 것이다. 그런데 이미 살펴본 것처럼 동일한 공존이라도 서구적 관점과 동양적 관점은 조금, 그러나 본질적으로는 많이 다르다.

근대 서구의 주체, 즉 개인주의를 비판한 E. 레비나스는 우리가 이미 살펴본 것처럼 간주체적 공존을 위한 상호 타자성의 수용을 강조하였다. 이러한 포스트모더니즘적 사고는 이기적 개인이 자신의 독단과 아집을 버리고, 타자의 얼굴과 타자의 소리에 귀를 기울이자는 데에 의의가 있다. 그리고 이는 근대 이후 사라지지 않는 서구문화우월주의적 내지 제국주의적 문화를 생각할 때 장족의 발전을 한 것이다. 그럼에도 불구하고 공존으로의 길이 쉬워 보이지는 않는다. 사실 현실은 공존을 통한 인류의 행복이 '부재'라는 단어의 유토피아에만 머무르는 것이 아니라, 오히려 이청준이 지적한 것처럼 '당신들의 천국', 즉 실질적 디스토피아로 전락할 가능성을 더 높이고 있다. 왜 그럴까?

　타자성의 수용을 통한 타자로의 나아감은 분명 긍정적이다. 하지만 근본적인 문제가 있다. 타자로의 나아감이 무조건적이 아니라 조건적이다. 즉 그것은 상호 공존이기에 상대방이 나를 타자성의 존재로 받아들여 주는 것이 전제되어 있다. 동시에 주체는 어떠한 경우에도 주체로 머무르며, 상대방에 대한 무조건적 수용이 발생할 수가 없다. 따라서 이러한 관계가 어디로 나아갈지는 쉽게 추론할 수 있다.

　무한 경쟁을 가속화시키는 현대 자본주의사회, 더 많은 스트레스 상태에서 더 빨리, 더 먼저 움직여야 하는 사회에서 공존을 개인의 이익과 연계시켜야 할 수밖에 없다는 유혹은 쉬지 않고 밀려온다. 나아가 베풂이라는 목적을 위해 이윤을 창출하는 본래적 의미의 '사회적 기업'이라 할지라도 빌 게이츠의 창조적 자본주의처럼 현실적인 사회적 기업, 즉 분배와 이윤창출의 공정성을 강조하다 보면, 시장의 이윤창출을 위한 대안으로 전락할 수 있다. RED 캠페인만 보더라도 근본적 목적에서 탈색되어 이윤만을 목적으로 왜곡되게 사용되는 경우가 많기 때문이다. "이 제품의 수익금 중 일부는 우리 사회의 소외된 계층을 위해 사용됩니다!" 얼핏 보면 아름다운 문구지만 구체적으로 수익금의 몇 %를 정확히 어떤 소외 계층을 위해 지출되는지가 명시되어 있지 않다. 이기주의는 언제나 자신을 교묘하게 위장한다.

　조건적 공존은 근본적으로 나의 손해, 나의 이익에 저해가 되지 않을 것을 요구한다. 또한 공존을 위해 비워 낸 주체보다 남아 있는 주체가 강하기에 개인은 언제나 합리적 이기주의, 즉 이기적 목적에서의 공존으로 갈아탈 수 있다. 결국 공존적 행복보다 공존적 이익에 주목할 가능성이 높고, 공존이 내 삶의 행복을 가져다준다는 지혜를 파악하기가 쉽지 않은 것이다. 따라서 '함께'라고 믿다가도 '왜 나만'이라는 생각을 하게 되기 쉽다. 상대방의 반응 없이 홀로 공존을 실천할 가능성이 높지 않은 이유이다. 따라서 공존의 지속성을 유지하기 위해서는 타자성의 수용보다 더 강한 동인이 '나'의 안에 내재되어 있어야 한다.

불교의 연기론이나 장자가 보여 주는 동양적 패러다임은 그런 의미에서 주체중심주의를 넘어선 대안을 제시하고 있다. 왜냐하면 근본적으로 무아론이 연계되어 있기 때문이다. 서구의 포스트모더니즘적 사고와 달리 동양적 사고에는 주체가 남지 않는다. 왜 그럴까? 남아 있어야 할 '나'가 본래 없기 때문이다. 연기론이나 장자에서 보이는 우주론은 구체적이고 개별적인 '나'를 거부하고 자연 내지 우주라는 '거대한 나', 즉 대자아만을 인정한다. 이처럼 개별적인 것으로 보이는 것들이 하나의 거대한 그물로 연결되어 있거나, 모든 것이 신이라고 생각하는 사고 안에 하나의 독립된 주체는 없다.

그러나 동양적 패러다임 역시 문제점을 내재하고 있다. 그것은 사실을 사실로 보지 못하고 있는 것이다. 이미 확인한 것처럼 인간은 무아적 존재가 아니다. 지구상의 70억 인간은 모두 70억의 '나'이며 절대적 일회성의 개체이다. 오온의 주체로서 영적 존재이기 때문이다. 그래서 인간은 흙만의 존재가 아니며, 자연의 일부도 아니다. 인간은 자연 안에 존재하므로, 자연에 존재론적으로 의존하고 있지만 자연과 분리된 존재이다. 인간은 자연을 지혜롭게 사용할 주체이지 자연에 포함된 자그마한 흙덩이나, 거대한 파도의 작은 포말이 아니다. 왜 사람들이 턱낮한 스님의 비유나 파도 이야기, 또는 장자의 글들을 읽으면 감동하면서도 실질적 변화를 이끌어 내지 못하는 것일까? 그것은 그 이야기들이 감동적이고 아름답지만 사실과 다르기 때문이다.

틱낫한 스님은 우주가 있어야 지구가 있다고 한다. 하지만 우주가 있고 지구가 없는 것이 논리적으로 전혀 모순이 아니며, 그 역도 마찬가지이다. 그리고 스님은 우주가 어떻게 있는지는 말하고 있지 않다. 무엇이 있어야 우주가 있는가? 그냥 우연히 생겼을까? 그렇게 말할 수는 없을 것이다. 모든 것은 인과의 법칙을 따르기 때문이다. 존재하는 모든 것은 거대한 그물의 한 코가 아니다. 내가 밥을 먹어야 산다는 것이 밥과 내가 하나라는 것을 의미하지 않는다. 밥은 내 안에 들어와 소화가 되어야 나와 하나가 될 수 있다. 동일한 밥 중 일부가 개의 뱃속에 들어가면, 그 개와 내가 하나라는 말인가? 우리가 밥과 관련하여 얻을 지혜는 그것을 통해 내 생명이 연장되니 감사하는 마음으로 먹을 것과, 낭비하지 말고 가치 있게 먹어야 한다는 것 등일 뿐이다.

그러므로 진정한 공존이 이루어지기 위해서는 바퀴벌레와 내가 원래 하나라거나, 아니면 그 바퀴벌레와 내가 존재론적으로 연결되어 있다는 신화보다 사실적인 패러다임이 필요하다. 그것은 개체들의 독립성을 인정하되, 그 개체들이 운명 공동체임을 인식할 수 있는 패러다임이다. 물론 여기서 일차적인 운명 공동체는 인간이어야 한다. 인간만이 영적 존재이기 때문이다. 그리고 인간과 자연의 경우에는 다른 의미의 운명 공동체로 이해해야 할 것이다. 즉 인간의 존속이 자연을 얼마나 잘 다스리고 유지하느냐에 달려 있으니, 분별력 있게 자연을 대하고 자연을 보호함으로써 궁극적으로 미래세대의 인류에게 생존 가능한 지구를 물려줄 수 있도록 해야 할 것이다.

성경에는 포도나무의 비유가 나온다. 성경은 오랫동안 서구 문화의 이기주의 내지 개인주의에 의해 왜곡되어 해석되어 왔다. 하지만 성경은 그 본질에 있어서, 오히려 동양적 패러다임에 가깝다. 왜냐하면 개인주의가 아니라 공동체주의를 선호하기 때문이다. 예수님은 이를 포도나무 비유를 통해 설명한다. "나는 포도나무이고, 너희는 가지이다!" 이 단순한 말의 일차적 의미는 가지의 존재 가능성이 포도나무와의 연결 여부에 달렸다는 것이다. 하지만 이차적으로 그 안에는 공존사상이 통째로 내재되어 있다. 포도나무는 예수이고 진리이다. 그런데 그 나무에 붙어 있는 가지 중 하나가 혼자 잘되겠다고 양분을 혼자 빨아먹어 버린다면 어떻게 되겠는가? 다른 가지들은 시들게 될 것이고, 그 가지들이 시들면 그도 시든다. 홀로 존재하는 것은 사실 존재할 수 없다. 열매도 맺지 못할 것이지만 맺더라도 온전한 과실이 될 수는 없을 것이다. 가지들은 운명 공동체이다. 그들은 상호의존적일 수밖에 없다.

포도나무 비유와 연기론의 차이는 전자가 가지를 독립된 개인으로 보고 있다는 사실이다. 그리고 그들이 연결되어 있는 하나의 나무는 자연이나 대우주가 아니다. 포도나무는 예수님이며, 성경에서 예수님은 사랑을 의미한다. 따라서 포도나무 비유는 이렇게 해석할 수 있다.

모든 개별적 존재들은 운명 공동체이다. 그러나 그들은 이기적인 본성이 있기 때문에 서로 자신만의 이익을 따라 살 가능성이 높다. 그런데 그렇게 살면 공멸할 수밖에 없다. 따라서 함께 공존하기 위해서는 이기주의의 원리와 정반대의 원리를 따라 살아야 한다. 그것이 바로 사랑의 원리이다. 예수님은 "네 모든 것을 다하여 하나님을 사랑하고, 네 이웃을 네 몸과 같이 사랑하라."고 했다. 왜 내 이웃을 내 몸과 같이 사랑해야 할까? 그 이웃과 나는 운명 공동체이기 때문이다. 나를 사랑하는 것과 너를 사랑하는 것이 분리될 수 없기 때문이다. 그런데 공존을 위해 필요한 사랑은 그렇게 모든 것을 내어 주는 숭고한 희생이나 무조건적 베풂이 아니다. 단지 서로 조금만 배려하고 더불어 살려고 노력하는 정도만 하면 된다. 그 정도의 사랑만으로도 사실 인간관계 안의 공존은 가능하다.

8차원 - 자비/이타적 자기애

나이 쉰넷, 김우수라는 이름의 중국집 배달원이 있었다. 고아로 자라 감옥에도 갔던 그는 선한 마음을 버리진 못했다. 고시원 쪽방에 살았지만 70만 원의 월급을 쪼개 매달 5~10만 원씩 불우한 아이들을 도왔다. 어린이재단 앞으로 4천만 원의 종신보험도 들었다. 이렇게 자신의 불행에서 행복의 향기를 만들던 그는 어느 날 배달을 나갔다가 승용차와 충돌해 숨을 거둔다. 그는 평생 혼자였다. 그의 핸드폰은 울린 적이 없고 메시지함도 비어 있었다. 하지만 무연고자인 그의 빈소에서는 외롭지 않았다. 매일 약 180여 명의 조문객이 다녀갔다. 그들은 평범한 사람들, 생전 모르던 사람들, 하지만 언론 보도를 보고 그를 조문하기 위해 일부러 찾아온 사람들이었다. 한 중국집 배달원이 많은 사람에게 감동과 부끄러움을 안겨 줬다. 빈소에 가득 찬 조문객을 보고 중국집 주인이 울음을 참지 못하며 말했다고 한다.
"우리 아저씨 출세했네. 이렇게 친구도 많이 오고…."

8차원은 단순한 '함께'를 넘어 '내어 줌'으로 나아가는 존재 양식이다. 그것은 삶의 지향점을 타인과 모든 존재하는 것에게로 확장한다. 그리고 긍휼과 자비를 통해 자신의 영역을 7차원의 공존보다 조금 더 다른 존재에게 양도하고, 그 안에서 행복을 찾는다. 이렇게 공존 지향적 인간이 자신의 영역을 타인에게 더 내어 줄 때, 이타적 자기애가 드러난다.

인간에겐 타 존재를 불쌍히 여기는 긍휼과 자비 그리고 측은지심(惻隱之心)이 있다. 측은지심은 몸과 역행하는 영적 마음이다. 이타적인 행위는 이 마음이 없이는 불가능하기에 동물에겐 순수한 이타성이 존재하지 않는다. 동물학자들은 동물에게도 이타적 행위가 존재한다고 주장한다. 물론 이타적으로 보이는 행위는 존재한다. 하지만 그 모든 행위는 이기적 본능으로부터 발생한다. 참돌고래는 다쳐서 숨지기 직전 숨을 쉬기 어려운 동료 고래를 4~5마리의 동료 참돌고래가 수면 위로 밀어 올려 숨을 쉴 수 있도록 도와준다. 벌이 침을 쏠 경우, 낚싯바늘 형태로 된 벌침의 끝이 안쪽에 있는 내장과 독액샘에 연결되어 있어서 한 번 침을 쏘면, 내장도 함께 빠져서 죽게 된다. 하지만 독액 냄새는 집단적 공격을 하도록 다른 벌들을 자극한다. 그리고 이러한 행동을 통해 여왕벌의 번식을 도우며 군집을 보호하는 이타적 결과를 낳는다. 또 큰박쥐는 출산하는 암컷의 순산을 도우며, 개미는 다른 개미가 위험에 처할 때 자신을 돌보지 않고 돕는 모습이 자주 발견된다.

동물의 이타심은 그러한 행동이 종족 보존에 유리하기 때문에 각인된 본능이다. '착한 삼촌이론'(good-uncle Theory)이 설명하는 것처럼 스스로를 돌보지 않고 이타적인 행위를 하지만 종족의 차원에서 보면 결국은 이타성으로 보이는 확장된 이기주의이다. 그런 이유로 개미를 비롯한 모든 동물들은 다른 집단에게까지 이타심이 이어지지 않는다. 그러나 인간은 다르다. 인간은 종족보존과 전혀 관계없는 이타적 행위를 한다. 아니 아무런 이유가 존재하지 않는 상황에서 자신과 아무 관계가 없거나, 심지어 자신에게 해를 끼치려는 타인이 단순히 어렵다는 이유로 돕는 존재는 인간이 유일하다. 쓰나미나 지진으로 피해를 보고 있는 타민족을 위해 경제적 물질적인 도움을 주는 행위는 인간에게만 볼 수 있는 선이다. 압제에서 신음하고 있는 타민족을 돕기 위해 희생을 감수하는 동물이 어디 있는가?

순수한 이타주의가 인간 고유의 영역인 이유는 그것이 행복을 가져다주고, 행복은 영적인 것이기 때문이다. 인간의 긍휼과 자비심은 영으로부터 나오는 것이지 몸으로부터 나오는 것이 아니다. 무엇보다 인간은 그러한 자신의 모습을 반성적 사유를 통해 깨닫는다.

연 매출 2,596억 원, 직원 200여 명의 BT&I 여행사 송경애 대표는 단돈 250만 원으로 사업을 시작했다. 공항에서 직접 명함을 돌리며, 발품을 팔아 회사를 키웠다. 그리고 대학 때 하반신을 못 쓰는 걸인에게 점퍼를 사 준 후 도움의 삶을 지속하여 10억 원 이상을 기부했다. 사후엔 두 아들에게 유산을 물려주는 대신 아이들 이름으로 공익재단을 만들 것이라고 한다. 그녀에게 유산 기부는 사회를 더 따뜻하게 하는 일이다. 그리고 그것이 자녀에게 줄 수 있는 최고의 유산이다. 왜 이타적인 삶을 사는 것일까? 그녀는 단 두 단어로 요약한다. 측은지심과 행복. 그녀는 행복을 아는 사람이다.

착한 마음의 이타적 자기애는 행복해지기 위해 선한 일을 하는 것이 아니다. 그들은 선한 일을 하고 그것을 통해 행복을 발견한다. 따라서 우리는 이타주의적 자기애와 이타주의적 이기주의를 구분해야 한다. 이타주의적 이기주의라니? 이타주의가 이기적일 수 있단 말인가? 본능적 욕망이 이성을 통해 세련되게 표현되면 가능하다.

칸트는 행위의 동기가 중요하다고 했다. 사실 그렇다. 인간에게 영적 영역과 몸적 영역이 있기에 이타적 행위도 서로 다른 동기에서 발생할 수 있다. 선행을 한다는 것이 선한 마음에서 순수하게 나오지 않을 때, 그 행위는 다른 욕망의 대상을 향한다. 일련의 정치가들 같은 이타적 이기주의자는 자신의 이해관계가 얽혀 있을 때만 선한 행위가 필요한 장소에 모습을 드러낸다. 연말연시나 특별한 날, 고아원 등을 방문하거나 수해 지역을 방문하는 일부 정치가들은 다른 사람을 도우러 가는 것이 아니라 표심잡기를 하러 가는 것이다. 행위의 본질이 '도움이 필요한 사람'에 있지 않고 '도움을 이용할 사람'에 있는 것이다. 결국 선한 일을 하지만 발견하는 것은 행복감뿐이다. 그들은 행복이 선한 일의 동기가 아니라 선한 일의 결과로 주어지는 선물이라는 사실을 모른다. 그래서 그들에겐 이타적 행위는 있지만 이타적 삶이 없다. 반면 진정 이타적인 사람은 이타적 삶을 산다. 행복의 가치를 이해하기 때문이다.

홉스나 순자는 인간을 이기적이라 정의했다. 아담 스미스도 인간의 이기주의를 바탕으로 자본주의를 제창했다. 이기주의자들은 인간의 이타적 행위조차도 동기는 이기적이라고 말한다. 이러한 주장은 그 자체가 귀납의 오류이므로 일고의 가치가 없음에도 불구하고 적지 않은 사람들이 그렇게 믿고 있다. 하지만 홉스나 아담 스미스의 오해는 인간의 개념을 정확히 이해하지 못한 데에 기인한다. 인간이 이기적인 것이 아니라 몸이 이기적인 것이다. 영은 탈이기적이다. 물론 영은 자신이 이기적 존재가 될지 탈이기적 존재가 될지 선택할 수 있고 그에 따라 삶의 방향을 설정한다. 그래서 인간은 몸적 자아를 의미할 수도 있고 영적 자아를 의미할 수도 있다. 그렇다면 인간의 영이 선하며, 이타적임에도 불구하고 왜 대부분의 사람들은 이기적이 되는 것일까? 왜 인간의 본성이 이기적인 것처럼 보이게 된 것일까?

'나'는 이타적일지라도 내가 존재하는 몸이 이기적이기에 그리고 삶은 몸을 통해 이루어지는 것이기에, 많은 경우 영적 '나'는 간과되고 몸적 자아가 형성되기 때문이다. 그런데 흥미로운 점은 인간이 더 이상 몸의 욕망을 따를 수 없는 상황이 될 때, 이기적인 인간의 모습이 변한다는 사실이다. 그것은 욕망으로 가득 찬 자아가 더 이상 몸이 정상기능을 유지할 수 없다고 느낄 때이다. 실제 인간이 죽음을 느끼고 죽음이 앞에 있음을 실감하면, 자연스럽게 그동안 그토록 집착했던 욕망의 껍질들을 벗어버리는 것을 목격할 수 있다. 그러면 그 딱딱하게 굳은 이기주의의 껍질들 안에 오랫동안 갇혀 있던 '나'의 이타적 영이 깜빡거리기 시작한다. 그리고 말한다. "지금까지 내가 좀 심했지?", "날 용서해 주겠니?", "널 사랑한다!" 등 임종의 순간에 대부분의 인간은 몸을 벗고 '나'의 본래 모습으로 돌아간다.

죽음 앞의 변화는 극악한 사형수도 예외가 아니다. 예전에 사람 몸에 염산을 붓고 태워 버리는 등 온갖 반인륜적 범죄를 저지르며, 전국을 공포에 몰아넣었던 폭력조직 막가파가 있었다. 그 조직의 행동대장은 사형집행을 기다리던 중 한 목사님으로부터 전도 받고, 어린아이같이 순해졌다고 한다. 결국 마지막에 그는 자신이 죽인 사람들과 가족에게 속죄의 눈물을 흘리고 자신의 눈을 기증했다. 실제 대부분의 사형수들은 감옥 안에서 종교를 받아들이고 참회의 마지막을 보낸다. 이러한 그들의 행위에 은폐된 이기주의가 존재할까? 가식적인 자기만족의 동기가 있을까? 만약 '있다!'라고 말하는 사람이 있다면 그는 참 인생을 불쌍하게 살아가는 사람이다.

우리 주위엔 수많은 8차원적 존재들이 있다. 3차원의 이타적 이기주의자들과는 숨 쉬는 공기가 다른 사람들이다. 그리고 그들은 카네기나 빌 게이츠같이 예외적인 사람들에게만 해당되는 것이 아니다. 자신의 생활이 넉넉하지 않음에도 불구하고 자신보다 더 불우한 이웃을 생각하고, 실제 그들을 위해 행동하는 사람들이 적지 않다. 2011년 일본 동부지역 대지진과 쓰나미로 수많은 사람이 죽고 방사선에 오염되고, 추위에 떨며 고통스러워하고 있을 때도, 일제 36년의 억압 속에서 신음했던 한국 사람들이 너도 나도 할 것 없이 도움의 손길을 던졌다. 바보의사 안수현[27] 씨는 파업으로 인해 의사들이 없을 때 혼자 중환자실을 지키고 치료비가 없는 환자들을 자신의 카드로 계산해 주고 환자의 죽음을 가족의 죽음처럼 슬퍼하며, 누구에게나 친절로 다가갔던 평범한 의사였다. 그가 33세의 젊은 나이에 유행성출혈열로 삶과 이별했을 때 각계각층에서 4천 명 이상 되는 사람들이 그를 조문했다. 그중에는 병원 청소부 할머니, 병원 앞 구두닦이 할아버지도 있었다. 그는 누구에게나 따뜻하게 대해 주던 사람이었다.

타인을 돕는 사람은 결국 도움과 위로를 주는 사람이다. 날개를 달아 주고 날개로 덮어 주는 사람이다. 그리고 그것을 통해 행복을 느끼는 사람이다. 이기주의의 '움켜쥠'이 사라질 때, 이타주의를 통해 자연스럽게 손을 펴게 될 때 인간은 움켜쥠이 주는 모든 고통으로부터 자유로워지고, 펴는 손 너머로 보이는 밝은 미소에 기쁨을 얻는다. 이렇게 사는 사람은 무엇을 먹어도 맛이 있다. 일부러 맛있게 먹는 것이 아니라 실제 맛있다. 그리고 제일 맛있을 때는 당연히 자신이 떠 준 국밥을 맛있게 먹고 있는 노숙자나 환자들과 함께 먹을 때일 것이다. 그리고 세상이 아직도 밝은 이유는 이렇게 많은 사람들이 세상의 빛이 되어 어두움 안에서 힘들어 하는 이웃에게 희망이 되어 주기 때문이다. 1988년 라면과 냄비 하나로 도시 빈민 무료급식을 해 유명한 '밥퍼' 최일도 목사님도 그 희망을 노래했다.

> "하늘을 높이 나는 새는 강을 어떻게 건널까 염려하지 않습니다.
> 괴로움이 있는 곳엔 반드시 희망이라는 도움의 날개가 있습니다."[28]

자비를 넘어서

어떤 사람들은 남을 돕는 일을 천직으로 생각한다. 그들은 그 일 안에서 의미를 발견한다. 국제구호단체나 다양한 구호기관에서 직업적으로 일하는 사람들에게 '왜 그 일을 하는가?'라고 물어보면 대부분의 경우 '그냥 그 일이 좋아요!', '보람을 느껴요!'라고 대답한다. 이것은 그들의 내면에 있는 이타적 영이 무의식적으로 발현되는 경우이다. 삶이 욕망이라는 호두껍질로 아직 딱딱하게 굳어 있지 않은 사람들은 내면의 영이 바깥으로 드러날 가능성이 그만큼 크다. 따라서 그들은 그 이유를 묻지 않고 그 일이 재미있다고 생각한다. 물론 이 재미는 대상의 자극으로 발생하는 2차원이 아니라, 내 안에서 나오는 8차원적 재미이다.

7차원의 공존과 8차원의 이타가 지니는 구체적인 차이는 무엇일까? 7차원의 공존 지향적 사람도 이타적 행위를 한다. 8차원과의 차이는 그들의 이타주의가 단순히 타인을 위한 것이 아니라, 공존의식에서 비롯된 것이라는 사실이다. 다시 말해 인간에 대한 순수한 긍휼의 마음이 아닌 원-원의 관계가 행위 동기가 된다. 따라서 '그냥 주는' 것이 아니라 '서로에게

도움이 되기 위해' 준다.

    그런데 자신의 공간을 내어 준다는 관점에서 보면, 자비에는 아직 베푸는 주체가 남아 있다. 자비는 언제나 '내가 너에게' 베푼다. 그러므로 나의 것, 나의 영역 그리고 나의 삶은 아직 존재하며 난 그 안에서 의미를 발견하고 살아갈 수 있다. 하지만 자신의 공간을 모두 내어 주고 상대방을 가득 채움으로써, 자신은 사라져 버리는 차원이 있다. 그것은 바로 9차원이다. 9차원에서 인간은 자신을 모두 내어 줌으로써 자비를 넘어선다. 그 안에서 그는 베풀지 않고, 죽는다.

제4장

9차원의 사랑

사랑한다는 것은 죽는 것이다.

나의 공간을 비워 그 사람으로 채우고

나는 그의 공간 안으로 들어가

용해되어 소멸된다.

제4장
9차원의 사랑

드러나지 않아 모르는 사이가 있고,
드러나도 드러내지 않는 사이가 있다.
드러난 김에 드러내 놓는 사이가 있고,
드러나면 들어내 버리는 사이도 있다.

그런데
드러나도 그런가 보다 하는 사이가 있고,
드러나도 그럴 수 있지 하는 사이가 있다.
그리고
드러나도 덮어 주는 사이가 있고,
드러난 것이 없는 사이도 있다.

관계는 많지만
사랑은 하나이다.
사랑하거나 사랑하지 않는다.
그래서 사랑은 윤리를 모르고
다양성을 모른다.
반민주주의적이며 독단적이고,
파괴적이며 배타적이다.

그래서 사랑은 빛이다.

빛은 소리 없이 비추이고
소금은 소리 없이 녹으며
눈은 소리 없이 덮인다.
사랑은 침묵이다.
침묵은 모든 것을 말한다.
침묵으로 모든 것을 듣는다.

이해할 수 없음의 인정이
이해할 수 있음의 시작이다.
무한과 신비를 선물하고
수줍음을 돌려 받는다.
발가벗은 몸에
환희와 축제의 빛을 입는다.

이성이 광기를 만나 춤추고,
중독의 향수에 취한다.
피가 튀고
살이 터져 나온다.
찢어진 입 사이로
신음소리가 흘러
거대한 미소가 흘러나온다.
사랑하는 것은 죽는 것이다.
죽음으로 말하는 것이다.

"나는 너를 사랑한다!"

빅토르 위고(Victor-Marie Hugo)는 "우주를 단 하나의 사람으로 줄이고 그 사람을 다시 신에 이르기까지 확대하는 것, 그것이 바로 사랑이다."라고 했다. 워즈워즈(William Wordsworth)는 "사랑은 서로가 서로에 속해 있음을 보여 주는 것이다."라고 했다. 그리고 프롬(Erich Pinchas Fromm)은 "사랑은 주는 것이다."라고 했다.

이 세상에서 가장 신기한 단어는 '사랑'이다. 누구나 사랑을 안다. 교육을 받았건 아니건 사랑을 모르는 사람은 없다. 그리고 누구나 하고 싶어 한다. 사랑에 대한 그리움은 보편적이다. 그런데 신기한 일은 누구나 느낌으론 사랑을 다 알고, 또 사랑을 원하면서도 정작 사랑이 정확하게 무엇인지 물어보면, 선뜻 대답하지 못한다는 사실이다. 모두가 다 원하고, 모두가 다 아는 것 같은데, 사실 아무도 모르고 있는 것 같다? 실제 사람들은 늘 자신이 생각하는 사랑을 말한다. 킴 카잘리는 "서로를 간직하고 있음을 아는 것"이 사랑이라 했다. 포우는 사랑을 "작은 기도를 드리는 것", "작은 촛불"이라고 했고, 키츠는 "그 사람을 웃길 수 있는 능력"이라고 했다. 그리고 괴테에 의하면 "사랑은 보석의 크기보다는 반지를 귀하게 여길 줄 아는 마음"이다. 사랑은 주관적인 것 같다.

그렇다면 객관적 사랑은 존재하지 않는다는 것인가? 만약 그것이 사실이라면 지금 나의 사랑이 진정 사랑인지 아닌지 어떻게 알 수 있단 말인가? 야타족의 사랑, 플라토닉 러브, 동성애 그리고 동물사랑 등등. 모두 다르다는 것은 사실 아무도 모른다는 말이다. 그렇기 때문에 아이러니한 일은 아무도 정확히 모르는 그 사랑을 인류는 지금까지 단 한 명의 예외도 없이 원하고, 어떤 방식으로든 하고, 실망하고 그리고 그리워하며 살아왔다는 사실이다.

진리는 스스로를 통해 증명된다. 사랑은 주관적인 것이 아니다. 사랑은 객관적이고 또 절대적이다. 세상에는 단 하나의 사랑만이 존재한다. 그렇기 때문에 우리는 사랑하거나 사랑하지 않는다. 다양한 종류의 사랑을 하는 것이 불가능한 이유는 실제 다양한 종류의 사랑이 존재하지 않기 때문이다. 내가 누군가를 사랑한다면 나는 그 존재를 사랑하는 것이다. 사랑하지 않는다면, 아무리 다양한 기호를 통해 사랑을 의미화하려 해도 사랑은 만들어질 수 없다. 바로 그렇기 때문에 객관적인 단 하나의 사랑이 무엇인지를 알아야 한다.

누군가를 사랑한다는 것 - 사랑의 원형

'사랑'은 없다. 지구상의 모든 사랑을 포괄하는 하나의 명사는 존재할 수 없다. 그래서 '사랑'은 '사랑한다는 것'이다. 정확히 '누군가를 사랑한다는 것'이다. 사랑에는 반드시 대상이 있어야 하기 때문이다.

나는 마리아를 사랑하는가? 만약 이 질문에 'Yes'라는 대답이 나오려면 정말 나는 마리아를 사랑해야 한다. 그런데 내가,

1) 마리아를 사랑한다는 것은 마리아 자체를 사랑한다는 것이다. 그런데 부분은 전체가 될 수 없다. 따라서,

2) 마리아 자체를 사랑한다는 것은 마리아 전체를 사랑한다는 것이다.

결국 사랑한다는 것의 고유성은 그 존재의 전체를 있는 그대로 받아들인다는 데 있다. 전체 중 일부만을 수용한다면 그것은 사랑하는 것이 아니라 좋아하는 것이다. 그래서 우리는 "나는 너의 성격이 좋아!"라고 말할 수 있다. 하지만 엄밀히 말해 "나는 너의 성격을 사랑해!"라고 말할 수

없다. 그때 성격은 그 존재의 일부에 불과하기 때문이고 사랑은 존재 전체를 향해야 하기 때문이다. 진리는 항상 전체이다.

'누군가'의 전체!

혹시 당신도 지금 누군가를 사랑하고 있는가? 그런데 정말 그 존재를 사랑하고 있는지 궁금한가? 사랑한다면 그 존재의 전체를 수용할 것이다. 문제는 그 사람의 '전체'가 무엇인가 하는 것이다.

한 사람의 구성요소들은 학력이나 외모 그리고 성격 등 다양하다. 그것들을 당신은 모두 경험적으로 확인할 수 있고, 수용가능한지 여부를 판단할 수 있다. 그런데 당신이 판단할 수 없는 것이 있다. 그것은 그 존재의 타자성이다. "왜 그 사람은 양말을 꼭 뒤집어서 아무 데나 던져 놓을까?", "왜 치약을 위에서부터 짤까?", "왜 약속을 하면 늘 30분은 사람을 기다리게 할까?" 그리고 "왜 백화점에만 가면 기분이 전환된다고 하는 것일까?" 등 타자성이란 상대방이 이해하기 어렵고 또 받아들이기도 힘든 개인만의 고유한 속성을 의미한다. "왜 너는 항상 내가 바라보아 주기를 원

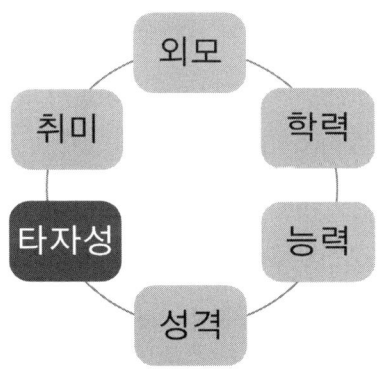

하는 그 자리에서 나를 바라보아 주지 않니?" 문득 느껴지는 그 사람의 낯설음, 그 사람으로부터 나오는 차가움 그리고 함께하는 것 같으면서도, 모든 것을 공유하고 있는 것 같으면서도, 마치 서로 다른 자리에 있는 것만 같은 생소함. 그래서 타자성은 '신비'이다. 그것은 알 수 없음, 불확실성, 거리 그리고 영원으로의 분리를 의미한다.[29]

　사실 인간이 서로를 이해하기 어려운 것은 자연스러운 현상이다. 수십 년 동안 자신만의 환경 속에서 살아온 존재이다. 우리는 서로를 절대 온전히 이해할 수 없다. 그러므로 이 타자성의 수용 여부가 전체라는 단어의 핵심이 된다. 타자성도 그 사람의 일부이기 때문이다. 이해할 수 없음이 이해할 수 있음의 대상이어야 하기 때문이다. 진정 자신을 사랑해 주는 사람을 만나기 위해 거지로 변장하고 거리를 헤맨다는 동화 속의 왕자 이야기가 있다. 그는 진실된 사랑을 원한다고 하지만 사실은 사랑을 오해한 것이다. 변장을 통해 돈이나 신분만을 보는 사람을 벗어날 수 있을지는 모른다. 하지만 그는 자신이 사랑할 사람에게 있는 그대로의 자신을 보이지 않았다. 그리고 그렇다면 그는 상대방이 자신을 사랑할 기회 자체를 박탈한 것이다.

　당신은 어떤가? 당신은 지금 당신이 만나는, 아니면 만나게 될 그 사람의 전체를 받아들일 수 있는가? 쉽진 않겠지만 아마도 당신은 "그렇다!"라고 할 수 있을 것이다. 노력하고 있다고 말할 수 있을지 모르겠다. 하지만 아직 끝난 것이 아니다. 지금까지의 것도 아직은 전체가 아니라 부분이다. 그것은 그 사람의 현재에 불과하다. 그 사람에게는 과거도 있다. 과거에 어쩌면 내가 이해할 수 없는, 또는 용납하기 어려운 삶을 살았는지 모른다. 결혼 첫날밤 "이제 솔직하게 서로 고백하고 멋지게 새로 시작하는 것이 어떨까?"라는 질문에 순진하게 응답한다면 멋지게 새로 시작하지 못할 가능성이 높다. 사실 존재하지 않는 과거 때문에 헤어지자고 하는 사람과는 신속하게 헤어지는 것이 좋다. 누군가를 사랑할 마음이 있는 사람이라면, 적어도 더 이상 존재하지 않는 과거의 흔적 정도를 문제 삼지는 않을 것이다.

문제는 미래이다. 미래는 그 사람의 '변화 가능성'을 의미한다. 변화 가능성은 문자 그대로 모든 가능성을 향해 열려 있다. 그것은 당신에게 기쁨을 의미할 수도, 반대로 고통을 동반할 수도 있다. 멀쩡하게 직장에 잘 나가던 남편이 갑자기 다 때려치우고 집에서 글이나 쓰겠다고 한다면 어떻게 해야 할까? 아내가 갑자기 다른 사람을 사랑하게 되었다고 한다면? 그것도 그 상대가 나의 가장 친한 친구라면? "이럴 줄 몰랐는데, 배신당한 기분이야!", "정말 실망이야, 당신이란 사람을 안 게 후회된다!" 사람들은 충격이라 말한다. 하지만 변화는 누구에게나 온다. 그리고 대부분 자신의 선택 영역 너머에 있다.

사랑하는 사람에게 당신이 원하는 것은 분명하다. "변하지 말고 항상 본래의 모습 그대로 있어 줘!" 신실하게, 신뢰할 수 있는 모습 그대로! 그런데 지금 불가능한 요구를 하고 있는 것을 아는가?

만약 영원히 변하지 않을 존재를 원한다면 다이아몬드를 사라. 다이아몬드는 언제나 처음 모습 그대로 당신을 향해 빛을 비춰 줄 것이다. 다이아몬드는 언제나 동일하다. 왜 다이아몬드는 변하지 않을까? 인간이 아니기 때문이다. 인간은 변한다. 왜 변할까? 인간은 다이아몬드가 아니기 때문이다. 환경에 의식적으로 반응하고 적응하는 존재이기 때문이다.[30] 인간은 어떤 형태로든 변할 수밖에 없다. 변하지 말라고 요구하는

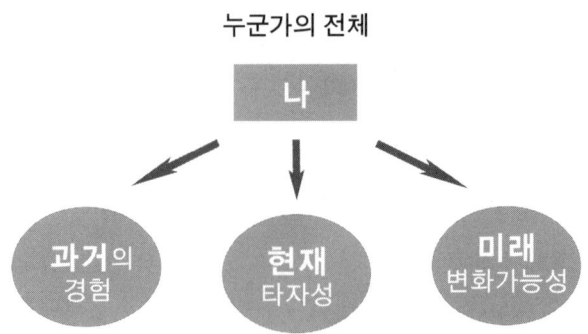

것은 어떤 의미에서 인간이기를 포기하라고 하는 것과 같다.

한 존재의 전체는 그의 과거, 현재의 타자성 그리고 미래의 변화 가능성을 모두 포함한다. 따라서 당신이 어느 시점에 누군가의 이 모든 것을 있는 그대로 인정하리라는 것을 알고(知), 느끼고(情) 그리고 의지적으로 결단한다면(意), 다시 말해 당신의 마음이 온전히 그 존재를 받아들이게 된다면, 그때 당신은 처음으로 그 사람에게 말할 수 있다. "나는 당신을 사랑합니다!" 그때 당신은 그 사람을 진정 사랑하고 있다. 그리고 그때 당신은 자신이 무슨 말을 하고 있는지 정확히 이해하고 있다.

사랑하는 나

그렇다면 누군가의 전체를 있는 그대로 받아들일 때, 즉 그 존재를 사랑할 때 나 자신에게는 어떤 변화가 일어날까? 사랑을 변증법적으로 관찰해 보면 알 수 있다. 변증법의 기본 구조는 정-반-합이다.[31] 먼저 사랑을 만나지 않은 나는 항상 내 안의 세계에 머무른다. 자신에 대한 열림과 타자에 대한 닫힘, 정(Thesis)으로서 그것은 자신의 성공과 향유 그리고 미래만을 생각하는 이기주의적 삶이다. 때로 그는 누군가를 사랑한다고 말하지만 그때 '사랑'이란 기호의 의미는 '소유'이다. 그는 상대방의 특정 조건이 맘에 들어 그를 좋아하고 가지려 하게 된다. 자신의 부족한 면만을 계산하며 채우려는 조건적 관계인 것이다. 따라서 그가 진정 바라보는 것은 오직 자기 자신이다. 그의 시선은 타자를 향할지 모르나 결국은 그 타자를 돌아 자신에게 돌아온다. 그는 시선을 자신으로부터 분리시키지 않는다. 자기중심주의(Egocentrism)는 사랑을 모르는 나, 사랑이라고 착각하고 사는 나 그리고 사랑을 잊어버린 나의 모습이다.

그런 나에게 누군가가 나타난다. 관계가 시작된다. 그리고 어느 순간 그 사람을 사랑하게 된다. 그때 나는 자신의 껍질로부터 나온다. 나에 대한 닫힘과 타자에 대한 무조건적 열림, 헤겔이 반(Antithesis)이라고 부르는 그것은 타자만을 아는 '비윤리적 의미로서의' 사랑이 지니는 특징이다. 자신을 포기하고 타자의 부족한 면만을 채워 주며 그 존재만을 바라보는 무조건적 지향성은 결국 자아의 부정을 의미한다. 그것은 말 그대로 '광기'이다. 자기를 부정한다는 것은 단순한 부정이 아닌 타인 안으로의 녹아들어 감을 의미하기 때문이다. 자기 자신만이 아니라 자신의 모든 사회적 관계도 함께 용해되어 버리기 때문이다. 그렇기 때문에 사랑의 갈등은 나와 너의 갈등이 아니다. 그것은 항상 자기 안에 갇힌 나와, 자기를 버리려는 나 사이의 갈등이다.

하지만 죽으려고 하는 자는 산다. 자신을 포기한 '나', 그는 사랑 안에서 합(Synthesis)의 과정으로 나아간다. "너 미쳤니?"라고 묻는 친구에게 "아니! 난 이제 비로소 삶을 찾은 것 같아! 나의 시간이 이제 시작된 것 같아!"라고 말한다. 그리고 새로운 자기(Self), 새로운 '나'로 다시 태어난다.

그것은 과거의 자신이 아니다. 그것은 죽고 새롭게 부활한 자기이다.[32]

인류가 지구상에 등장한 이래로 사랑이라는 단어가 사라진 적은 없다. 모든 사람들은 사랑을 원하고 그리워하며, 사랑을 한다고 믿고 때로는 사랑을 위해 죽는다고 말한다. 하지만 단어가 존재한다고 의미가 함께하는 것은 아니다. 인간의 사랑은 때로는 소유고, 때로는 호기심이고, 때로는 놀이이거나 아니면 집착이며, 때로는 본능이거나 불쌍한 마음의 일시적 표현이다. 슬픈 일이지만 거의 대부분의 사람들은 사랑을 모르고 살다 죽는다. 사랑은 9차원의 영역이기 때문이다. 2차원과 3차원의 삶을 사는 사람에게는 그렇게 멀리 떨어진 세계가 보일 리가 없다. 그래서 단지 소수의 사람들만이 사랑을 조금 알 뿐이다. 그리고 아주 드물게 희생적 자기애처럼 삶과 목숨을 타인을 위해 기꺼이 내놓는 숭고한 선택을 한다.

정리해 보자. 우리는 만약 누군가가 '사랑'이라는 단어를 어떤 존재에게 사용한다면, 구체적으로 어떤 의미가 내재되어야 하는가를 분석해 보았다. 그리고 누군가를 전체, 즉 과거-현재-미래로 받아들이거나 받아들이지 않거나, 사랑하거나 사랑하지 않을 수밖에 없다는 논리적 결론을 내렸다. 이 개념으로부터 선험적으로 도출한 분석적 결론은 '누군가를 사랑한다는 것'의 현실적 가능성이 아니다. 우리는 무엇보다 누군가에게 "나는 너를 사랑해!"라고 말할 때, 그 말의 의미가 정확히 무엇인지를 밝힌 것이다. 만약 누군가에게 "사랑해!"라는 단어를 사용할 때, 그 기호의 시니피에가 완전성을 지니려면 어떤 조건이 나의 내면에 필요한지를 살펴본 것이다. 다시 말해 우리는 사랑의 현실적 형상이 아닌 사랑의 원형을 규명한 것이다.

사랑하는 것, 죽는 것

그러므로 원형으로서의 사랑, 즉 누군가를 사랑한다는 것은 죽는 것이다. 그 사람의 과거, 이해할 수 없는 그 흔적과 현재의 받아들이기 어려운 타자성 그리고 미래의 변화 가능성까지 누군가를 전체로, 그것도 있는 그대로 받아들이기 위해선 내가 존재하지 말아야 한다. 내가 살아 있는 한, 나는 누군가를 있는 그대로 받아 줄 수 없다. 그리고 만약 받아들인다면, 나와 관계하는 모든 사람들은 나를 보고 미쳤다고 할 것이다. 왜냐하면 내가 그 존재 안으로 용해되어 버리면, 아니 그 존재가 내 안으로 들어와 나의 모든 공간을 지배하면, 몸은 나의 몸이지만 실제 내 안에 사는 것은 그 존재이기 때문이다. 그리고 그렇게 된다면 나의 가족, 나의 사회생활 등 모든 관계가 무의미해질 것이기 때문이다. 순대를 싫어하던 내가 순대광이 되고, 멜로영화를 싫어하던 내가 멜로영화만 보게 된다. 친구들과 만나는 것도, 가족끼리의 야유회도, 그렇게 좋아하던 주말 골프 약속도 그 사람과의 약속보다 중요한 것이 없다. 그 존재가 내 안의 모든 공간, 혈관과 신경 그리고 세포 하나하나를 점유하고 있기에 나는 그 사람이 기쁠 때 기쁘고, 그 사람이 슬플 때 슬퍼진다.

찰스 디킨스(Charles John Huffam Dickens)의 소설 『두 도시 이야기』에서 변호사 시드니 카톤은 자신의 재질을 낭비하고 방탕한 삶을 살고 있었다. 그런데 그의 친구인 찰스 다니가 단두대에서 사형을 당하게 되었다. 찰스는 자신이 청혼했다 거절당한 루시의 남편이었다. 그런데 시드니는 어떤 의미에서 자신의 사랑을 앗아 간 친구를 구하기로 결심하고 사형집행 전날 밤 사형수의 옷으로 갈아입는다. 그리고 루시에 대한 사랑을 혼자만 간직한 채, 다음날 찰스 다니를 대신하여 단두대로 향한다.

그 사람이 나의 공간을 차지하고 있다는 사실은 그 존재가 떠나간 후 명확히 확인된다. 공간을 차지하고 있던 그가 떠나면 내 안은 모두 텅 비게 된다. 비유가 아니라 진정 비게 된다. 비어 있기에 공허해진다. 공허하기에 그 빈 공간을 채우기 위해 술을 들이붓는다. 붓고 또 붓지만 조금 있으면 몸 밖으로 빠지고, 그러니 계속 부을 수밖에 없다. 누군가를 사랑한다는 것은 죽은 것이다. 그래서 그 사람이 떠나간 후 다시 살아나기 위해선 오랜 시간이 필요하다. 새살은 쉽게 돋아나지 않는다.

영화 "태극기 휘날리며"는 형이 동생을 사랑한 이야기이다. 영화가 시작되면 형은 이미 동생 안에 용해된 존재로 등장한다. 그래서 반사회적이다. 6·25 전쟁 발발로 동생이 강제로 군복무를 위해 끌려가게 된다. 그 상황에서 형이 해야 할 도리는 당연히 가족을 위해 남고 동생을 위로하는 것이었을 것이다. "위험하고 힘들겠지만 어떻게 하겠니! 잘 다녀오거라! 어머니와 가족은 내가 보살피고 있을게!" 하지만 그는 무조건 동생을 따라간다. 마치 남아 있는 가족을 보살펴줄 다른 누군가가 있는 것처럼. 전쟁터에서 그는 이를 악물고 공산군과 싸운다. 하지만 그것은 애국심이나 군인으로서의 의무가 아니었다. 그가 공산군들을 죽이는 것은 오직 빨리 훈장을 받아 동생을 귀향시킬 목적이 있었기 때문이다. 바로 그런 이유로 동생이 국군 때문에 죽었다고 믿는 순간 망설임 없이 공산군 '깃발부대'의 대장이 된다. 그리고 국군을 사정없이 죽이기 시작한다. 대한민국 국민으로서 그럴 수는 없는 일이다. 하지만 그의 눈 속에 이글거리는 분노는 사랑하는 동생에 대한 복수심 외에 아무것도 아니다. 그것은 사랑의 반사회성에 대한 상징적 표현이다. 애국, 사회적 책임, 법? 그에게는 의미 없는 단어이다. 전쟁터에서 그의 모습은 광기 그 자체이다. 그러던 그가 전투 중 우연히 살아 있는 동생을 만난다. 동생이 살아 있음을 확인하자, 다시 돌아선다. 그리고 자신의 깃발부대원들을 향해 총을 쏘다 전사하고 만다. 제3자가 보면 형의 행동이 이상하게 보일 수밖에 없다. "도대체 뭐하자는 것인가?" 하지만 사랑의 관점에서 보면 형의 행동은 일관된다. 이 영화의 형은 처음부터 존재하지 않았다. 그는 영화의 시작 전, 동생을 사랑한 어느 순간, 이미 동생 안에 용해되어 버렸다. 그는 동생을 사랑한 순간 죽은 것이고, 물리적인 죽음은 사랑의 논리적인 귀결일 뿐이다. 영화 "내츄럴 시티"(Natural City)의 미래헌병은 사이보그 댄서를 사랑한다. 유효기간이 3년인 사이보그의 수명이 다해 갈 때, 그의 유일한 관심은 영화 "태극기 휘날리며"처럼 사랑하는 대상의 생존뿐이다. 그녀를 인간으로 만들기 위해 유전자가 동일한 여성을 찾아 헤매고 헌병으로서 자신의 책무는 전혀 돌보지 않는다. 동료나 상관은 2차적 존재일 뿐이다. 결국 유전자 트랜스가 실패해 그녀가 죽어 가는 것을 보며 그도 사이보그와의 전투에서 사망한다.

"타이타닉"의 연인 그리고 헌병은 프로이드의 오이디푸스에서 법과 사회에 자신을 동일시하지 못하는, 사회화에 도달하지 못한, 아니 오히려 유아기로 역행한 반사회적 베르테르로 보인다. 그들은 소위 '정상'의 입장에선 아직 철이 안 든 어린아이들이다. 사실이 그렇다. 누군가를 사랑하는 사람의 시선은 대상에 고정된다. 그의 망막신경은 중앙에 집중되고 좌우의 움직임을 볼 수 없다.

이처럼 사랑은 죽음이기에 윤리나 사회성을 초월한다. 단지 사랑하길 원하기 때문이다. 책임이란 단어도 모른다. 누군가를 사랑하는 것이 사실이라면 책임이란 단어는 불필요하다. 누군가를 전체로, 있는 그대로 믿어 주는 사람에게 책임을 지라는 말은 난센스일 것이기 때문이다. 그것은 자신에게 1억을 주는 사람에게 100원만 꿔 달라고 하는 것과 마찬가지이다. 책임이라는 말은 사랑이 없는 곳에서만 의미를 지닌다. 그래서 '사랑은 책임지는 것이다.'가 아니라 '사랑이 없는 곳에 책임이 있다.'

두 사람의 사랑

두 사람을 사랑할 수 없다. 한 존재 속으로 용해된 자아, 한 존재에게 죽은 자아가 또 다른 존재 안으로 녹아들어 갈 수는 없다. 그러므로 두 사람을 사랑한다고 말하는 것은 두 사람을 소유하고 싶다는 것이다. 두 사람을 소유하는 것은 가능하다. 소유는 그가 나의 안으로 들어와 용해되는 것이기 때문이다. 사랑은 상대방에게로 나아가는 것이다. 하지만 소유는 상대방을 내게로 끌어들이는 것이다.

사람들은 헤어진 후에 사랑이었음을 깨닫는다고 한다. 하지만 그것은 사랑이 아니다. 과거의 그 사람은 그 사람 자체가 아니다. 그는 내 기억 속에서 아름다운 추억으로 다듬어진 환상의 존재일 뿐이다. 그래서 사랑이라는 생각에 다시 만나면, 아니었음을 다시 확인한다. 사랑이 확인되는 순간, "나는 당신을 사랑해!"라고 말하는 순간 그것은 전체를 의미해야 한다. 그리고 그때 유일하게 '사랑'은 의미를 지니게 된다.

막스 뮐러의 『독일인의 사랑』에서 마리아는 심장이 약해 오래 살지 못할 자신의 운명을 신의 뜻으로 받아들인다. 그래서 자신은 사랑할 수 있는 사람이 아니라고 생각한다. 그런데 그런 그녀를 '나'는 사랑한다. 그녀는 거부하지만 '나'의 사랑은 계속된다. 그래서 그녀는 묻는다. "왜 나를 사랑하는 거지요?" 독일인은 이렇게 대답한다. "제가 왜 당신을 사랑하냐구요? 아기에게 왜 태어났냐고 물어보십시오. 들에 핀 꽃에게 왜 피어나느냐고 물어보십시오, 태양에게 왜 비추냐고 물어보십시오. 사랑할 수밖에 없기 때문에 사랑하는 것입니다."

그런데 독일인이 마리아를 사랑한다고 믿는 것이 순간의 감정인지, 아니면 사랑인지 어떻게 알 수 있을까? 사랑의 모습도 욕망에서 나온 소유

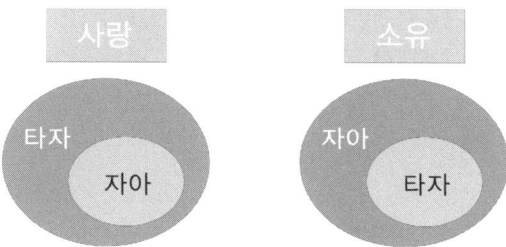

욕도 순간의 형상은 동일하지 않은가? 물론 그렇다 하지만 시간이 안다.

독일인은 마리아가 죽은 후 그녀의 사랑을 인류애로 승화시킨다. 그리고 세월이 흐르고 그도 나이를 먹는다. 그리고 어느 가을날 숲길을 산책하다 문득 깨닫는다.

"'나'의 사랑은 마리아라는 한 점에서 퍼져, 마치 한 방울의 물감이 바다에 떨어져 온 바다로 퍼지듯, 인류에게로 나아갔다. 하지만 이런 조용한 가을날, 홀로 푸른 숲길을 걷다, 자연의 품에 가슴을 대고 엎드려 있으면, 저 밖에 있는 인간들이 있는지 없는지 알지 못하고 이 세상에 나 혼자만이 있는듯이 느껴지고 그리고 그 느낌마저 없어질 지경이 되어 버리면, 나의 사랑이 이 가슴에 소생해 와서, 지금도 나를 신비하고 깊은 눈으로 바라보는 아름다운 존재에게로 흘러가게 한다. 그러면 수백만에 대한 나의 사랑이 단지 이 하나에의 사랑으로 변하고, 바다 끝까지 퍼진 나의 사랑이 다시 한 점으로 몰려와 그 한 존재에게로 향하는 것을 나는 막을 수 없다."

누군가를 사랑하는 순간 그 사랑은 필연이 된다. 그리고 사랑하기에 죽은 존재는 그 상대방의 모든 것을 수용하게 된다. 이 부딪히는 소리, 코 고는 소리 그리고 게걸스럽게 먹어 대는 것에도 불구하고 사랑은 남는다. 알지 못했던, 알 수 없는 그리고 알게 될 수 없는 그것은 공간적 거리를 초월하여 지금, '친숙함'으로 다가온다. 그리고 그 누군가를 진정 전체로 받아들이게 된다. 그래서 독일인처럼 평생 그녀를 잊었다고 생각했지만 한 번도 잊지 못했다는 것을 확인할 뿐이다.

> 그냥 좋은 것이 가장 좋은 것입니다. 어디가 좋고 무엇이 마음에 들면, 언제나 같을 수는 없는 사람. 어느 순간 식상해질 수도 있는 것입니다. 특별히 끌리는 부분도 없을 수는 없겠지만 그 때문에 그가 좋은 것이 아니라 그가 좋아 그 부분이 좋은 것입니다. 그냥 좋은 것이 가장 좋은 것입니다.[33]

그러므로 또 다른 의미에서 타자성은 존재의 힘이 된다. 나는 그를 이해할 수 없다. 나는 이해할 수 없음을 인정한다. 하지만 그것을 통해 이해할 수 없음의 인정이 비로소 진정 이해할 수 있음의 시작임을 깨닫는다. 타자성은 나를 사로잡고, 나의 공간을 비워, 그 존재로 가득하게 만든다.

누군가를 전체로 받아들이려면 나는 죽어야 한다. 언제나 사랑은 죽는 것이다. 오늘, 여기서만, 너의 어떤 점 때문에 그리고 지금 내 안의 무엇을 향한 그리움 때문이 아닌, 단지 그 존재이기에 죽는 것이다.

플라토닉 러브와 첫사랑

사랑이 누군가의 전체에 대한 것이므로 플라토닉 러브는 사랑이 아니다. 정신은 존재의 부분일 뿐이다. 누군가의 부분이 누군가는 아니다. 존재 전체를 사랑한다면 영혼만이 아닌 육체도 사랑해야 하고, 육체만이 아닌 영혼도 사랑해야 한다. 그렇지 않다면, 조금 사랑하는 것이 아니라 그냥 사랑하지 않는 것이다. 그래서 플라토닉 러브는 '야타족'의 사랑보다

고귀한 것이 아니라 동일한 이유로 사랑이 아니다. 하나는 정신만을 하나는 육체만을 선호하기 때문이다. 마리아에 대한 막스 뮐러의 『독일인의 사랑』도, 로테에 대한 베르테르의 사랑도 육체를 배제한 것이 아니다. 베르테르도 로테와의 처음이자 마지막 키스를 통해 사랑을 확인한 후 자살했다. 플라토닉 러브로의 승화를 말하는 것은 숭고하게 보이긴 하지만 사랑은 아니다. 동시에 '첫사랑은 이루어질 수 없다'는 말도 허구이다. 첫사랑이 실패하는 것이 아니라 그 첫사랑이 사랑이 아니었던 것이다. 첫 이성의 만남은 대부분 본능적 흥분 상태에서 끝날 가능성이 높다. 누군가를 사랑할 수 있으려면 본능을 벗어나, 감정을 넘어 이해에 도달해야 한다. 그리고 그 이해가 광기와 만나야 한다. 지정의가 하나로 누군가를 향한다는 것을 이해하지 못하면 사랑은 이해할 수 없다. 하지만 사랑을 이해하기만 하고 죽지 못한다면, 누군가에게 미칠 수 없다면, 그 역시 사랑의 영역으로 넘어설 수 없다.

이성과 광기가 만나 죽는 자리, 그곳에 사랑이 있다. 나의 전체로 있다. 그래서 사랑은 조건을 묻지 않는다. 이성과 광기가 만나기 전, 사랑을 확인하기 전, 조건을 묻는다. 하지만 누군가를 사랑하면 그 누군가를 사랑할 뿐이다. 분명히 알고, 분명히 모르면서 사랑하는 것이다. 결국 누군가를 사랑하거나 사랑하지 않을 뿐이다. 빛이 있거나 아니면 어두움이고, 생명이 있거나 아니면 죽음이 있을 뿐이다. 해가 뜨면 해를 알며 꽃이 피면 꽃을 아는 것과 같다. 따라서 '진정한' 사랑은 없다. '멍청한', '비도더적인', '비신앙적인' 사랑도 없다. 사랑엔 형용사가 없다. 정상, 비정상도 없다. 고상한 사랑도, 촌스러운 사랑도, 위대한 사랑도, 보잘것없는 사랑도 없다. 사랑하거나 아니면 사랑하지 않는다. 에로스는 본질적으로 윤리에 무관심하다. 윤리적이길 원하지도, 비윤리적이길 원하지도 않는다. "타이타닉"에서처럼 사랑은 사회가 준 신분과 관습 그리고 모든 사회적 관계를 거부한다. 그래서 사랑은 항상 비정상으로 정상이 된다.

하나의 사랑

사랑은 나를 잃어버리는 것이다. 잃어버리라는 요구에서도, 잃어버리려는 욕구에서도 그것은 이루어질 수 없다. 사랑이 오면 그냥 나는 존재의 공간을 비우게 되고, 그 사람이 나를 채우게 된다. 서로가 반씩 염색체를 가져와 합치는 것도 아니고 네모와 세모가 서로를 맞추어 가는 것도 아니다. 생물학적으로 이기적인 나의 존재, 나의 몸 안의 모든 것이 비워지고 그 존재로 채워진다. 태어나서 죽을 때까지 인간으로서 유일하게 자신을 비우고 타자로 그 공간을 메우는 장소, 그 자리는 사랑하는 사람이 있는 곳이다.

그러므로 사랑은 하나이다. 누군가를 사랑하는 것은 하나이다. 단지 그 누군가가 달라질 뿐이며 사랑하는 주체는 그 누군가에 따라 다른 사랑의 양태를 보일 뿐이다. 하지만 사랑의 본질은 변하지 않는다. 즉 그 상대방을 전체로, 있는 그대로 수용하며 필요하면 그 존재를 위해 전적으로 희생하는 것이다. 따라서 사랑에 대한 일반적 견해, 아리스토텔레스의 전통에 따라 분류하는 네 종류의 사랑, 즉 아가페(agape), 필리아(phillia), 스톨게(storge) 그리고 에로스(eros)는 엄밀히 말해 하나의 사랑이 보여 주는 다양한 양태에 불과하다. 이 점에서는 플라톤이 옳았다. 플라톤은 에로스를 하나로 보았다. 그리고 그 에로스를 감각적, 미적, 윤리적, 과학적,

마지막 신적 에로스로 구분했다. 하나의 에로스가 지니는 다섯 단계의 모습이다.

옛날 어떤 나라에 한 사람이 큰 죄를 지어 사형 선고를 받게 되었다. 그의 홀어머니는 충격으로 죽게 되었고, 마지막으로 아들의 얼굴을 보고 싶어 했다. 그래서 사형수의 친구가 약속한 날까지 돌아오지 않으면 대신 사형을 당하는 조건으로 친구를 풀어 주고 감옥에 갇히게 된다. 그런데 친구는 3일을 더 연기해 주어도 오지 않았고 결국 그는 형장으로 가게 된다. 하지만 그는 친구에 대해 원망을 하지 않았다고 한다. 그리고 목을 베기 직전 만신창이가 된 친구가 달려오고, 그는 겨우 목숨을 건지게 된다. 왜 늦었느냐는 왕의 질문에 친구는 죽을 고비를 넘기면서도 자신을 대신해 감옥에 있는 친구를 위해 돌아오게 된 사정을 설명한다. 결국 둘의 아름다운 우정에 감동한 왕은 두 친구를 모두 풀어 주었다고 한다.

성경에는 다윗과 요나단의 아름다운 우정이 나온다. 블레셋 장수 골리앗을 이기고 돌아온 날, 요나단의 마음은 다윗과 하나가 된다. 그리고 그를 생명같이 사랑하게 된다. 후에 사울이 다윗을 시기하여 죽이려고 할 때 요나단은 자신의 아버지인 사울에게 다윗을 전심으로 변호하고, 다윗이 안전하게 도망갈 수 있도록 도와준다. 둘이 헤어져야 하는 시간, 서로에게 입 맞추고 함께 울며 평안을 기원하는 장면은 감동적이다. 결국 요나단이 전투에서 사울과 함께 죽었을 때, 다윗은 자신의 옷을 찢고 울며 금식한다. 그리고 이스라엘의 왕이 된 후, 다윗은 요나단에 대한 사랑을 잊지 못해 그의 유일하게 남은 아들, 두 다리가 모두 절름발이인 므비보셋을 왕자 중 하나처럼 왕의 상에서 먹도록 하고, 사울에게 속한 모든 재산을 그에게 준다. 다윗의 행위는 당시 파격 이상이었다. 왜냐하면 절름발이는 부정한 존재로 여겨 일반인들이 가까이 하지 않았기 때문이다. 그런데 그런 그가 평생 왕과 함께 식사를 하도록 했다는 것은 다윗이 요나단을 얼마나 사랑했는지 보여 주는 단면이다.

이처럼 우정도 사랑이다. 우정은 성적 결합을 목적으로 하지 않는다는 점에서 남녀의 사랑과는 방식이 다르다. 하지만 본질은 동일하다.

그러므로 인간 내면에는 보편적으로 사랑, 정확하게 원형인 사랑에 대한 그리움이 내재되어 있다. 인간은 누구나 사랑을 원한다. 2차원이나 3차원적 욕망을 '사랑'이라 부르며 사는 사람들도 실제 사랑이 무엇인지 알고 있다. 그들에게 "사랑이 뭔가요?"라고 물으면 대답을 잘 못하면서도 감동적인 사랑의 장면을 영화에서 보면 예외 없이 사랑임을 감지한다. 더욱 중요한 사실은 사람들이 감동하는 사랑의 모습이 모두 한결같이 동일하다는 점이다. 멋진 남성과 아름다운 여성이 성애를 나누는 장면은 감동이 아닌 흥분을 줄 뿐이다. 감동은 한 사람이 상대방의 허물을 알면서도 끝까지 덮어 줄 때, 또는 상대방을 믿고 끝까지 그 사람의 가능성을 인정해 줄 때, 또는 상대방을 위해 모든 것을 견뎌 내는 모습을 볼 때 일어난다. 이러한 사실이 의미하는 것은 무엇일까? 우리는 지식으로는 사랑이 무엇인지 몰라도 영적인 '나'는 사랑이 무엇인지를 알고 있다는 것을 의미한다. 그리고 더욱 중요한 것은 그것을 배우지 않아도 안다는 것이다. 배우지 않아도 모든 사람이 사랑을 원하고 사실 모든 사람이 사랑을 알며, 모든 사람이 누군가를 사랑하기를 원한다. 그리고 그 사랑은 사랑의 원형을 그리워하고 지향한다. 그래서 모든 사랑은 사랑의 원형을 닮고 있다.

사랑의 차이

우리는 이제 다음과 같은 결론을 확인한다. 인간의 사랑은 어떤 형태이든지 정도의 차이가 있지만 사랑의 원형과 본질적으로 동일하다. 하지

```
        에로스
         우정
        모성애
       희생적 사랑
       사랑의 원형

  이기주의
```

만 동시에 인간의 사랑이 원형에 정확히 부합되게 '누군가를 사랑한다는 것'은 불가능하다. 적어도 사람들은 남녀의 사랑을 모성애와 동일선상에 놓지는 않는다. 그렇다면 동일한 본질에도 불구하고 존재하는 이 차이는 무엇을 의미하는 것일까?

문제는 '나'의 에고이다. 원형으로서의 사랑에서 에고는 완전히 죽는다. 그리고 모든 사랑은 그 원형을 내재하고 있다. 차이는 원형의 지속성이다. 일반적으로 사랑의 원형이 각각의 사랑 내에서 지속하는 시간이 차이가 나는 것이다. 그리고 그 차이의 원인은 에고의 잔존 여부이다. 에고가 존재하는 정도에 따라 '나'의 타자성은 누군가의 타자성과 충돌한다.

위 도식에서 보이듯 이기주의와 사랑의 원형은 절대적인 대립 관계이다. 양자는 서로의 것을 전혀 함유하고 있지 않다. 그러므로 사랑의 원형에는 이기주의가 전혀 존재하지 않는다. 이것을 전제로 우리는 다양한 사랑을 분류할 수 있다.

모든 사랑은 일단 사랑의 원형을 내재하고 있다. 구체적인 현존재의 사랑은 자신의 에고를 비워 내는 정도에 따라 원형에 가까이 다가가게 된다. 하지만 그 원형과 함께 이기주의를 동시에 지니고 있다. 그리고 이기주의를 함유하는 비율 역시 사랑에 따라 모두 다르다.

희생적 자기애

먼저 도식에서 보이는 것처럼 9차원의 사랑이 가장 명확하게 드러나고 이기주의의 요소가 가장 적은 것은 희생적 사랑이다. 희생적 사랑은 거의 사랑의 원형과 동일하다. 사회가 이기적이지만, 그래서 '누군가로부터 사랑받는 것'으로 사랑을 착각하고 있는 현실에서, 오히려 '누군가를 사랑하는 것'을 선택한 사람들이 있다. 그들의 삶을 보면 마치 '누군가를 사랑하는 것'이 받는 것보다 훨씬 더 큰 행복을 부여하는 것처럼 보인다. 지극히 소수이지만 인간의 영이 가장 밝게 활동하고 있는 사람들이다.

평생 몰로카이 섬 나환자들을 위해 살았던 다미앙(Damien) 신부는 그들과 같은 존재가 되게 해 달라고 기도했다. 1884년 섬에 들어간 지 11년째 되던 해, 자신의 몸에도 나병의 징후가 나타나자 그는 이제 진정 나환자들과 하나 되었음을 감사했고, 그 병이 행여 나을까 염려했다고 한다. "나는 이제야 나환자가 되었습니다. 내 희망의 빛이 마침내 실현되었습니다. 이 땅에서 뵈옵는 일은 생각할 수 없을지 모르나, 저 천국에서 뵈옵겠습니다." 그가 자신의 소속 관구 주교에게 보낸 편지다. 그리고 그는 몰로카이 섬 생활 16년만인 1889년 4월에 죽었다.

한국의 손양원 목사는 나환자들의 환부를 어루만져 주고, 냄새나고 불결한 피고름까지 빨아 주며 치료해 주었다. 그는 나환자의 아버지였다. 그는 1950년 9월 28일 공산당에 의해 순교하였는데, 그 전에 자신의 자식들을 죽인 청년을 양자로 삼았다.

우리 자신을 이해하면 이해할수록 누군가를 사랑한다는 것에 의문이 드는 것이 사실이다. 사실 대부분의 사람이 몸 중심적인 삶을 벗어나기 힘드니 그것은 자연스러운 현상이다. 몸은 보이는 것을 따르려 하므로, 보이지 않는 영의 욕망을 따르는 것은 분명 쉬운 일이 아니다.

그런데 분명한 것은 초월적 내지 희생적 사랑을 통해 행복을 느끼는 사람들이 있다는 사실이다. 단순히 자비나 긍휼이 아니라 자신의 모든 이익이나 관심을 포기하고 그것들을 초월하여 희생하는, 사랑의 원형에 근접한 사랑의 형상이 있다는 것이다. '밥퍼'로 유명한 최일도 목사는 자신의 모든 삶을 포기하고 사회적 소외자들을 위해 인생을 바친 분이다. 『그 청년 바보의사』의 주인공 안수현은 33세 유행성출혈열로 삶을 마감할 때까지 자신이 만나는 모든 사람을 사랑했던 청년이다. 돈이 없는 환자에게 카드를 선뜻 내밀고, 아무도 알아주지 않는 낮은 사람들에게 더 낮은 자세로 인사하고, 아무도 돌아보지 않는 환자들을 혼자 돌보며 살았던 사람이다.

마더 테레사(Mother Theresa)는 선교사로 인도에서 봉사하고자 아일랜드의 수도회에 들어간 평범한 알바니아의 소녀였다. 하지만 그녀는 가장 낮은 곳에서 가장 밝은 빛을 뵑힌 '빈자의 어머니'가 되어 '행동하는 사랑'(Love In Action)을 캘커타의 빈민굴에서 전 세계로 전한 여성이었다. 그녀에게는 빵이 없어 죽어 가는 사람만큼이나 사랑을 받지 못해 죽어 가는 사람이 많이 보였고, 이웃에 대한 얼음같이 차가운 무관심이 그녀에게는 가장 큰 악이었다고 한다.

29세에 이미 신학과 철학의 박사였던 슈바이처(Albert Schweitzer)는 아프리카의 비참한 삶을 신문에서 접하고 다시 의학공부를 시작한 후 37세에 아프리카로 떠나 그곳에서 평생 병자들을 치료하며 살았다. 이태석 신부 역시 2010년 암으로 젊은 삶을 등질 때까지 아프리카 수단 남부의 톤즈라는 작은 마을에서 한센병 환자들과 그곳 빈민들을 위한 삶을 살았다. 이 외에도 초월적 자기애를 통해 빛의 삶을 살다 간 수많은 사람들이 있다. 그리고 그들이 어떤 종류의 사람인지는 경기도 마석 모란공원에 안장된 장기려 선생의 비문을 보면 잘 알 수 있다.

"모든 것을 가난한 이웃에게 베풀고, 자기를 위해서는 아무것도 남겨놓지 않은 선량한 부산 시민, 의사, 크리스천. 이곳 모란공원에 잠들다."

동물의 희생

어떤 사람들은 인간뿐만 아니라 동물에게도 희생적 사랑이 있다고 주장한다.

고려 시대 문인 최자(崔滋)의 「보한집」(補閑集, 1230)에는 주인을 구하고 죽은 충견의 이야기가 전해진다. 고려 시대 거령현(오늘날의 전라북도 임실군 지사면 영천리)에 김개인이라는 사람이 있었다. 어느 날 동네잔치에서 술이 취한 그는 돌아오다 풀밭에서 잠이 들어 버렸는데, 때마침 불이나 생명이 위험하게 된다. 그때 그가 기르던 개가 근처 개울에 몸을 적신 다음, 들불 위를 뒹굴어, 불이 주인 옆으로 오지 못하도록 하고, 자신은 죽고 만다. 깨어난 김개인은 충견의 죽음을 슬퍼하며 주검을 묻어 주고 자신의 지팡이를 꽂았다고 하는데, 나중에 이 지팡이가 실제 나무로 자라났다고 한다. 결국 이 고장의 이름이 훗날 '개 오'(獒)자와 '나무 수'(樹)를 합하여 '오수'(獒樹)로 부르게 되었다.

칭기즈칸과 매의 이야기도 유명하다. 하루는 칭기즈칸이 매를 데리고 사냥을 하다가 목이 말라 샘물로 간다. 그런데 그가 물을 떠서 마시려고 할 때 자신의 매가 날개를 쳐서 물을 엎지른다. 화가 났지만 다시 물을 떠서 마시려는데, 매가 또 날개를 쳐서 엎지른다. 결국 그는 칼을 빼서 매를 죽인다. 그리고 조금 뒤 물이 있던 표주박 밑에 독사를 발견하고 자신을 위해 죽은 매를 서글퍼 했다는 이야기이다.

주인을 구한 동물들의 이야기는 세계 곳곳에서 전해진다. 하지만 인간의 희생과 동물의 희생은 분명한 차이가 있다. 전자가 초월적 자기애의 모습이라면 후자는 초월적 이기주의이다. 동물의 희생이 어떻게 이기적인 것일까? 오수의 개나 칭기스칸의 매는 절대 주인 이외의 인간을 위해 목숨을 버리지 않는다. 그것들이 주인들을 위해 목숨을 버린 이유는 그들이 그동안 보살펴주었기 때문이다. 받았기 때문에 주는 것이다. 그리고 그렇기 때문에 동물의 행동은 몸의 영역에 머무른다. 반면 초월적 자기애의 인간은 받았기 때문에 주는 것이 아니라 그냥 준다. 그리고 그것도 전혀 모르는 타인들을 위해서 생명과 삶을 바친다. 일본인을 구하기 위해 지하철에 몸을 던진 이수현 씨는 분명 그 일본인과 전에 알고 지내던 사이가 아니었다. 만에 하나 알고 지냈다고 해도 일상적 차원의 사람이었다면 뛰어들 이유는 없다. 더욱이 한국 민족과 일본 민족이 인간으로서 동일한 가치를 지닌다는 이념으로 희생한 것도 아니다. 그는 사랑의 존재였고 따라서 다른 생명을 위해 목숨을 걸고 뛰어든 것이다.

테레사 수녀나, 슈바이처 박사, 안수현 씨나 장기려 박사 등과 어떤 동물이 유사할 수 있을까? 개인이나 종족을 벗어난 초월적 희생의 모습은 인간만이 가진 고유한 속성이다. 그것은 인간이 질적으로 다른 차원의 존재임을 보여 준다. 동시에 인간의 '나'가 지니는 가치의 극한을 보여 준다. 희생은 사랑의 형상을 지니고 있다. I. 칸트가 말한 것처럼 아무리 사악한 사람일지라도 초월적이고 감동적인 희생 앞에 머리 숙일 수밖에 없으며, "나도 저렇게 되면 좋을 텐데"라고 마음속으로 생각하는 이유는 인간의 내면에 누구에게나 이 희생적 삶을 살고 싶은 사랑의 영이 존재하기 때문이다.

모성애

사랑의 원형을 동일하게 내재하고 있지만 희생적 사랑보다 이기적 요소가 더 함유된 것이 모성애이다. 주고, 주고 또 주어도 사랑스럽기만 한 모습으로 바라보는 어머니의 얼굴은 인간을 사랑한 신의 얼굴을 떠올리게 한다. 모성애는 인간의 사랑 가운데 가장 위대한 것으로 알려져 있다. 그렇다고 아버지의 사랑이 부족한 것은 아니다. 조창인 소설 『가시고기』의 아버지는 다움이를 위해 모든 것을 희생한다. 불법으로 각막을 팔아 아들의 백혈병을 치료해 주고, 아들의 미래를 위해 자신들을 버리고 재혼한 전 아내에게 아들을 맡긴다. 그리고 자신은 정작 간암으로 삶을 마감한다. 새끼들을 위해 모든 것을 희생하는 가시고기처럼 부성애에도 모성애와 같은 희생의 모습이 있다. 모성애와 부성애 모두 사랑이며 '완전한 내어 줌'이다.

그러나 부모의 사랑에는 문제가 있다. 모성애를 보자. 가장 숭고한 사랑의 표본인 모성애는 사실 사랑이 아니다. 모성은 임신과 출산으로 인해 자녀와 '하나'라는 의식에서 좀처럼 벗어나지 못한다. 그래서 그 의식은 양면성을 가지고 나타난다. 자녀를 위해 자신의 모든 것을 내주며 희생하지만, 동시에 그 열정으로 자녀에게 집착한다. 집착은 두 가지 형태로 나타난다. 하나는 '맹목적 감싸기'이고 다른 하나는 '자기 틀에 가두기'이다. 집착은 극단적 이기주의의 모습이다.

　엄마는 자기 아들이 밖에서 맞지 않고 때리고 오는 것을 선호한다. 학교에서 누굴 때려 상처를 입혀도 "어릴 때는 다 그런 거야!"라고 아들을 두둔한다. 무조건 우리 아이에겐 최고를 사 주고, 최고로 잘해 주려 한다. 그것이 정말 아이의 미래를 위해 옳은 것인지는 생각하지 않는다. 또한 엄마는 아들에게 늘 말한다. "아들아! 이 세상에는 두 종류의 사람이 있어! 엄마 말 잘 듣는 사람, 엄마 말 안 듣는 사람! 착한 사람과 나쁜 사람이지! 넌 어떤 사람이 될래?!" 그리고 보충해 준다. "그렇지 않니? 이 세상에 자식이 잘되기를 바라지 않는 엄마가 없잖아! 다 너를 사랑하기 때문이지, 내가 바라는 것은 오직 네 행복뿐이야! 엄마는 너보다 오래 살았잖니? 경험이 있으니 다 알아! 모르는 게 없지! 그러니 쟤는 사귀지 마! 대학은 거길 가야 해. 그래야만 안정되고 고소득을 올릴 수 있어." 그러면서 영화 "라푼젤"에 나오는 마귀할멈의 탑을 쌓고 그 안에 자녀를 가둔다. 엄마가 생각하는 자녀의 '행복 세계'인 '탑' 안에 자녀가 지내기를 강요한다. "라푼젤"의 마귀할멈은 엄마와 분리된 사악한 존재가 아니다. 그녀는 사실 엄마 안에 내재된 이기주의의 사악한 측면을 상징한다. 이처럼 집착은 자녀를 맹목적으로 인정하거나, 반대로 '있는 그대로' 인정해 주지 않는 양극의 모습을 보인다. 집착은 모성의 그림자이다.

　부성은 모성과 달리 자녀와 '거리'가 있다. 따라서 자녀를 '있는 그대로' 인성해 준다. "그래 너무 공부만 하지 않아도 돼! 건강이 최고지! 아빠가 뭐 맛있는 것 사 줄까?", "뭐 놀고 싶다고? 그래 좀 쉬면서 해라!" 아버지의 사랑은 자녀를 자신의 틀에 가두지 않는다. 동시에 아버지는 '맹목적 감싸기'로부터도 자유롭다. 아버지는 아이가 바르지 못할 때 따끔하게 혼내 준다. 아이를 바른 길로 훈계하고 지도한다. 아버지의 사랑은 집착으로부터 자유롭다. 하지만 부성애에도 이기주의의 그림자가 있다. 그것은 무관심이다. 그리고 그 무관심 역시 두 가지 모습으로 나타난다. 하나는 '방임'이고 다른 하나는 '독단'이다. "아빠가 시간이 없거든! 돈 줄 테니 친구들이랑 나가 놀아. 알았지? 아빠가 오늘 늦는다. 일 때문에 아빠가 너무 바쁘잖아!" '있는 그대로'는 쉽게 '방임'이나 '방치'로 변질될 수 있다. 방임하는 부성은 자신만 생각하지 아이의 일에는 무관심하다. 또한 역으로 부성은 독단적으로 자녀를 교육하려는 경향이 있다. "아빠는 네 나이 때, 이러이러한 상황에서도 공부해서 이렇게 성공한 거야! 너는 지금 부족한 게 뭐니? 아빠가 했으니 너도 할 수 있어!" 얼핏 보면 자녀를 생각하는 것처럼 보이지만 자신의 입장만 생각하지 자녀의 상황에 대해서는 무관심하다.

　그러므로 부모의 사랑이 진정한 사랑으로 승화되기 위해서는 모성이든 부성이든 본능의 측면을 극복해야 한다. 자녀를 향한 어머니의 사랑을 막는 가장 큰 장애물이 모성애일 수 있으며, 자녀를 향한 아버지의 사랑을 막는 가장 장애물이 부성일 수 있다. 어머니가 자녀를 사랑한다면, 그 사랑은 본성을 넘어 자녀에 대한 집착으로부터 자유로워질 수 있을 것이다. 그리고 아버지 역시 무관심의 본성을 넘어 자녀를 향한 관심으로 나아가야 한다. 여기에 부부의 존재 의미를 느낄 수 있다. 부부는 서로 격려해 주며, 동시에 조언해 줄 수 있는 존재로 남아야 하기 때문이다.

　기본적으로 아내는 남편을 존경해야 한다. 그리고 남편은 아내를 사랑해야 한다. 사람들은 남성과 여성이 서로 사랑해야 한다고 말한다. 연애할 때는 그렇다. 하지만 결혼은 다르다. 결혼한 부부는 서로 사랑할 수 없고 그렇게 해서도 안 된다. 남성이 아내에게 원하는 것은 사실 사랑이 아니다. 그는 그녀가 자신을 인정하고, 나아가 존경해 주기를 원한다. 사실 대부분의 경우 존경하는 척만이라도 해 주기를 바란다. 그것이 남성의 자긍심을 높여 주기 때문이다. 아내가 자신의 가치를 알아보고 있다고 믿게 되기 때문이다. 하지만 여성은 남편에게 사랑을 원한다. 그녀는 자녀에게 자신의 모든 것을 준다. 자신의 모든 것을 희생한다. 자신의 공간을 모두 비워 버리는 것이다. 따라서 그녀에게는 공허가 남는다. 그리고 그곳은 사랑으로 채워져야 한다.

일반적으로 누군가를 사랑한다는 말은 단순하게 들린다. 하지만 누군가를 일방적으로 존경한다는 것은 왠지 손해를 보는 느낌을 준다. 하지만 그렇지 않다. 여기서 사랑하는 것은 자신의 모든 것을 희생하는 것, 어머니가 자녀를 위해 목숨을 버리듯, 남편이 아내를 위해 목숨을 버릴 준비가 되어 있어야 한다는 것을 의미하기 때문이다. 물론 아버지도 아이를 위해 죽는다. 하지만 아버지는 이념이나 이상을 위해서도 죽는다. 어머니는 아니다. 일반적으로 어머니는 자녀를 임신할 때 이미 그 자녀를 위해, 정확히 그 자녀만을 위해 죽은 것이다. 그래서 그녀는 남편에게 그러한 희생적 사랑을 줄 수 없다. 두 번 죽을 수는 없기 때문이다. 하지만 남성은 다르다. 그는 임신과 출산의 경험을 하지 않는다. 그에게는 자녀와의 거리가 있다. 그에게는 누군가를 위해 희생할 자신이 남아 있다. 그래서 그는 그 희생을 아내에게 주어야 한다. "나는 당신을 사랑해!"라고 말하는 순간 남성은 그녀를 위해 이미 죽은 것이다. 바로 그런 이유로 남성이 사랑의 의미를 정확히 알고 결혼했다면 다른 여성을 쳐다볼 수는 없는 일이다. 그는 이미 아내 안에 용해되었기 때문이다. 그는 이미 자신의 공간을 아내로 가득 채운 것이기 때문이다. 그러므로 남편은 아내를 사랑하고 아내는 남편을 존경할 수밖에 없다. 그녀가 그에게 줄 수 있는 것은 존경이다. 그리고 그것이 가능한 이유는 남편이 자신을 위해 모든 것을 버릴 준비가 되어 있기 때문이다.

에로스

모성애보다 이기심의 함량이 높은 것은 도식에는 없지만 형제애이다. 기본적으로 형제애는 혈연적 관계이므로 사회적 관계보다 더 끈끈하다. 하지만 형제애에도 경쟁 관계가 있다. 부모의 사랑에 대한 욕망은 자주 둘 사이를 이간질하기 때문이다. 형제애 다음은 우정이다. 아리스토텔레스의 지적처럼 우정은 사랑이지만 일반적으로 비슷한 유형의 사람들에게서만 발생한다. 유유상종이다.

마지막으로 사랑의 원형을 지니고 있지만 이기심의 함량 역시 가장 높은 정도로 잔존하고 있는 것이 에로스이다. 에로스는 조건적인 경우가 대부분이며, 애정도 일시적이고 주로 감정에 의해 좌우된다. 결국 에로스는 사랑이 아닌 소유로 전락할 가능성이 높다. 유행가에 나오는 "사랑하고 싶어!"는 "소유하고 싶어!" 또는 "나를 사랑해 줘!"라는 말일 뿐이다. 로테를 향한 베르테르의 사랑은 집착과의 뒤섞임이었다. 많은 경우 그는 단지 그녀에게 집착했고, 따라서 소유하고 싶은 욕망의 좌절이 자기 파괴로 이어진 것이다. 로테도 베르테르를 사랑하지 않았다. 그녀는 로버트의 안정과 베르테르의 정열을 모두 소유하고 싶어 했을 뿐이다. 그리고 둘

중 선택해야 하는 상황이 왔을 때 그녀는 안정을 택했다. 알려진 것처럼 지고지순한 여성은 아니었다. '안나 카레리나'는 열정과 모성애 사이에서 갈등하지만 결국 둘 다 잃고 자살을 선택한다. 그녀를 사랑한다고 말했던 장교 브론스키는 그녀를 즐기다, 안정을 택해 다른 여성에게로 간다. 결국 그도 죄책감에 전쟁터로 향하지만 근본은 로테와 다를 바가 없다.

 이처럼 사랑으로 포장된 인간의 이기적인 욕망을 위해 영화나 예술은 도피처를 제공해 준다. 일례로 "태극기 휘날리며"는 비현실적 사랑을 사회적으로 용인되는 코드, 즉 희생과 전쟁 그리고 통상적 형제애로 포장해 줌으로써, 모든 것을 포기한 누군가의 무조건적 사랑을 받아 보고픈 욕망을 충족시켜 준다. 영화 속에서 형이 총알세례를 받으며 죽어 갈 때 그는 사실 동생이 아닌 우리의 은폐된 욕망을 충족시켜 주기 위해 죽어 가는 것이다.

 그런데 순전히 이기적으로만 보이는 에로스도 본질적으로는 사랑이다. 따라서 대부분 조건적으로 시작하지만, 일단 상대방을 사랑한다고 믿게 된 후의 부분만 분리해서 관찰하면, 돈이든 선물이든, 심지어 생명처럼 귀중한 것도 아낌없이 주는, 그래서 줄 때 기쁨을 느끼는 무조건적 사랑처럼 나타난다. 그리고 상대방을 마치 "있는 그대로" 인정해 주는 것처럼 보인다. 조건적 사랑도 그 조건이 충족되어 "저 사람이 내 사랑이다!"라고 확신하게 되면 자신의 모든 것을 주고 싶어 한다는 것이다. 실제 에로스도 가끔이지만 사랑의 원형으로 승화된다.

 당신은 나의 영혼, 나의 심장
 당신은 나의 기쁨, 나의 고통

당신은 나의 세계, 그 안에서 살아간다네
나의 하늘인 당신, 그 속으로 날아가리

오! 당신은 나의 무덤, 그 안에
영원히 나의 근심을 묻었다오
당신은 나의 안식, 마음의 평화
당신은 내게 주어진 하늘
당신이 나를 사랑함은 나를 가치 있게 만들고
당신의 시선은 나를 환히 비춰 주며
너무도 사랑스럽게 나를 이끌어 준다오
나의 선한 영혼을, 보다 나은 나를!

- 슈만, Myrthen Op. 25 No.1 "Widmung"("미르테의 꽃" 중 제1곡 "헌정")

이 노래는 슈만(Robert Alexander Schumann, 1810~1856)이 결혼 전날 아내 클라라에게 선물한 것이다. 클라라 슈만은 행복한 여성이었다. 그녀를 향한 사랑으로 아버지의 반대에도 불구하고 재판까지 하며 결혼한 로버트 슈만뿐만 아니라, 그의 제자인 브라암스 역시 진심으로 그녀를 사랑했기 때문이다. 평생 하나의 진실된 사랑을 만나는 것도 어려운 일이다. 하지만 그녀는 불행했지만 천재였던 남편이 죽은 후, 자신을 평생 돌봐준 또 하나의 사랑이 있었다. 고독한 사랑의 작곡가 브라암스는 20세 청년으로 자신의 스승 슈만의 부인이며 당대 최고 피아니스트였던 클라라를 만난다. 그리고 슈만의 죽음 이후 7명의 자녀와 남겨진 클라라를 돌보며 14세나 연상인 이 여인을 사랑하게 된다. 하지만 그는 스승에 대한 예의로 클라라와의 우정을 지키며 음악을 통해 사랑을 승화시킨다. 그리고 40년에 걸쳐 우정의 편지를 주고받으며 평생을 독신으로 지낸다. 그가 작곡한

"교향곡 1번 제4악장"과 "피아노 4중주 작품 60" 등은 모두 클라라를 위한 것이었다. 1896년 그녀가 77세에 뇌졸중으로 세상을 떠나자 11개월 뒤 브라암스도 간암으로 그녀를 따라간다.

　에로스는 이처럼 조건으로 시작한다. 처음에는 감각이다. 감각을 벗어날 수 없다. 그러므로 시작은 항상 바라봄이다. 아름다운 그녀, 잘생긴 그 사람, 매력적인, 섹시한 그리고 예술성이 있는 등. 어떠한 경우든 사랑은 외적 조건으로부터 시작한다. 그리고 그로부터 시작된 호감은 대화를 통한 끌림과 만남을 통한 자연스러움을 넘어, 접촉을 통한 뜨거움으로 번져, 하나 되고 싶은 욕망으로 자리 잡는다. 하나의 조건에 다른 조건이 쌓이고 그 위에 또 다른 것들이 쌓인다. 물론 아닌 것들도 있으며 그것을 수용할 것인지의 조건적 사고도 개입된다. 그 수많은 '기쁨-환희-실망'의 연쇄적 메커니즘 안에서 어느 순간 사랑이 확인된다. 그리고 그 존재가 사랑으로 확인되는 순간 그가 가진 모든 조건들은 사라진다. 그리고 나는 그 존재 자체를 사랑하게 된다. 바로 이때 사랑의 원형이 현실화된다. 그것이 현실화되면, 즉 누군가를 사랑한 후엔 더 이상 그 존재의 조건이 내가 그를 사랑하는 이유가 아니다. 아름다운 얼굴이 순간적인 사고로 화상을 입을 수 있고, 늙어 주름투성이가 되고 머리가 다 빠지고, 또 극단적으로 똥오줌을 받아 주어야 할 수도 있다. 하지만 난 그 존재를 바라보기에 사랑은 아침 햇살처럼 매일 매일 새롭게 다가온다. 그 사랑이 아름다운 이유는 그것이 2차원적 즐거움만을 지니고 있지 않기 때문이다. 아픔과 애절함 그리고 아쉬움이 있는 그 상황 가운데 즐거움이 있기 때문이며 그 즐거움이 모든 것을 눈처럼 덮어 주기 때문이다.

이기심

지금까지 우리는 다양한 사랑 안에 원형으로서의 사랑과 함께 이기주의가 상대적으로 존재하는 것을 확인했다. 어떠한 사랑이든 인간의 사랑은 근본적으로 원형 그 자체와 일치할 수 없다. 그 이유는 안의 이기심, 즉 은폐된 욕망 때문이다. 테레사 수녀와 같은 희생적 사랑의 경우도 삶 전체에 걸쳐 동일하게 나타날 수 없으며 또 어떤 전환점을 거쳐 사랑의 삶을 살기로 결정하였다고 하여도, 때론 잠시나마 실망할 수 있고, 감정이 있기에 화도 날 수 있으며, 회의가 들 수도 있다. 그리고 항상 동일한 사랑으로 머무를 수 없다. 가끔씩 생각을 타고 들어오는 의심이나 회의가 존재하는 것이다. "내가 정말 이 길을 선택한 것이 옳은 일이었을까?" 안중근 의사가 나라를 사랑하여 목숨 바쳐 이토 히로부미를 저격하러 갈 때 주저함이 없었겠는가? 감옥에서 처형을 기다리고 있을 때 떨림이 없었겠는가? 인간의 사랑은 자동기계가 아니다. 자아는 미세하지만 항상 살아있다. 따라서 9차원의 사랑은 그 고귀함을 위해 내면의 갈등과 고통 그리고 수많은 문제들을 극복해야 한다. 온전한 사랑으로서 자연스러움과 삶 자체의 동일성을 유지하기 위해서 자신의 온 생명과 삶을 사랑을 위해 죽일 수 있어야 하는 것이다.

희생적 사랑에서 에로스의 방향으로 진행할수록 이기주의의 강도는 증가한다. 그리고 이기주의가 강해지면 강해질수록 인간은 본질적으로 사랑하기보다 사랑받기를 원한다. 누군가를 사랑하는 것이 아니라 누군가로부터 사랑받기를 원하는 것이다. "태극기 휘날리며"에서 동생을 위해 장렬히 전사하는 형을 보며 많은 사람들이 감동하여 눈물을 흘렸다. 하지만 그 감동은 형을 향한 것이 아니다. 그 눈물은 동생에 대한 은밀한 부러움에서 오는 것이다. "나도 누군가가 나를 저렇게 있는 그대로 사랑해 주었으면!", '누군가를 사랑하는 것'을 '누군가로부터 사랑받는 것'으로 착각하고 있는 두 사람이 만나면 기다림과 지루함 그리고 짜증밖에 나올 수 없다.

사랑의 원형에 다가갈수록 사랑은 집착이 없는 짝사랑의 형태가 된다. 사랑하는 사람은 '누군가를 사랑하는 것'에만 관심을 가지고 '누군가로부터 사랑받는 것'에는 점점 관심이 없어지기 때문이다. 그러므로 사랑을 그리워하면서도 쉽게 사랑을 발견하지 못하는 이유는 사랑의 원형으로부터 자신이 멀리 있기 때문이다. 멀리 있을수록 사랑은 이해할 수 없는 대상으로 보인다. 그리고 소유로 변질된 사랑을 사랑인줄 착각하게 된다. 멀어질수록 원하는 것이 무엇인지 모르게 되는 것이다.

무지의 결과는 가능성에 대한 회의로 이어진다. "과연 사랑이 현실적으로 가능할까?" 하지만 사실은 이 질문이 비현실적이고 이상적이다. 소유를 원하는 사람은 결코 사랑을 할 수 없다. 그것이 가능하다고 생각하는 것이야말로 진정 현실과 동떨어진 이상이다. 부부의 사랑 호르몬이 짧은 유효기간밖에 없으므로, 결국 사랑이 식는 것을 정상으로 여기는 사람이 사랑을 그리워한다면, 그것은 아예 불가능한 일이다. 비정상이 정상인 사회에서 정상을 어떻게 기대할 수 있겠는가? 그러므로 사랑을 원하는 사람만이 사랑을 할 수 있다. 그리고 그것이 유일한 현실이다.

행복한 나

내 안에는 누군가로부터 사랑받고만 싶은 몸적 자아와 누군가를 사랑하고 싶은 영적 자아의 갈등이 있다. 하나는 이기주의고 다른 하나는 자기애이다. 전자는 자신을 향하고 후자는 타인을 향한다. 그리고 타인을 향하는 삶의 끝에 9차원의 행복한 사람이 있다. 그는 사랑하는 것 안에서 행복을 발견한다.

그런데 우리는 앞에서 누군가를 사랑하는 것은 죽는 것이라 했다. 따라서 이제 우리는 죽는 '나'와 사는 '나', 즉 행복한 '나'를 구분할 수 있다. 누군가를 사랑할 때, 죽는 것은 나의 욕망과 행복감, 즉 영이 아닌 몸적 자아이다. 몸의 모든 이기적 욕망이 죽는 것이다. 반면 영은 살아 있다. 그것도 생명력 있는 모습으로 살아 있다. 아니 누군가를 사랑할 때 처음으로 영은 가장 온전하게 그리고 분명하게 살아 있게 된다. 내가 나로 살게 된다. 동시에 그로 인해 행복하게 된다. 사랑하는 것은 나의 본질인 사랑의 영에 온전히 부합되기 때문이다.

당신은 죽을 수 있는가? 아니 한 번이라도 죽어 본 적이 있는가? 죽는 것과 사는 것을 정확히 구분하지 못한다면, 누군가를 사랑하는 것은 미친 짓이다. 왜냐하면 내 공간을 비워 주고 그가 내 안에 들어오게 되면, 내 삶은 근본적으로 파괴되는 것으로 보일 수밖에 없기 때문이다. 더욱이 삶은 많은 관계들로 구성되어 있다. 나는 누군가의 아들이고, 누군가의 형이거나 동생이며, 누군가의 친구이고, 누군가의 동료일 수 있다. 이들과의 관계는 나의 관계이기에 사랑이 시작되면 원칙적으로 사라진다. 그래서 그들이 보기에 나는 미친 것이다. 바로 그런 이유로 3차원적 관점에서 볼 때, 사랑은 언제나 밑지는 장사이다. 남는 것이 없다. 그럼에도, 아니 바로 그렇기 때문에 인간으로 태어나 단 한 번도 9차원의 사랑을 경험해 보지 못한 사람은 가련하고 불쌍한 사람이다. 이해할 수 있는 사람만이 이해한다. 이해할 수 없는 사람은 결코 이해할 수 없다.

누군가를 사랑할 줄 아는 9차원적 존재에게 4~8차원의 삶은 자연스럽게 이루어진다. 그는 이기주의로부터 자유롭기 때문에 소유욕에서 자유롭다. 그는 사랑 안에 의미를 찾은 사람이다. 따라서 자연스럽게 타인 그리고 자연과 공존하며 이해하고 배려한다. 또한 누군가 도움을 필요로 한다는 사실만으로 돕고 싶어 한다. 그리고 자신의 삶을 통해 사랑을 실천한다. 그는 인생을 통해 사랑의 삶을 산다. 그러므로 4~8차원에 이르는 영의 삶은 정도의 모두 차이가 있을 뿐 사랑의 형상들이다. 그런데 사랑은 빛이다. 그러므로 사랑의 사람은 빛을 바라보고 사는 사람이다.

항상 빛을 바라보는 삶은 인간에겐 가장 큰 축복이며, 행복이다. 대다수 사람들이 매트릭스의 세계에서 자신들이 무엇을 원하는지도 모르면서 알고 있는 것처럼 빛을 등진 삶을 살아갈 때, 빛의 사람은 진정 원하는 것을 얻는다. 일상적인 사람들이 모든 것을 얻기 위해 모든 것을 잃어갈 때, 9차원의 사람은 모든 것을 주며 모든 것을 얻게 된다. 사랑은 그렇게 항상 행복으로 존재한다. 항상 존재해 왔고 앞으로도 계속 존재할 것이다. 따라서 진정 1%의 사람들만이 발견할 수 있는 보화, 영광스러운 '시크릿' (Secret)은 3차원의 초라한 『시크릿』이 아니라 신비 그 자체의 사랑이다.

사랑의 가능성

이제 우리에게는 중요한 문제가 남아 있다. 우리는 9차원의 행복을 알게 되었다. 하지만 우리는 실천이 쉽지 않다는 사실도 알고 있다. 원인도 안다. 그렇다! 이기심 때문이다. 그렇다면 어떻게 그 이기심을 극복하고,

사랑은 장밋빛을 유지할 수 있을까? 어떻게 해야 우리 가정은 주거 공동체가 아닌 가정이 될 수 있고, 어떻게 해야 우리 부부는 80세가 되어서도 서로 사랑한다고 말할 수 있을까? 어떻게 해야 우리의 아이들은 정말 마음에서 우러나오는 소리로 "부모님 저희들에게 보여 주신 사랑에 진심으로 감사드립니다!"라고 말할 수 있을까? 그리고 만약 기회가 된다면 어떻게 슈바이처처럼 수십 개의 박사 학위를 포기하고 자신에게 아무 도움도 되지 않는 구차하고 초라한 아프리카 사람들을 사랑할 수 있을까?

사랑의 원리

가정을 한번 보자. 존경의 사랑과 희생의 사랑이 만나면 가정은 주거 공동체가 될 염려가 없다. 아내가 자녀에게 조금 집착하려 하면 남편이 너그럽게 타이른다. "여보! 조금만 아이에게 여유를 줍시다!" 그러면 아내는 남편을 존경하기에 자연스레 조언을 받아들인다. 역으로 남편의 자녀에 대한 관심이 줄어드는 것을 보면 아내가 부탁한다. "여보! 조금만 아이에게 관심을 가져 주면 안 될까요?" 그러면 남편은 아내를 사랑하기에 당연히 신경을 쓰게 된다. 문제는 대부분의 가정이 아내의 집착과 남편의 무관심, 즉 이기주의와 이기주의로 만난다는 데 있다. 그래서 서로의 무관심과 집착을 두고 각자 자신은 잘났는데, 상대방이 문제라고 다투는 것이 일상이 된다. 핵심은 분명하다. 이기적인 사람에겐 사랑이 없다.

결국 문제가 되는 것은 어떻게 결혼한 남녀가 서로의 사랑을 유지할 수 있는가 하는 것이다. 대부분의 사람들은 말한다. "저 사람이 날 사랑해야 존경이라도 할 것 아닌가요?", "저 사람이 날 존경하지 않는데, 어떻게 사랑을 할 수 있나요?" 결혼이 문제가 아니다. 결혼에서 사랑이 사라지고 행복이 없는 것이 문제이다. 사랑 호르몬의 문제도 아니다. 사랑을 호르몬과 동일시하며 인간을 동물의 수준으로 낮추는 것이 문제이다. 성도 문제가 아니다. 성을 욕망의 정액을 방출하는 것 정도로만 여기는 것이 문제이다. 우리는 이미 확인했다. 행복감을 행복으로 착각하고 살아가는 사람들의 종국적 결론은 외로움뿐이다.

사람들은 남녀가 결혼하면 사랑의 감정이 2~3년을 넘을 수 없다고 말한다. 그래서 중년 부인이 되면 '아침 일찍 나가서 밤늦게 들어오기 때문에' 남편이 좋다고 말한다. 결혼 후 남녀의 사랑은 당연히 식는 것으로 생각한다. 그러니 사랑이 없는 불행한 삶을 정상으로 생각할 수밖에 없다.

가정이 주거 공동체로 전락하지 않기 위해 반드시 존재해야 하는 것이 부부간의 사랑이다. 그러나 사랑이 없다. 대부분의 사람들은 문제를 모르고 살거나, 문제가 있어도 어쩔 수 없이 살거나, 아니면 원래 다 그런 거라고 생각하며 산다. 하지만 가정이 유지된다고 사랑이 증명되는 것은 아니다. 사랑이 없어도 가정은 얼마든지 형식적으로 존재할 수 있다.

사랑이 부재하는 근본적 원인은 혼돈에 있다. 그것은 소위 2차원의 사랑과 9차원의 사랑을 농일시하기 때문이다. 사랑을 내가 좋아하는 상대방의 매력을 즐기는 것 정도로만 치부하기 때문이다. 2차원적 욕망을 사랑이라고 착각하고 있으니 욕망이 식으면 사랑도 식는다고 말하는 것은 당연한 이치이다. 어리석음이 정말 문제인 것은 자신의 어리석음을 모르는 것을 넘어 그것이 옳다고 우기기 때문이다.

9차원의 사랑을 어떻게 2차원적 욕망과 구분할 수 있을까? 9차원의 사랑은 감정이 아니다. 감정이라면 그 사랑은 상대방의 매력에 모든 것을 의존하게 된다. 물론 2차원은 감정이다. 그래서 사랑이 식은 부부들은 말한다. "물론 저도 그 사람을 사랑하고 싶죠. 하지만 뭐 마음이 가질 않는 걸요!", "감정이 생기질 않아요!" 이 말을 번역하면 다음과 같다. "물론 저도 그 사람을 좋아하고 싶죠, 그런데 좋아하려면 내 마음을 자극해서 즐거움을 줄 수 있는 그 무엇을 그 인간이 줘야 할 것 아닌가요? 그래야 그 즐거움이 있는 동안 좋아해 줄 것 아니겠어요? 그러니 내가 즐겁게 계속 뭔가 새로운 것을 내놓아야죠! 그런데 이제 그 인간의 외모도 싫증나고, 그 사람이 가져다주는 잘난 돈도 싫고, 다 지루하고 짜증날 뿐이에요!"

자극이 있을 때 재미있는 감정이 먼저 오고 그래서 좋아한다고 말하는 것, 이것이 2차원의 사람들이 생각하는 사랑의 본질이다. 9차원의 사랑은 순서가 정반대이다. 누군가를 사랑하는 것은 결단이다. 만약 감정이라면 사랑은 불가능하다. 그 존재가 언제나 모든 것을 준비한 채 나에게 동일한 즐거움을 준다는 것이 불가능하기 때문이다. 사랑한다는 것은 사랑하겠다고 결단하는 것이다. 결단을 하면 상대방의 장점, 아름다운 점 그리고 감동적인 점이 보인다. 상대방에 대한 감정이 따라오는 것이다. 따라서 9차원의 사랑은 결단이 먼저이고 감정이 나중이다. 다시 한 번 분명히 정리하자. 2차원적 사랑은 감정이 먼저 오고 그 다음 사랑이란 말이 온다. 반면 9차원의 사랑은 사랑의 결단이 먼저 오고, 그러면 감정이 따라온다.

누군가를 사랑하는 것은 결단하는 것이다. 그 존재가 나에게 최고의 존재라는 것, 더 이상 멋진 남성도, 더 이상 아름다운 여성도 없다는 것을 스스로 확인하는 것이다. 그리고 그 사람이 세상에서 가장 소중한 존재임을 스스로 확신하는 것이다. 그래서 자녀 사랑도 결단이다. 더 이상 모성의 집착과 부성의 무관심에 휘둘리지 않고 자녀를 '있는 그대로' 그리고 '관심을 가지고' 사랑하겠다는 결단이다. 마찬가지로 부모 사랑도 결단이다. 부모의 사랑에 대한 고마운 마음은 잊혀진다. 왜 어른들이 그 마음을 잊지 말라고 명령형을 쓰겠는가? 감정은 언제나 사라지기 때문이다. 더욱이 고마운 마음은 늘 섭섭한 마음과 함께 온다. 감정은 여러 길로 향하고 언제나 우유부단하다. 그래서 효가 결단인 것이다. 부모님이 어떤 상황이든 돌아가실 때까지 사랑하겠다고 결단하는 것이다. 그렇게 동일한 마음으로 슈바이처도 아프리카의 소외된 이들을 사랑하겠다고 결단했다. 그리고 브라암스도 클라라 슈만을 사랑하는 존재로 존중해 줄 것을 결단한 것이다.

결단을 하면 감정이 따라온다. 아내를 사랑하기로 결단하면 그녀의 수많은 아름다움이 보인다. 졸리고 피곤해도 아이에게 젖을 물리고 있는 그녀의 모습에서, 그래도 내가 제일 잘생겼다고 믿어 주는 그녀의 모습에서, 나 하나만 의지하고 있는 듯한 그녀의 때론 작은 모습에서 감정이 일어난다. 그리고 그렇게 부모님이 느껴지고, 그렇게 자녀들의 귀한 모습이 보인다. 그리고 정말 이상하게도 헐벗고 굶주려 땟국물이 잔뜩 낀 아이들이, 심지어 장애인이나 문둥병 환자들이 아름답게 보이기 시작한다. 사랑의 결단은 기적을 일으킨다.

그렇다면 결단은 어떻게 할 수 있는 것일까? "그냥 하면 된다!"가 정답일까? 그렇지 않다. 그렇게 쉬운 것이면 왜 대부분의 사람들이 사랑을 못하겠는가! 결단은 결코 무(無)에서 나오지 않는다. 사랑을 하리라 결단한다고, 사랑을 할 수 있는 것은 절대 아니다. 결단이 현실화되기 위해선 플러스 알파가 필요하다. 그것은 무엇일까?

사랑받음과 사랑함

인간은 자신에게 없는 것을 줄 수 없다. 자신에게 있는 것만을 줄 수 있다. 불쌍한 사람을 돕기 위해선 내 주머니에 돈이 있어야 한다. 그러므로 사랑할 수 있는 사람은 사랑을 이미 소유한 사람이다. 자신 안에 사랑이 있는 사람만이 그 사랑을 사용하겠다고 결단할 수 있다. 그런데 사랑이 있다함은 사랑을 받았다는 것을 의미한다. 물론 인간의 영은 탈이기적이다. 따라서 욕망의 껍데기로 딱딱하게 둘러싸여 있지 않다면 인간은 어느 정도 사랑할 수 있을지 모른다. 실제 소수의 사람들에게 우리는 그들이 천성적으로 착하다고 말한다. 하지만 거기까지이다. 인간의 영은 자신의 욕망으로부터 자유로워질 때 다른 사람을 돕는 자비나 이타심까지는 나갈 수 있다. 하지만 누군가를 위해 죽을 수 있는 사랑은 아니다. 자비는 내가 베푼다. 사랑은 내가 죽는다. 왜 이런 한계가 존재하는 것일까?

원칙적으로 경험은 인간의 영을 욕망의 껍데기로 둘러싼다. 이기주의의 껍질을 씌우는 것이다. 따라서 정도의 차이는 있지만 자신을 완전히 버리는 것은 스스로에게 불가능하다. 기부도 할 수 있고, 다른 사람에게 봉사도 할 수 있다. 하지만 자신의 생명, 자신의 모든 삶을 타인을 위해 포기할 수는 없다. 그래서 8차원과 9차원 사이에 근본적인 간극이 존재하는 것이다. 사랑하는 사람은 언제나 이타심을 가진다. 하지만 이타심을 가진 사람이 언제나 타인을 사랑하는 것은 아니다. 그러므로 사랑이 가능하기 위해선, 그 딱딱하게 굳어 있는 이기주의의 욕망 덩어리를 누군가의 사랑이 뚫고 들어와야 한다. 그리고 내 안의 영을 깨워 주어야 한다. 그렇지 않는다면 나의 영은 빛을 낼 수 없다. 그래서 누군가를 사랑하기 위해선, 그러한 결단이 삶을 통해 구현될 수 있기 위해선 먼저 사랑을 받아야 한다. 사랑을 받으면, 사랑은 넘쳐흐를 수밖에 없다. 그것이 사랑의 본질이다. 사랑은 고인 웅덩이가 아니라 언제나 물이 솟아 나오는 샘이고 그래서 또 전달할 수 있기 때문이다.

그러므로 사실 사랑하는 것보다 어려운 것이 사랑받는 것이다. 그냥 받는 것은 쉽지만 잘 받는 것은 어렵다. 잘 받아야 잘 쓸 수 있다. '잘 받는다'는 것은 무엇인가? 그것은 사랑받음이 내 안에 얼마나 신비한 기쁨과 환희를 창조하는지를 아는 것이고, 그 소중한 것을 준 사실에 감사하는 것이며, 그래서 무엇보다 나도 누군가에게 그 사랑을 준다면 상대방이 얼마나 기뻐할지를 아는 것이다. 그러니 무늬만 사랑인 체 다가오는 욕망의 대상은 '잘' 받을 수 없다. 그것이 무엇이든 내 안에 기쁨이 없는 즐거움, 즉 쾌락만을 느끼도록 할 것이기 때문이다. 즐거움만을 느끼면 계속 즐거움만을 원하게 되고, 그 욕망의 굴레 안에서 다른 사람을 생각할 겨를이 없다. 쾌락은 내성과 관성을 지닌다. 그래서 누구나 사랑을 원하나 사랑을 얻는 이가 소수이다.

우리는 처음에 사랑이 '누군가를 사랑하는 것'이지 '누군가로부터 사랑받는 것'이 아니라고 했다. 그런데 지금 사랑하는 사람이 모두 사랑받은 사람이라고 주장하고 있다. 모순일까? 그렇지 않다. '누군가로부터 사랑받는 것'이 이중적 의미를 지니고 있을 뿐이다. 3차원 이하의 영역에서 그것은 쾌락과 소유를 의미한다. 쾌락을 얻으면 쾌락을 준다. 하지만 기본적으로 쾌락을 주고받을 수 있을 동안만 진행된다. 9차원의 사랑이 누군가로부터 받는 것은 쾌락이 아니라 사랑 자체이다. 나를 있는 그대로 전체로써 받아들여 주고, 나를 위해 희생할 수 있는 그런 사랑이다. 그것을 받을 때 비로소 인간은 자신 안에 다시금 누군가로 향할 수 있는 사랑의 에너지를 충전하게 된다. 사랑은 빛이고 그래서 에너지이기 때문이다. 그러므로 9차원의 사랑이 가능하기 위해선 10차원의 만남이 필요하다. 사랑이 사랑을 만날 때 사랑은 진정 사랑으로 존재할 수 있기 때문이다.

나를 사랑하는 그 존재와의 만남 그리고 그 만남에서 시작되는 그를 향한 사랑, 또한 서로의 사랑에서 느끼는 환희, 나아가 그러한 만남을 바탕으로 누군가를 사랑할 수 있는 존재가 되는 영역, 그것이 10차원! 만남의 공간이다. 사랑하는 두 존재가 만날 때 타자성과 동일성의 공존, 즉 '1+1=1'인 관계가 발생하며 이때 인간은 '나'의 근원적 욕구, 즉 사랑받고 싶은 마음과 사랑하고 싶은 마음의 이중적 소망이 해결된다. 하나이면서 둘이고, 둘이면서 하나인 관계가 언어로만 머무르지 않고 현실화될 수 있는 가능성은 바로 여기밖에 없다.

9차원의 개요

지금까지 우리는 4~9차원에 이르는 탈이기주의적 행복에 대해 살펴보았다. 인간은 영의 존재이기 때문에 필연적으로 영적 가치를 그리워할 수밖에 없다. 의미, 무아의 자유, 합일의 자유, 공존, 이타 그리고 사랑은 모두 정도에 따라 행복을 약속해 주는 가치들이다.

진정 자신을 사랑하는 사람, 즉 이기주의가 아닌 자기애의 사람은 행복을 선택한다. 그리고 그 선택을 통해 행복한 행복감을 함께 누리며, 또 3차원적 행복감 역시 자율적이고 주체적으로 누릴 수 있다. 이제 행복의 최상위 단계인 10차원을 논하기 전에 지금까지의 이루어진 9차원을 전체적으로 한번 정리해 보자.

삶의 차원						
나 (영) 마음	몸적 자아 행복감	그림자 이기심 가시적	일상성 욕망 즉자적 타율적	자본	0. 있음	무기물	
					1. 육체의 욕망 생존	식물	극단적 이기주의 건전한 이기주의
					2. 자극의 욕망 쾌락/소유	동물	합리적 이기주의 이타적 이기주의
					3. 관계의 욕망 평등/자유(성공/ 명예/권력)	인간	희생적 이기주의 맹목적 이기주의 (중독)
	영적 자아 행복	빛 자기애 비가시적	실존 소망 대자적 자율적	4. 의미	영	건전한 자기애 (실존)
				5. 자유1/무아		부정적 자기애 (석가)
				6. 자유2/합일		합일적 자기애 (장자)
				7. 공존		합리적 자기애 (부탄, 라다크)
				8. 이타/자비, 긍휼		이타적 자기애 (빌 게이츠, 카네기)
				9. 사랑		초월적 자기애 (테레사, 슈바이처) 사랑의 원형

도표 맨 왼쪽의 '나'는 진정한 나의 정체성, 즉 영이다. 나는 영으로서 인격체이다. 인격체로서 '나'는 탈이기주의적 가치를 진정한 자기애로 삼는 정체성을 지니고 있다. 따라서 근본적인 지향점은 이기주의가 아닌 자기애이다. 영은 난자와 정자가 결합하는 시점부터 인간의 내면에 존재하는 것으로 보아야 한다. 영은 물질로부터 나올 수 없으니 수정란의 생성과 함께 외부로부터 이입되는 것으로 보아야 할 것이다. 누구에 의해서? 또는 어떻게 등의 질문은 설명될 수 없는 문제이다. 팩트(Fact)는 수정란이 만들어지는 시점부터 영은 존재하며, 몸과 함께 자란다는 것이다.

아리스토텔레스는 인간의 이데아(원형)를 이성으로 보고, 그것이 마치 씨앗처럼 아기의 내면에 이식된 것이며, 따라서 인간 이데아의 실현은 이성적 존재가 되는 것으로 보았다. 하지만 우리가 확인한 것처럼 이성은 인간의 이데아가 아니며 마음(지정의)의 한 부분일 뿐이다. 따라서 그가 이데아를 이성으로 본 시각은 오류임이 분명하나, 인간의 이데아가 처음 유전정보처럼 존재하며, 성장함에 따라 실현된다고 하는 주장은 의미가 있다. 왜냐하면 탈이기주의적 자기애의 인격체로서 영이야말로 인간의 진정한 이데아이며, 그것은 수정과 함께 인간 내면에 이식되는 것으로 보이고 성장함에 따라 그 자신을 실현하는 것으로 보이기 때문이다.

BBC의 보도에서 본 것처럼 '팸'이나 시각장애인은 형태가 없는 빛의 모습으로 임사체험을 하지 않았다. 그들은 자신들의 몸의 형태를 그대로 지니고 있었다. 따라서 영이 인간의 내면에 있을 때에는 몸의 형태와 부합되는 것으로 보이며 육체의 심장사(호흡과 맥박정지, 동공확대)가 이루어져 우리가 죽음이라고 부르는 현상이 시작되면, 몸은 자신의 원재료인 흙으로 돌아가고, 영은 몸과 동일한 형상을 유지한 채 영의 세계로 이동하는 것으로 추측할 수 있다. 아마도 지구상에 태어난 모든 인간의 얼굴이 각각 다른 이유도 그들의 영이 서로 다르고 분명히 구분되기 때문인 것으로 이해할 수 있다.

'나'는 자신의 행동과 습관 그리고 삶과 운명을 마음을 통해 결정한다. 마음은 '나'의 도구이다. 따라서 마음이 중요하지만 더 중요한 것은 그 마음의 방향을 결정하는 '나'이다. '나'는 최초로 경험하는 욕망인 모유로부터 시작하여, 이유식, 딸랑이, 다양한 장난감, 사탕 등 기하급수적으로 증가하는 몸의 욕망을 경험한다. 그리고 매 순간 자신의 행동을 선택한다.

유아기 때는 본능에 주로 의존하고 마음이 아직 발달하지 않았으므로 행동은 전적으로 욕망 중심이다. 생존이 모든 것의 목적이므로 '나'도 전적으로 몸과 부합한다. 하지만 아이가 자라며 마음도 자라면 '나'는 가치의 선택을 해야 할 상황에 직면하게 된다.

'나'의 존재가 몸의 욕망을 우선시하여 마음을 사용하고, 그것이 행동을 만들고, 습관이 되고, 결국 인격화되면 인간은 몸적 자아(Ego)로 고착된다. 반면 내가 몸이 아닌 '나'의 본질에 따라, 몸을 생산적으로 규제하며 마음을 영의 본래 목적을 위해 사용하면 영적 자아로 고착된다. 따라서 마음은 근본적으로 '나'의 선택에 의해 자아를 만든다.

도표 맨 오른쪽, 몸적 자아가 보이는 이기주의의 모든 형태는 기본적으로 동물과 인간에게 공통으로 존재한다. 그중 극단적 이기주의는 모든 존재의 근본 본성이다. 동물의 경우는 맹목적 이기주의를 배제한 모든 형태의 이기주의가 본능적으로 각인되어 있다. 따라서 동물은 종이기주의라는 보다 근원적 목적을 위해 자신의 생명을 희생하기도 한다. 따라서 동물의 이기주의는 모두 가치중립적이다. 자연 상태에서 생존이라는 근본 목적만을 위해 모든 생활양식이 유기적으로 구조화되어 있기 때문이다.

하지만 인간은 다르다. 인간의 이기주의는 악하다. 왜냐하면 인간은 동물처럼 생존만을 위해 다른 생명을 죽이지 않는다. 인간은 쾌락이나 재미를 찾아 타 존재를 죽인다. 인간은 문화를 만들고 사회를 형성하며 그 극단적 이기주의를 다양하게 변이시켜 왔다. 함께 살아야만 하는 환경이 사회적 성숙의 다양한 기준을 생성하는 것이다. 하지만 모든 인간의 내면에는 극단적 이기주의가 상존하며, 따라서 언제든지 필요하면 그 이기심이 발현된다. 특히 인간에게는 동물에게 없는 맹목적 이기주의가 있다. 맹목적 이기주의는 중독의 경우처럼 자신의 이익과 전혀 상관없는 것을 무조건적으로 추구할 때 발생한다. 인간은 어리석게도 욕망의 대상이 자신을 파멸시킬 줄 알면서도 맹목적으로 그 대상을 추구하는 경향이 있다. 문명의 풍요가 자기 파괴적 욕망의 대상도 제공하기 때문이다. 동물의 경우는 이익 중심으로 프로그램되어 있기 때문에 여기까지 나아갈 수 없다.

도표에서 보는 것처럼 몸적 자아의 궁극적 목적은 행복감이다. 따라서 이기주의적 가치관에 따라 '가시적인 것'을 모든 것으로 생각하고 살며, 즉자적으로 주어진 환경에 따라 타율적, 종속적 존재로 살아가게 된다. 물론 본인은 주체적이라고 생각하나 그것이 허구인 것은 이미 확인되었다. 몸적 자아는 1차원에서 3차원을 오가는 존재이다. 차원이 올라갈수록 하위 차원으로부터 자유로워지며 하위 차원이 모르는 행복감으로의 길을 알게 된다.

2차원의 사람은 1차원보다 엥겔지수가 낮으며, 먹는 시간보다 즐기는 시간이 많다. 시각적 욕망이 주는 쾌락과 소유를 통한 행복감의 성취는 1차원이 알 수 없는 영역이다. 따라서 1차원적 사람은 1주일 치 장 보는 돈으로 몇 시간 뮤지컬을 보는 사람을 이해할 수 없다. 그에게 2차원의 길은 보이지 않기 때문이다. 마찬가지로 2차원의 사람은 매일 밤잠 안 자고 공부만 하는 사람을 이해하지 못한다. 주말에 놀 수 있는데 집에 와서도 회사 일을 하는 사람의 길을 그는 모른다. 3차원적 사람은 2차원이 모르는 또 다른 행복감을 향한 길을 알고 있다. 그는 2차원적 욕망을 억누르고 성공을 통한 권력, 명예를 추구한다. 그것들을 통해 그가 얻게 되는 행복감은 2차원에게는 보이지 않는 길이다. 하지만 3차원적 존재는 자신의 길을 통해 2차원적 인간이 원하는 것들을 결국은 모두 소유하게 된다. 땅만 보고 다니는 사람에게 하늘을 나는 새가 보이지 않는 것이다.

그럼에도 불구하고 3차원적 존재가 독수리는 아니다. 조금 높은 곳에서 날개를 파닥거리지만, 그도 역시 행복감을 향한 이기주의적 세계만을 알 뿐이다. 그래서 여객기에 1~3등(first, business, economic class)의 좌석이 있고, 별들의 숫자로 호텔을 구분하며, 카드 역시 VVIP부터 차등을 두고, 명품과 일반을 나누고, 은행에서는 우량과 비우량을 별도로 관리한다. 하지만 그 모든 것은 우물 안 개구리식 차이일 뿐이다. 3차원적 존재는 영적 세계, 보이지 않는 세계를 모른다. 4차원 이상을 모르기에 얼마나 자신이 자유로워질 수 있는지도 알지 못한다. 그는 세상에서 권력 있는 정치가, 성공한 CEO, 교수나 종교인이 되어 인정받는 길까지만 안다. 3차원적 정치가는 자유와 정의를, CEO는 상생경영을, 교수는 진리를 그리고 종교인은 믿음과 구원을 외치지만 실제로 그들이 늘어놓는 가치들은 자신의 이익을 위한 도구나 방편일 뿐이고, 정작 그 가치들에 대해서는 알지 못하니 자신들이 무슨 말을 하는지 알지 못하고, 사실 알고 싶어 하지도 않는다. 온전한 의미는 4차원이니 사실 이해하는 것도 불가능하다. 왜냐하면 자신들은 그 길을 가 본 적이 없기 때문이다.

결국 3차원까지의 인간을 비유적으로 말하면, '영리한 돼지'이다. 그리고 그가 사는 세계는 실제 '동물농장'이다. 몸적 자아로 고착되어 모든 것의 '움켜쥠', 즉 욕망만을 추구하고 자본에 중독되어 있으며, 무엇보다 '자신만이 모든 사람으로부터 사랑받는 것'을 원하는 극단적 이기주의자이다. 왜 그렇게 많은 엘리트들이 자유와 평등, 진리 등 다양한 가치를 외치는데도 불구하고 그러한 사회가 되지 않는지를 이제 쉽게 이해할 수 있다. 단어만 알 뿐, 실제 차원에 들어가 본 적이 없으니 그 어떤 가치도 이해하지 못하는 것이며, 모든 가치의 피상적 영역에만 머무르는 것이다. 그들의 페르조나(Persona)는 '법과 도덕을 준수하는' 건전한 이기주의자의 모습을 보인다. 하지만 신호등을 지키고 차선을 준수하는 것은 혹시 경찰에게 적발될 경우 범칙금을 물어야 하는 이기적 염려 때문이다. 따라서 공권력이 없는 것이 확실한 경우 그들은 쉽게 법규를 위반한다.

또한 그들은 공존과 상생을 강조하는 합리적 이기주의자의 행동도 한다. 하지만 언제든 자신의 이익에 반하거나 무관하다고 판단되면 망설임 없이 극단적 이기주의자로 돌아설 수 있는 사람들이다. 이타적인 성금을 하고 봉사활동을 하는 행위도 정기적으로 하지만, 그것 역시 자신들의 이익에 부합되기 때문이다. 그래서 영리하다. 하지만 '돼지'나 '늑대'이다. 그런 의미에서 '인간은 인간에게 늑대이다.'라는 홉스의 말은 '인간' 자체가 아닌 몸적 자아를 자신의 정체성으로 선택한 인간을 의미한다.

영적 자아의 궁극적 목적은 행복이다. 따라서 탈이기주의적 가치관에 따라 '보이지 않는 것'을 추구한다. 그리고 대자적으로 주어진 환경에서 벗어나 의미에 대한 질문을 하며 자율적, 주체적 존재로 살아가게 된다. 나아가 이 차원부터 인간은 이기주의의 세계를 떠나 자기애의 영역으로 넘어가게 된다.

영적 자아는 4차원에서 10차원을 오가는 존재이다. 특징은 차원이 올라갈수록 하위 차원으로부터 자유로워지며 하위 차원이 모르는 행복으로의 길을 알게 된다는 것이다. 먼저 4차원인 의미는 '움켜쥠'을 의미하는 3차원적 삶을 멈추고 '바로 쥐기'를 시도하는 것이다. '의미 찾기'를 통해 인간은 3차원 이하의 것만을 위해 살아온 자신에 대해 반성적 사고를 하게 된다. 따라서 4차원은 건전한 자기애의 삶이다. 그는 반성적 사고를 통해 기본적으로 사회 공동체의 룰을 지켜야 한다고 생각한다. 그리고 자신과 타인의 입장이 모두 중요하다고 믿는다. 5~6차원의 핵심은 '자유',

즉 욕망으로부터의 자유이다. '자신의 사라짐'을 통해 '새로운 자신'을 얻는 것이다.

먼저 5차원의 '자유', 즉 부정적 자기애는 전적으로 3차원 이하의 욕망을 '단절'시킴으로 자신을 '소멸'시킨다. 즉 몸을 거부함으로써 욕망으로부터의 자유를 얻는 것이다. 물론 여기서 기억해야 할 것은 석가의 근본적 사유는 맹목적 단절이 아닌 합리적 자유, 즉 중도라는 사실이다. 또한 6차원의 합일은 단순히 부정이 아니라 자신을 '용해'시켜 자연과의 하나 됨을 깨닫는 것이다. 그리고 그것을 통해 독립된 자아가 아닌 우주 안에서의 대자아로서 자신을 깨닫는다. '나'는 이러한 깨달음을 통해 욕망의 단절이 아닌 욕망 주체의 '비움'을 추구한다. 대상이 다가올 때, 대상이 자극할 주체 자체를 자연과의 합일을 통해 사라지게 만듦으로써 욕망 자체의 발생을 원천 차단하는 것이다. 따라서 6차원은 합일적 자기애이다. 이 차원의 행복은 자유와 평안이다. 자연이 나고 내가 자연이라면 죽음도 '사라짐'이 아니고 변화로 느낄 것이기 때문이다. '내일 지구가 멸망해도 오늘 한 그루의 사과나무를 심겠다.'는 스피노자의 말을 온전하게 이해할 수 있기 때문이다.

7차원부터는 행복감으로부터의 자유라는 소극적 행복의 추구에서 나아가 주체가 적극적으로 행복을 찾아나서는 길이다. 7~9차원은 자신의 공간을 타인에게 점점 더 비워 주는 과정이다. 7차원의 공존은 자신만의 의미에서 한 걸음 더 나아가 '함께 감'을 의미하며 따라서 '나눔'으로 이해할 수 있는 합리적 자기애의 삶이다. 나아가 8차원의 자비는 공존에서 한 걸음 더 나아가 '양보'와 '베풂'의 삶을 사는 '이타주의적 자기애'이다.

9차원의 사랑은 하위 차원과 또 다른 질적 차이를 보인다. 왜냐하면 사랑은 '자신을 타인에게 아낌없이 내어 줌', 즉 희생과 '상대방을 있는 그대로 받아 줌'을 의미하기 때문이다. 구체적으로 그것은 누군가의 전체, 즉 현재의 타자성, 과거의 부정적일 수 있는 경험 그리고 미래의 변화 가능성을 있는 그대로 받아들이는 것이다. 완전하진 않지만 이 사랑의 원형에 가장 근접한 9차원의 사랑을 우리는 모든 사랑의 영역에서 현실화할 수 있다. 애정에서, 우정에서, 형제애에서 그리고 자녀 사랑과 희생적 자기애에서. 그런데 누군가를 사랑하기 위해서는 먼저 사랑 자체를 만나 사랑을 받아야 한다. 그래서 9차원은 필연적으로 10차원으로 이어진다.

10차원의 만남, 즉 궁극적 행복은 기본적으로는 사랑과 사랑이 만났을 때, 동전의 양면처럼 하나이면서 둘인 관계가 이루어질 때이다. 그리고 그러한 만남을 위한 조건은 하나이면서 둘인 관계적 패러다임의 존재이다. 이 10차원에 이르러서야 인간은 인간행복의 마지막 단계인 만남에 이를 수 있다.

제5장

만남 - 10차원의 행복

나는 나의 사랑하는 자에게 속하였고
나의 사랑하는 자는 나에게 속하였다.

제5장
만남 - 10차원의 행복

우리는 매일, 누군가를 만난다.
하지만 이 사람 많은, 사람 없는 세상에서
누군가를 만난 적이 있었나!

같은 공간에 있음이 만남을 의미하지 않는다.
함께 취함도, 하루 종일의 수다도,
만남은 아닐 수 있다.
두 사람이 결혼해, 아이 낳아 잘 키우고
50년을 한결같이 해로해도,
만남은 아닐 수 있다.
만남은 결혼하기도, 아이 낳아 키우기도,
50년 동안 한 이불 덮고 자기도 아니다.

나는 너를 만나야 하고,
너는 나를 만나야 한다.
그래서 먼저 외로움의 옷을 벗고 고독하자.
쓸쓸함은 고독이 아닌 외로움의 술어이다.
고독할 수 있는 사람만 만날 수 있다.
홀로 존재할 수 없으면 둘로도 존재할 수 없다.

내 모습 그대로, 나는 나의 사랑하는 자에게 속하고,
네 모습 그대로, 나의 사랑하는 자는 내게 속한다.
내가 보아주기를 바라는 그곳에서,
네가 보아주기를 바라는 그곳에서.
네가 내 안에 있고,
내 존재가 네 안에 있을 때
우리는 둘이면서 하나이고,
하나이면서 이미 둘이다.

4차원 이후의 행복은 역설의 길이다. 그 길은 보이지 않는 것을 바라볼 때 비로소 보이는 길이다. 주는 사람은 가지게 되고 가지려는 사람에겐 남는 게 없다. 이상적으로 보이기에 지극히 현실적이며, 나의 이익에 반하기에 정확히 나의 삶에 행복을 가져다준다. 좁은 문으로 들어가 넓은 문으로 나오는 길이고, 죽으려는 것 같지만 유일하게 사는 길이다.

10차원은 그 모든 행복의 근원이다. 사랑에서 사랑이 나오고 행복에서 행복이 나온다. 어디에나 사람이 있지만 아무 데도 사람이 없는, 소유하거나 소유될 수밖에 없는 이 세상에서 사람을 만들고, 기쁨을 만들고 의미와 행복을 만들어 주는 창조의 시작은 만남이다. 그래서 우리는 무엇보다 먼저 만나야 한다.

죽음과 두려움

사람들은 죽음이 두렵다고 한다. 하지만 죽음을 두려워하는 사람은 없다. 정확히 말해 인간은 죽음을 두려워할 수 없다. 우리는 죽음이 무엇인지 모른다. 죽음은 경험의 대상이 아니다. 오감이 경험하는 것은 단지 죽음을 넘어선 존재, 즉 시체이다. 그래서 에피쿠로스(Epicurus)도 "죽음을 두려워하지 마라."라고 했다. 그의 말처럼 내가 있을 때는 죽음이 없고 죽음이 오면 내가 없다.

우리가 두려워하는 것은 죽음이 아니라 이별이다. 삶의 마지막에 반드시 이별이 있다. 물론 죽음 뒤의 불확실성도 있다. 하지만 모르는 것은 두려움의 대상이 아니다. 그것은 불안할 뿐이다. 그러므로 죽음의 고통은 본질적으로 물리적인 것이 아니라 존재론적이다. 혼자됨 또는 분리됨! 외로움이 문제이다. 사랑이든 증오이든, 사람이든 물건이든! 천 년을 함께 있어도 한 번은 헤어져야 한다. 그리고 마지막 순간에는 '함께'라는 단어도 없다. 누구나 각자 '절대적 홀로'의 순간을 맞이해야 한다. 이 절대적 공의 순간, 아무에게도 자신을 멋지게 보일 이유도 없고 가식적일 필요도, 의미도 없는 순간, 만남의 경험 없이 삶을 보낸 사람들은 자신의 근본적 외로움을 깨닫게 된다. 대부분의 사람들이 그렇다. 외로움의 의식 없이, 또는 억지로 외면하며 살다, 마지막 순간에 구체적으로 외로움을 대면한다. 그리고 만남을 그리워한다. 하지만 그때는 너무 늦었다.

아이러니는 바로 여기에 있다. 외로움을 거부하기에 죽음을 두려워하는 인간이 외롭기 때문에 죽음을 선택한다. 자살은 돈이든 사랑이든, 현상적인 어떤 문제가 삶의 의미상실로 동일화되기 때문에 발생한다. 하지만 의미상실을 결국 최종적 자살행위로 유도하는 조건은 외로움이다. 의미를 잃고 괴로워하는 나를 알아주는 사람이 이 세상에 하나도 없음을 느끼는 것이다. 어떠한 존재로부터도, 심지어 가족이나 부모님으로부터도 이해받지 못함, 홀로 버려짐의 의식에서 오는 철저한 '내던져짐'의 고통. 자살은 결국 외로움으로부터 오고, 사실 그런 의미에서 보면 '살아 있음'

속에 이미 '죽어 있음'은 내재되어 있다.

"타이타닉"

영화 "타이타닉"을 생각하면, 바람을 가르며 두 팔을 벌리고 사랑의 노래를 부르는 두 연인이 떠오른다. 하지만 그것은 영화의 진실이 아니다. 진실은 영화의 마지막에 천 명 가까운 사람들이 북대서양의 차가운 물에서 죽어 가는 모습이다. 호흡이 어려울 정도의 차가운 물에서 죽어 가는 자신을 상상해 보라. 두려움이 온몸을 감쌀 것이다. 하지만 그래도 주변을 둘러보면, 한 가지 위안이 있다. 수많은 사람들이 나의 주변에서 함께 죽어 가고 있다. 최소한 외롭지는 않은 것 같다. 그렇지 않고 망망대해, 차가운 바다에서 홀로 죽어 간다? 아마 익사하기도 전에 외로워서 죽을 것이다. 여럿이 함께 죽어 간다는 사실은 그나마 위안이 되는 일이다.

하지만 마지막 숨이 넘어가는 순간, 그 많은 사람들의 존재도 아무런 의미가 없다. 죽음의 순간 어떤 존재도 당신에게 위로가 될 수는 없다. 유명 인사의 관을 따르는 수많은 조문객들을 보며 "참! 마지막 가는 길도 근사하네!"라고 생각할지 모르지만 당사자는 홀로 한 평도 안 되는 관 속에서 썩고 있을 뿐이다. 인간은 근본적으로 외롭다. 죽음이라는 현상과 함께 당신이 가져갈 수 있는 것은 아무것도 없다. 잡스도 8조 원 가량의 재산 가운데 단 한 푼도 지니고 갈 수 없었다. 당신의 몸도 결국 원소로 분해된다. 모든 인생은 태어남과 움켜쥠과 펼침 그리고 놓음의 반복이다. 그래서 해 아래 새것이 없다. 인생은 정말 무상하다. 그래서일까? '걸레 스님'이라 불리는 중광 스님도 말했다. "에이! 괜히 왔다가네!"

근원적 고통

너와의 만남을 손꼽아 기다렸다. 「소나기」의 소년처럼 표현할 수 없는 무의식 속에서 너는 나의 간절한 그리움이었다. 이제 우리는 서로 마주 보고 있다. 너의 맑은 미소, 햇살에 비추인 얼굴에 환희가 다가온다. 그런데 지금 우린 다른 곳을 보고 있다. 너와 같이 있는데, 왜 난 외로운 것일까! '함께'가 어떻게 '홀로'와 함께할 수 있는 것일까! '이미'가 어떻게 '아직'을 동반하는 것일까?

문제는 보이는 것이 아니라 보이지 않은 것에 있다. 먹고 싶어서 무엇인가를 먹는 것이 아니다. 외로워서 먹는 것이다. 즐기고 싶어 게임을 하고 술 취하고 싶어 마시는 것이 아니다. 외로움에 게임하고, 외로워서 취하고, 외로워서 마약한다. 성공하니 외롭고, 실패해서 외롭고, 이것도 저것도 아닌 내 자신이 외롭다. 함께할 수 없어 외롭고, 함께해도 외롭다. 아니 오히려 항상 함께만 하니 외롭다. 살아 있다는 것이 외로워 죽고 싶지만, 죽으면 너무 외로울 것 같아 포기한다. 이도 저도, 무엇을 해도 아무 관심이 없는 세상에 난 외롭다.

술의 목적은 술이 아니고 성공의 목적은 성공이 아니다. 보이는 것은 보이지 않는 것이 될 수 없다. 사람은 보이는 것을 위해 사는 것처럼 보이지만 사실은 보이지 않는 것을 위해 산다. 당신은 그리움 때문에 잔을 들고, '함께'를 확인하려고 잔을 부딪치며, '하나 됨'의 환상에서 잔을 비우고, 그 환상 안으로의 '용해됨'을 위하여 취한다. 우리는 밥을 먹는 것이 아니라 정을 먹는다. 술을 마시는 것이 아니라 우정을 마신다. 성을 즐기는 것이 아니라 '하나 됨'을 갈망한다. 아내는 바가지를 긁는 것이 아니라 외롭다고 말하는 것이다. 남편도 소리 지르는 것이 아니라 혼자는 힘드니까 조금만 도와달라는 것이다. '함께'를 느끼고 싶다는 것이다. 그래서 안아 줌은 행위가 아니라 존재 양식이다.

논리적 외로움

인간의 외로움은 사실 논리적이다. 적어도 행복감을 행복으로 생각하고 살아가는 대부분의 사람들은 그렇다. 행복감의 욕망들을 다시 한 번 기억해 보자.

욕망			
종류	1. 육체의 욕망	2. 자극의 욕망	3. 비교의 욕망
목적	생존	쾌락	우월감
모습	의식주성/안전	향유(즐김)와 소유	평등/자유/성공(권력/명예 etc.)

위의 욕망들은 모두 보이는 것들이다. 그리고 '내가'라는 단어로 집중된다. '내가' 생존하고, '내가' 쾌락을 즐기며, '내가' 남보다 우월하다. 이렇게 '나'밖에 없다. 자본주의와 민주주의가 아무리 '건전한' 이기주의 또는 합리적 이기주의를 말해도 행복감을 원하는 인간의 본성은 폐쇄적 이기주의이다. 사실 '나' 이외에는 관심이 없다. 바로 그런 이유로 행복감의 욕망에는 타인과의 만남이 근본적으로 불가능하다. 육체의 욕망도 나 혼자 하는 것이요, 자극의 욕망도 내가 즐기는 것이다. 비교의 욕망에는 관계가 보인다. 하지만 그 관계는 경쟁이고 소유이며, 아니면 피상적인 '스쳐 지나감'일 뿐이다. 군중 속의 고독은 결코 낭만적 수사가 아니다.

행복감이 행복이 될 때, 모든 인간은 나의 욕망에 대한 수단이 된다. 그런데 수단은 인간이 될 수 없다. 수단은 단지 사물이며, 사물과는 진정한 의미의 관계를 할 수 없고 소유할 수 있을 뿐이다. 그러므로 인간이 자신이 소유하고 있는, 겉으로는 사람처럼 보이지만 실제로는 사물인 존재와 함께 있을 때 느낄 수 있는 감정은 외로움뿐이다.

3차원의 사람이 외로운 이유는 사실 그가 그것을 선택했기 때문이다. 그는 타인과의 '만남'이 아니라, 타인을 '소유'하길 원했고, 스스로 선택했기에 만남이 없는 소유의 관계 속으로 들어가게 된 것이다. 인간이 자신이 원하는 것만을 얻는다는 것은 그래서 언제나 진리이다. 누군가를 소유하거나, 누군가에 의해 소유될 수밖에 없는 세상. 사람들은 다양한 사람들을 만난다. 하지만 엄밀히 말하면 그들은 서로 만나는 것이 아니다. 서로에게 '그것과 그것'인 관계가 어떻게 나와 너가 될 수 있겠는가? 그저 스쳐 지나갈 뿐이다. 그러므로 다양해 보여도 3차원엔 두 종류의 인간만이 존재한다. 소유하는 사람, 소유되는 사람. 그래서 둘 사이엔 만남이 없다. 소유하는 사람도 외롭고, 소유되는 사람도 외롭다.

결국 인간은 길 위에 있는, 목적지에 도달할 수 없는 그래서 진리의 조명만을 기다릴 수밖에 없는 존재이다. 현대인은 누구나 이미 로빈슨 크루소이다.

그러므로 인간은 의식하든 못하든 누군가를 그리워한다. 그 존재 또는 무엇을 만났을 때 모든 고통이 사라지고 자유롭게 되는, 더 나아가 영혼의 깊은 곳에서 샘솟듯 기쁨이 솟아날 수 있는 그런 경험을 인간은 누구나 바란다. 그것은 분명 내 안의 존재론적 외로움, 그것이 주는 불안이나 고통으로부터 벗어나고 싶다는 욕망으로부터 출발한 것이다. 하지만 만남에 대한 그리움은 그런 고통으로부터의 자유만을 의미하는 것이 아니다.

만남

제5장
만남

누군가를 만나면 기쁘다. 누군가를 진정 만나면 삶의 희열이 있을 수밖에 없기 때문이다. 우리는 누구나 누군가를 그리워하고, 누구나 누군가를 만나고 싶어 한다. 그것은 가끔 보는 것이 아닌, 이해관계로 인한 관계가 아닌 그리고 공간적 동거가 아닌 온전히 의미화된 관계이다. 나는 네가 바라봐 주길 바라는 바로 그곳에서 너를 바라보고, 너는 내가 바라봐 주길 바라는 바로 그곳에서 나를 바라봐 준다.

그래서일까? 영적 차원을 사는 사람들은 모두 보이지 않는 것을 원한다. 의미, 자유, 공존, 자비 그리고 사랑 모두 보이지 않는다. 자유는 만남의 자격을 주고 다른 행복의 조건들은 모두 외로움으로부터 벗어나게 해 준다. 그리고 어떤 방식으로든 서로 조금 더 만나게 해 준다. 하지만 의미, 공존, 자비 그리고 사랑도 온전한 의미의 만남은 아니다. 그것은 어떤 의미에서 만남의 결과들이다. 누군가를 진정 만나면 그 만남의 빛이 사람을 변화시킨다. 그리고 그로 하여금 누군가를 사랑할 수 있도록 한다. 그러면 그 사랑으로부터 자비, 공존 그리고 의미의 발견이 연결된다. 물론 그 사람은 자유롭다. 그러니 결론은 언제나 단순 명료하다. 행복감은 외로움, 행복은 만남이다.

사랑은 '누군가를 사랑하는 것'이라 했다. 그런데 이미 언급하였듯이 인간은 온전한 의미에서 누군가를 사랑할 수 없다. 자신을 타인 안에 용해시키는 것은 불가능하다. 이기적 몸도 나의 실존이기 때문이다. 그것은 항상 나로 하여금 누군가를 온전히 사랑하지 못하도록 만든다. 그러므로 이기적 몸을 극복하고, 누군가를 사랑하기 위해서는 극복할 수 있는 에너지와 타인에게로 향할 에너지가 필요하다. 먼저 충전이 되어야 하는 것이다. 따라서 인간은 누군가를 사랑하기 전에 그에게 자비를 베풀고 그와 공존하며, 그 안에서 의미를 찾기 위해서라도 먼저 그렇게 할 수 있는 에너지, 즉 누군가로부터 사랑받는 것이 필요하다.

사랑받는 것은 누군가로부터 '있는 그대로 받아들여지는 것'을 의미한다. 이 경우 그는 누군가로부터 온전한 의미의 사랑을 받는 것이며, 욕망의 대상을 제공받는 것이 아니다. 따라서 사랑받을 경우 그는 사랑의 에너지로 충전된다. 그리고 그 에너지는 빛이 되어 타인에게로 자연스럽게 발현될 수 있다. 그러므로 만남은 무엇보다 이 사랑의 수혜자를 지향한다.

만남은 그리움의 종국적 기호이다. 만남은 인류가 철학이라는 이름으로 사유하고 종교라는 이름으로 신비화하며, 예술이라는 이름으로 승화시킨 그리고 문명이라는 이름으로 추구해 온 인간욕망의 총체이며 궁극적 지향점이다. 존재 의미의 알파이며 오메가, 그것이 만남이다.

만남은 추상적 기호가 아니며, 이상적인 어떤 이념도 아니다. 만남은 현실적이다. 사실 '현실적'이라는 말은 오랫동안 오해되어 왔다. 그것은 '다수가 그것을 현실적으로 생각하는'을 의미하는 것이 아니다. 왜냐하면 '그렇게 생각하는'과 '실제 그런 것'은 분명 다른 것이며 수가 많다는 사실이 진리를 보증하는 것도 아니기 때문이다.

'이상적'이라는 말도 '다수가 그것을 현실적으로 받아들이기를 거부하는'의 의미 외에 다른 것이 아니다. 그리고 그런 의미에서 이상적인 것이 현실적이고 현실적인 것이 이상적인 것이다.

공서적 관계

에릭 프롬은 『사랑의 기술』(*Art of loving*)에서 "사랑은 공서적 관계가 아니라 타인과의 융합이다."라고 말했다. 이 정의는 사실 사랑에 관한 것이 아니다. 그는 만남을 정의하고 있다. 만남은 공서적 관계가 아니다. 이 소극적 규정은 만남이 그저 익숙해진 관계가 아니라는 것을 의미한다. 같은 공간에 있음이 만남을 의미하는 것은 아니다. 누군가와의 '함께 있음'이 만남을 의미하는 것은 아니다. 만남은 단순한 공간적 개념이 아니기 때문이다. 단지 '함께 있음'을 넘어서지 못한다면 우리는 만남으로 나아갈 수 없다. 그렇다고 '함께 무엇을 함'도 아니다. 두 사람이 모든 것을 함께해도 '그'와 '그녀'는 한 번도 함께하지 못한 것일 수 있다. 시간은 만남이 없이도 언제나 채워질 수 있다.

　　언젠가 신문에서 '황혼이혼'에 대한 기사를 읽은 적이 있다. 일흔이 다 된 할머니가 이혼하겠다고 하니 아마 판사가 안타까웠던 것 같다. "할머니, 40년 동안 아무 문제없이 잘 지냈고 아드님도 결혼시키고 문제없이 사셨잖아요! 이제 얼마 남지도 않으셨는데 대충 사시죠." 버릇없는 판사의 말에도 할머니는 이혼을 고집했고 결국 이혼이 이루어졌다. 사람들은 그 할머니가 왜 이혼했는지 의아해 했다. 왜냐하면 겉으로 볼 때 할머니의 삶은 문제를 지니고 있는 것 같지 않았기 때문이다. 하지만 자세히 들여다보면, 할머니를 조금은 이해할 수 있다. 할머니의 이름을 영숙이라고 하자. 영숙이란 여성이 결혼을 했다. 그런데 결혼 후 시간이 흐를수록 남편은 그녀를 간섭하기 시작했다. 그녀가 "밖에 나가 친구랑 커피 한잔 마시고 싶은데…" 하면, "가정주부가 어딜 나가나! 쓸데없이!"라고 하든지, 평생교육원 등에서 강의 좀 들을라치면, "가정주부가 무슨 공부! 집에서 살림하고 애 키워야지…"라고 핀잔을 주었다. 자녀들은 자녀들 나름대로 엄마에게 항상 조르기만 했다. "엄마! 밥 해 줘야지, 뭐 해 줘야지…."

부부가 40년 동안 아무 문제가 없었다는 것이 사실은 문제였다. 남편에게 그녀는 인간 영숙이가 아닌 가정주부였을 뿐이다. 그는 사실 40년 동안 가정주부를 만났던 것이지, 영숙이를 만난 적이 없었다. 그런 의미에서 할머니의 말은 많은 것을 시사해 준다. "하루를 살아도 '나'를 만나고 싶어 하는 사람, 내가 '나'로 존재하는 것을 그대로 이해해 주고 '나'를 받아 줄 수 있는 사람과 살고 싶어."

할머니가 자신의 소원을 이루었는지는 알 수 없다. 사실 이 세상에서 만남을 이루는 것은 쉬운 일이 아니다. 왜냐하면 대부분의 사람들은 만남에 대한 그리움조차 자각하지 못한 채 살아가기 때문이다. 무엇을 원하는지 모르는 것을 얻을 수는 없는 일이다. 인간은 자신이 아는 것만을 진정 원할 수 있고 그것만을 얻을 수 있다. 그래서 사람들은 문제없이 살고 문제없이 죽는다. 바로 그것이 문제이다.

타인과의 융합

만남은 융합이다. 융합은 둘이면서 하나인 관계이다. 서로가 하나임을 느끼면서도 서로의 다름을 인정해 주는 것이다. 그런데 인간에게 만남에 대한 그리움이 있다는 것은 인간이 그 그리움의 대상을 이미 경험했음을 의미한다. 그리움은 반드시 경험을 전제한다. 경험의 긍정적 기억이 대상을 다시 불러내는 것이다. 맛있는 스파게티를 맛본 사람만이 그걸 다시 먹고 싶어 한다. 샤넬을 써 본 사람이 샤넬을 다시 찾는다. 그리고 사랑해 본 사람만이 사랑을 그리워할 수 있다. 그러므로 인간은 이미 한 번 만남을 경험했고 그 만남의 환희를 느껴 보았기 때문에 만남을 갈구하는 것이다. 그렇다면 도대체 그 만남을 경험한 것은 언제일까?

만남의 고향은 자궁이다. 모든 인간의 최초의 만남은 자궁 안에서 이루어진다. 그 안에서 인간은 처음 누군가를 만난다. 그런데 이 최초의 만남은 사실 최후의 만남이다. 그만큼 아기와 엄마의 만남은 독특하며 특별하고 신비하다. 어머니는 타자인 정자에게 자신의 난자를 선물한다. 어머니는 선택한다. 그리고 받아들인다. 임신과 출산은 하나의 신비이다. 임신과 출산에 이르는 그 모든 과정은 인간의 삶의 과정과 유사하다. 인간은 태어나기 전 이미 하나의 다른 인생을 경험한다. 70년 이상 사는 성인의 입장에서 10개월을 인생이라고 하는 것은 이해하기 어렵다. 하지만 영원의 관점에서 인생을 보면, 길어야 100년의 시간도 영원 속의 한 점일 뿐이다. 따라서 시간은 언제나 상대적이며 우리에게는 짧은 시간도 아이에게는 긴 것이다.

한 생명이 태어나기 위해서는 먼저 정자와 난자가 합쳐져야 한다. 이렇게 결합된 수정란은 다시 2^n으로 증식하고, 증식된 이 세포 덩어리를 우리는 배아(zygote)라고 부른다. 배아가 나팔관을 따라 여행해서 자궁에 착상하면 그때부터는 태아(embryo)가 된다. 그리고 5주 정도면 몸이 만들어지고 8주가 되면 뇌파가 측정된다. 즉 성숙한 태아(fetus)가 되는 것이다. 이후 태동과 자체 생존기를 거쳐 38~40주 사이에 출산이 이루어진다.

수정란(정자+난자)
⇨ 증식
⇨ 배아(Zygote)
⇨ 착상(Implatation, 1-2주, 태아Embryo)
⇨ 성숙한 태아(Fetus, 약 8주, 뇌파측정)

▷ 태동(Quickening, 약 15~20주)
▷ 자체 생존기(약 25주경)
▷ 출산(38-40주)

그런데 출산과정을 자세히 보면, 출생 후 인생의 단계와 유사하다. 먼저 수정(Implantation)을 출산에 해당된다고 보면, 배아 단계, 즉 착상 전까지는 유아기이다. 또한 착상부터 의식이 형성되는 뇌파측정기, 즉 성숙한 태아(fetus)까지는 소년기로 볼 수 있다. 그리고 그때부터 태동(Quickening)까지는 사춘기, 나아가 약 25주나 500g 정도부터 시작되는 자체 생존기까지를 청년기, 그 후를 장년기, 마지막으로 임신 8~9개월째, 머리가 커지고 더 이상 자궁에서 살 수 없게 되는 시기는 인생으로 볼 때 노년기로 볼 수 있을 것이다. 그런 의미에서 출산은 자궁 내의 아기에게는 죽음을 의미한다. 왜 죽음일까? 자신의 모든 것과 이별하기 때문이다. 안락한 자신만의 세계와 이별하고 자신이 전혀 알 수 없는 불확실성의 세계로 나아가야 하기 때문이다.

그러므로 자궁은 아이의 대지이다. 아가는 그 안에서 자신의 삶을 산다. 따뜻한 양수 안에서 아기는 어머니로부터 모든 양분과 산소를 공급받는다. 아기집에 쌓인 아기는 안전한 자신의 보금자리인 엄마의 푹신한 몸에 싸여 완전한 행복감의 상태를 유지한다. 하지만 10개월이 되면 아기는 자신의 대지와 이별해야 한다. 이별은 죽음이다. 하지만 아기가 죽지 않는다면, 즉 자궁에서 나오지 않는다면 아기는 정말 죽는다. 나와야 아기는 진정 산다. 그래서 인생의 진리는 항상 동일하다. 살려고 하면 죽고 죽으려고 하면 산다.

산모의 진실

주목해야 할 부분은 배아가 자궁에 착상하는 과정에서 벌어지는 현상이다. 실제 임신할 때 배아의 착상은 자연스럽게 이루어지지 않는다. 착상뿐만 아니라 아기의 성장도 그냥 되는 것이 아니다. 혹시 모든 산모가 배아를 죽이려 한다는 사실을 아는가? 산모의 몸은 원칙적으로 아기를 수용하지 않는다. 받아들이기 힘들지 모르겠지만 사실이다.

생물학적 관점에서 배아는 산모에게 이물질, 침입자로 간주된다. 왜냐하면 태아 염색체의 반이 남성 것이기 때문이다. 따라서 산모의 몸은 아기를 타인으로 인지한다. 태아는 산모에게 근본적으로 '남', 즉 '타자'이다.

여성 단체에는 낙태가 여성의 자율권이라는 목소리가 있다. 하지만 이는 무지에서 나온 어리석은 주장이다. 아이는 여성의 소유가 아니기 때문이다. 여성도 모르는 여성의 진실은 생물학적으로 볼 때 여성 스스로도 아이를 원하지 않는다는 사실이다. 이 세상 어느 여성도 자신이 원해서 임신을 하고, 아이를 낳는 사람은 없다. 아이는 여성의 소유가 아니고, 여성과 다른 완전한 하나의 타자인 사실을 여성 스스로, 특히 거부와 적응 과정인 입덧을 통해 증명한다. 임신 기간 중 일시적으로 진행되는 것으로 알려진 구토나 메스꺼움 등의 입덧은 몸 안의 이물질에 산모가 적응하는 과정이다. 심한 여성의 경우는 임신과정 전체에서, 일어나지도 못하고 누워서 영양제로 연명하는 경우도 있다. 입덧을 별로 안 한다는 여성의 경우도 사실 넓은 의미에선 입덧을 한다. 넓은 의미의 입덧은 임산부의 몸에서 일어나는 모든 변화를 의미하기 때문이다. 입맛부터 시작되는 몸 상태의 모든 변화는 서로 다른 두 존재, 즉 산모와 태아의 결합에 동반되는 필요한 부작용들이다. 흥미로운 점은 몸 안의 이물질을 죽이려는 산모와 대면한 상황에서 살아남기 위한 아가의 생존전략이다.

태반의 의미

엄마: 너는 이물질이고 나를 해칠지 모르니 죽어 주어야겠다!
아기: 어머니! 저를 죽이기 전에 잠깐만 제 이야기를 들어보세요! 저는 당신에게 해를 끼치려고 들어온 침입자가 아니에요.
엄마: 네가 침입자가 아니라는 것을 내가 어떻게 알겠니?
아기: 제가 어머니를 절대 침범하지 않겠다는 증거를 보여 드릴게요!
엄마: 무슨 증거인데?
아기: 어머니와 제 사이에 삼팔선을 만들어 드릴게요!
엄마: 삼팔선이라니?
아기: 우리 사이에 경계를 만들어 드리겠다고요!

어머니와 아기 사이의 삼팔선, 둘의 영역을 분리하여 각자의 삶을 인정하고 보장하는 경계선. 그것은 바로 태반이다. 산모와 태아 사이의 설정된 대화는 임신 초기의 현상을 상징적으로 보여 준다. 산모가 태아를 파괴하려 할 때 태아와 산모 사이에 태반이 만들어짐으로써 태아의 생명은 보전된다.

태반은 태아 쪽에서 살기 위해서 작동되는 것이다. 물론 재료나 모든 것은 산모 쪽에서 나온다. 하지만 태아가 산모에게 침입자가 아니라는 정확한 사인으로 태반이 만들어지는 것이다.

태반은 태아의 공간인 자궁과 산모의 정확한 경계를 설정해 준다. 태반을 통해 태아는 아기집 안에서만 존재하게 되고 그 안에서 탯줄을 통해서 모든 것을 공급받는다. 나아가 태반은 바이메탈작용을 통해 산모와 태아 모두의 생존에 무리가 가지 않도록 적절한 양의 양분과 산소를 공급한다. 이렇게 산모와 태아는 하나로 결합한다. 그리고 태아는 산모의 자궁 안에서 완벽한 평안과 행복을 누리게 된다. 결국 의미론적 관점에서 볼 때, 태반은 엄마로부터 무조건적이고 전폭적인 사랑을 받는 아기가 모든 주도권을 엄마에게 맡긴다는 사인이다. 그것은 에덴과 같은 행복한 공간에서 아이가 지내기 위해 절대로 자신의 영역을 넘어서지 않겠다는, 엄마의 주권을 인정하고 모든 처분을 어머니에게 맡기겠다는 일종의 고백인 셈이다. 엄마가 무조건적 사랑을 주고 자신을 있는 그대로 감싸 주는 존재이고, 자신은 그 모든 사랑을 수혜받는 존재로서 위계질서를 인정하겠다는 것이다.

그러므로 모든 사랑은 엄마로부터 나온다. 아이는 엄마로부터 완전한 사랑을 받는다. 그렇다면 아이는 엄마에게 종속된 존재가 아닌가? 그렇지 않다. 엄마의 몸은 아이이게 모든 것을 주는 존재이지만 아이의 자율적 정체성을 그대로 인정해 준다.

임신과정에서 절대 간과해서는 안 될 중요한 사실이 하나 있다. 산모와 태아는 탯줄을 통해 양분과 산소 그리고 감정의 공감 등 모든 것을 함께 경험하고 공유한다. 하지만 신기하게도 한 가지만큼은 절대 탯줄을 통해 통과되지 않는다. 그리고 반드시 차단된다. 절대 섞이지 않는 그것은 무엇일까? 바로 피다. 산모와 태아의 피는 섞이지 않는다. 피는 개체의 고유성과 독립성, 동시에 그 개체의 생명을 의미하기 때문이다. 다시 말해 피가 교환되지 않고 분리된다는 사실은 산모와 태아가 하나로 용해될 수 없는 별개의 존재임을 뜻하는 것이다. 그래서 태아는 고유한 독립적 생명으로 존재하는 것이고 산모도 고유한 존재로 남는다. 이런 의미에서 낙태는 타 존재에 대한 살인이 되는 것으로 볼 수밖에 없다. 실제 에이즈에 걸린 산모일지라도 제왕절개를 제대로 하면 아이는 에이즈에 걸리지 않는다. 에이즈는 피의 결합을 통해서만 전염되므로 출산과정에서 실수로 발생할 수 있는 피의 접촉만 조심하면 태아는 건강하게 출산할 수 있다. 서로 다른 별개의 피를 통해 우리는 자궁이 두 독립된 생명이 만나는 공간이며 하나의 결합된 생명체의 영역이 아니라는 것을 확인할 수 있다.

만남

산모와 태아는 탯줄을 통해 하나로 연결되지만 피의 차단을 통해 둘로 남는다. 그리고 이를 통해 산모와 태아는 단순한 관계를 넘어 우리가 융합이라고 부른 경험을 하게 된다. 둘은 만난다. 즉 둘이면서 동시에 하나로 존재하게 된다. 만남은 둘이면서 하나인 존재, 하나이면서 둘인 존재가 되는 것이다. 이는 서로 다른 두 존재가 더해짐에도, 즉 1+1의 관계가 2가 아니라 다시 1이 되는, 즉 1+1=1인 관계가 이루어지는 것을 의미한다. 표현을 좀 달리하자면 서로 다른 두 타자가(타자성) 하나가 되는(동일성) 사건이다. 그리고 이 사건은 인간의 전 생애를 통틀어 유일하게 자궁 내에서만 발생한다. 결국 만남은,

① 서로 다른 존재임을 인정하면서도 하나가 되는 것, 즉 타자성과 동일성의 공존이면서, 동시에 ② 서로 하나이면서도 둘로 남아 있는 것, 즉 동일성과 타자성의 공존이다.

> 만남 : 타자성과 동일성 그리고 동일성과 타자성의 공존
> 만남 :   1 + 1 = 1   ∧   1 = 1 + 1

엄마와 아기는 그래서 늘 만난다. "너와 나는 하나야! 하지만 우리는 서로 상대방이 고유한 개체임을 인정하지! 그래서 우리의 관계는 만남인 것이지!"

만남에서 중요한 것은 무엇일까? 그것은 동일성과 타자성이 반드시 함께 존재해야 한다는 사실이다. 동일성만 존재할 때 동일성은 소유로 변질되거나 제3의 존재로 융화될 가능성이 크다. 황혼이혼을 한 영숙 할머니의 남편도 동일성을 느꼈을 것이다. 그러나 그 남편은 타자성을 간과했다. 그래서 그는 자신의 모든 생각과 감정 그리고 의지 안으로 상대방을 편입시켰다. 결혼을 하고 함께 살았지만 여성을 소유하고 산 것일 뿐 타자인 영숙이란 여성과의 만남은 없었다. 그는 자신이 그녀와 만났다고 착각한 것뿐이다.

반면 타자성만 인정하고 동일성을 인정하지 않으면 관계는 공존에 머무르게 된다. 공존에 머무를 때 '나'는 주체로 남는다. 그래서 타자와의 '함께'를 이룰 수 있다. 하지만 '하나'는 되지 못한다. '하나'가 아니면 만남도 없다. 그러므로 만남은 타자성과 동일성이 공존할 때만 가능하다. 물론 만남의 동일성은 단순한 '일치'가 아니다. '합의'도 아니다. 그것은 내가 나를 포기하고, 나를 녹여 그와 하나가 되는 것이다. 그러므로 내가 주체임을 포기하고 타자 안에 용해되는 것이다.

그런데 내가 나를 소멸시킴에도 어떻게 나로 남을 수 있는가? 우리는 그것을 사랑에서 보았다. 나의 모든 몸적 자아를 죽일 때 영적 자아가 사랑하는 존재로 새롭게 태어나는 것을! 그러므로 산모와 태아와의 관계를

통해 우리가 확인한 만남은 바로 사랑과 사랑이 만나는 자리이다. 사랑과 사랑이 만날 때, 하나이면서 둘이고 둘이면서 하나인 만남이 완성된다. 나는 나의 사랑하는 자에게 속하고 나의 사랑하는 자는 내게 속하게 된다. 한 존재만 타자성을 인정하거나 한 존재만 타자 안에 용해되지 않고, 둘이 동시에 '너'의 타자성을 인정하고 '너'의 안에 용해된다. 둘은 이제 동전의 양면처럼 하나이면서 둘이다. 나는 그에게로 가서 소멸되고 그도 나에게로 와서 소멸된다. 그는 내 안에서 죽고 나도 그 안에서 죽는다. 그러나 죽음은 끝이 아닌 새로운 시작이다. 서로 사랑하는 두 사람은 사라짐을 통해 서로를 드러나게 한다. 죽음은 생명을 창조하고 소멸은 탄생을 약속한다. 나는 그에 의해 부활하고 그도 나로 인해 부활한다. 그래서 순간이 영원이 되고, 영원은 영원을 만난다.

결합

만남, 즉 타인과의 융합은 결합을 의미하지 않는다. 결합은 둘이 하나가 되는 순간 개체성은 사라지게 되고 동일성만 남게 된다. 만남의 한 축인 동일성은 있으나 타자성이 없는 것이다. 이렇게 제3의 자아로 소실되는 경우를 우리는 동양의 인간관에서 볼 수 있다. 사람 인(人)자에는 남성이 서고 여성이 기댄다는 의미가 내재되어 있다. 진정한 인간이 되기 위해서는 남녀가 만나 하나가 되어야 한다는 것이다. 남녀가 합해 진정한 인간이 된다는 사고는 분명 긍정적이다. 하지만 결국 인간이라는 통합체 속에 개인이 용해되어 버릴 위험이 있다. 그것은 결혼을 하면 개인의 삶을 포기하고 부부로서 전통적 자녀 양육의 틀에 살 수밖에 없다는 고전적 사고를 대변한다. 서로가 전혀 어울리지 않음을 확인한 상태에서도 "아이들 때문에 참고 살아야지!"라고 말하는 배경에는 남녀 결합체로서 부부관이 깔려 있다. B. 러셀(Bertland Russel)도 『결혼과 도덕에 관한 10가지 철학적 성찰』(Marriage and morals)에서 이혼할 수 없는 이유로 자녀 양육의 문제를 제시하고 있다. 이혼은 물론 바람직하지 않다. 하지만 행복이 없는 가정, 다툼과 불화가 잦은 부모를 보고 자라야만 하는 아이들 역시 고려되어야 하는 것은 마찬가지이다.

정

오랜 시간의 익숙함을 통해 낯설음이 사라질 때 관계는 정으로 발전한다. 정은 만남이 아닌 '익숙함'이다. 모든 공서적 관계는 시간이 흐르면 정을 낳는다. 그런데 정은 가치판단을 하지 않는다. 익숙함은 좋음과 나쁨을 가리지 않는다. 그래서 미운 정도 있다. 부부가 결혼해서 늙어 죽을 때까지 해로하는 경우 대부분은 이 정의 관계로 유지된다.

할아버지: "에-헴!"
할머니: "아, 밥 달라구!"
할아버지: "어험!
할머니: "아, 졸리다구!"

오랜 세월 한 이불을 덮고 잔 부부는 서로 말을 안 해도 상대방이 무엇을 원하는지, 또는 상대방의 기분 상태를 쉽게 알아차린다. 정이 들었기 때문이다. 하지만 서로를 너무 잘 아는 노인들도 "저놈의 영감탱이 도

대체 그 속을 알 수 없어!"라는 고백은 드문 현상이 아니다. 아무리 오래 살아도, 아무리 많은 관계를 나눠도 그 어떤 질적 도약을 통해 동일성과 타자성이 확립되지 못한다면 만남을 경험할 수 없다. 아무리 비슷해도 아닌 것은 아닌 것이다.

만남의 시작

인간은 자신이 가지고 있는 것만을 줄 수 있다. 사랑하기 위해 먼저 사랑받아야 한다. 그러므로 만남의 시작은 누군가를 사랑하는 것이 아니라 누군가로부터 사랑받는 것에 있다.

만남(사랑+사랑)	
타자성	동일성
있는 그대로	하나 됨 온전히 사랑받음(태아)/ 온전히 사랑함(산모)
수평적 구조 ——	수직적 구조 │

십자가형 구조(융합) ✝

산모와 태아와의 만남에서 절대 간과될 수 없는 사실이 있다. 만남이 정확히 수평적 관계에서만 이루어지는 것이 아니라는 사실이다. 자궁 안에서 산모와 태아는 사랑과 사랑으로 관계한다. 따라서 상대방의 타자성을 수용한다. 서로를 규정함 없이 있는 그대로 받아 주므로 이때 관계는 수평적이다. 하지만 동일성, 즉 하나 됨의 체험은 산모와 태아 각각에게 완전히 다른 사건으로 다가온다. 산모에게 만남은 '완벽한 내어 줌', 즉 '누군가를 사랑하는 것'으로 다가온다. 그리고 태아에게는 '완벽한 받아들여짐', 즉 '누군가로부터 사랑받는 것'으로 다가온다. 그리고 그렇기 때문에 이 경우 둘의 관계는 수직적이다. 산모의 사랑이 먼저 전제되어야 태아의 사랑이 응답하는 것이다. 결국 만남의 시작은 수평의 타자성과 수직의 동일성이 만나 십자가형의 구조를 형성하게 된다.

출산의 신비는 경이 그 자체이다. 아이는 자궁 안에서 온전한 사랑받음을 통해 만남을 경험한다. 사랑받음은 어머니가 나를 '있는 그대로' 인정해 주며, 나와 하나가 되어 주고, 모든 것을 함께 느끼면서도 다름을 인정해 주는 체험이다. 어머니가 필요한 모든 것을 나에게 주면서도 나를 소유하거나 독점하지 않고, 즉 모든 것을 수용하면서도 함께 있어 주는 것이다. 이처럼 아기는 어머니로부터의 사랑을 받고, 그 사랑을 주는 어머니를 사랑하게 된다. '누군가로부터 사랑받는 것'이 '누군가를 사랑하는 것'으로 이어지는 것이다.

반면 어머니는 태아와의 만남 안에서 온전한 사랑함을 체험한다. 상대방을 있는 그대로 인정하며, 즉 타자임을 인정하면서도 자신의 모든 것을 주고 보호해 주며 품어 준다. 그러므로 어머니는 '누군가를 사랑하는 것'을 먼저 실천함을 통해 '누군가로부터 사랑받는 것'의 체험을 하게 된다. 먼저 아기를 사랑하고, 아기로부터의 사랑을 받게 되는 것이다. 결국 순서는 다르지만 아기와 산모는 결국 사랑과 사랑의 연합, 즉 만남을 경험하게 된다. 만남의 차원에서 사랑이 열매를 맺는 것이다. 그러므로 만남 안에서 삶은 기쁨과 희열이 되고 평안이 되며, 그 무엇도 줄 수 없는 만족이 된다. 만남이 바로 천국이 된다.

인간은 이 만남의 경험을 무의식 속에 간직한다. 그렇기 때문에 출산을 통해 탯줄의 분리가 시작된 시점부터, 즉 분리의 고통을 "으앙!"이라는 울음으로 표현하는 순간부터 또 다른 탯줄, 또 다른 어머니인 대지와 이별하는 죽음의 순간까지, 인간이면 누구나 그 만남을 그리워하며 살다 간다.

아이의 약함, 아이의 힘

당신은 아기가 귀여운가? 작은 아이가 방긋 웃는 모습을 보면, 거부감을 느끼는 어른은 없을 것이다. 그런데 이런 방긋 웃음에 아이의 은폐된 생존전략이 숨어 있다는 사실을 안다면, 그래서 이 웃음이 어른을 유혹하기 위한 고도의 장치라는 것을 안다면 어쩌면 아이가 음흉해 보일지도 모르겠다. 무슨 의미인가? 물론 아기는 귀엽고 사랑스럽다. 신기한 것은 어떤 아기든 미운 아기는 없다는 것이다. 지구상에 태어난 모든 아기는 누구나 어른들로부터 사랑받는다. 오늘날 이 자연의 법칙이 깨어지고 반인륜적 행위들이 발생하곤 있지만 그래도 원칙적으로 아기는 어른의 귀염둥이이다. 그런데 왜 아기는 그렇게 한결같이 귀여울까?

자연계의 모든 존재는 나름대로의 생존전략을 지닌다. 아이도 생명이라는 측면에서는 마찬가지이다. 그런데 아이는 성장하기 위해 오랜 시간을 필요로 한다. 부모나 다른 성인들의 도움이 없다면 아이의 생존은 보장되기 어렵다. 따라서 어른들의 도움에 의존한다는 사실에서 우리는 아이가 어떤 의미에서 어른을 유혹해야 한다는 것을 이해할 수 있다. 어쩌면 오랫동안 아기들은 엄마의 뱃속에서 어른을 유혹하기 위한 전략을 고민했을지도 모른다. 있을 수 없는 일이지만 만약 그렇다면 아마도 이렇게 생각했을지 모르겠다.

"어떻게 하면 모든 어른이 날 사랑하도록 만들 수 있을까? 아무도 날 도와주지 않는다면 난 혼자 살 수가 없는데! 그래 머리부터 크자! 그리고 씩, 웃어 주자!"

마시마로라 불리던 엽기토끼나 졸라맨 등이 귀여운 이유가 무엇일까? 이들은 아기와 한 가지 점에서 동일하다. 그렇다. 머리가 크다. 아기가 귀여운 이유 역시 머리가 크기 때문이다. 더 정확하게 말하면 머리만 크기 때문이다. 아기들은 머리부터 자란다. 다리나 손부터 크는 아기는 없다. 머리부터 큰 것이 뭐가 중요한가? 가분수인 아기가 아장아장, 하지만 뒤뚱뒤뚱 걷고 있고, 그 바로 옆에서 손을 펴고 아이가 넘어질 것을 대비하는 엄마의 모습을 떠올리면 바로 이해할 수 있다. 어른을 향해 미소 지으며 머리만 큰 아기는 보는 사람으로 하여금 사랑스러움과 불안함을 느끼게 하고 보호 본능을 자극한다. 자신을 약한 존재라고 드러낼 때 아이는 친근한 존재로 이해되고 결국 부모로부터의 사랑을 약속받는다. 아이의 약함이 아이의 힘이다.

크리스천은 십자가를 사랑한다. 신이나 하나님이라는 이름은 거리가 느껴지지만, 십자가의 예수는 친근감이 느껴진다. 왜 그럴까? 신으로서 하나님의 존재는 공의의 상징이며 경외의 대상이고 따라서 두려움과 떨림의 존재이다. 그런데 십자가의 예수는 사랑스럽다. 그것은 십자가 위에서 예수가 어린아이와 같은 존재가 되기 때문이다. 신이 자신을 가장 약한 존재로 드러내 보여 주는 곳, 아무런 저항 없이 자신을 모두 내어 주는 곳, 그곳이 십자가이다. 그 위에서 초월적 그리고 절대적 신비의 존재는 가장 약한 모습으로 자기를 보여 준다. 머리가 큰 아기처럼, 절대적 약함의 모습으로 신이 자신을 드러내는 십자가이기에 그 존재가 사랑스러운 것이다.

분리와 이별 그리고 그리움

자궁에서의 만남 그리고 완전한 사랑받음의 경험에서 인간은 분리된다. 출산과 함께 탯줄은 분리된다. 그리고 아이는 엄마와 이별하며 세상 속으로 홀로 들어간다. 그리고 생명의 마지막에 이를 때까지 아이의 이성과 의식은 홀로서기를 위해 노력하는 반면 아이의 무의식은 탯줄을 통한 만남의 회복을 그리워한다. 인간을 人間, 즉 '사람 사이의 존재'라 부르는 것은 인간이 단순히 관계의 존재임을, 또는 아리스토텔레스가 말했듯 인간이 사회적 존재임을 드러내기 위함이 아니다. 존재의 근원적 관점에서 보면 인간은 탯줄, 즉 '만남을 그리워하는 존재'이다.

인간은 자신을 있는 그대로, 즉 자신의 타자성을 인정하며 동시에 완벽히 품어 주고, 안아 주고, 인정해 줄 수 있는 만남, 동시에 자신도 그 존재를 그렇게 대할 수 있는 만남을 원한다. 다시 말해 누군가로부터 먼저 사랑받는 것과 누군가를 사랑하는 것, 그러면서도 타자로 남는 십자가형 구조의 관계를 그리워한다. 바로 이 만남이 인류가 지금껏 무의식적으로 추구해 온 행복의 본질이다.

만남이 없는 인간은 행복하지 않다. 실제 느끼고 있든, 아니면 지금 나에게 쾌락이나 향유, 또는 만족감을 주는 그 무엇으로 인해 잊고 있든, 인간은 만남에의 그리움으로부터 벗어날 수 없다. 인간은 그리움의 선고를 받은 존재이다. 따라서 그것은 단순한 사회적 관계를 통해 해결되지 않는다. "너와 함께 있어도 나는 항상 네가 그립다."는 말은 단순한 낭만적 푸념이 아니다. 만남에 대한 그리움은 함께 있을 때 오히려 더 심각해질 수 있기 때문이다.

엄마의 젖꼭지

탯줄과의 분리 후 인간이 제일 처음 탯줄을 대체하는 것은 엄마의 젖꼭지이다. 아기는 본능적으로 엄마의 젖꼭지를 원한다. 엄마의 젖꼭지를 빨고 엄마의 젖가슴에 묻혀 잠을 잔다. 이때 아이의 미소를 J. 라캉은 '행복의 미소'라고 했다. 그럴 수밖에 없다. 그것은 무지개를 찾은 소년과 같은, 탯줄과의 비분리로 회귀한 듯한 밝음이며 만족이기 때문이다. 엄마의 젖꼭지를 통해 아기는 순간적이나마 만남으로 돌아갈 수 있다.

하지만 시간이 흐르면 엄마의 젖가슴도 이유식을 통해 단절된다. 그리고 좀 더 불확실한 탯줄, 즉 어머니와 아버지의 품으로 대체된다. '손을 탄다'고 하는 것은 어른이 아이를 너무 안아 줘서 생기는 버릇이 아니다. 아기는 안기고 싶어 한다. 있는 그대로 누군가로부터 사랑받고 싶고, 또 그렇게 사랑해 주는 존재를 사랑하고 싶은 것이다. 아이가 커서 엄마의 품에 안기기 어려워지면, 그때 아이는 엄마의 손, 심한 경우 치마를 붙잡고 따라다닌다. 분리불안의 근원은 단순히 자궁이 아니라 구체적인 탯줄이다.

아이는 그렇게 자라고 때로는 애완견을 품에 안거나 인형을 껴안고 잔다. 학교에 다니기 시작하면 친구와 문자를 주고받으며 만남을 대체한다. 여성은 서로 팔짱을 끼며 탯줄을 느낀다. "우린 친구야!"라고 재잘거리며 걸어갈 때도 팔짱을 낀 손을 풀지 않는다. 심지어 화장실을 같이 가기도 한다. 슬프게도 친구가 곁에 없는 경우는 홀로 캠퍼스를 걸으며 책을 품고 다닌다.

무의식적인 행동이지만 탯줄에 대한 그리움은 항상 우리 옆에 있다. 우리는 누구나 끝없이 '홀로 있음'을 거부하고 싶어 한다. "혼자 있고 싶어!"라는 말은 만남이 싫다는 표현이 아니다. 그 말은 "왜 나에게는 사랑을 주고받을 사람이 안 나타나는 거야!"라는 말의 다른 표현일 뿐이다. 연결에 대한 그리움은 이렇게 인간으로 하여금 끝없이 대체수단을 찾도록 만들거나, 강한 부정을 통해 마음의 그리움을 간접적으로 드러내도록 만든다. 이는 남성들도 마찬가지이다. 철부지 아이들은 함께 소변을 볼 때, "누가 더 멀리 나가나?"라며 내기를 한다. 함께 목욕하고, 함께 장난하며 서로를 느낀다. 그리고 좀 더 나이가 들면 함께 술을 마시고 취한다. 그리곤 탯줄을 연결한다. 그것은 서로 어깨동무하는 것이다. "그래, 누가 뭐래도 우린 진정한 친구지, 그렇지?" 데모를 하는 남성들도 진압경찰과의 충돌에 대비하기 위해 서로의 하나 됨을 확인하고 탯줄을 연결한다. 서로를 느끼며 어깨동무를 하고 상대방을 향해 돌진하며 외친다.

"우리는 하나다!"

사랑의 종착점

그런데 사람이 살아가는 동안, 자궁에서의 만남을 감각적으로 동일하게 경험할 때가 있다. 그것은 사랑하는 남녀가 성관계를 통해 하나가 될 때이다.

남녀의 교제는 만남을 향한 그리움의 절정이다. 시작은 항상 늑대인 남성이 순결한 여성에게 접근한다. 여성은 자신에게 관심을 보이며 손이라도 잡아 보려는 남성의 몸짓을 "에이! 늑대, 짐승!"이라 뿌리치며 도망가지만 그 거리는 신기하게도 항상 일정하게 유지된다. 그리고 둘의 줄다리기가 시작된다. 사람들은 그러한 사랑의 종점이 결혼식이라 생각한다. 하지만 그 궁극적 종착점은 결혼식이 아니다. 남녀의 만남의 궁극적 종착점은 결혼하고 신혼여행 가서 함께 옷을 벗고 하나의 육체, 하나의 영혼이 되는 것이다.

'하나가 되는 것', 서로 사랑하는 남녀의 이 하나 됨의 경험은 신이 인간에게 선물한 가장 신비한 사건이다. 남성과 여성의 성기가 서로 결합되는 순간, 인간은 삶 가운데 유일하게 자궁에서의 경험, 즉 탯줄을 통한 만남을 감각적으로 다시 체험한다. 그래서 사랑하는 사람과의 성적 결합은 신비한 쾌락이다. 그것은 2차원이 아닌 10차원의 쾌락이기 때문이다. 그러한 결합으로부터 나오는 환희는 이 세상의 어떤 쾌락과도 비교될 수 없는 벅찬 감격을 선물한다. 따라서 결혼이 축복인 것은 사랑하는 두 남녀가 만날 때 자궁의 만남이 주었던 그 체험을 다시 느낄 수 있기 때문이다. 그리고 바로 그런 이유로 돈을 주고 하는 섹스나, 사랑이 없이 욕망으로만 이루어지는 2차원의 쾌락주의적 성관계가 공허한 것이다. 너는 없고 너의 몸과 너의 성만이 있기 때문이다. 욕망의 성적 결합은 '하나 됨'을 느낄 수도 서로의 타자성을 인정할 수도 없도록 만든다. 그러므로 2차원의 성행위와 10차원의 성적 결합은 그 행위의 동기가 근본적으로 다르다. 하나는 만남을 향하고, 하나는 정액의 방출과 감각적 클라이막스를 통해 성욕의 분출만을 원한다. 그래서 인간은 자신이 원하는 것만 얻는다. 성의 신비를 이해하지 못하는 사람은 그것을 원할 수도 없다. 원할 수 없기에 왜곡된 것만을 원하게 된다. 돼지가 진주를 발로 밟는 이유는 그것이 돼지죽보다 못하다고 생각하기 때문이다.

강아지

그러나 우리는 자궁의 만남을 무의식으로만 기억한다. 그리고 경험은 만남보다 소유만을 원한다. 출산 후 자궁을 떠난 인간은 자아의식이 생긴 시점부터 결국 자아중심으로, 이기적으로 세상을 접한다. 따라서 대부분의 결혼은 만남인줄 알았다가 착각이었음을 깨닫는 과정으로 전락한다. 신혼 첫날밤 상대방을 껴안을 때는 서로가 하나이면서도 상대방이 나를 있는 그대로 사랑해 주리라고 생각한다. 그래서 더욱 떨어지지 않으려 상대방의 몸을 껴안는다. 하지만 신혼여행을 다녀온 후 일상에서 아이를 낳고 키우며, 서로는 조금씩 그러나 분명하게 상대방이 자신을 자기중심적으로만 판단하고 대하고 있다는 사실을 인지하게 된다. 황혼이혼을 한 할머니처럼 서로가 원하는 것이 소유를 통한 동일성일 뿐 타자성을 인정한, 상대방을 있는 그대로 인정한 상태에서의 만남이 아님을 깨닫는 것이다. 사랑을 주는 것이 아니라, 돈이나 명품 또는 안정을 주고, 사랑을 받는 것이 아니라 쾌락과 밥 그리고 안정된 주거환경만을 받으니 그 공간엔 만남의 첫음절도 존재할 수 없는 것이다.

그래서 몇몇의 사람들은 소위 플라토닉 러브를 말한다. 그런데 이미 확인한 것처럼 플라토닉 러브는 사랑이 아니다. 그들은 사랑의 본질을 보지 못하고 현실 세계 속에서 이루어지는 변질된 욕망 실현의 육체적 관계만을 바라본다. 그래서 육체는 불결하고 정신은 순결한 것처럼 생각하며, 불결한 것을 배제한 정신적 관계를 원한다. 그리고 짧은 시간 이루어지는 감각적 탯줄보다는 서로의 공간적 한계를 벗어난 정신적 탯줄을 원한다. 하지만 사랑은 누군가의 부분을 사랑하는 것이 아니다. 정신만을 사랑한다는 것은 정신을 사랑하는 것이 아니라 그 존재를 사랑하지 않는 것이다. 사랑하거나 사랑하지 않는 것이기 때문이다. 부분은 결코 전체가 될 수 없다. 또한 세상에 그 자체로 불결한 것은 없다. 세상이 불결한 것이 아니라 인간이 세상을 불결하게 만드는 것이다. 남녀의 사랑이 진정 만남 안에서 이루어진다면, 그 두 사람의 성적 결합은 어떤 가치보다 상위에 있다고 볼 수 있다. 따라서 플라토닉 러브도 인간의 이기주의로 인해 발생하는 자기중심적 이데올로기에 불과하다.

유행가의 '사랑'이라는 단어 역시 이기적이고 자기중심적인 소유를 의미할 뿐이다. 그것도 진정 있는 그대로 사랑받는 것이 아니라, 내가 즐거워하는 모든 것을 해 달라는 것이다. 그러니 그런 의미의 사랑이라는 말이 만남을 의미할 수는 더더욱 없다. 사랑의 단어 속에 없는 만남은 직장이나 사회에도 존재하지 않는다. 모든 사회적 관계는 조건적이기 때문이다. 사회를 경험하면 할수록 인간은 어느 누구에게도 자신을 주지 않지만 동시에 아무에게도 받지 못하는 존재로 전락하게 된다. 탯줄에 대한 그리움은 나이가 들고 더 많은 사람들과 피상적인 만남을 가지면 가질수록, 인간에 대한 실망과 외로움만 증대되고 우울과 쓸쓸함만을 맛보게 된다. 결국 어느 순간 인간은 자신의 옆에 아무도 어머니의 젖꼭지처럼, 탯줄처럼 연결할 수 있는 존재가 없다는 것을 확인하게 된다. 그리고 그 극도의 외로움은 종국에 가서 인간혐오로 변질된다.

"인간은 믿을 수 없어. 인간은 이기적일 뿐이야. 인간은 사랑을 할 줄 몰라!" 그는 자신이 비판하는 그 인간의 범주 안에 바로 자신이 포함되어 있음을 망각한다. 그는 그가 누군가를 진정 만나기 위한 가장 중요한 요소가 자신이 먼저 만남을 원해야 함을 이해하지 못한다. 타인을 있는 그대로 인정해 주지 않으면서 자신만 있는 그대로 받아들여지길 원하는 한 결코 만남이 있을 수 없음을 모르는 것이다. 그래서 자신의 이기주의는 그대로 유지한 채 자신만을 사랑해 줄 존재를 찾아 헤맨다. 그리고는 결국 어딘가에서 만남의 가능성이 있다고 믿는 존재를 발견한다. 그는 그 존재에게 탯줄 대용품인 줄을 연결한 후 말한다. "그래, 넌 인간하고 달라. 너는 항상 나를 있는 그대로 반가이 맞아 주지! 설사 내가 때려도 넌 나를 향해 반갑다고 꼬리 흔들고 내 옆에서 자 주는구나! 역시 너밖에 없어. 네가 인간보다 낫다!" 그렇게 그는 매일 개 줄로 강아지와 자신을 연결하고 산책한다. 사람들을 만나면 자신의 개 예찬론을 쏟아 놓는다. "개는 자신의 주인을 배신하지 않아요! 이기적인 인간보다 훨씬 낫죠. 얘가 내 친구고 내 애인이에요. 난 이 강아지와 있을 때가 제일 행복해요." 그리고 산책을 하며 개가 변을 보면 그것을 정성스럽게 준비해 온 비닐봉투에 싼다. 누가 주인이고 누가 강아지인지 헷갈리는 그런 관계는 그 존재를 벗 삼아 생의 마지막을 보내도록 계속된다. 그리고 이렇게 자신의 운명을 결론짓는다. "인간은 원래 고독한 거야!"

어리석은 인간에게 무슨 말을 해 줄 수 있을까! 인간은 고독하기 위해 태어난 것이 아니다. 인간은 만남을 위해 태어났다. 그리고 그 만남을 통해 천국의 행복을 경험하기 위해 태어난 존재가 인간이다. 그러니 사랑은 식는 것이 아니다. 감정만이 식는다. 당신 부부는 80, 90세가 되어도 서로 사랑할 수 있고, 사실 사랑하는 것이 정상이다. 사랑이 정상이고, 사랑이 식는 것이 비정상이다. 행복이 정상이고 행복하지 않은 것이 비정상인 것처럼.

반야의 비밀

어떤 사람들은 이렇게 말한다. "그렇게 탯줄이 그립니? 그게 다 집착이야! 다 무상한 것이지! 공수래 공수거(空手來 空手去), 회자정리(會者定離) 아니겠어? 그러니 나와 함께 가자!"라고 말하며 절로 향한다. 그리고 "마하반야바라밀다심경 관자재보살 행심반야…"를 외우며 탯줄이 될 수 있는 백팔 개의 상징화된 대상을 지워 나간다. 백팔배, 천팔십배, 만팔백배에 이르도록 자기 포기의 일 배, 일 배를 하며 염주 한 알, 한 알에 담긴 욕망을 끊는 수행을 한다. 이렇게 집착이 사라지면 만남에 대한 그리움도 없을 것이고 마음이 평안해지리라는 것이다. 결국 반야는 만남에 대한 그리움을 욕망으로 규정한다. 그리고 그 그리움으로부터 자유로워지라고 말한다. 반야의 비밀은 탯줄의 포기이다.

그러나 욕망이 집착인가? 욕망은 욕망일 뿐이다. 해우소에 가는 것을 응아에 대한 집착이라고 하겠는가? 배설욕도 욕망이고 성욕도 욕망이다. 전자에 집착하지 않는 이유는 수행을 많이 해서가 아니다. 그냥 욕망이 집착으로 넘어갈 이유가 내 안에 별로 없기 때문이다. 그러므로 집착은 욕망을 가지는 것이 아니라 욕망에 과도하게 점유되는 것이다. 욕망 자체가 문제가 아니라, 욕망하는 자아가 문제인 것이다. 그런 의미에서는 무소유에 대한 집착도 또 다른 소유욕이 될 수 있다. 그리고 건전한 소유욕마저 부정하는 우를 범할 수도 있다.

　욕망이 없다면 인간은 생존 자체가 불가능하다. 먹고 싶지 않고, 자고 싶지 않고, 싸고 싶지 않다면 어떤 인간이 살아 움직이겠는가? 그런데 살아 움직이는 것 자체도 부정적으로 보는 경우가 있으니 한심할 뿐이다. 욕망이 악이 아니라, 욕망을 탐욕으로 변질시키는 인간 내부의 극단적 이기주의가 문제이다. "목욕탕 물을 버리려다가 아이까지 버린다."는 말이 있다. 집착과 탐욕을 버리려다 인간의 건전한 욕망, 귀한 자기 자신의 삶 그리고 더욱 귀한 행복의 가능성조차도 부정적으로 규정하는 것은 문제의 본질을 호도하는 것이다.

　만남이 없는 삶

　사람들은 출산을 단순한 경험으로 생각한다. 인간이면 누구나 어머니의 모태로부터 출산하고 여성이면 누구나 임신을 한다는 보편적 사실이 임신의 신비를 퇴색시킨다. 기껏해야 프로이드 정도가 인간의 퇴행 현상을 말하며 양수의 포근함으로 돌아가고자 하는 인간의 무의식적 욕망을 말할 뿐이었다. 하지만 임신의 신비를 이해하지 못하면, 즉 태반과 탯줄을 통한 태아와 산모의 만남과 이별에 관한 환희와 고통의 이야기를 모르면, 인간 삶의 궁극적 본질을 결코 이해할 수 없다. 그토록 많은 사람들이 저마다 각자 무엇인가를 위해 달려가지만 그 날음빅길의 종차점이 자궁에서 경험한 만남이라는 단순하면서 동일한 사건에 있다는 사실, 그 사실을 간과하고 있다는 것은 어떤 의미에서는 좀 허탈하기까지 하다. 그래서 갈매기는 좀 더 날아올라야 한다.

신기하지 않은가? 인간은 누구나 세상에 나오기 전에 필연적으로 만남과 행복 그리고 이별을 경험한다. 그리고 삶은 그리움으로 점철되어 있다. 인간이 만남을 만날 수 없을 때, 근원적 외로움에 떨어야 하는, 실제 외로움 속에 홀로 소멸되어 갈 수밖에 없는 이유가 여기에 있다. 외로움과 만남은 존재방식이기에 조건과는 무관하다. 부와 가난은 만남과 외로움을 더해 주지도 감할 수도 없다. 사실 그런 의미에서 인간의 삶은 간단하다. 만난 사람과 만나지 못한 사람, 행복한 사람과 행복하지 않은 사람만 있다.

무상을 외치는 수행자나 강아지를 끌어안고 외로움의 눈물을 흘리는 노인들이 증거하는 사실은 분명하다. 인간은 구체적 삶 속에서 애절하게 만남을 찾지만 발견하긴 어렵다. 그래서 대부분의 사람들은 행복하지 않다. 물론 만남의 부재는 대상의 문제가 아니라 자기 자신이 근본적 원인이지만 사람들은 이 사실을 모르고 타인에게 책임을 돌린다. 그리고 그렇게 서로에게 아픔을 주며 외로움 속에 사라져 간다.

설사 절제된 소유와 쾌락의 삶 속에서 살고 건전한 인간관계를 유지하더라도, 나아가 자신에게 행복이 될 만한 무엇인가를 찾았다 하더라도, 만남이 없는 한 인간의 행복은 부분적일 수밖에 없다. 인간의 근원적 욕망이 만남을 향하기에 그것이 없이 인간은 자신의 삶에 대한 궁극적 만족에 도달할 수 없다. 그래서 만남의 부재는 무의식의 공허를 남긴다. 인간은 이 빈자리를 채우려 하고, 그것은 과도한 출세욕이나 권력욕 그리고 소유욕으로 이어진다. 중독은 만남의 빈자리에 대한 왜곡된 채움이다. 성과 게임, 술과 도박에 집착하고 중독되거나 일중독에 걸린 사람들, 한없이 바쁘게 움직여야 무엇인가를 하고 있다고 여기는 사람들 모두 마찬가지이다. 성공한 사람은 그 성공을 지키거나 더 성공해야 하기 때문에 스트레스를 받고, 실패한 사람은 성공한 사람이 부럽고 질투가 나며 삶이 재미없어 스트레스를 받는다. 그래도 긍정적인 방향은 예술이나 학업에 몰두하는 일이다. 하지만 예술도 학업도 한계를 지닌다. 인간은 누군가를 만나고 싶어 한다. 무엇에 몰두하기를 원하는 것이 아니다. 무엇을 창조하는 것과 누군가를 만나는 것은 다르다. 지식을 늘리는 것이나 지혜를 깨닫는 것 그리고 누군가를 만나는 것 모두 다르다.

만남이 없는 삶을 어떻게 표현할 수 있을까? 그것은 마치 평평한 지구에서 출발하는 몇십억의 로켓과 같다. 저마다 꿈과 희망을 가지고 태양이라는 성공을 향해 출발하지만 아무도 그곳에 도달하지는 못한다. 어떤 로켓은 출발하자마자 떨어지고 어떤 것은 중간쯤 떨어진다. 지구의 중력, 끊임없이 끌어당기는 저항을 이겨 내며 날아오른 몇 대는 다른 로켓들을 비웃으며 의기양양하게 날아오른다. 그들은 태양 가까이에 도달할 것처럼 보인다. 하지만 그들에게도 이카루스의 운명은 동일하게 적용된다. 진실은 단 하나! 모두 그리고 언젠가는 떨어진다는 사실이다.

이제 인간은 무지개를 찾아 산을 넘는, 하지만 절대 무지개를 손에 넣을 수 없는 소년을 당연히 여기게 되었다. 불행을 정상으로 여기게 되었다. 만남이 없는 접촉과 이별, 서투른 대면과 외로움을 당연시 여기고, 외로움의 공허를 극복하기보다는 그것을 미화하고 낭만시하며, 저항과 버팀의 삶에 의미를 부여하고 저항의 끝에서는 정신적, 육체적 자살을 선택하는 곳, 그렇다. 세상은 분명 불행하다.

악순환

만남이 없는 이유는 그 만남의 절대 구성요소인 사랑, 즉 '누군가를 사랑하는 것'이 없기 때문이다. 모든 사람은 사랑을 그리워한다. 누군가로부터 사랑받고 싶다. 그러기 위해서 나는 누군가를 만나고 싶다. 진정 '나'라는 존재 자체를 있는 그대로 받아 주는, 그래서 내 안에서 용해되어 줄 수 있는 그런 존재를 만나고 싶다. 그러면 나도 그 사랑을 받아 누군가를 사랑할 수 있을 것 같다. 하지만 '나'를 있는 그대로 사랑해 주는 그 존재는 보이지 않는다. 모두가 사랑을 먼저 받고만 싶어 하는 곳에 어떻게 만남이 있겠는가? 그래서 사랑은 더욱 결핍되고, 현대인은 점점 더 타인을 사랑할 수 없게 된다.

'남녀의 섹스는 없다.'고 J. 라캉이 말했다. 섹스가 없다는 것이 아니다. 오히려 그것은 '남녀의 섹스만 있다.'는 의미이다. "내가 원하는 그곳에서 날 바라봐 줘!"라고 요구하는 남성과 "아니! 내가 원하는 그곳에서 날 바라봐 줘!"라고 요청하는 여성 사이에 사랑의 환희는 존재할 수 없다. 섹스가 주는 쾌락, 돈이 주는 안정, 접촉의 정이 주는 친숙함. 행복감의 순간이 지나고 나면, 단지 함께 있으니까 함께 있는 존재로 남을 뿐이다. 가끔 동거도 한다. 같이 살면 돈도 절약되고, 편하기도 하고, 서로 싫어지면 쿨하게 헤어질 수 있기 때문이다. 주말에는 함께 영화도 보고 친구들과 만나 술을 마시기도 한다. 그리고는 집에 들어와 함께 잔다. 그런데 그 모든 행위 안에서 두 사람은 처음부터 만난 적이 없다.

가정도 마찬가지이다. 어느 순간부터 차갑고 썰렁한, 대화 없는 공간의 점유만이 있다. '집'에는 사람이 없다. 그것은 인간미가 없다는 뜻이다. 관계가 전혀 존재하지 않는다는 뜻이다. 헤어지지 못해 산다. 살기 위해 그냥 산다. 왜 사는지! 그냥 산다! 사는 게 사는 게 아니다. '집'에 사람들은 있는데 만남이 보이질 않는다.

아버지는 성공한 덕분에 미모의 엄마를 얻었다. 엄마는 미모 덕분에 성공한 아버지를 얻었다. 나는 성공한 두 분 덕분에 원하는 걸 뭐든지 할 수 있는 행운을 가지고 태어났다. 아버지는 엄마를 싫어하지 않는다. 하지만 결혼 후 몇 년이 지난 어느 날 엄마의 미모가 더 이상 자극적이지 않았다. 밖에 나가면 친구들이 부러워하지만 정작 자신은 더 이상 흥미가 없다. 아버지는 엄마라기보다는 엄마의 얼굴만 보고 결혼했기 때문에 결혼 생활이 별로 재미가 없다. 그래서 사업에 열중하고, 그 안에서 이루어지는 다양한 육체의 접촉을 즐긴다. 집에 늦는 것은 항상 "사업 때문에!"로 면책된다. 엄마는 아버지가 가져다주는 돈이 좋다. 안정이 좋다. 계속 쇼핑을 다녔지만 언제부터인가 싫증나기 시작했다. 그래서 엄마는 돈만 가져다주는 아버지가 야속했다. 결혼 초기처럼 인간적인 관심과 사랑을 보여 주기를 바랐다. 화장도 바꿔 보고 얼굴에 변화도 주었지만 아버지의 관심은 잠시 뿐! 결국 엄마도 친구들과 지내고 바깥으로 돌기 시작했다.

엄마의 유일한 관심은 나다. 매일 학원으로 보내고 학원에서 데려온다. 좋은 과외 선생을 찾고 설명회는 모두 쫓아다닌다. 그게 나를 사랑하는 엄마의 방식이다. 내가 보기에는 전부 집착이고, 대리만족인 것처럼 보이지만!

아버지도 나에게 관심이 있으시다. 언제나 돈을 주신다. 공부보다 건강을 챙기란다. 대신 언제나 바쁘시다. 아버지의 모습은 무관심으로만 보였다. 그래서 나도 친구를 만들었다. 내 방에 가면 나만의 세계가 있다. 마음대로 게임하고 채팅하고 서핑할 수 있고, 친구와 전화할 수 있다. 요즘 난 담배와 술이 늘었다.

우리 가족은 주말에는 고급 레스토랑에서 외식을 한다. 식사를 주문하면 아버진 사업상 만난 그녀들을 생각하고, 어머니는 친구들과 전화로 바쁘다. 나는 스마트폰으로 게임에 빠져 있다. 음식이 나오면 모두 맛있게 먹는다. 사실 맛있게만 먹는다. "다 먹었니?" 확인이 끝나면 아버지는 계산하고, 우리는 집에 간다. 그러면 아버지는 일이 있어 나가시고, 엄마는 친구와 약속을 잡으시고, 나는 내 방으로 간다. 우리 집은 주거 공동체다.

유행가의 가사가 온통 사랑이라는 가사로 도배를 해도, 현대를 사는 젊은이들 사이에 만남은 없다. 가장 근원적인 이유는 아무도 먼저 사랑할 준비가 되어 있지 않다는 것이다. 모두가 먼저 사랑받기를 원한다. 그러면서도 사랑이 뭔지를 모르고 있다. 하지만 그래도 그들은 그리워한다. 의식은 모르지만 무의식은 그리고 영은 안다.

남녀는 사랑하기 위해 존재하는 것이다. 가정은 행복하기 위해 존재하는 것이다. 자녀는 사랑받고 그 받은 사랑을 다른 이에게 전달하기 위해 양육되는 것이다. 그리고 그렇게 되기 위한 길은 하나뿐이다.

사랑과의 만남

이제 만남을 위해 우리는 또 다른 엄마를 만나야 한다. 자궁에서 만났던 그 엄마처럼 '누군가를 사랑하는 것'이 그 자신의 본질인 존재와 만나야 한다. 그가 나를 향할 때 나는 '누군가로부터 진정 사랑받는 것'을 느낄 수 있다. 나 자신 있는 그대로, 존재의 온몸을 그대로 내던질 때, 나를 받아 주고, 감싸 주고, 그리고 안아 줄 수 있을 것이다. 그때 내 안엔 사랑의 에너지가 충전될 것이고, 나는 비로소 누군가를 사랑할 수 있는 존재가 될 수 있다. 그때야 비로소 나는 너를 만날 수 있다.

어떤 사람은 이미 사랑의 에너지가 충전되어 있다. 그런 사람을 보면 사랑에 빠진 행복한 얼굴, 기쁨에 가득한 얼굴이 보인다. 그런 사람을 보면 우린 저절로 기분이 좋아진다.

　3차원 이하의 소유관계에서도 사랑이라는 환상 속에서 자신이 사랑받고 있다고 느끼면, 행복한 표정이 된다. 상대방은 사실 자신의 특정조건을 좋아했기 때문에 사랑한다고 말하고 있지만, 마치 나를 전체로 사랑하는 것처럼 행동하는 그 모습이 싫지 않다. 생일날 선물 꾸러미, 함께하는 데이트 그리고 결혼까지. 언젠간 그것이 사랑이 아니었다는 사실을 알게 되지만 그래도 꿈이 있는 동안은, 즉 그것이 사랑이라고 착각하고 있는 동안은 누구나 행복하다. 그러니 정말 사랑을 받으면 얼마나 행복할 것인가?

　그런데 요즘은 그 3차원의 사랑, 소위 집착이나 소유라고 부르는 것조차도 잘하지 않는다. 여유가 없다. 현대인의 이기주의는 사랑의 형상인 영을 껍질로 단단히 싸고 있다. 환경은 이 현상을 가중시킨다. 살아남기 위해, 수없이 쏟아져 나오는 먹거리들과 즐길 거리들을 구입해야 하기에 그리고 위로 향하지 않으면 도태될 수밖에 없는 세상에서 어쩔 수 없이 경쟁해야 하기에, 누군가를 위해 자신의 무엇인가를 내주는 것조차 이젠 여유가 별로 없다. 쉽게 만나 쉽게 헤어지고, 그냥 약간씩 즐기고 서로 피해되지 않게 쿨하게 헤어진다. 현대인은 사랑은 차치하고, 사랑과 비슷한 것조차 할 여유도 없다. 그는 이기주의의 자기방어벽을 쌓은 채, 점점 사랑과 만남의 감동이 없는 외로운 자아의 캡슐 안으로 더 깊이 파고든다. 이어폰을 사이에 두고 세상과 분리하고, 스마트폰의 화면에만 자신의 눈을 고정시키고, 자신의 방에서 나오려 하지 않거나, 스스로만의 사이버 세계에서 혹시 더 쉬운 방법으로 만남을 가질 수는 없는지 방황하고 있다.

　그러므로 외로운 '나'는 자궁 안에서 나를 감싸 주던 어머니와 같은 사랑의 원형을 만나야 한다. '나를 있는 그대로' 언제나, 아무 조건 없이 받아 주는, '나를 위해' 모든 것을 내어 줄 수 있는 존재! 당신도 그를 만나고 싶어 한다.

사랑을 받아들일 때, 그 사랑과 만날 때, 내 안의 영은 사랑의 형상들로 가득 차게 된다. 그것들은 기쁨, 감사, 평화, 안식, 인내, 온유, 겸손, 배려 그리고 행복이다. 당연한 일이다. 사랑하는 사람을 보면, 그 사람을 만나면 기쁠 수밖에 없다. 사랑하는 한, 그가 조금 잘못해도 인내할 수 있고, 어떤 상황이든지 그를 먼저 배려하고 싶어진다. 그리고 그가 있음에 감사하게 된다.

사랑은 삶을 새롭게 창조한다. 그것이 소유와의 차이이다. 소유도 마찬가지로 기뻐하지만 그 기쁨의 질이 다르다. 소유의 기쁨은 대상의 자극에서 오는 단순한 쾌락의 기쁨이기에 그 사람을 인내하지 않는다. 자신의 소유물에 불과하기 때문이다. 당연히 상대를 먼저 배려하지도 않는다. 기껏해야 소유할 때까지 배려하는 척할 뿐이다. 근본적으로 인간은 자신의 소유물을 배려할 수 없다. 그리고 감사하기보다는 소유물을 자랑하려고만 할 것이다. 결국 사랑하는 사람은 그 존재와 함께하므로 행복하고, 소유하는 사람은 행복감만을 즐기다가 유효기간이 끝나면 결국은 외로워질 수밖에 없다. 아니 사실은 처음부터 혼자였다는 것을 몰랐을 뿐이다.

사랑을 만나지 않을 때, 나의 마음을 가득 채우고 있는 것은 이기심뿐이다. 이기주의는 자신만의 존재를 인정하는 것이기에 타인에 대한 시기, 질투, 그로부터 오는 불평, 불만, 나아가 좌절, 절망으로 이어진다. 혹시 자신이 잘났다고 생각하는 경우에는 잘난 체함, 거만, 교만, 업신여김 그리고 멸시로 상대방을 대하고 자신은 쾌락의 극단을 향해 달리다 결국 허무와 공허만이 가득 차게 된다. 자신의 의식은 몰라도 무의식은 외로움을 인지하기 때문이다. 그러므로 내 안의 나를 조금만 들여다보면 우리는 누구나 알 수 있다. 내가 빛을 향해 서 있어 그림자가 뒤에 있는지 아니면 빛을 등진 채 그림자를 잔뜩 내 앞에 쌓아 놓고 한숨 쉬고 있는지.

사랑의 원형

그렇다면 내가 만나야 할, 아니 이 지구상에서 나에게 정말 '누군가를 사랑하는 것'으로서 사랑을 줄 수 있는 존재는 누구일까? 그런 존재가 있기는 한 것일까?

우리는 모든 인간이 그리워하는 사랑 그리고 부분적으로 또는 일시적으로 하는 사랑이 동일하다는 것을 확인했다. 남녀의 이기적인 사랑도 일시적이지만 사랑하는 순간에는 원형의 모습을 보인다. 그것은 우정도, 가족의 사랑도 그리고 인류애도 마찬가지이다. 사랑이 사랑으로 느껴질 때는 언제나 예외 없이 사랑의 원형과 동일한 모습을 보인다. 그래서 사람들은 정확히 사랑의 원형과 동일한 모습을 보일 때 감동한다. 그 존재가 인간이든, 동물이든, 그 사랑이 자유로운 선택에 의해 이루어지든, 본능에 의한 것이든 상관하지 않는다. 진정 사랑의 실재를 보면 사람들은 감동하고 눈물 흘리며 행복해 한다. 마치 자신이 그 사랑을 받고 싶은 것처럼. 결국 모든 사람은 사랑의 원형을 지향한다. 왜 그럴까? 어쩌면 우리는 이미 그 원형을 알고 있는 것이 아닐까?

4개의 판타(panta)

사랑의 원형을 찾는 여행은 장자, 코란을 넘어, 반야심경으로 이어졌다. 그리고 사랑에 관한 수많은 책, 영화, 사건들로 이동했다. 하지만 사랑의 원형을 완전하게 기술한 곳은 없었다. 부분적으로, 추상적으로, 다른 개념과 섞인 상태로 그리고 신비하게 아니면 아예 성과 동일시해서 기술한 책들이 많았다. 사실 글을 쓴 사람치고 사랑이란 단어를 사용하지 않는 사람은 아마 없을 것이다. 하지만 사랑의 원형을 기술한 곳은 발견할 수 없었다. 더 나아가 실제 그 사랑을 실천하여 온전히 현실화한 존재도 없었다.

사실 9자원적 사랑의 원형을 완전하게 구현할 수 있는 인간은 없다. 소크라테스도, 장자도, 석가도, 마호메트도 모두 다 훌륭한 사람들이고, 타인을 향한 자비와 사랑의 마음을 가진 사람들이다. 하지만 사랑으로 시작해서 사랑으로 살고, 사랑으로 죽진 않았다. 사실 인간은 실천할 수 없는 것이 당연하다. 모든 인간의 내면엔 정도의 차이만 있을 뿐 이기주의가 잔존하고 있다. 따라서 누군가를 그 존재의 처음부터 끝까지 완벽하게 있는 그대로 인정해 주며, 그 존재를 위해 희생할 준비가 되어 있고 또 실제 희생할 수 있는 존재는 없다.

물론 사랑의 원형이 인간의 삶 가운데 전혀 드러나지 않는 것은 아니다. 특정한 시기에 특정한 조건에서 특정한 대상에 대해, 사랑의 원형은 인간을 통해서도 이루어진다. 로미오와 줄리엣처럼 우리도 사랑의 형상이기에 누군가를 정말 만나면 그 존재를 위해 죽는다. 아이를 대신해 목숨을 버리는 것은 모성애의 원형적 측면이다. 이 외에도 인간의 모든 사랑에는 원형이 들어 있다. 하지만 여기서 내가 이야기하고 있는 것은 사랑의 원형 자체이다. 누군가를 무조건, 처음부터 끝까지, 그 존재의 전체를 사랑하는 원형이다. 내가 외로울 때, 정말 원형적 의미에서 날 사랑한다고 말하며 그렇게 사랑해 줄 수 있는 존재이다.

그런데 흥미로운 책이 하나 있다. 그 책은 사랑의 원형이 단지 관념이 아니라 실제 존재한다고 주장한다. 그리고 책의 처음부터 끝까지 오직 '누군가를 사랑하는 존재'에 관해 쓰여진 것이라고 한다.

사랑의 원형을 주장하는 책은 '성경'이다. 그리고 그 사랑의 원형은 인간이 된 신, 즉 예수이다. 사랑의 원형이 신이라는 주장은 일리가 있다. 신이 아니라면 사실 누군가를 완전히 사랑하는 것이 가능하지 않을 것이다. 그런데 신은 초월적 존재이다. 그렇다면 그가 아무리 사랑의 원형이라 하더라도, 인간의 구체적인 사랑과 무슨 관계가 있다는 말일까? 이에 대해 성경은 묘한 답을 한다. 예수는 신이면서 동시에 인간이라는 것이다. 무슨 말인가? 성경에는 사랑을 압축하여 정리한 소위 '사랑장'이라고 불리는 부분이 있다. 젊은이들이 결혼할 때 즐겨 부르는 고린도전서 13장이다. 이제 그 13장을 한번 분석해 보자.

고린도서는 사도 바울이 고린도교회에 쓴 편지이다. 13장의 맥락은 그가 고린도교회의 사람들에게 신의 영이 주는 가장 아름다운 선물을 설명하는 부분이다. 바울은 그것이 바로 사랑이라고 말한다. '신의 영이 준다'함은 그 사랑이 초월적 존재로부터 선물로 주어진다는 것이고, 그 사랑을 추구하라 함은 현실 안에서 사랑이 가능하다는 것을 의미한다. 어쨌든 그는 먼저 사랑과 다른 가치들 사이의 절대적 차이에 주목한다.

내가 영적 언어와 신비한 천사의 말을 할 수 있어도, 사랑이 없으면 시끄럽고 소란스러운 소음에 불과하다.
내가 예언을 하고 모든 비밀과 모든 지식을 알고 또 산을 옮길 만한 모든 믿음이 있어도, 사랑이 없으면 나는 아무것도 아니다.
내가 나의 모든 것으로 구제하고 또 내 몸을 불사르게 내어 줄지라도, 사랑이 없으면 나에게 아무 유익이 없다.

영적 언어와 신비한 천사의 말 그리고 지혜와 지식 등 여기 등장하는 덕목들은 우연히 선택된 것이 아니다. 그들을 모두 합치면 초대교회에서의 '완전한 신앙'을 의미한다. 바울은 완전한 신앙의 표본을 제시한 후 사랑과 대비시킨 것이다. 그런데 그는 그 모든 것이 있어도 사랑이 없으면 '아무것도 아니다.'라고 확정한다. 중요한 것은 바울이 사랑이 없을 경우에 '조금 부족하다.'라고 하는 것이 아니라 '아무것도 아님'을 강조한 사실이다. 사랑은 그것이 없을 때 모든 종교적 가치를 무화시키고 무의미하게 만드는 신앙의 알파요, 오메가라는 것이다.

특히 주목할 점은 바울이 모든 소유를 내주는 이타적 구제나 긍휼 그리고 생명을 바치는 희생도 사랑과 분명히 다름을 강조한 부분이다. 그것들은 사랑의 형상을 지니고 있지만 사랑 자체는 아니라는 것이다. 이러한 바울의 주장은 우리의 일상적인 사고와 배치된다. 자신의 전 재산을 털어 불우한 이웃을 돕는 행위를 사랑과 다르다고 주장하는 것도 이해가 안 되지만, 더 나아가 목숨을 바친 헌신도 사랑이 아닐 수 있다고 말하는 것은 일반적으로 납득하기 어렵다. 어째서 바울은 이렇게 극단적인 표현을 사용한 것일까?

목적은 분명하다. 바울은 사랑의 원형과 사랑의 형상을 분명히 분리하고 싶어 했다. 그리고 그것을 통해 원형으로서의 사랑이 순수하게 드러나기를 원했다. 다시 말해 '누군가를 사랑한다는 것'이 무엇인지, 모든 불순물을 제거한 상태에서 명확하게 밝히고 싶어 한 것이다. 이런 시각에서 보면 사랑 자체와 유사사랑을 구분하는 작업은 반드시 거쳐야 할 과정이다. 문제는 그러한 순수한 사랑, 원형으로서의 사랑이 무엇인지 구체적으로 밝힐 수 있는가 하는 것이다. 실제 그런 말을 들으면, 누구나 "도대체 그 사랑이 무엇이기에?"라고 질문할 것이다. 그래서 바울도 사랑에 대한 긍정적 규정을 통해 답을 제시한다.

> 사랑은 오래 참고, 사랑은 온유하다. 사랑은 시기하지 않으며 자랑하지 않고 교만하지 않다.
> 사랑은 무례하게 행동하지 않는다. 자신의 이익을 구하지 않고 성내지 않으며 악을 생각지 않는다.
> 사랑은 불의를 기뻐하지 않고, 진리와 함께 기뻐하고,
> 모든 것을 참으며 모든 것을 믿으며 모든 것을 바라며 모든 것을 견딘다.
> (πάντα στέγει, πάντα πιστεύει, πάντα ἐλπίζει, πάντα ὑπομένει)

'사랑은 오래 참고'라는 말은 사랑과 오래 참음이 동일하다는 의미가 아니다. 사랑과 인내는 분명히 다른 것이다. 따라서 그 말은 '사랑을 하게 되면 오래 참게 된다.'로 해석할 수 있다. 사랑을 하게 되면, 제시된 모든 긍정적 심성이 결과로 나타난다는 것이다. 결국 사랑은 모든 긍정적 심성늘이 교집합을 이루는 중심임을 알 수 있다. 그래서 사랑을 하면 반드시 오래 참게 된다. 하지만 오래 참는다고 항상 사랑인 것은 아니다. 사랑을 하면 시기하지 않게 된다. 하지만 시기하지 않더라도 사랑은 아닐 수 있

다. 그것은 나머지 심성들도 마찬가지이다. 그렇다면 오래 참음과 온유, 시기하지 않음과 겸손 등 제시된 긍정적 심성들의 교집합은 구체적으로 무엇일까? 바울은 네 가지 조건을 통해 사랑의 종국적 그리고 긍정적 의미를 완성한다.

사랑은 모든 것을 참고, 믿고, 바라고, 견딘다. 신학에서는 이를 '4개의 거대한 판타'(panta, 모든 것)이라 부른다. 그런데 흥미로운 점은 '참다'(스테고, στέγω)와 '견딘다'(휘포메노, ὑπομένω)라는 용어이다. 둘은 얼핏 보기에 비슷해 보인다. 하지만 차이가 있다. 먼저 '스테고'는 '덮어 준다'의 의미가 강하다. 즉 남의 허물을 덮어 주고 그것이 미치는 해를 감수하며 참아 주는 것이다. 반면 신약에서 17번 사용되는 휘포메노는 특히 히브리서 12장 2절에 예수가 십자가를 지는 장면을 묘사하는 데 사용된다. 즉 인간이 당할 수 있는 최고의 고통인 십자가를 참아 낸다는 것이다. 그런 의미에서 휘포메노는 타인으로부터의 억압이나 핍박을 견디어 내는 것이고, 스테고는 타인의 잘못을 참아 주고, 용서해 주고, 이해해 준다는 의미로 해석할 수 있겠다. 하지만 무엇보다 중요한 것은 바울이 '판타'(panta)라는 단어를 네 번이나 반복해서 쓰고 있다는 사실이다. 이것이 중요한 이유는 'panta'(모든 것)라고 말 안에 '예외 없음'이 함유되어 있기 때문이다. 판타를 통해 바울은 어떠한 경우에도 예외를 허용하지 않고 있다. 이것은 급진적이며 심각한 주장이다. 왜냐하면 만약 누군가 예외를 허용한다면, 즉 단 한 번이라도 덮어 주지 않고, 믿지 않고, 바라지 않고 견디어 내지 못했다면, 그것은 사랑이 조금 부족한 것이 아니라 사랑이 아님을 적시하는 것이기 때문이다.

몸을 가진 인간이 이 '모든'의 조건에 해당하는 것은 불가능하다. 태어나서 죽을 때까지 누군가를 사랑하며 단 한 번의 예외도 없이 '모든'의 조건을 충족시킬 수 있는 인간은 없다. 따라서 바울의 의미를 따르면 인간은 결코 사랑할 수 없다는 말이 된다. 나아가 사랑을 할 수 없다면 모든 신앙은 무의미하다. 따라서 인간 가운데에는 어떤 자도 신앙이 없다는 뜻이 된다. 이는 성경적으로 볼 때, 구원받을 수 있는 존재가 아무도 없다는 것과 마찬가지이다. 구원을 외친 바울이 그런 의미를 전달하고 싶어 했을 리는 없다. 그렇다면 아무도 할 수 없는 것을 바울이 굳이 쓴 이유는 무엇인가?

바울이 의미하는 사랑은 '사랑하는 자'이다. 즉 '사랑하는 행위'와 자신이 완전히 일치하는, 정확하게 '원형의 완전한 형태로 사랑하는 자'를 의미한다. 이처럼 완전한 사랑의 존재로 태어나, 삶 전체가 사랑으로 구현되고, 죽음까지도 타인에 대한 사랑의 행위로 완성한 사랑의 원형은 성경에 따르면 단 한 존재밖에 없다. 바로 예수이다.

성경이 제시한 사랑의 원형은 예수이다. 고린도전서 13장의 사랑은 결국 온전한 의미의 사랑하는 자, 즉 예수를 의미한다. 그러므로 만약 이것이 사실이라면 사랑은 영원하고 동시에 완전하다. 왜냐하면 예수는 성경에서 신을 의미하기 때문이다. 반면 인간의 사랑은 부분적일 수밖에 없으며, 사랑에 관한 한 마치 어린아이와 같을 수밖에 없고, 거울로 보는 것처럼 희미한 것일 수밖에 없다.

사랑과 자비

이제 우리는 바울이 왜 모든 것을 내어 주는 자비나 긍휼도 사랑이 아닿 수 있다고 말하는지 이해하게 되었다. 사랑의 원형을 이해하면 그것이 인자나 자비와 동일하지 않으며, 동일할 수 없음도 알 수 있다. 길희성은 『보살 예수』[34]에서 예수의 사랑과 부처의 자비가 본질상 동일한 것임을 주장한다. 그는 예수의 사랑이 무조건적 사랑이요, 무차별적 사랑이요, 무아적 사랑, 즉 아가페 사랑이라고 설명한 후 보살의 자비 또한 '공관(空觀)에 근거한 무연자비(無緣慈悲)로서 무차별적인 자비'라고 말한다. 그것은 순수한 자비이며 베풂 없는 베풂이라는 것이다.

사랑과 자비의 동일시는 사랑의 원형을 정확히 이해하지 못한 데서 온 오해이다. 개념을 비슷하게 엮어 놓아도 존재하는 차이는 어쩔 수 없다. 긍휼과 자비는 8차원적 영역이다. 따라서 스스로도 행복하고 타인도 행복하게 할 수 있는 바람직한 삶의 형태인 것이 사실이다. 하지만 이타적 긍휼과 자비가 아무리 커도 사랑 자체는 될 수 없다.

먼저 자비를 베푸는 '자'는 베푸는 자로 남는다. 자비로운 마음으로 도와주고, 자비로운 마음으로 위로하더라도, 베푸는 자와 받는 자의 분리는 여전하다. 반면 누군가를 사랑하는 것은 죽는 것이다. 사랑하는 자는 사랑하는 순간 죽는다. 그는 남지 않는다. 그는 자신이 사랑하는 그 존재 속으로 들어가서 녹아 버린다. 그리고 자신의 자취는 조금도 남기지 않는다. 왜냐하면 자신의 모든 것을 주기 때문이다. 자비와 사랑의 근본적 차이가 여기에 있다. 자비를 의식하지 않는 자비라도 자비를 베푸는 사람은 주어로서 존재한다. 하지만 사랑은 술어 속에 녹아 버린 주어이다. 그러므로 자비를 베푸는 자는 '있다.' 하지만 사랑하는 자는 '없다.'

또한 원형으로서의 사랑은 태어나는 처음부터 끝까지의 쉼 없는 일관된 사랑이다. 하지만 무한자비는 생의 모든 시간 속에서, 단 한 번도 예외

없이 누군가를 향할 수 없다. 성경은 예수가 처음부터 끝까지 사랑 자체였다고 말한다. 석가는 자타불이라는 연기의 깨달음이 있었기에 자비를 알았다. 석가를 비롯한 모든 현자나 성인들은 자신들의 일생 가운데 특정 기간만 누군가를 사랑할 수 있었다. 그리고 깨달음의 과정에서 의심과 회의도 있었을 것이다. 하지만 성경에 따르면 예수는 처음부터 사랑이었고 사랑을 '깨달은' 존재가 아니라 사랑을 '아는' 그리고 '하는', '사랑 자체'인 존재이다. 그래서 사랑은 그 자체로 예수와 동의어이다. 반면 자비는 깨달음의 일차적 목적이 아니다. 목적은 모든 집착, 번뇌로부터의 자유이기 때문이고, 자비의 실현은 그 깨달음을 위한 수행, 즉 탐욕과 분노를 이겨내기 위한 적극적 수행일 뿐이다.

무엇보다 사랑과 자비의 근본적 차이는 전자가 초월적, 신적 영역임에 반해 후자는 인간의 영역이라는 점이다. 인간은 사랑의 형상으로서 사랑의 원형인 예수와 만날 수 있다. 하지만 원형인 사랑 자체는 될 수 없다. 무한자비를 아는 사람 역시 사랑의 형상에 다가갈 수 있지만 원형엔 도달할 수 없다. 신은 인간이 아니고, 인간은 신이 될 수 없다.

예수

예수가 사랑의 원형이라는 사실을 어떻게 받아들일 수 있을까? 성경의 예수가 지니는 고유성은 그가 소크라테스나 마호메트 그리고 석가처럼 '깨달음'의 존재가 아니라, '앎'의 존재라는 사실이다. 성경은 어느 한 군데에도 예수가 평범한 삶을 살다, 어느 날 문득 의문을 제기하고 수양을 한 후, 깨달음을 얻었다고 기록하고 있지 않다. 성경에 따르면 그는 태어날 때부터 사랑이라는 정확한 목적을 위해 왔고, 언제나 자신이 어디서 와서 어디로 갈지 분명히 아는 존재였으며, 그래서 이미 소년 시절 자신이 신의 아들임을 부모에게 명확히 밝혔다고 기록하고 있다. 그리고 그 목적대로 살았고, 죽었고 그리고 그 모든 목적의 완성을 위해 부활했다고 기록하고 있다.

이성의 관점에서 이런 주장을 하는 사람을 만난다면 우리는 그를 '미쳤다'라고밖에 표현할 수 없을 것이다. 하지만 지난 2천 년 동안 수많은 사람들이 자신이 보지도 못한 미치광이를 위해 순교했다는 사실은 예수의 이야기를 단순한 신화로 치부하기 어렵게 만든다. 더욱이 그를 버리고 떠났던, 심지어 겁이나 옷을 벗어 던지고 발가벗은 채 도망가거나, 세 번이나, 또 저주까지 하며 예수를 부인한 제자들이 어떻게 이미 죽어 썩어버린 것으로 간주되는 광인을 위해 순교할 수 있었는지 논리적으로는 도저히 납득이 되지 않는다. 사실 예수를 사랑한다고 주장하는 사람들에게는 독특한 면이 존재한다. 그들은 암과 같은 죽을병에 걸려도 평온하고 심지어 행복해 한다. 사랑의 원자탄으로 유명한 손양원 목사는 6·25 당시 자신의 두 아들을 무참히 살해한 공산군을 사형집행 당하지 않도록 용서하고 심지어 양아들로 삼았다. 슈바이처나 테레사 수녀 같은 사람들, 남을 위해 자신의 생명이나 삶을 아낌없이 내어 주는 그리스도인들은 사실 수도 없이 많다. 그리고 그들 모두의 공통점은 그들이 예수를 사랑한다고 고백한 사실이다.

그렇다면 성경의 예수는 어떻게 사랑했는가? 성경에 따르면, 예수는 모든 인간들을 '있는 그대로' 받아들여 주며 그들을 위해 희생했다. 그는 누구에게도 비판이나 비난 또는 서운함을 드러내지 않았으며 인간의 모든 과거를 그대로 용납했다. 세리이든, 죄인이든, 아니면 간음한 여인이든, 한 존재의 '과거'가 어떤 경험으로 가득 차 있든, 마치 눈이 모든 것을 덮어 주듯이 받아 주었다. 그리고 성경에 의하면 예수는 '현재'의 만남에서 유대인들의 타자성을 그대로 수용했다. 자신을 정치적 해방가로 이해하는 이스라엘 민족을 비판하지 않았다. 자신을 병 고치는 의원이나 먹을 것을 주는 존재로만 바라볼 때도 잘못을 지적하지 않았다. 나아가 마지막으로 '미래'의 변화 가능성을 그대로 받아들인다. 자신에게 '호산나'라고 외치던 그 유대인들이 침을 뱉고 욕하며 비웃을 때도, 자신의 머리에 가시로 만든 관을 찔러 꽂고, 십자가에 벌거벗겨 매달린 채, 대못으로 양팔과 발이 뚫려 피를 흘리며 죽어 가면서까지 그는 "어떻게 너희들이 그럴 수 있는가?"라고 질문하지 않았다. 이렇게 성경에서 제시된 예수의 삶은 우리가 정리한 9차원적 사랑의 원형과 신기하게도 정확하게 부합한다. 예수는 누구를 만나든 그의 전체인 과거, 현재 그리고 미래를 있는 그대로 받아들여 준 존재이다.

사랑한다는 것은 죽는 것이다. 내가 죽지 않고 상대방의 전체를 수용하는 것은 불가능하다. 그런데 '죽었다'는 것은 무엇인가?

인간의 존엄성이라는 말은 간단하고 명료해 보이지만 그렇게 단순한 개념이 아니다. 왜냐하면 '존엄성'의 개념은 차치하고라도 '인간'의 의미 자체도 일의적이지 않기 때문이다. 먼저 생물학적 관점에서 보면 호흡하고 살아 있는, 인간 유전자를 지닌 모든 존재는 인간이며 존엄하다. 그러나 호흡이 있더라도 사회적 관점에서 보면 관계가 더해져야 한다. '따'당하지 않고 사람들과의 관계가 이루어져야 그 존재는 실질적으로 인간이다. 또한 생물학적이고 사회적 관점에서 문제가 없더라도 경제적 관점에서 생산성이 없으면 인간으로 대접받지 못한다. 그리고 마지막으로 설사 호흡하고, 타인과 관계하며 더 나아가 돈을 벌 수 있다 하더라도 의미 없는 인생을 산다면, 실존적 관점은 엄밀한 의미에서 인간이 아니라고 말한다. 그런데 정말 흥미로운 점은 예수는 자신이 신의 아들이라 주장하고, 신으로써 인간의 몸을 가지고 태어났다고 주장하면서도 위에 설명한 네 가지 인간의 개념을 충족하는 죽음을 당했다는 사실이다. 그리고 엄밀히 말하면 인간보다도 못한 존재로 살았다.

예수의 삶은 처음부터 끝까지, 즉 탄생에서 죽음까지 모든 인간보다 낮은 자리에 있었다. 지구상에 그보다 더 낮은 사람은 없었다. 성경에 의하면 예수는 말이나 나귀의 구유, 즉 여물통에서 태어났다. 그는 유대의 천한 지방인 갈릴리에 살았고, 열악한 목수의 직업을 가졌으며, 지대가 가장 낮은 요단강에서 세례를 받았고, 공생의 3년 동안 떠도는 삶을 살았으며, 화려한 말이 아닌 나귀를 타고 예루살렘에 입성했다. 그는 또한 살이 터져 나오는 채찍을 수십 대나 맞았고, 머리에 가시관이 찔려 얼굴로 피가 흘러내렸고, 노예나 반역자에게만 해당하는 십자가형을 받아 옷을 모두 벗기는 수치를 당하고, 양손과 발에 대못이 박힌 후, 천천히 조금씩 피를 흘리며, 호흡을 하기 위한 몸부림 속에 죽어 갔다. 그런데 이러한 비천한 삶 가운데 그는 우리가 살펴본 네 가지 관점에서 모두 인간적 존재가 아니었다.

먼저 생물학적 관점에서 그는 실제로 사랑을 위해 자신의 생명을 내주었다. 말만 한 것도 아니고 자비를 베풀며 살다 간 것도 아니고, 자신이 깨달은 도를 설파하다 늙어 죽은 것도 아니다. 그는 33세의 젊은 나이에 자신의 생명을 깨끗이 포기했다.

둘째로 그는 자신의 삶 가운데 누구와도 진정한 관계를 갖지 못했다. 성경에 따르면 아무도 그를 정확히 이해한 존재는 없었다. 모든 대화는 어긋났고, 그가 한 모든 말은 귀는 있으나 '들을 귀 없는' 사람들에 의해 철저히 무시되거나 오해되고 배척당했다. 심지어 그의 가족도 그를 이해해 주지 않았다. 그는 살아 있는 동안 철저히 고독했다. 그는 '머리 둘 곳 없는', 사회적으로 죽은 존재였다.

경제적 관점에서도 마찬가지였다. 아버지를 도와 목수 일을 했지만 돈 버는 일에 관심이 없었다. 더욱이 그가 자신의 진정한 삶을 시작한 순간부터 그는 어떠한 경제적 활동도 하지 않는다. 사실 그에게는 당연한 일이었지만 다른 사람들은 그의 삶을 전혀 이해할 수 없었다.

마지막으로 실존적 관점에서 볼 때 그는 당시 사람들의 눈에 완전한 실패자였다. 비천한 지역에서 낮은 직업을 가진 젊은이가 스스로를 신이라고 외치다가 뭔가 기적을 행하는 것 같아 좀 인정해 줄까 했는데, 가장 저주스런 십자가형을 당해 무의미하게 죽어 갔다. 그를 따르던 모든 무리들이 그를 비웃고, 모든 제자들이 도망가고, 자신은 발가벗겨진 몸으로 초라하게 죽어 버린, 마치 도살당한 가축처럼 십자가에 힘없이 매달린 시체에 불과했다.

둘 중의 하나이다. 그는 태어나 한 번도 제대로 인간이 되지 못하고 죽은 비참한 존재이거나, 그 모든 관점에서 인간을 사랑한 그 사랑 때문에 죽음을 참고 견딤으로써 사랑의 원형을 완성한 존재이다. 그런데 그가 미친 존재라면, 슈바이처같이 그에 대한 사랑을 고백하고 자신을 희생한 그 수많은 사람들이 전부 미친 사람을 사랑한 정신착란이었을까?

인간은 이기적이다. 조금이라도 의심이 되는 것을 위해 자신의 목숨을 버릴 만큼 어리석은 사람은 그렇게 많지 않다. 물론 광신교가 있다. 그러나 그렇게 많은 사람들이 자발적으로 자신의 목숨을 버리지는 않는다. 무엇보다 강조되어야 할 것은 성경에 기록된 그의 삶이 우리가 찾고 있는 사랑의 원형과 정확하게 그리고 유일하게 부합된다는 사실이다. 그의 모습은 '있는 그대로 받아 주는'의 행위를 넘어 '모든 것을 내어 주는' 희생의 사랑이었다.

십자가에서 로마 병사가 창을 찔렀을 때 예수의 몸에서는 피와 물이 나왔다고 한다. 물이 나왔다 함은 모든 피가 이미 다 흘렀음을 의미한다. 피는 생명이다. 그러므로 단순한 희생이 아니라 진정 모두 준 것을 의미한다. 단 한 방울도 남기지 않고 전부 흘린 것이다. 예수가 신인지 아닌지는 죽어 보아야 할 일이다. 하지만 그의 삶 자체는 일회적이다. 인류의 역사를 통틀어 성경이 기록한 예수와 같은 삶을 산 존재는 단 한 명도 없었다. 그는 성경의 고린도서에 적힌 그대로 사랑을 실천했고, 살았고 또 그 사랑 때문에 죽었다. 그런데 성경은 그 예수의 완전한 내어 줌이 바로 지구상에 존재하는 70억의 '나' 하나하나를 향한 사랑이었다고 말한다. 그런데 왜 예수는 그래야만 했던 것일까?

죄

성경에 따르면, 모든 인간은 죄인이다. 그리고 죄는 그 종류에 상관없이 가치적 측면에서 동일하다. 백옥처럼 흰옷에 작은 얼룩이 묻든, 시궁창 물을 뒤집어썼든 더 이상 깨끗하지 않다는 점에서 차이가 없다는 것이다. 사실 이런 의미로 따지면 인간이 죄를 안 짓는 것은 불가능하다. 우리는 생존하기 위해 수많은 생명을 죽인다. 동물뿐만이 아니다. 채소나 나물밥도 모두 생명이다. 심지어 밥을 안 먹고 물만 먹어도 그 안엔 미생물들이 살고 있다. 그러므로 한 가지는 분명하다. 인간 가운데 백옥 같은 존재는 있을 수 없다.

근본적 의미의 '죄'도 있다. 그것은 '사랑의 원형인 신으로부터의 분리'이다. 신이 사랑이므로 결국 죄는 사랑과의 분리이다. 그런데 사랑과 분리되면, 남는 것은 이기주의이다. 따라서 성경은 근본적 죄인 이기주의와 그 이기주의로 인해 발생한 수많은 죄로 인해, 빛인 신에게 나아갈 수 있는 존재가 하나도 없다고 본다.

그러므로 인간 스스로는 이 분리를 극복하고 재결합으로 나아갈 수 없다. 왜냐하면 사랑에서 분리된 인간은 사랑 자체를 모르기 때문이다. 구체적으로 어디로 나아가야 하는지, 무엇을 찾아야 하는지 알 수 없다. 그렇기 때문에 인간이 어떠한 선한 행위를 한다 해도, 심지어 자신의 모든 것을 내주어 구제하고 그 구제조차 의식하지 않아도, 또한 자신을 불사르게 내어 주고 그것조차 자신을 내세우려고 하는 것이 아니라도 사랑이 없으면, 즉 원형으로서의 사랑을 만나지 못하면, 존재론적 죄에서 벗어날 수 없다고 선언하고 있다. 다시 말해 신과의 재결합이 불가능하다는 것이다.

어두움은 빛을 만날 수 없다. 수행을 해도, 명상을 해도, 선을 베풀어도 어두움은 어두움일 뿐이다. 빛을 찾고자 노력한다고, 길 위의 여정이 의미라고 말해도 소용없다. 빛이 스스로 자신을 드러내어 어두움을 만지기 전까지, 어두움은 빛을 만날 수 없다. 그리고 오직 그때에만 어두움은 어두움을 벗어날 수 있다. 그런 의미에서 사랑의 신이 사랑의 빛인 예수를 보내 어두움의 세상을 비춤으로써 세상이 사랑과 만날 수 있도록 빛의 다리를 놓는 구조는 지극히 논리적이고 정합적이다.

그 구조는 변증법적이다. 완전한 존재, 아무것도 부족한 것이 없는 신의 자기 긍정(정)은 오직 심판하는 신이다. 그는 거룩한 존재이며 두려움과 경외의 대상일 뿐이다. 그런데 그 완전한 신이 사랑에 빠진다. 그래서 자신을 녹여 자신이 사랑하는 대상 안으로 용해되어 버린다. 놀라운 일은 신이 자신이 창조한 존재에게 사랑에 빠졌다는 사실이다. 신이 인간을 사랑한 것이다.

그래서 완전한 존재인 신이 불완전한 존재인 인간 안으로 용해된다. 신이 인간이 된다. 그 존재가 바로 예수이다. 따라서 예수는 인간을 사랑하는 신의 본질 자체이다. 그런데 신이 인간이 된다는 것은 자신의 본질을 포기하는 것이다. 자신의 정체성을 포기하는 것이다. 그것은 신이 스스로 죽는 것이다. 신의 완전한 자기부정(반)이다. 그리고 인간이 된 예수는 스스로 자신의 목숨을 던진다. 그리고 신을 떠난 인간의 오류를 십자가를 통해 바로잡는다. 즉 구원자로서 신과 인간의 화해를 이룬다(합).

재미있는 것은 헤겔의 역사관이 신기하리만치 성경의 변증법적 구조와 동일하다는 사실이다. 그의 역사관에서 절대정신을 신으로 바꾸면 정확히 동일한 변증법적 구조가 만들어진다. 다시 말해 신 대신 절대정신, 인간 대신 물질 그리고 신과 인간의 화해 대신 정신과 물질의 화해로 대치된 구조이다. 하지만 명품과 짝퉁의 차이는 분명하다. 사랑의 변증법은 R. 지라르의 말처럼 수많은 사람들에게 예수의 사랑을 모방하도록 만드는 긍정적 역할을 한 반면, 헤겔의 변증법은 역사를 '발전'이라는 말로 왜곡하고 '서구중심주의'로 획일화하고 '제국주의'를 일으키며, 십자가 사랑의 순수성마저 서구문화 제국주의라는 침략의 수단으로 사용하도록 만들었다. 열매를 보면 그 나무를 알 수 있다.

빛의 사랑

예수 그리스도의 패러다임이 보여 주는 사랑은 그런 의미에서 분명 독창적이다. '누군가를 사랑한다는 것'은 이미 살펴본 것처럼 '누군가에게 사랑한다고 말하는 것'이 아니며, 그것은 '누군가에게 자비로운 마음을 가지는 것도 아니다.' 그리고 '인자한 마음으로 누군가를 대하는 것'도 아니며 '나의 것으로 다른 사람을 도와주는 것'도 아니다. '누군가를 사랑한다는 것'은 그 존재를 있는 그대로 받아 주는 것이며, 그 존재를 위해 자신의 모든 것을 내어 주는 것이다. 그렇기 때문에 '사랑한다는 것은 죽는 것'이다. 사랑은 행위이고 따라서 스스로 타인을 위해 죽는 행위가 끝나면 그는 어느 곳에도 없다.

사랑의 원형은 빛이다. 빛은 모든 존재에게 생명을 주고, 모든 것에게 차별 없이 비추이며 따뜻하게 품어 준다. 빛은 자신을 주지만 아무것도 바라지 않는다. 그냥 자신을 향하는 사에게 밝음과 희망을 선물할 뿐이다. 흥미로운 사실은 예수를 몰라도, 더 나아가 기독교를 싫어해도 사람들은 사랑의 원형과 유사한 사랑의 형상들을 보면 공감한다는 것이다.

"타이타닉"의 연인을 위해 희생한 젊은 청년에 감동하고, "태극기 휘날리며"의 형을 보며 눈물 짓고, 『가시고기』의 아버지를 보고 마음 아파하며, 가난하고 소외된 이들을 진심으로 사랑했던 청년의사 고 안수현을 좋아하고, 아프리카의 어린 영혼들을 위해 모든 것을 준 고 이태석 신부의 삶에 말없는 경의를 표한다. 테레사 수녀의 청빈과 사랑에서, 출판사 인세를 받아 몽땅 불우한 학생들을 도운 법정 스님의 모습에서, 노벨평화상을 받으러 가는 기차 안에서 3등칸 환자들을 치료하던 슈바이처의 모습에서 그리고 암에 걸려 투병하면서도 자식을 키우겠다고 추운 겨울날 아픈 몸으로 풀빵을 팔러 나가는 어떤 엄마의 뒷모습을 보고 코가 찡해지는 감동을 느낀다. 결국 인간은 크리스천이든 아니든 사실 누구나 사랑의 빛에 공감하고 있는 것이다.

사랑의 감동은 모든 사람들이 지니고 있는 유일한 공통점이다. 아무리 극악무도한 살인마도 엄마의 눈물은 사랑한다. 사실 모든 사람이 그토록 그리워하고 바라는 행복도 바로 그러한 사랑을 받는 것이다. 누군가로부터 내 모습 그대로 받아 주고 날 위해 희생해 줄 수 있는 사랑, 인간의 근원적인 그리움은 그곳으로 향한다. 왜 그럴까? 모든 인간의 내면에 존재하는 진정한 '나'는 다름 아닌 사랑의 영의 형상이기 때문이다. 따라서 우리가 본 것처럼 4차원부터 9차원의 행복은 모두 사랑의 형상들을 지니고 있다. 모두 예수라는 존재가 보여 준 빛의 사랑의 형상을 지니고 있다.

자신을 진정 사랑하기에 의미를 찾고(4차원), 행복감의 욕망으로부터 벗어나 자유와 평안을 원하며(5~6차원), 다른 존재와 함께함에 기쁨을 느끼고(7차원), 더 나아가 이타적인 삶의 실현에 행복을 느끼며(8차원), 궁극적으로 자신의 행복감을 포기하고 누군가를 사랑함에서 행복을 완성한다(9차원). 그리고 그 모든 행복의 차원들은 10차원의 만남, 즉 사랑의 원형과의 만남으로 연결된다.

빛과 거울

인간이 진정 누군가로부터 사랑받았음을 느낄 때 그는 그 존재와의 만남을 통해 행복해진다. 그리고 그도 누군가를 사랑하는 존재가 된다. 그 사랑의 빛을 타인에게로 전달하는 것이다. 마치 달이 태양의 빛을 반사하는 것처럼 사랑은 사랑을 부른다. 누군가로부터 진정 사랑받은 사람만이 진정 누군가를 사랑할 수 있다. 세상에는 사랑의 빛을 받은 사람들이 많다. 그들을 만나면 당신도 온전한 의미의 사랑을 받을 수 있을 것이다. 그들은 타인과 수평적 관계에서 상대방의 타자성을 존중해 주며 동시에 수직적 관계로 자신의 사랑을 일방적으로 주는 존재들이다.

오해하지 마라. 나는 지금 지극히 예외적인 성자들을 말하는 것이 아니다. 오지의 소외된 자들을 위해 희생하는 예외적인 사람들을 의미하는 것도 아니다. 나는 지금 일반적인 우리와 같은 평범한 사회의 구성원들을 생각하고 있다. 정상적으로 생활하고 자신의 성공을 건전하게 추구하는 사람들, 그들 가운데에도 빛의 사랑을 만난 사람은 많다. 그들은 의미 있는 삶을 살며, 만나는 사람에게 밝은 얼굴로 대하고, 자신이 있는 자리에서 위로를 전하고, 가는 곳에는 위로와 기쁨을 동반하는 존재들이다. 그들은 행복한 사람들이고 누군가를 사랑할 준비가 되어 있는 사람들이다.

사랑은 논리적이다. 내 자신이 사랑의 빛을 직접 만나든지, 그 빛을 만난 사람을 만나든지 사실 그때에만 나는 온전히 '누군가로부터 사랑받고 있음'을 느낄 수 있다. 왜냐하면 사랑의 빛이거나 그 빛을 만난 사람만이 '누군가를 사랑한다는 것'이 무엇인지 정확하게 이해할 수 있기 때문이다. 인간은 변한다. 빛의 사람도 변한다. 그러나 그는 더 밝게, 더 행복하게, 더 사랑스럽게 변한다. 그렇기 때문에 '사랑은 식는다'라는 말이 틀린 것이다. 그리고 사랑이 멈추는 것, 끝나는 것, 변질되는 것은 모두 비정상이다. '결혼한 지 오래된 부부가 무슨 사랑?'이라는 말도 틀린 것이다. '부부가 정으로만 산다.'는 것도 비정상이고, '헤어질 수 없어서 산다.'는 것도 비정상이다. 그런 것들은 모두 비정상이다. 행복이 정상이다. 나이가 들어도 부부가 사랑하는 것이 정상이다. 만남이 정상이기 때문이다.

외로움을 변명하지 마라. 은폐하지도 마라. 지금 일을 사랑한다고 말하지 마라. 일은 몰두할 수 있는 것이지 사랑할 수 있는 것이 아니다. 당신의 예술을 사랑한다고도 말하지 마라. 당신은 당신의 예술에 빠져들 수 있다. 하지만 예술을 사랑할 수는 없다. 사랑은 엄밀한 의미에서 영적 인격체 사이에서만 가능한 것이기 때문이다. 그러므로 당신이 예술을 사랑한다고 말할 때, 예술에 빠진 당신을 있는 그대로 인정해 줄 수 있는, 당신이 구현하는 예술을 받아 줄 수 있는, 사실은 그 예술을 하는 당신을, 아니 당신이 무엇을 하든 당신 자신을 사랑해 주는 누군가가 필요하다. 그렇지 않다면 외로움은 결코 사라지지 않을 것이고 당신의 예술도 외로움의 향기나, 아니면 그 외로움을 승화시킨 흔적만을 드러낼 수밖에 없을 것이다. 그러니 혼자 사는 것이 좋다고도 말하지 마라. 취미 생활을 하고, 애완견을 키우고, 가끔 오페라를 보고, 때로는 친구들과 멋진 카페에서 세련된 수다를 떨고 그렇게 사는 것이 행복하다고 말하지 마라. 다른 사람들은 그렇게 말하면 '아! 그렇군요!' 하며 당신을 멋지다고 생각할 수 있을지 모른다. 하지만 당신 자신을 속일 수는 없다. 정말 당신이 행복하다면 왜 굳이 당신의 행복을 증명하려 하는가?

인간은 본질적으로 사랑받고 사랑하기 위해 태어났고, 그렇기 때문에 인간은 만남을 통해 행복하기 위해 태어난 것이다. 사랑하기 시작하면 사랑할 수밖에 없다. 그것이 정상이다. 행복은 누구에게나 주어질 수 있다. 그것이 또한 정상이다. 사랑을 찾아보았지만 발견할 수 없다고 말한다면, 당신은 사랑을 찾았던 것이 아니라 사랑과 비슷한 기쁨을 주는 행복감을 찾고 있는 것이다. 사랑은 그 사람으로부터 나온다. 그러나 사랑의 짝퉁은 그 사람의 어떤 것으로부터 나온다.

누군가로부터 사랑받기를 원한다면 당신은 이제 그 누군가를 바라보아야 한다. 그가 사랑의 빛으로부터 사랑을 받아 빛의 에너지로 충만한 사람인지 아닌지 단지 그것이 중요하다. 그가 당신의 삶을 안정시켜 줄 것인지, 그녀가 당신의 쾌락욕을 충족시켜 줄 것인지 그런 것들은 사랑과 아무 관계가 없다. 내가 아무리 많은 것들을 소유하고 아무리 많은 일들을 하더라도, 나는 그 누구도 만날 수 없다. '것들'과 '일들'은 사랑을 나눌 수 있는 영적 존재가 아니다. 그러므로 한 가지 사실은 분명하다. 당신은 당신이 원하는 것만을 얻을 것이다. 그러니 이제 사랑을 원하도록 하라. 사랑만을 원하도록 하라. 그 사랑이 오면, 만약 당신을 당신 자체로 사랑해 주는 그 존재를 사랑하게 된다면, 당신은 행복의 궁극적 지향점인 만남에 이른 것이다. 그러면 그때 당신은 2차원이 아닌 10차원의 단계에서 9차원의 사랑을 할 수 있는 존재가 된다.

먼저 빛의 사람이 되라. 그러면 당신은 더 이상 호르몬 운운하며 사랑의 유효기간이 1년이니 2년이니 허접한 소리를 내뱉지 않을 것이고, 평생 서로 사랑하며 만남을 향유하게 될 것이다. 당신의 가정은 더 이상 주거공동체가 아니라 행복으로 가득 찬 진정한 의미의 '가정'이 될 것이다. 자녀와의 만남에 기쁨과 희락이 넘칠 것이고, 부모와의 만남에 존경과 사랑이 가득할 것이다. 자신의 내면으로부터 끊임없이 샘솟는 행복의 물결을 느끼게 될 것이다. 왜냐하면 당신은 그때 누군가로부터 사랑받고 싶은 사람을 온전하게 사랑할 수 있는 존재가 된 것이기 때문이다.

빛의 사람이 될 수 있는 유일한 가능성은 사랑의 빛을 만나는 것뿐이다. 10차원의 행복은 논리적으로 오직 사랑 자체와 만날 때 이루어진다. 그런 의미에서 성경의 예수는 유일한 사랑의 원형, 사랑의 패러다임이다. 그의 사랑은 유일하게 당신을 온전히 있는 그대로 받아 주는 존재이기 때문이다. 나는 지금 기독교인이 되라고 요구하는 것이 아니다. 종교는 어차피 제도이다. 제도는 인간이 만든 것이다. 종교를 선택하고 신앙을 갖는 것은 당신의 자유이다. 내가 지금 말하고 있는 것은 우리가 확인한 사랑의 원형을 그 자체로 소개하고, 그 사랑의 원형이 실재하는 것으로 소개하고 있는 책이 성경밖에 없으며, 사랑의 원형을 엄밀한 의미에서 완전하게 실현한 존재가 예수밖에 없다는 사실(Fact)만을 이야기하고 있는 것이다. 그러므로 빛의 사람이 되는 것과 기독교인으로 등록하는 것은 무관하다. 교회도, 목사도 이기적일 수 있다. 제도는 빛의 사랑과 관계없다. 중요한 것은 키에르케고르가 말한 것처럼 단독자로 십자가 앞에 홀로 서는 것이다. 그리고 성경이 말하고 있는 사랑의 원형과 마주하는 것이다. 만남을 완성하는 것이다.

우연의 일치로 넘길 수 없는 흥미로운 사실이 하나 있다. 그것은 인간의 근원적 그리움이 향하는 자궁, 즉 태아와 산모와의 만남이 성경이 말하는 '나'와 예수와의 관계와 동일한 구조라는 사실이다.

만남(사랑+사랑)	
타자성	동일성

있는 그대로	하나 됨
	온전히 사랑받음(나)//(태아)
	온전히 사랑함(예수)//(산모)

수평적 구조 ——	수직적 구조

십자가형 구조(융합) ✝

    도표에서 보는 것처럼 만남은 사랑과 사랑의 결합이다. 그것은 구체적으로 수평적 타자성과 수직적 동일성의 공존을 의미한다. 그런데 예수는 산모가 태아를 대하듯 '나'를 있는 그대로, 즉 '나'의 타자성을 받아 준다. 그리고 '나'와 하나가 되어 먼저 자신의 모든 것을 준다. '나' 또한 산모를 향한 태아의 경우처럼, 예수를 타자성을 지닌 신으로 인정하며, 그 존재로부터 모든 사랑을 받는다. 이 모든 과정에서 상호 타자성을 인정하는 관계는 수평적 구조이다. 하지만 하나 됨의 관계는 완전한 사랑함과 완전한 사랑받음의 수직적 구조이다. 따라서 이 두 구조가 결합된 만남은 십자가형 구조가 되는 것이고, 그렇게 10차원적 행복은 완성된다. 산모와 태아의 만남은 예수와 나와의 만남과 동일한 것이다. 이 사실이 의미하는 것은 무엇일까? 자궁의 만남과 성경의 만남이 동일한 십자가형의 구조를 지니는 것은 단순한 우연일까?

    예수가 자신의 목숨을 버린 곳도 십사가였다는 사실이 단순한 우연이 아니라면, 자궁의 만남은 형상이고 성경의 만남은 원형이 된다. 십자가의 구조가 의미가 있다면 인간의 궁극적 그리움은 자궁에 있는 것이 아니다.

그 그리움은 자궁을 넘어 원초적인 만남을 향하고 있다. 엄마의 젖을 향한 아기의 울음과 몸짓, 삶의 무의미와 외로움으로 자살하는 젊은이의 눈물, 만남이 없어 슬퍼하는, 그래서 차라리 강아지 한 마리에 의지하여 여생을 보내는 할머니의 얼굴이 향하는 궁극적 지향점은 빛의 사랑과의 만남임을 보여 주고 있다. 그래서 인간은 사랑의 감동을 찾고, 그것을 찾으면 함께 울고, 무엇인지도 모르면서 "나도 진정 사랑을 하고 싶어!"라고 말하는 것이다. 자신을 돈 벌어 오는 기계로만 생각하는 아내가 야속해서 밤새 소주잔을 기울이는 남편도, 사랑한단 말 하나 믿고 결혼했는데, 남편에게 무시당하고 소외당한 채 삶을 한탄하는 아내도 그리고 자신에게 관심을 주지 않고 이해하지도 못하면서 이해한다고 말만 하는 부모가 원망스러운 아이도, 세상이 자신을 전혀 이해해 주지 못한다고 세상이 왜 이 모양이냐고 울부짖는 수많은 젊은이들도 모두 찾고 있는 것은 단 하나이다.

당신이 진정 누군가를 만나기 원한다면, 나는 당신을 향해 있는 그대로의 완전한 사랑을 줄 수 있는 유일한 존재가 예수뿐이라고 말할 수밖에 없다. 세상에는 훌륭한 가르침이 있다. 깨달음도 있고, 자비도 있다. 하지만 사랑의 원형은 없다. 따라서 만남도 없다. 그래서 예수는 "내가 길이요 진리요 생명이다!"라고 말한 것이다. 그만이 만남을 향한 유일한 길이며, 사랑의 원형으로서 진리이고, 만남을 통해 모든 죽어 있는 '나'의 실망하고 좌절하고 절망하며, 죽음보다 못한 삶, 공허와 허무의 어두운 삶에 생명의 빛을 넣어 줄 수 있는 존재이다.

그러므로 엄밀히 말해 성경이 말하는 예수의 사랑이 가짜라면, 사랑은 불가능하고 만남도 불가능하다. 만약 그렇다면 세상은 정말 고(苦)이다. 성경에 기록된 빛의 아들 이외에는 누구도 '누군가를 사랑하는 것'을 완전한 의미로 설명한 존재도 없고, 삶을 통해 철저하게 완성한 존재도 없기 때문이다. 성경은 그가 당신을 있는 그대로 사랑한다고 말하고 있는 유일한 책이다. 가난하든 부자이든, 지식인이든 문맹인이든, 건강하든 병자이든, 권력자이든 일상인이든, 유명하든 아니면 평범하든.

우주에서 단 한 번 태어나 단 한 번 죽는 절대적 일회성의 존재, 그 어떤 우주보다 귀한 당신을 지금 빛의 사랑이 바라보고 있다. 빛의 아들인 그가 당신을 원하고 당신과의 만남을 원한다. 그는 지금 당신의 마음의 문 밖에서 두드리고 있으며, 당신의 영혼을 만지길 원한다. 당신이 해야 하는 것은 선한 행동도, 뼈를 깎는 수행도, 많은 돈을 갖다 바치는 것도, 교회에 등록하는 것도 아니다. 그는 그냥 자신과 만나면 된다고 한다. 그리고 지금 그 만남에 당신을 초대하고 있다.

바라봄

내가 바라보는 것이 나의 생각을 결정한다. 생각이 행동을 결정하고, 행동은 습관을, 습관은 성품을 그리고 성품이 인격을, 인격이 삶을, 결국 나의 인격이 내 운명을 결정한다. 그러므로 진정한 연기론은 바라봄에 의해 나온다. 당신이 바라보는 것이 당신의 운명을 결정한다.

만남은 10차원의 행복이다. 10차원의 사람은 1~10차원에 이르는 모든 삶의 단계를 자신 안에 아름답게 품는다. 그는 진정 전체를 볼 수 있고, 그래서 전체를 산다.

그는 자신에게 비추인 빛의 사랑을 맞이함으로 10차원의 만남을 완성한다. 만남은 그의 삶을 빛의 에너지로 충전해 준다. 이제 그는 외롭지 않고 고독할 수 있다. 그는 행복하다. 그는 홀로 완전하다. 그는 이제 준비되었다.

그는 모든 관계 안에서 누군가에게 9차원의 사랑을 전달할 수 있다. 이해할 수 있는 사람이 이해할 수 있고, 가진 사람만이 줄 수 있으며, 할 수 있는 사람만이 할 수 있다. 그는 자신의 아내를 사랑한다. 아내의 조건이 주는 감정의 움직임을 기다릴 필요가 없다. 그는 자신의 내면에 있는 사랑의 에너지로 아내에 대한 사랑을 결단한다. "이 사람이 세상에서 가장 아름다운 여인이며, 이 사람이야말로 나를 가장 행복하게 해 주는 존재이다!", "그녀를 위해 난 모든 것을 바칠 수 있다!" 그는 '사랑'이란 단어의 의미를 아는 사람이다. 결단은 그에게 감정을 가져다준다. 전에는 보지 못했던 아내의 사랑스러운 모습들이 보이기 시작한다. 밤잠을 설치는 아이에게 졸면서 젖을 먹이던 아내의 아름다움이 떠오른다. 아침에 급하게 나가는 자신의 건강을 걱정하는 아내의 한 마디가 떠오른다. 그녀는 그에게 이제 처음으로, 정말 아름다워진다. 그는 자녀도 사랑할 수 있다. 용돈만 주고 마음대로 놀라며 방임하거나, 자신의 삶의 가치관에 자녀를 맞추는 독단에서 벗어나, 자녀를 있는 그대로 받아 주며 자녀를 위해 기꺼이 희생하고자 한다. 그는 이제 주거 공동체에서 살지 않는다. 그는 가정에서 산다.

사랑할 수 있는 사람, 모든 것을 줄 수 있는 사람에게 조금 주는 것은 어렵지 않다. 만남의 사람이 가정을 벗어나면, 타인이 보인다. 그는 지하철역에서 구걸하는 거지가 진짜일까 자문하지 않는다. 만남에서 시작된 그의 내면의 사랑은 불쌍함을 불쌍함으로만 보게 해 준다. 그는 단순하다. 그래서 주어진 가능성 안에서 8차원의 이타적인 삶을 산다. 밖에서도 행복하다.

이타적인 사람에게 7차원의 공존은 어려운 일이 아니다. 그는 이기적인 동기 없이 타인을 배려하고 이해하며 함께할 수 있다. 타인을 내 밑에(under) 세우고(stand) '이해한다'라는 말을 사용하지 않는다. 그것은 규정이고, 독단이고 결국 사랑과 공존할 수 없는 폭력이기 때문이다. 그는 자신이 타인의 밑에(under), 선다(stand). 상대방을 있는 그대로 받아 준다. 직장 상사, 동료, 부하 직원, 거래 파트너, 구멍가게주인 등 상대방이 누구인가는 그에게 중요하지 않다. 그는 누구를 만나든 진정 그 사람을 존경한다(respect). 그는 항상 상대방을 '되'(re), '돌아보기'(spectare) 때문이다. 혹시 나의 판단이나 생각이 너무 성급하지는 않았는지, 상대방을 오해하지는 않았는지 그는 언제나 되돌아보고 또 되돌아볼 준비가 되어 있는 사람이다.

결국 그는 행복하고, 행복한 행복감을 느끼며 살기에 또한 그는 모든 행복감으로부터 자유롭다. 그는 사랑을 내세우고 자신을 내세우지 않기에 이미 6차원의 '비움'을 통한 자유를 사는 사람이고, 진정 부자이기에 자신이 원하는 모든 것을 해도 돈이 모자라지 않기에, 5차원의 자유 역시 소유하고 있는 사람이다. 그는 자유롭다. 그래서 그는 자신이 원하는 모든 것을 아무 거리낌 없이 할 수 있다. 그는 진정한 자유는 자유를 원하지 않는다는 것을 잘 알고 있는 사람이다. 그래서 그는 늘 자유에 대한 생각 없이 자유롭다.

그러므로 그의 삶은 4차원의 의미와 가치로 충만해 있다. 5~10차원의 삶이 그에겐 모두 의미이다. 의미일 필요 없는 의미이다. 그는 행복에 취해 있다. 그는 진정 행복에 중독되어 있다. 4차원에서 10차원에 이르는 모든 행복을 소유한 영적 존재이다. 그는 진정 자신이 누구인지, 자신이 무엇을 원하는지 그리고 어떻게 살아야 하는지 자신의 '모두'를 아는 존재이다.

그런 그에게 1~3차원의 행복감은 새로운 형태로 충만해진다. 그의 삶은 행복한 행복감으로 가득하게 된다. 무슨 일이든 그는 자신이 하는 일을 사랑하고 그 안에 의미를 부여할 수 있다. 동시에 자신이 존재하는 모든 공간에서 타인과의 관계를 긍정적으로 풀어 간다. 그의 관계지수는 누구보다 높다. 그것은 그의 삶에 3차원적 성공을 보장해 준다.

성공한 자신의 삶 속에서 그는 원하는 쇼핑을 하고, 가족과 맛있는 식사를 하고, 행복한 거처를 마련할 수 있다. 그러한 삶이 주는 2차원적 행복감은 특별하다. 사랑하는 사람과 함께 쇼핑하니 즐겁고, 좋아하는 이웃과 더불어 식사하니 무엇을 먹어도 맛있다. 사랑하는 아내, 사랑하는 아이들과 함께하니 어디에 사나 사실 기쁨뿐이다. 주거 환경이 그의 기쁨을 만드는 것이 아니라, 그의 기쁨이 주거 환경을 기쁘게 만든다.

결국 삶이 행복과 사랑, 기쁨과 배려로 가득 차 있기에 그는 건강하며, 1차원적 몸적 자아의 존재보다 장수할 가능성이 높다. 그는 행복한 행복감으로 자신만의 1차원을 창조한다. 그에겐 오래 생명을 유지하는 것이 축복이다. 그냥 오래 살지 않고 빛의 삶을 살기 때문이다. 그러므로 그의 장수는 세상의 빛이기도 하다. 사실이 그렇다.

10차원 안에 얼마나 많은 1차원의 선들과 2차원의 면들 그리고 3차원의 입방체들이 존재할지 상상해 보라. 10차원은 하위 차원의 존재가 생각조차 할 수 없는 수많은 선과 면 그리고 입방체를 내재하고 있다. 10차원의 사람은 인생 전체가 행복으로 가득 차 있다. 그의 삶의 세포, 근육, 뼈 그리고 신경 하나하나에 행복과 기쁨 그리고 감사와 의미가 넘쳐흐른다. 그는 정말 살아 있다.

제5장
만남

에필로그

영혼을 태울 수 없는 일이라면 호흡할 가치도 없다.
진리와 호흡할 수 없는 일이라면 영혼을 태울 가치도 없다.

난 항상 영원과의 만남을 그리워했다. 영원과의 만남이라고 말하면 좀 사변적인 느낌이 난다. 내가 '영원'이라고 말하는 것은 '영혼을 태울 만한 가치를 지닌 무엇'인가를 의미한다. 아마 그렇기 때문에 영원은 진리라고 말할 수 있을 것이다. 그런데 문제는 '진리'라는 단어가 추상적이라는 사실이다. 인간이 사고를 할 수 있고, 주변을 둘러볼 수 있던 시기부터 진리라는 단어는 수없이 되새김질되었다. 하지만 어느 누구도 진리를 명쾌히 설명하지 못했다.

이것은 사실 심각한 문제였다. 진리를 찾는 것은 고사하고 찾아야 할 진리가 무엇인지조차 모르는 것을 의미하기 때문이다. 모르는 것은 원할 수 없고 원하지 않는 것을 얻을 수는 없는 일이다. 그래서 나는 어쩔 수 없이 내가 찾고자 하는 진리를 먼저 알아야 했다. 내가 무엇을 찾고 있는지 먼저 생각해 보아야 했다. 하지만 오랜 기간 동안 만남의 대상을 명확히 하는 데 실패했다. 아니 사실 그러한 시도는 처음부터 불가능한 일이었다. 후에 깨달은 일이지만 만남의 특성은 인식이 만남에 선행하는 것이 아니라, 만남이 인식에 선행하는 것이었다.

시행착오는 필연이었다. 누군가를 만나도, 누군가 내 안에 있어도 난 그 존재를 그리워하고 있었다. 같은 공간에 있어도 그는 나에게 타인이었다. 누구나 누구나에게 느끼는 것은 그 누군가가 바라봐 주었으면 하는 그곳에서 자신을 바라보고 있지 않다는 사실 뿐이었다. '함께 있어도 네가 그립다.'는 말은 복 있는 자의 어리석은 푸념이 아니었다.

시지포스의 고통은 물리적인 것이 아니었다. 뜨거운 태양 아래에서 살이 터지고 에이는 상태에서, 거대한 돌을 정상에 올려야만 하는 육체의 아픔이 아니었다. 그의 고통은 굴러 떨어질 수밖에 없는 돌을 다시 올려야만 하는 그 일을 무한히 반복해야 한다는 바로 그 사실, 즉 무의미한 반복의 현실을 자각한 그 순간에 비로소 시작되었다. 나의 고통도 마찬가지였다. 반복되는 관계에도 불구하고 의식의 수면에 떠오르는 생각은 만남이 존재하지 않을지도 모른다는, 그것은 어쩌면 불가능한 일일지 모른다는 현실의 자각이었다. 되풀이되는 어긋남과 일그러짐이 주는 공허 그리고 무의미는 킬리만자로의 봉우리로 간 해리를 생각나게 했고, 만년설의 품 안에 용해되어 비리고 싶은 욕망을 불러오곤 했다. 즉자적 존재의 특권, 망각의 기쁨을 위한 깊은 잠에 취하고자 했다.

그런데 바로 그것이 열쇠였다. 내가 주체가 되어 만남을 찾는 것이 불가능하다고 느꼈을 때, 그래서 나의 인식을, 나의 움켜쥠을 포기하게 되었을 때, 만남이 나에게로 왔다. 영원은 그 순간, 나의 영혼이 가난하게 된 바로 그 순간 나에게 다가왔다. 꽉 쥐었던 손가락 사이로는 미끄러져 버리던 빛이, 다 놓을 수밖에 없어 손을 다 폈을 때, 내 손 전체에 가득히 넘쳐흐르고 있었다.

영원은 빛이다. 영원은 시간이 아닌 존재이다. 영원은 빛으로 나의 삶을 비추었고, 그 빛은 나를 따뜻하고 포근하게 덮어 주었다. 그는 나에게 아무것도 묻지 않았고, 단지 있는 그대로의 나 자신에 대한 사랑을 보여 주었다.

빛은 눈이다. 그는 나뭇가지 위에나, 아스팔트 위에나, 아름다운 궁전 위에나, 길가 더러운 오물 위에나 가리지 않는다. 그냥 조용히 내려, 내려서 덮여, 덮인 자신이 녹아, 상처 입고 아픈 진흙투성이의 세상과 섞여 버릴 때까지, 모든 존재하는 것들을 편견 없이, 불평 없이 안아 주고, 품어 준다. 공허와 허무로 가득 찬 나의 작은 방에도 그렇게 빛이 들어왔다.

나는 누구인가? 나는 어디에서 시작되었고 어디에서 끝나며, 어디로 가는 것인가? 이 모든 질문에 답을 가진 사람은 행복하다. 그래서 나는 지금 행복하다. 나는 답을 만났기 때문이다. 답을 얻고, 깨달은 것이 아니라 만났기 때문이다. 만남은 시간적인 것도, 물질적인 것도, 정신적인 것도 아니다. 그것은 존재론적인 것이다. 사람들이 행복하지 않은 것은 언제나 무엇인가를 얻거나 깨닫길 원했기 때문이다. 하지만 보이는 것도, 보이지 않는 것도 진리는 아니다. 질문은 얻음도 깨달음의 대상도 아니다. 그것들은 나의 안에 머무른다. '나'는 영원이 아니다. 잠시 있다 사라지는 안개, 안개가 무엇을, 얼마나 가지겠는가? 현자의 오류도 여기에 있다. 인간의 깨달음이란 거대한 우주 안에 순간 희미한 빛처럼 보이다 사라지는 작은 반딧불일 뿐이다.

영원은 빛이고, 빛은 눈이며, 그는 나와의 만남을 원했다. 그는 나의 대상이기를 원한 것이 아니라 '나와 하나이며, 동시에 둘'이기를 원했다.

그 영원을 만났을 때, 그의 호흡 속에서, 그의 끝없이 광대하게 펼쳐진 빛의 흐름 안에서, 나의 '이었음'과 '있음' 그리고 '일 것임'을 볼 수 있었다. 당신도 그리고 누구나 그것을 볼 수 있다. 문제는 단 하나 그것을 원하는가 하는 것이다.

영원은 영원 안에 존재한다. 하지만 영원이라는 시간은 시간 속에 있지 않다. 사람들은 영원이 시간의 무한한 지속이라고 생각한다. 오늘, 내일, 10년, 100년, 이렇게 시간이 무한히 지속되면 영원이 될 것이라고 상상한다. 하지만 시간은 영원하지 않다. 시간이란 개념 안에 이미 시간의 시작과 끝이 전제되어 있다. 실제 모든 것은 그 자신의 시작과 끝을 가지고 있다. 오늘의 시작과 끝이 있고, 한 인간의 시작과 끝이 있으며, 한 해의 시작과 끝이 있다. 내년에 올 사계절은 금년의 사계가 아니다. 생명은 계속 태어나고 사라지지만 지금 여기에 있는 작은 들풀은 아니다. 그러니 언젠가 한 생명이 시작했듯, 언젠가 마지막 생명이 끝난다. 언젠가 오늘이 시작되었듯 언젠가 마지막 내일도 끝난다. '영원회귀'라는 니체의 상상도 그의 죽음과 함께 끝났다. 그러므로 모든 것의 합인 시간과 공간 그리고 역사에도 알파와 오메가가 있다.

그런데 이렇게 영원의 존재 여부를 철학적으로 사유하는 것은 사치이다. 현자나 철학자들은 영원을 사유하며 중요한 한 가지를 잊고 있었다. 그것은 그 사유의 순간, 그들에게 길어야 몇십 년 정도의 시간만이 남아 있다는 사실이다. 무슨 말인가? 영원에 대한 논의는 '지금'을 위한 것이다. 지금 나는 누구인지, 지금 나는 행복한지. 가장 오래된 질문이 가장 절실한 질문이며, 가장 진부하게 들리는 질문이 사실은 가장 참신한 것이다.

영원은 시간이 멈추는 곳에서 시작된다. 천년을 함께 살아도 한 번은 헤어진다. 하지만 사랑이 끝나는 그 헤어짐으로부터 사랑은 비로소 시작된다. 기억이 있는 곳에 죽음은 없다. 시간이 끝나면 이제 영원이 오기 때문이다. 그러므로 우리의 시간은 상대적이다. 반면 영원은 시간 너머 초월의 영역에 있다. 영원은 절대적 시간, 절대적 존재이다. 그러므로 영원은 영원한 '지금'이다. 아인슈타인의 상대성이론은 빛의 속도로 달리는 우주선 안의 사람이 지구 위의 사람보다 천천히 늙는다고 한다. 이 말을 역으로 생각하면 어떻게 될까! 속도를 높이면 높일수록 시간이 멈추는 곳으로 나아갈 수 있다는 것을 의미한다.

중요한 것은 속도를 높이는 방법이 아니다. 핵심은 우리의 시간이 상대적이며 따라서 멈추는 곳이 있다는 것이다. 영원은 시간이 멈추는 곳에서 시작된다. 다시 말해 절대적 시간은 상대적 시간이 멈추는 곳에서 시작한다. 그런데 상대적 시간이 멈추는 곳은 그 시간의 끝만이 아니다. 영원을 만나기 위해 시간의 끝으로만 가야 한다면 만남은 불가능하다. 우리는 그렇게 오래 기다릴 수 없다. 따라서 내가 존재하는 이곳에서 시간의 멈춤을 경험해야 한다.

바로 여기에 영원의 기적이 존재한다. 영원은 시간을 초월하지만 시간 속에 존재한다. 그리고 그 시간, 즉 나의 시간과 영원과의 교차점은 바로 '지금'이다. 영원은 영원한 '지금'이고, 내가 과거, 현재 그리고 미래의 종합적이지만, 제한적인 시간개념에서 벗어나는 유일한 길은 현재, 즉 '지금'에만 삶을 집중하고 '지금' 안에서만 삶을 살 때 가능하다. 그러므로 영원과 만나야 할 때는 바로 '지금'이다.

그런데 상대성의 존재인 내가 절대성의 존재인 영원을 어떻게 만날 수 있다는 말인가? 본질이 다른 두 존재의 만남은 구체적으로 어떻게 이루어질 수 있는가? 그 답은 영원의 본질에 있다. 순간의 '지금'은 시간을 넘어 영원으로 나아갈 수 없다. 작은 먼지는 우주의 일부이지만 우주를 품을 수 없다. 하지만 영원은 시간을 초월함에도 시간 속에 존재한다. 따라서 영원이 나의 '지금' 안에서 나를 품는다. 영원이 나를 사랑한다. 하나의 블랙홀로 온 우주가 빨려 들어가듯, 모든 존재하는 것이 하나의 점을 향해 상상할 수 없는 속도로 달려가 그 점 안으로 녹아들어가 버리듯, 절대는 자신의 모든 존재를 그리고 자신의 모든 본질을 작은 티끌 같은 나의 '지금' 안으로 쏟아붓는다.

그때 하나의 우주가 내 안으로 들어와 용해될 때, 별의 바다가 작은 물방울 안으로 들어와 나를 휘감아 돌 때, 내 안에서는 거대한 바다물결과 별들의 우주가 만들어진다. 그리곤 작은 불꽃이 거대한 용암이 되어 장엄하게 솟구쳐 오른다. 나의 작은 노래가 우주 별바다의 거대한 오케스트라가 되어 신비하게, 웅장하게 그리고 거룩하게 울려 퍼진다. 그 순간, 나의 '지금'은 영원이 된다. 나는 영원과 만나고 있다.

만남은 상대에 대한 절대의 사랑과 그리움으로 이루어진 것이다. 영원은 구체적인 시간과 공간, 즉 존재의 사건 안에서, 차원을 관통하며 순간을 찾아왔다. 그리고 나의 '지금'과 '이곳'에서 나와 관계하고 있다. 나의 작은 몸짓들 그리고 숨결들 사이의 여백, 생각의 순간들 곁에 영원이 흐르고 있다. 그러므로 나는 그 흐름을 타고 빛의 실존, 무한의 현존을 만난다. 초월자로서의 빛, 영원, 무한, 또는 존재 자체는 '스스로 있는 자'이다. 따라서 영원은 실체이다. 실체는 자신의 존재를 위해 그 어떤 것도 필요로 하지 않는다. 동시에 스스로가 자기 존재의 원인(causa sui)이다. 실체는 신이다.

지금 당신도 그 실체와 대면할 수 있다. 왜냐하면 당신도 항상 영원의 빛 앞에 서 있기 때문이다. 지금 그 빛이 당신을 보고 있기 때문이다. 그리고 당신 안에 존재하기를 원하기 때문이다. 지금 당신의 길에 서서 잠시 멈춰 서라. 이리저리 바쁘게 돌아다니는 당신의 평면에서 잠시 고개를 들어보라. 그리고 성공과 승리를 위한 치열함, 그 타인들과 얽힘의 실타래를 풀고 관계 사이로 지나가는 빛의 시간을 보라. 빛은 어둠 속에 있어도 어둠에 속하지 않는다. 그러므로 당신이 원하면 그 빛을 발견할 수 있다. 그러니 이 글을 기억하라. 삶의 사건으로 기억하라. 당신의 내면에 존재하는 영혼의 외로움과 그리움에 귀를 기울여 보라. 미세한 소리가 들리는 순간 당신의 만남은 이미 완성을 향한 출발을 한 것이다.

시간의 시작과 끝 사이에 단 한 번만 당신은 존재한다. 그러므로 당신은 고귀한 존재이다. 바로 그런 이유로 빛은, 존재하는 모든 존재의 근원인 그 존재는 단 하나, 바로 당신을 원한다. 영원은 마치 온 우주에 당신만이 홀로 존재하듯 지금 당신을 바라보고 있다. 이 말은 중요하다. 나의 말은 추상적이지 않다. 사랑의 영이며 빛인 영원과의 만남은 당신에게 구체적인 행복, 빛의 삶을 의미한다. 인류는 지금까지 속아 왔다. 문명은 겉에 꿀을 칠해 놓은 독버섯과 같다. 적어도 의미와 행복 그리고 진리의 측면에서 그것은 거짓 덩어리였다.

인간은 혼돈과 착각에 속아 거짓된 행복의 허상만을 파랑새로 알고 쫓아왔다. 이제 진정한 행복을 살 때가 되었다. 당신이 원하는 행복은 단순히 슬픔이나 고통스런 삶의 위로나 안식이 아니다. 고(苦)로 가득 찬 이 세상이 주는 집착으로부터의 자유만도 아니다. 당신은 마음속에서 샘솟듯 넘쳐흐르는 기쁨, 삶의 환희와 황홀을 원하고 있다. 순간적인 황홀감이 아니라 환희 자체를 원하고 있다.

잊지 마라! 당신은 당신 자신이 이 책을 선택한 것이라고 생각하겠지만 그렇지 않다. 사실은 영원의 빛이 당신을 선택한 것이다. 그래서 당신을 향한 초대장을 보내온 것이다. 그가 당신을 만나길 원한 것이고, 그래서 당신은 지금 이 책과 만난 것이다. 이제 당신은 그의 초대에 응하기만 하면 된다. 그는 지금 당신의 문 밖에 서서 두드리고 있다. 당신이 문을 열면 그는 당신 안으로 들어갈 것이다. 당신과 함께 먹고, 당신도 그와 함께 먹게 될 것이다. 그는 당신의 친구, 애인, 어머니, 아버지 그리고 당신의 모든 것이 되어 줄 것이다. 당신은 그의 안에 있고 그도 당신 안에 있을 것이다. 당신은 그와 하나가 될 것이다.

이 책은 그 영원의 메신저이다. 나는 당신에게 영원의 소리를 들려주지만, 아무것도 강요하지 않으며, 어떤 방식으로도 미혹하지도 않는다. 진리는 그 자체로 충분히 자명하다. 빛은 자신을 드러내지만, 단순히 드러내는 데 그치지 않는다. 빛은 그 조명을 통해 자신을 증명하고 또한 실현한다. 그러므로 빛으로부터 나오는 모든 소리는 논리적으로 참이다. 따라서 설명할 수 없는 것은 없다. 설명할 수 없는 것은 모르는 것이다.

만남을 시작하라! 인산과 영원의 이야기, 인류의 역사와 미래의 이야기, 당신이 누구인지 그리고 왜 지금 당신이 이 책을 만나게 되었는지 당신은 알고 있다. 그러니 이제 당신이 빛이 될 시간이다. 당신이 영원을 받아들인다면 당신 스스로 만남의 주체가 될 수 있을 것이다. 당신은 행복한 사람이 되고, 당신은 건강하고, 기쁜 삶을 살며, 행복인재로 최고의 삶을 누리게 될 것이다. 그리고 그러한 삶을 통해 당신은 세상의 빛이 될 것이다. 어두움을 밝히고 죽어 가는 영혼을 살리며, 쓰러져 버린 영혼을 일으키고, 죽음에 생명의 호흡을 불어넣어 줄 것이다. 관계가 정돈되고 사랑이 온전해지며, 가정이 회복되고, 사회가 밝아지고, 결국 그 모든 것을 통해 당신은 영원의 자존심이 될 것이다. 그러니 빛을 먼저 만나라. 빛의 아들에게 입 맞추라!

주

1. http://blog.paran.com/convention/41347561
2. 에이브리엄 매슬로우(A. Maslow, 1908-1970)는 주지하듯 욕구 5단계설을 제시한다. 생리적 욕구(Physiological Needs), 안전 욕구(Safety), 소속감(Belongingness)과 애정(Love) 욕구, 존경(Esteem) 욕구, 자아실현(Self-actualization) 욕구로 이어지는 인간욕망의 실질적 분석은 개연성이 있으나 구체적이지 않고 현실성 역시 결여되어 있다. 인간의 욕망은 순서대로 진행되지 않는다. 인간은 상위의 욕구로 인해 하위의 욕구를 포기하기도 하며 기본적으로 하나의 욕망을 가지는 경우는 드물다. 무엇보다 매슬로우의 목록에는 인간욕망의 핵심인 쾌락이 빠져 있다. 인간은 즐기고 소유하고 향유하며 쾌락을 느낀다. 식욕도 단순한 생리적 욕망에서 더 나아가 즐기기 위해 먹는다. 문화적 존재로서 인간은 단순히 생존을 위해 존재하지 않는다. 또한 매슬로우는 가치론적 구분을 하지 않고 있다. 어떤 사람이 단순히 사람들로 인정받기만을 원하는 것과 타인으로부터 존경받기를 원하는 것 그리고 타인이 좋아해 주기를 바라는 것과 진심으로 사랑해 주기를 바라는 것은 다른 것이다. 그리고 그것은 동일한 의식의 차원에서 발생하지 않는다. 자아실현 욕구 역시 지니치게 추상적이며 광범위하나. 더욱이 인간의 자아실현은 종류만 구분되는 것이 아니라 질적으로 나누어진다. 그리고 질적 차이는 단순히 종류의 차이로 환원될 수 없다. 무엇보다 매슬로우는 자본에 대한 인간의 욕망을 간과하고 있다. 아니 어쩌면 단순히 전제하고 있는지도 모른다. 하지만 자본

욕은 별도로 다루어야 할 주요사안이다. 왜냐하면 현대자본주의사회에서 자본은 절대적 가치를 지닌 인간욕망의 궁극적 지향점이 되어 가고 있기 때문이다.

3. cf. R. 지라르, 『낭만적 거짓과 소설적 진실』.

4. cf. D. A. F. 사드, 『소돔 120일』, 고도, 2000.

5. 앤드류 솔로몬, 『한낮의 우울』, 민음사, 23쪽.

6. cf. S. 프로이드, 『쾌락원칙을 넘어서』, 박찬부 역, 열린책들.

7. S. 프로이드, 같은 책, 10쪽.

8. 같은 곳.

9. S. 프로이드, 같은 책, 28쪽.

10. S. 프로이드, 같은 책, 11쪽에서 재인용.

11. cf. R. 바르트, 『신화론』, 현대미학, 1995.

12. 앤드류 솔로몬, 『한낮의 우울』, 민음사, 23쪽. 우울은 사랑이 지닌 결함이다. 사랑하기 위해서는 자신이 잃은 것에 대해 절망할 줄 아는 존재가 되어야 한다. 우울은 그 절망의 심리기제이다. 우리에게 찾아오는 우울증은 자아를 변질시키고, 마침내는 애정을 주고받는 능력까지 소멸시킨다. 우울증은 우리의 내면이 홀로임을 드러내는 것이며, 그것은 타인들과의 관계뿐 아니라 자신과의 평화를 유지하는 능력까지도 파괴한다.

13. 인간의 궁극적 목적이 무기물로의 환원이라는, 즉 인간에게 죽음본능이 있다는 프로이드의 주장은 사실 지나친 비약이다. 생명을 부정하는 것이 무생물로의 욕망이라는 주장은 정당화될 수 없다. 생명에 대한 부정은 그 생명의 존재양식 때문이지 생명 자체의 존재 때문이 아니다. 생명은 그 자체로 아름답다. 그것을 추하게 만들거나 피곤하게 만드는 것은 그 생명의 살아가는 방식이나 그 생명의 향유여부이지 생명 자체가 아니다. 많은 사람들은 살아 있음에 감사하고 자신의 삶에서 행복을 느끼며 살아간다. 만약 행복감을 원하는 대로 얻을 수

있는 능력이 있다거나, 스스로 행복감에 종속되지 않고 산다면 우울증에 걸릴 일은 이론적으로 없다. 그러므로 우울증의 원인은 살아 있음 자체에 있는 것이 아니고, 살아 있음이 추구하는 목적과 방식, 즉 행복감과 그것을 향한 맹목적 추구에 있다.

14. cf. 자크 라캉, 『욕망이론』, 민승기 외 역, 문예출판사.
15. 영국 BBC, The Day I Died/2004. 11. 3.
16. 임사체험(N.D.E: Near Death Experience): 사고나 질병으로 의학적인 죽음에 이르렀던 사람들이 소생하기 전까지의 일들을 기억하는 것. 의학 기술이 발달함에 따라 1970년 이후 공식적인 연구가 활발히 진행되고 있다.
17. 일반적으로 영혼의 헬라어 어원은 프시케(Pshche/soul)이다. 그리고 영이라는 말의 원어는 프노이마(Pneuma/spirit)이다. 하지만 혼만 독립적으로 지칭하는 개념은 없다. 다시 말해 영과 육은 분명하나 혼의 존재는 불확실하다. 인간을 영혼육의 존재로 볼 것이냐, 아니면 영혼과 육의 존재로 볼 것이냐는 논란이 있으나 아직 객관적으로 규명되지 않았다. 나는 이 책에서 혼을 생명에너지 자체를 의미하는 것으로 보고자 한다. 따라서 일반적으로 사람이 죽어 '혼이 떠났다'고 할 때, 그것은 엄밀히 말해 혼이 아닌 영을 의미하는 것으로 이해해야 한다. 영은 에너지, 즉 혼이 아직 몸 안에 남아 있어서 존재할 때만 함께할 수 있다. 에너지는 떠나는 것이 아니라 소모된다. 따라서 에너지가 떨어지면, 즉 혼이 소멸되면 우리 몸은 단순 물질로 돌아간다. 그러면 영은 더 이상 그 안에 존재할 수 없다. 그러므로 인간은 영인 '나'와 생명에너지로서의 혼 그리고 육체로 구성되어 있는 존재로 볼 수 있다.
18. cf. 에모토 마사루, 『물은 답을 알고 있다』, 더난 출판사, 2008.
19. 八正道(팔정도)는 다음과 같다.
    1) 정견(正見)-바르게 보기(Right view) : 현실이나 모든 사물의 이치에 대하여 걸림 없이 올바르게 보는 것.
    2) 정사유(正思惟)-바르게 생각하기(Right Intentions[concepts]) : 마음으로 짓는 탐

욕과 분노와 어리석음의 세 가지의 악업을 없애는 것.

3) 정어(正語)-바르게 말하기(Right Speech[word]) : 입으로 짓는 거짓말과 이간질, 욕설, 아부 등의 악업을 소멸해 가는 것.

4) 정업(正業)-바르게 행동하기(Right action) : 몸으로 짓는 살생과 도둑질, 음행의 세 가지 악업을 소멸해 가는 것.

5) 정명(正命)-바르게 생명을 유지하기(Right livelihood) : 정당한 방법으로 의식주를 해결하는 것.

6) 정정진(正精進)-바르게 정진하기(Right effort) : 끊임없이 노력하여 물러섬이 없는 마음을 가지는 것.

7) 정념(正念)-바르게 기억하고 바르게 생각하기(Right mindfulness) : 올바른 기억으로 올바른 생각들을 잊지 않는 것.

8) 정정(正定)-바르게 삼매(집중)하기(Right concentration) : 수련을 통하여 마음을 한 곳으로 모으는 수행하는 것.

20. 육바라밀(六波羅密) : 불도를 닦는 이가 수행에서 열반에 이르는 6가지 방편

   1) 보시(布施) : 베풂

      ㄱ) 재보시(財布施) : 재물로 하는 보시

      ㄴ) 법보시(法布施) : 부처님 법을 전해 주는 보시

      ㄷ) 무외시(無畏施) : 공포를 없애 마음의 평안을 주는 보시

      ※ 무주상보시(無住相布施) : 베풀고도 베풀었다는 상이 없는 최상의 보시

   2) 지계(持戒) : 계율을 지킴

   3) 인욕(忍辱) : 욕됨을 참음

   4) 정진(精進) : 부지런히 노력함

   5) 선정(禪定) : 마음을 가라앉힘

   6) 지혜(智慧) : 모든 존재의 비어 있음을 보는 지혜

21. cf. 법정, 『무소유』, 범우사.

22. 육근은 안이비설신의, 육경은 색성향미촉법을 의미한다.

23. 오쇼 라즈니쉬, 『삶의 길, 흰 구름의 길』, 12쪽.

24. cf. 미치 엘봄, 『모리와 함께한 화요일』, 세종서적

25. 오쇼 라즈니쉬, 『삶의 길 흰 구름의 길』, 61쪽.
26. cf. 마이클 킨슬리, 『빌 게이츠의 창조적 자본주의』, 이콘, 2011.
27. cf. 안수현, 『그 청년 바보의사』, 아름다운 사람들
28. cf. 최일도, 『마음열기』, 랜덤하우스.
29. cf. E. 레비나스, 『시간과 타자』, 문예출판사.
30. "우리가 일상적으로 사람을 대하거나 사물을 보고 인식하는 것은 틀에 박힌 고정관념에 지나지 않는다. 그러기 때문에 이미 알아 버린 대상에서는 새로운 모습을 찾아내기 어렵다. 아무개 하면, 자신의 인식 속에 들어와 이미 굳어버린 그렇고 그런 존재로밖에 볼 수 없는 것이다. 이건 얼마나 그릇된 오해인가. 사람이나 사물은 끝없이 형성하고 변모하는 것인데. 그러나 보는 각도를 달리함으로써 그 사람이나 사물이 지닌 새로운 면을, 아름다운 비밀을 찾아낼 수 있다. 우리들이 시들하게 생각하는 그저 그렇고 그런 사이라 할지라도 선입견에서 벗어나 맑고 따뜻한 '열린 눈'으로 바라본다면 시들한 관계의 뜰에 생기가 돌 것이다." 법정, 『거꾸로 보기』.
31. cf. 바이스헤델, 『철학의 뒤안길』, 헤겔편.
32. "기다림이야말로 신앙인 것이다. 그러나 희망을 갖고 기다려서는 안 된다. 왜냐하면 그 희망은 거짓의 희망이기 때문이다. 무엇을 갖고 기다린다는 것은 기다리는 그것을 소유하려는 욕망 때문일 것이다. 때문에 기다리는 생각 없이 기다려야 하는 것이다.
…나는 이제 기다린다. 기다린다는 생각 없이 기다린다.
…나는 이제 사랑한다. 사랑한다는 생각 없이 사랑할 것이다. 그래야만 그 사랑은 영원할 것이다." 최인호 "사랑의 기쁨" 중에서
최인호의 생각은 역설을 드러내고 있다. 사랑은 구체적인 것이다. 사랑엔 생각이 필요하다. 느낌과 결단도 필요하다. 그리고 자신이 사랑하는 그 존재를 정확히 이해해야 한다.
33. 원태연의 『원태연 알레르기』라는 詩集 中 〈그냥 좋은 것〉. 그냥 좋은 것이 감정이라면 그것은 사랑이 아니다. 사랑은 감정이 아니다. 그것은 결단이고 깨달

음이다. 그냥 좋아서 좋은 것이 아니라 그냥 좋아하기로 결단했기에 그냥 좋은 것이다. 그리고 그냥 좋은 것으로 결단하기 위해 난 그 존재의 전체를 받아들일 수밖에 없고 또 받아들여야 한다.

34. 길희성, 『보살 예수』, 현암사, 202쪽 이하.

참고 문헌

제1장 빛과 어두움 - 행복과 행복감

A. 까뮈.『시지포스의 신화』. 1994, 학원사.

D. A. F. 사드.『소돔 120일』. 2000, 고도.

E. 프롬.『소유냐 존재냐』. 2007, 까치.

F. 니체.『짜라투스트라는 이렇게 말했다』. 2006, 홍신문화사.

F. 카프카.『카프카 단편선』. 2008, 느낌이 있는 책.

P. 해링턴.『시크릿』. 2009, 살림출판사.

S. 프로이드.『정신분석입문』. 2001, 홍신문화사.

_____.『쾌락원칙을 넘어서』. 1997, 열린책들.

그레첸 루빈.『무조건 행복할 것』. 2010, 21세기북스.

랄프 왈도 에머슨.『세상의 중심에 너 홀로 서라』. 2009, 씽크뱅크.

미치 엘봄.『모리와 함께한 화요일』. 1998, 세종서적.

삐에르 부르디외.『구별짓기』. 2006, 새물결.

스튜어트 매크리디(엮음). *The Discovery of Happiness*. 2000, rh humanist.

알랭 드 보통.『불안』. 2005, 이레.

알프레드 아들러.『인간이해』. 2009, 일빛.

앤드류 솔로몬.『한낮의 우울』. 2004, 민음사.

오츠 슈이츠. 『죽을 때 후회하는 스물다섯 가지』. 2009, 21세기북스.

올리버 제임스. 『어플루엔자』. 2009, 알마.

웨인 다이어. 『행복한 이기주의자』. 2006, 21세기북스.

장 지글러. 『탐욕의 시대』. 2005, 갈라파고스.

존 웰숀스. 『아주 가까운 기쁨 BLISS』. 2010, 금토.

크리스토퍼 레인. 『만들어진 우울증』. 2008, 한겨레출판.

탈 벤-샤하르. 『완벽의 추구』. 2010, 위즈덤하우스.

_____. 『하버드대 52주 행복연습』. 2010, 위즈덤하우스.

필립 반 데 보슈. 『행복에 관한 10가지 철학적 성찰』. 1999, 자작나무.

A. Augustinus. *Uber das Glueck*. 1982, Philipp Reclam Jun.

A. Schopenhauer. *Die Kunst gluecklich zu sein*. 1999, C. H. Becksche Verlagsbuchhandlung.

Aristoteles. *Nikomachische Ethik*. 1985, Felix M. Verlag.

B. Russell. *Eroberung des Gluecks*. 1951, Suhrkamp.

H. H. Freytag. *Glueck und hoechster Wert*. 1982, Sankt-Augustin.

I. Kant. *Grundlegung zur Metaphysik der Sitten*. 1965, Felix M. Verlag.

J. Drescher. *Glueck und Lebenssinn*. 1991, Freiburg.

Kim, Bong-Gyu. *Glueckseligkeit*. Untersuchungen zu Kants ethischen Schriften, Dissertation, Koeln.

M. Dueker. *Glueckseligkeit und Unsterblichkeit*. 1985, Diss., Wuerzburg.

P. Engelhart u. a.(Hg.). *Glueck und gegluecktes Leben*. 1985, Mainz.

R. Foster. *Money, Sex & Power*. 1985, Edward England Verlag.

Seneca. *Vom glueckseligen Leben und andere Schriften*. 1984, Reclam.

제2장 나

강성진.『반야심경 강술』. 1995, 부다가야.

장자.『장자, 오강남 풀이』. 2007, 현암사.

D. J. 칼루파하나.『불교철학의 역사』. 2008, 운주사.

J. P. 사르트르.『실존주의는 휴머니즘이다』. 2008, 이학사.

K. G. 융.『기억 꿈 사상』. A. 야페 편집, 2007 김영사.

_____.『인간과 상징』. 1996, 열린책들.

M. 하이데거.『존재와 시간』. 2006, 살림.

S. Freud.『꿈의 해석』. 2003, 홍신문화사.

로저 크러스턴, 스피노자.『시공로고스 총서』 23. 1986, 시공사.

무르띠.『불교. 중심의 철학』. 1999, 경서원.

질 들뢰즈.『스피노자의 철학』. 1999, 민음사.

플라톤.『소크라테스의 변명』. 1999, 문예출판사.

Baruch de Spinoza. *Ethik*. 1987, Roederberg.

_____. *Kurze Abhandlung von Gott. dem Menschen und seinem Glueck*, Bd 1, in: Saemtliche Werke in 7 Baenden, 1965, Felix M. Verlag.

G. W. F. Hegel. *Phaenomenologie des Geistes*. Werke 3, in: 20 Baenden 1986, Suhrkamp Taschenbuch Wissenschaft.

I. Kant. *Kritik der praktischen Vernunft*. 1985, Felix M. Verlag.

_____. *Kritik der reinen Vernunft*. 1956, Felix M. Verlag.

R. Descartes. *Meditationen*. 1960, Felix M. Verlag.

_____. *Regeln zur Ausrichtung der Erkenntniskraft*. 1979, Felix M. Verlag.

제3장 10차원의 길

달라이라마. 『예수를 말하다』. 2006, 나무심는사람.

_____. 『티벳 성자와 보낸 3일』. 1995, 솔.

_____. 『행복론』. 2001, 김영사.

로런스 게인. 『니체』. 2005, 김영사.

맹자. 『맹자』. 2005, 홍익출판사.

순자. 『순자』. 2008, 을유문화사.

『숫타니파타』. 2008, 민족사.

스리 라마나 마하리쉬. 『있는 그대로』. 1998, 한문화.

오쇼 라즈니쉬. 『반야심경』. 2001, 태일.

_____. 『삶의 길 흰 구름의 길』. 2005, 청아.

_____. 『장자 도를 말하다』. 2006, 청아.

틱낫한. 『평화로움』. 2002, 열림원.

_____. 『화』. 2002, 명진출판.

피터 코올즈. 『우주론이란 무엇인가』. 2003, 동문선.

한비. 『한비자』. 2007, 현암사.

헬레나 노르베리 호지. 『오래된 미래』. 2007, 중앙books.

『화엄경』. 2008, 민족사.

Platon. *Politikos*. in: Platon Saemtliche Dialoge, 1988, Felix M. Verlag.

J. Krishnamurti. *Total Freedom*. 1981, HarperSanFrancisco.

제4장 9차원의 사랑

조용기. 『4차원의 영성』. 2010, 교회성장연구소.

C. S. 루이스. 『기쁨의 하루』. 2010, 홍성사.

_____.『네 가지 사랑』. 2005, 홍성사.

_____.『순전한 기독교』. 2001, 홍성사.

달라이라마.『우리에게는 사랑이 필요하다』. 2009, 랜덤하우스.

막스 뮐러.『독일인의 사랑』. 1984, 문예출판사.

성경. in: 개역개정, 2008, 대한성서공회.

에릭 프롬.『사랑의 기술』. 2009, 홍신문화사.

틱낫한.『이 순간 내 곁에 있는 당신을 사랑합니다』. 2007, 마음의 숲.

헨리 나우엔.『탕자의 귀향』. 2009, 포이에마.

A. Soble. *The Philosophy of Sex and Love*. 1998, Paragon house.

Irving Singer. *The Nature of Love*. Plato to Luther, 1966, Random House.

Platon. *Sämtliche Dialoge*. 1988, Felix M. Verlag.

제5징 만남 - 10차원의 행복

강영안.『주체는 죽었는가』. 1996, 문예출판사.

_____.『타인의 얼굴: 레비나스의 철학』. 2005, 문학과 지성사.

길희성.『보살 예수』. 2009, 현암사.

김정희 외.『결혼이라는 이데올로기』. 1993, 현실문화연구.

A. 이스트호프.『무의식』. 2000, 한나래.

E. 레비나스.『시간과 타자』, 1996, 문예출판사.

_____.『존재에서 존재자로』. 2001, 민음사.

뤼스 이리가라이.『나, 너, 우리(차이의 문화를 위하여)』. 1996, 동문선.

성경. 고린도전서 13장, in: 개역개정, 2008, 대한성서공회.

A. Augustinus. *Bekenntnisse*. 1958, Eugen Diederichs-Verlag.

S. Kierkegaard. *Der Begriff Angst*. in: Gesammelte Werke, 1985 Guetersloher

Verlagshaus.

_____. *Die Krankheit zum Tode.* in: Gesammelte Werke, 1985 Guetersloher Verlagshaus.

_____. *Philosophische Brocken.* in: Gesammelte Werke, 1985 Guetersloher Verlagshaus.